国家社科基金重大项目阶段性成果
（项目编号：11&ZD171）

大数据时代农村公共危机防控：信息化能力

熊春林　著

北京理工大学出版社
BEIJING INSTITUTE OF TECHNOLOGY PRESS

图书在版编目（CIP）数据

大数据时代农村公共危机防控.信息化能力/熊春林著.—北京：北京理工大学出版社，2016.3

ISBN 978-7-5682-1684-5

Ⅰ.①大…　Ⅱ.①熊…　Ⅲ.①农村－突发事件－公共管理－信息化－研究－中国　Ⅳ.①D63

中国版本图书馆CIP数据核字(2015)第315025号

出版发行／北京理工大学出版社有限责任公司
社　　址／北京市海淀区中关村南大街5号
邮　　编／100081
电　　话／（010）68914775（总编室）
　　　　　82562903（教材售后服务热线）
　　　　　68948351（其他图书服务热线）
网　　址／http：//www.bitpress.com.cn
经　　销／全国各地新华书店
印　　刷／北京紫瑞利印刷有限公司
开　　本／710毫米×1000毫米　1/16
印　　张／15.75
字　　数／315千字
版　　次／2016年3月第1版　　2016年3月第1次印刷
定　　价／57.00元

责任编辑／钟　博
文案编辑／钟　博
责任校对／周瑞红
责任印制／边心超

总　　序

洪涝灾害、地震、泥石流等自然灾难；突发动物疫情、人畜共患流行病等公共卫生突发事件；突发工矿灾难等事故灾难；土地、拆迁等引发的群体性事件等各种公共危机事件在农村频频发生，在农村区域，公共危机已由“非常态化的偶发”转变成了“常态化的频发”事件。加强农村公共危机防控已成为农村社会建设的重要方面。现代信息技术的快速发展，为农村公共危机防控提供了新的、可资运用的有效工具。在农村公共危机防控中，由于危机产生的原因复杂，种类繁多，公共危机信息呈现出海量、多源、异构等特点，传统的分析与处理方法显得力不从心，信息技术发展的新趋势——大数据技术则能为解决信息化时代公共危机防控提供最新的技术支持。在大数据时代来临之际，大力推进农村公共危机防控信息化建设，既是加强农村信息化建设的新方向，也是促进公共危机防控科学化的必然要求。

总体来说，我国农村信息化水平不高，信息技术应用是农村公共危机防控领域的一大短板，在大数据技术在各行各业和社会各领域大放异彩的情况下，如何推进农村公共危机防控信息化建设呢？这是我和我的团队近些年来一直思考的问题和努力的方向之一。由我担任首席专家的国家社科基金重大项目“突发性动物疫情公共危机演化机理及应急公共政策研究”团队的部分成员历经两年时间撰写完成的“大数据时代农村公共危机防控信息化”系列著作，即对这一问题的回应。

大数据时代农村公共危机防控信息化建设需要有清晰的战略。“不谋全局者，不足以谋一域”。大数据时代农村公共危机防控信息化建设是一项复杂的系统工程，需要从战略上进行科学谋划。李立清教授牵头负责，吴松江副教授、周贤君博士、江维国博士三位青年学者参与撰写的《大数据时代农村公共危机防控：信息化战略》在对中国农村公共危机防控进行战略分析的基础上，提出了标准化战略、“互联网+危机产业”发展战略、智慧城镇化战略、人才制胜战略、信息化示范省建设战略五大具体战略，并运用大数据理念和战略分析工具，对五大具体战略的战略目标、基本内容、实施环境及战略过程等进行了充分论证并搭建了基本架构。

大数据时代农村公共危机防控信息化建设要找准关键问题所在。习近平同志指出，“深化改革要有强烈的问题意识”，要“以重大问题为导向，抓住重大问题、关键问题进一步研究思考，找出答案”。进行大数据时代农村公共危机防控信息化建设是深化农村公共危机防控体系改革的重要内容，同样需要强烈的问题意识。胡扬名副教授撰写的

《大数据时代农村公共危机防控：信息化问题》聚焦于大数据时代我国农村信息化建设存在的主要问题，即主体作用问题、基础设施建设问题、资源开发利用问题、服务队伍建设问题、建设运行效率问题及农村公共危机管理信息化问题，然后对这些基本问题进行调查和资料整理分析，了解其基本情况、分析其具体问题的表现和原因、探索解决问题的对策，最后从整体上对农村信息化建设问题进行归纳总结，揭示其规律，旨在促进我国农村信息化建设的有序高效发展。

大数据时代农村公共危机防控信息化建设需要明确的标准。大数据的内在特点之一就是“数据共享”，而“共享”的前提则是标准化。标准化是消除和规避“信息孤岛”“信息烟囱”现象的必然要求，是进行信息化建设的依据，也是进行绩效考核和管理控制的依据。刘玮副教授撰写的《大数据时代农村公共危机防控：信息化标准》既从“应然”视角通过文献资料分析了农村信息化标准体系建设的基本内容，又从“实然”视角通过实地调查,分析了农村信息化标准体系建设取得的成就和存在的问题，采取决策实验室分析法和受限因变量模型对当前影响我国农村信息化标准体系建设的内生性和外生性因素进行了综合分析和整理，探索相应对策。

大数据时代农村公共危机防控信息化建设要讲究绩效评价。著名的管理大师德鲁克曾明确指出：“你如果无法度量它，就无法管理它。”大数据时代农村公共危机防控信息化绩效评价不仅是一定阶段建设成效的显示，也是建设战略实施的导航系统、系统控制的仪表盘、建设过程管理的指示器。周晓迅博士、贺林波教授合著的《大数据时代农村公共危机防控：信息化绩效》针对我国大数据时代农村公共危机防控信息化绩效的理论基础、建设实践和目标建构等，进行了深入的文献研究和规范研究。同时，该书还以湖南省农村信息化建设绩效为例，从宏观与微观两个层面，采用计量经济研究方法，分别从影响绩效的内生变量与外生变量两方面，进行了严密的实证研究。

大数据时代农村公共危机防控信息化建设重在能力的提升。信息技术的发展和大数据的利用，为政府、社会和民众有效掌控农村公共危机信息提供了可能。而将“可能”变为“现实”的关键就在于大数据时代农村公共危机防控信息化能力建设。熊春林副教授撰写的《大数据时代农村公共危机防控：信息化能力》对大数据时代农村公共危机防控信息化能力进行宏观（SWOT）和微观（AHP）分析，结合我国农村信息化发展和农村公共危机防控的实际情况，提出了实现思维转变、完善建设机制、创新运行体系、加快技术研发、壮大人才队伍等强化大数据时代农村公共危机防控信息化能力建设的对策。

SARS事件、禽流感事件、汶川地震、天津港爆炸事件还历历在目，深圳工业园山体滑坡事件又近在眼前，这些公共危机事件告诉我们危机就在身边，加强公共危机防控已成为政府的常态化工作和社会各方的共同责任。农村是公共危机频发区域，同时又是防控的薄弱环节。聚焦大数据时代农村公共危机防控信息化建设，既是避免产生城乡新的“信息鸿沟”的需要，也是补齐公共危机防控领域“短板”的必然要求。我翻阅了“大数据时代农村公共危机防控信息化建设”系列五本著作，发现字里行间都倾注了作者们的责任感、热忱、心血和汗水。这五本著作逻辑上一脉相承，相辅相成，体现了系统性和整体性，同时，每本著作又自成特色，各有侧重点，呈现了内容上的丰富性。如前所述，大数据时代农村公共危机防控信息化建设是一项崭新的事业，同时又是在实践与理论上都亟待加强的薄弱环节，这就决定了这套著作的撰写是一项探索性的工作，也决定了这套著作难免存在缺点、不足、疏漏甚至谬误。作者们也曾因此而惴惴不安，然而我以为，毋论正误与功过，完成这样一项探索性的工作，哪怕作为引玉之砖、垫脚之石，那也是贡献，若能为理论界和实践部门提供些许建设性的意见和有益的启发，其功莫大焉！如何做到思想火花升华成系统理论，理论更好地服务于实践，路漫漫其修远兮，吾侪当共努力！

是为序。

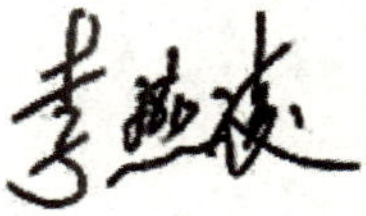

国家社科基金重大项目首席专家
湖南农业大学公共管理与法学学院院长

目　录

第 1 章　绪论 / 001

1.1 研究背景与研究意义 / 001
1.2 国内外研究动态 / 009
1.3 研究思路与方法 / 025
1.4 研究内容 / 026

第 2 章　核心概念界定与相关理论支撑 / 028

2.1 核心概念界定 / 028
2.2 相关理论支撑 / 046

第 3 章　大数据时代农村公共危机防控信息化能力结构分析 / 065

3.1 大数据时代农村公共危机防控信息化能力的形成机制 / 065
3.2 大数据时代农村公共危机防控信息化能力的构成要素 / 070
3.3 大数据时代农村公共危机防控信息化能力的层次结构 / 092

第 4 章　大数据时代农村公共危机防控信息化的 SWOT 分析 / 096

4.1 大数据时代农村公共危机防控信息化的优势 / 096
4.2 大数据时代农村公共危机防控信息化的劣势 / 107
4.3 大数据时代农村公共危机防控信息化的机会 / 116
4.4 大数据时代农村公共危机防控信息化的挑战 / 125

第 5 章　大数据时代农村公共危机防控信息化用户评价研究 / 135

5.1 评价指标的构建 / 135
5.2 调查设计与具体实施 / 141
5.3 模型构建与数据处理 / 150

5.4 评价结果及其分析 / 160

第 6 章 大数据时代农村公共危机防控信息化能力建设的对策与建议 / 168

6.1 加快思维转变，积极适应发展新形势 / 168
6.2 促进机制完善，形成良好的制度环境 / 175
6.3 重视体系创新，探寻高效的建设模式 / 182
6.4 加强技术研发，有效地突破技术屏障 / 190
6.5 壮大人才队伍，提供高水平人才保障 / 197

第 7 章 结束语 / 203

7.1 研究总结 / 203
7.2 研究局限 / 205

附录一 湖南农村农业信息化综合服务平台用户评价调查问卷 / 206
附录二 湖南农村农业信息化综合服务平台用户评价指标重要性调查问卷 / 208
附录三 用户样本的量表问题描述统计 / 211

参考文献 / 221

后记 / 242

第1章　绪　论

1.1　研究背景与研究意义

1.1.1　研究背景

“在发达的现代性中，财富的社会生产力系统地伴随着风险的社会生产[1]。”改革开放30多年来，现代性的触角迅速而深入地拓展到我国广大农村地区。我国农村社会生产力获得了极大解放和发展。《中国统计年鉴2015》数据显示，农民人均纯收入由1978年的133.6元增至2013年的8 895.9元。但农村社会生产力快速发展也伴随着利益分配不均、民主政治失范、思想道德滑坡、社会矛盾突出、生态遭到破坏等一系列问题，这些问题容易引发各种危机，从而使农村社会进入到了一个真正的“风险社会”。我们在享受“现代性”带来各种便利的同时，也“生活在文明的火山上”。正确面对风险社会，维护公共安全是农村社会发展与文明进步的前提条件。面对高度复杂且日趋常态化的农村公共危机，如何有效防控农村公共危机是当下公共管理理论和实务界必须关注和重视的一个重要课题。

风险社会的本质特征是“不确定性”，即对风险难以进行有效预测与控制[2]。当然，“风险”并不完全是不可预测和控制的。“风险的不可见性也可能被个体的经验——一颗树木的垂死征兆，在某个地区规划的核电站，有毒废料事故，媒体的有关报道以及类似的事件所打破，它们使人们对新的征兆、事件中有毒的残留物质等变得敏感起来[3]。”有效掌握危机信息，就有可能预测危机，从而降低风险和化解危机。从某种程度上说，人们对危机信息掌控的能力是危机防控能力的核心。如何让政府、民众等科学有效地掌控农村公共危机相关信息，提高对农村社会风险的认知能力和防范能力，是提升农村公共危机防控能力的关键所在。信息技术发展和大数据利用，为政府、社会和民众有效掌控农村公共危机信息提供了可能。

肇始于20世纪中期的信息技术革命，近年来日新月异，席卷全球，广泛而深入地传播到人类社会的各个方面。特别是信息技术革命的最新产物——大数据，开启了一次重

---

① [德]乌尔里希·贝克.风险社会[M].何博闻，译.南京：译林出版社，2004：15.

② 张春艳.大数据时代的公共安全治理[J].国家行政学院学报，2014（5）：100-104.

③ [德]乌尔里希·贝克.风险社会[M].何博闻，译.南京：译林出版社，2004：61.

大的时代转型[①]，带来了数据与信息处理方式的根本性变革。《大数据时代：生活、工作与思维的大变革》一书中有这样一个案例：2008年，谷歌公司根据美国人在其网站的搜索留下的5 000万条记录和指令，建立了一个系统。这个系统唯一关注的就是特定检索词条的使用频率与流感在时间和空间上的传播之间的联系。谷歌公司运用这个系统处理了4.5亿个不同的数学模型，以预测美国冬季流感的传播。结果显示，他们的预测与美国疾控中心数据的相关性高达97%。他们能判断出流感是从哪里传播出来的，而且判断非常及时，不会像疾控中心一样要在流感爆发一两周之后才可以做到。公共卫生机构根据谷歌公司的大数据处理系统，获得了2009年甲型H1N1流感非常有价值的数据信息，成功防控一场全球范围内的公共危机。“这是当今社会所独有的一种新型能力：以一种前所未有的方式，通过对海量数据进行分析，获得有巨大价值的产品和服务，或深刻的洞见[②]。”正是基于“大数据”的“大事实”已经成为一种时代特征，这给传统的农村公共危机防控实践带来了新的机遇与挑战。

面对席卷全球的信息化浪潮，我国积极主动地采取了应对措施，推进农村信息化建设。1986年，农业部组建农业部信息中心。1992年，农业部提出《关于加强农村经济信息体系建设的总体构想》。1994年，“国家经济信息化联席会议”第三次会议提出实施“金农工程”建设。自21世纪以来，我国进一步加快农村农业信息化建设步伐，农村信息化建设进入到一个全方位、多层次推进的阶段。2001年，农业部开始实施《“十五”农村市场信息服务行动计划》。2002年，科技部和共青团中央共同发起和启动“星火计划农村信息化青年科技行动”。2003年，中组部启动“农村党员干部现代远程教育工程”。2004年，工业和信息化部开始实施“村村通电话工程”。2005年，农业部开展“三电合一”农业信息服务试点项目建设。2007年，农业部发布《全国农业和农村信息化建设总体框架（2007—2015）》。2009年，科技部、中组部、工信部联合启动了国家农村农业信息化示范省建设。2011年，农业部颁布了《全国农业农村信息化发展“十二五”规划》。与此同时，2004—2015年的12个中央一号文件中都强调要加强农村农业信息化建设。经过近30年的努力，我国农村农业信息化建设取得了巨大的成绩，积累了宝贵的经验，以“三网”（互联网、电信网和广播电视网）为主体的信息化基础设施不断得到夯实，3G、物联网、云计算等现代信息技术在农村生产生活中开始示范应用，信息资源建设成效显著，“县有信息服务机构、乡有信息站、村有信息点”的农村信息化服务格局基本形成[③]。农村信息化建设的快速推进和成效显著，为运用大数据加

① [英]克托・迈尔－舍恩伯格，肯尼思・库克耶.大数据时代：生活、工作与思维的大变革[M].盛杨燕，周涛，译.杭州：浙江人民出版社，2013：9.

② [英]克托・迈尔－舍恩伯格，肯尼思・库克耶.大数据时代：生活、工作与思维的大变革[M].盛杨燕，周涛，译.杭州：浙江人民出版社，2013：3-4.

③ 李昌健，郭作玉，赵春江.主管官员解读农业农村信息化十二五规划[EB/OL]. http：//www.agri.gov.cn/V20/gw/zcfg/xgjd/201112/t20111227_2443945.htm，2011-12-23.

强农村公共危机防控信息化能力建设提供了前提条件和奠定了坚实基础。

大数据能够让人们掌握到前所未有的全面信息，为消除“不确定性”提供了真正的可能性。人们开始将大数据的这种作用应用于信息产业、交通运输、医疗卫生等领域，并取得了意想不到的效果。大数据在农村公共危机防控中也有着广阔的应用空间。然而，大数据时代农村公共危机防控信息化能力建设是一个崭新的课题。大数据时代农村公共危机防控信息化能力的基本内涵是什么，构成要素有哪些，形成机制是怎样的？大数据时代农村公共危机防控信息化能力建设的优势、劣势、机遇、挑战如何？怎样有效加强大数据时代农村公共危机防控信息化能力建设？这些都是大数据时代农村公共危机防控信息化能力建设在理论和实践上迫切需要解决的问题。

1.1.2 研究意义

大数据时代农村公共危机防控信息化能力建设是以规避农村社会风险和维护农村公共安全为价值目标，以农村信息化为基础平台，充分运用大数据对农村公共危机进行精准地预警、科学地应对、有效地恢复，实现农村公共危机科学、高效防控的过程。大数据时代农村公共危机防控信息化能力建设研究具有重要的理论价值和现实意义。

1.1.2.1 理论意义

1）拓展农村公共危机防控研究的领域

随着信息化、全球化和后工业社会加速发展，环境日趋多变，经济社会问题日益复杂，各类型突发公共事件的风险性与危害性日益凸显。仅凭传统决策模式已无法有效应对，以大数据、云计算、物联网等新一代信息技术为依托的智慧公共决策模式应运而生。智慧公共决策是以大数据驱动为核心，以新一代信息技术为支撑，以公共利益最大化为目标，具有全面感知、客观透明、实时连续、自主预置和多元共治等特征的一种全新公共决策模式①。以大数据为基础的智慧公共决策开始应用于许多领域的公共危机防控中，但目前还很少应用到农村公共危机防控中。信息化、大数据事实上正逐步渗透到农村社会治理和公共危机防控各个环节，农村公共危机防控能力提升需要信息化、大数据。

目前，我国正处在改革的攻坚阶段，由“摸着石头过河”的“浅水区”向“全面深化”的“深水区”改革进军，社会面临转型，产业面临升级，各种矛盾诱发各种危机，随时随处都可能产生。农村、农民由于处在相对弱势地位，城乡差距、干群关系、征地拆迁、土地流转、农民工就业创业等各种问题诱发的农村公共危机变得异常复杂和日益常态化。农村公共危机防控的系统性和综合性，要求建立完备的、智能的

① 胡税根，单立栋，徐靖芮.基于大数据的智慧公共决策特征研究[J].浙江大学学报（人文社会科学版），2015（3）：5-15.

防控体系加以应对。本书正是基于农村公共危机防控的现实需求，应用公共管理学、新闻传播学、情报学等相关学科的先进理论与技术，探索大数据时代农村公共危机信息分析的方法体系和农村公共危机防控信息化的具体途径，从而构建大数据时代农村公共危机防控信息化能力建设的理论框架体系，以此为相关公共管理部门提供决策依据。大数据时代农村公共危机防控信息化能力建设研究属于多学科交叉的前沿课题，是实现基于自动分析、智能分析的农村公共危机预警服务现实需要，突破农村公共危机防控局限于滞后信息分析、人工分析的传统理念，有助于丰富农村公共危机防控理论的内容，弥补我国公共危机防控信息化重城镇轻农村、重事后轻事前预警的不足，有助于促进农村公共危机防控能力研究的深入化、科学化和规范化，是对原有农村公共危机防控理论体系的创新和拓展。

2）构建农村公共危机防控现代化体系

自21 世纪以来，“非典”“禽流感”、南方冰冻等重大公共危机事件，引起了学界和业界对公共危机管理的重视和关注，使公共危机管理研究俨然成了一门“显学”。2006年初，国家颁布了《国家突发事件总体应急案例》和4个专项案例，逐步建立了以“一案三制”为核心内容的应急管理体系。“一案三制”也为农村公共危机建立防控机制提供了政策依据。在实际工作中，我国农村公共危机防控是在“一案三制”的指导下，由公共部门主导、社会民众和非政府组织共同参与的一系列活动。这是一项系统工程，需要大量的、即时的、精准的信息作为支撑。然而，以传统的信息收集、处理、传递为基础的农村公共危机防控体系，往往难以提供足够的、即时的、准确的信息支撑，因而导致危机预警工作一般很难取得预期效果。大数据正好是解决农村公共危机信息不对称问题的利器。运用大数据可以挖掘、分析与农村公共危机预警及后续处理相关信息，进而为农村公共危机预警提供信息化、智能化的支撑，促进农村公共危机防控现代化。

中共十八届三中全会通过的《中共中央关于全面深化改革若干重大问题的决定》将“完善和发展中国特色社会主义制度，推进国家治理体系和治理能力现代化”作为全面深化改革的总目标。作为一种新兴治理资源，大数据在推进国家治理现代化上具有广阔前景，利用大数据可以提升国家的智慧决策水平、公共服务能力和风险治理能力[①]。农村公共危机防控作为国家治理和社会治理的重要组成部分，也应该求真务实，与时俱进，实现体系现代化和能力现代化。为使大数据更好地服务于我国农村公共危机防控，本书以大数据为切入点，以信息化能力建设为关键，提出尽快将大数据提升到农村公共危机防控战略高度，加强顶层设计，统一部署农村公共危机防控大数据发展规划，整合公共部门的相关职能和信息化资源，建立大数据综合治理部门，打造政府信息化航母，

① 郭建锦，郭建平.大数据背景下的国家治理能力建设研究[J].中国行政管理，2015（6）：73-76.

加强政策引领和扶持，完善相关法律法规，引导民众、社会和市场积极、有序推进农村公共危机防控信息化能力建设，从而构建农村公共危机防控体系和防控能力现代化，适应国家治理体系和治理能力现代化的总体要求。

1.1.2.2 现实意义

1）有利于政府提高农村公共危机防控能力

改革开放30多年来，我国在经济建设和社会发展取得巨大成就的同时，社会矛盾和冲突加剧的种种隐忧日益凸显，贪求性、失控性开发所导致的各种灾害日益频发，各类公共卫生事件层出不穷①。这些灾害性和非灾害性事件在农村诱发为公共危机的可能性比过去任何时候都更具威胁。改善政府对农村公共危机防控是全面履行政府职能的迫切需要。早在中共十六大就提出，社会主义市场经济条件下我国政府的职能是经济调节、市场监管、社会管理和公共服务。近年来，我国政府在履职能力上有了很大提高，但是仍然强调经济调节和市场监管比较多，在农村的社会管理和公共服务显得比较薄弱。而能不能有效防控农村公共危机，能不能维护农村社会正常秩序，能不能保障群众的生命财产安全，这是检验政府执政能力的重要标志。农村公共危机防控能力，是政府进行社会管理的重要体现。

大数据时代农村公共危机防控信息化能力建设研究将有助于提升政府在农村公共危机防控中的预警能力、决策能力、资源整合能力、公关能力和执行能力。

（1）准确的预警能力。“宜未雨而绸缪，勿临渴而掘井。”能干的政府解决问题，精明的政府避免问题②。农村公共危机事态的生成由诸多复杂因素诱致，要对其进行准确预警必须掌握大量相关信息和处理技术。大数据时代农村公共危机防控信息化能力建设研究有助于政府相关部门利用大数据准确、充分、快速地收集、处理农村公共危机相关信息，实现农村公共危机防控信息化。

（2）科学的决策能力。政府的常态管理通常是与社会生活节奏同步的。而政府的危机管理则由于危机事件的突发性和急迫性，要求限定时间内的有效性③。大数据时代农村公共危机防控信息化能力建设研究有助于政府运用大数据思维和信息化手段对农村公共危机进行快速决策、非程序性决策、权变式决策、有限理性决策，从而有效遏制农村危机蔓延扩大，大大减少危机可能带来的损失。

（3）资源整合能力。农村公共危机防控有赖于政治、经济、人力、物力、智力、技术等各种资源的有效整合。大数据时代农村公共危机防控信息化能力建设研究有助于政府搭建农村公共危机防控信息平台，实现政府各部门“无缝隙”衔接，实现政府与社会、公众、非政府组织有效联动，为农村公共危机防控资源整合提供新思路和新途径。

---

① 黄健荣，胡建刚.公共危机治理中政府决策能力的反思与前瞻[J].南京社会科学，2012（2）：71-79.

② 周定财.前瞻型政府：公共危机治理的政府模式选择[J].上海行政学院学报，2011（1）：57-63.

③ 王浦劬.防治“非典”时期的政府双重管理问题分析[J].北京大学学报（哲学社会科学版），2003（3）：20-25.

（4）高效的公关能力。在农村公共危机中，信息化是一柄双刃剑，既可以用来对危机进行高效防控，又可能被别有用心的人用来造谣传谣导致危机迅速蔓延与扩大，造成恶劣影响。因此，通过相应的政府公关来消除这些间接影响是必不可少的环节①。大数据时代农村公共危机防控信息化能力建设研究有助于政府主动运用信息化手段和途径，在平时以及公共危机的不同阶段开展政府公关活动，与公众进行沟通互动和协调合作，让公众在参与、合作中全程了解农村公共危机信息，避免谣言传播。这样可以增强公众对政府的信心，缓和公众紧张情绪，减轻危机冲击，维护社会稳定②。

（5）强大的执行能力。通过大数据时代农村公共危机防控信息化能力建设，政府能够建立健全各部门之间的信息共享机制，在农村公共危机的事前、事中和事后，既能够加强统一领导和行动，又能够有效监管各部门的职责，有效问责，从而提升政府在农村公共危机中各项政策和措施的执行能力。

2）有利于夯实农村社会和谐稳定基础

当前，我国经济社会改革和发展正处于攻坚阶段。根据中华人民共和国统计局发布的数据，2000年，我国人均GDP（7 858元）超过1 000美元，在突破“贫困陷阱”后，很快会奔向1 000美元至3 000美元的“起飞阶段”，2007年，人均GDP（20 169元）成功超过3 000美元。世界银行《东亚经济发展报告（2006）》指出，一个新型发展中国家人均GDP在3 000美元左右，其快速发展中积聚的矛盾将集中爆发，自身体制与机制的更新进入临界。20世纪以来，除了韩国、新加坡等极少国家在人均GDP上成功突破15 000美元，进入发达国家行列以外，东南亚和拉丁美洲的发展中国家在这一阶段由于难以克服自身经济社会发展的矛盾，或者无法抵制外部冲击，经济增长回落或长期停滞，陷入所谓的“中等收入陷阱”。按照世界银行的标准，2013年我国人均GDP（41 098元）超过6 500美元，已经进入中等收入偏上国家的行列。但是，我国同时面临前所未有的收入分配差距拉大、区域发展不平衡、腐败渎职现象严重、就业压力加大、“三农”问题突出等社会矛盾。而这些矛盾在农村常常表现得更为突出，也容易引发各种突发事件和危机，导致农村社会发展不和谐、不稳定。

中国经济发展极在城市，中国社会稳定器在农村③。消除农村社会不稳定因素，切实维护社会安定团结，是我国创造出更大的经济和社会发展奇迹，实现中国梦的基本前提。大数据时代农村公共危机防控信息化能力建设研究将有助于农村社会宏观调控、社会矛盾疏导和社会凝聚力增强。

（1）推动社会宏观调控，提高社会管理能力。经济发展有冷有热，需要进行经济宏观调控，社会发展也经常会出现各种不协调、不和谐的问题，需要进行“社会宏

① 童星，张海波.群体性突发事件及其治理——社会风险与公共危机综合分析框架下的再考量[J].学术界，2008（2）：35-45.

② 廖业扬.论政府公共危机治理能力的再造[J].广西民族大学学报（哲学社会科学版），2011（4）：113-117.

③ 贺雪峰.农业问题还是农民问题？[J].社会科学，2015（6）：64-77.

观调控”[①]。通过加强大数据时代农村公共危机防控信息化能力建设，政府能够建立社会舆情汇集和分析机制，即时监测、科学分析和准确掌握农民满意度、信心指数、价值观变化、行为取向等情况，不断改进工作方式，更好地服务广大人民群众；能够建立健全农村公共危机防控体系和机制，运用现代信息技术驾驭大数据，构建综合、快速、高效、精准的农村公共危机防范、预警、处理系统，科学、高效地处理重大灾情、重大疫情、重大险情、突发大规模群体事件，形成新型农村公共危机防控机制，从而提高农村社会管理能力。

（2）加强社会矛盾疏导，有效化解社会矛盾。当前，我国农村社会矛盾大多属于人民内部的矛盾。但利益是刚性的，在资源和财富有限的情况下，一些人获得了利益，一些人就失去利益。在社会转型的今天，农村中自发的、零散的、轻微的利益矛盾如果不能得到及时解决，常常会化成自觉的、有组织的、严重的群体性对抗，推动矛盾摩擦不断加大、强度不断增大、范围不断扩展。通过加强大数据时代农村公共危机防控信息化能力建设，政府能够通过信息平台，了解农民的不满，找准矛盾的症结，综合运用政策、法律、经济、行政等手段和教育、协商、调解等方法，正确、快速、高效地疏导、处理人民内部矛盾，维护农村社会稳定。

（3）加强农民素质教育， 增强社会凝聚力。社会和谐不仅要建立有效的利益平衡和协调机制，还需要社会成员对社会所倡导的主文化的价值观念、道德观念能够认同[②]。通过加强大数据时代农村公共危机防控信息化能力建设，政府能够通过信息平台对农民进行文化素质、公民意识和道德素质的教育，促使农民对“富强、民主、文明、和谐、自由、平等、公正、法治，爱国、敬业、诚信、友善”社会主义核心价值观的认同，以正确方式和合法途径面对、处理农村社会中的各种矛盾。

3）有利于促进“四个全面”战略落实

当前，我国经济社会发展进入到新常态。认识新常态、适应新常态、引领新常态，是当前和今后一个时期我国经济社会发展的逻辑起点。新常态需要新战略、新举措。以习近平同志为总书记的党中央从坚持和发展中国特色社会主义全局出发，科学统筹新的伟大事业、新的伟大工程和新的伟大斗争，提出并形成了全面建成小康社会、全面深化改革、全面依法治国、全面从严治党的战略思想和战略布局。全面建成小康社会，是指在建设内容上全面推进经济、政治、文化、社会、生态文明“五位一体”建设，在惠及对象上全面覆盖社会各个群体。全面深化改革，注重从经济基础和上层建筑的方方面面调整完善政策制度，以创新思维推进国家治理体系和治理能力现代化。全面依法治国，着眼建设社会主义法治国家，致力于科学立法、严格执法、公

① 中国社会科学院课题组.努力构建社会主义和谐社会[J].中国社会科学，2005（3）：4-17.

② 朱力.对“和谐社会”的社会学解读[J].南京社会科学，2005（1）：46-53.

正司法、全民守法，形成完备的法律规范体系、高效的法治实施体系、严密的法治监督体系。全面从严治党，立足于推进新的伟大工程，把党全方位地管好治好，不断增强党在治国理政中的凝聚力、决策力、整合力和驾驭力①。当然，“四个全面”战略布局不是简单的并列、平行关系，而是一个辩证统一、有机联系的整体②。全面建成小康社会目标引领全面深化改革、全面依法治国、全面从严治党三大举措，全面深化改革、全面依法治国、全面从严治党三大举措为全面建成小康社会目标实现提供动力源泉、法治保障和政治保证。

“四个全面”本质上是治国理政整体推进的体系建构，包含了当前时期推动国家治理现代化发展的基本支柱③。真正实现“四个全面”，推动国家治理体系的整体建设，必须关注占中国人口大多数的农民的利益诉求和具体需求。没有农村的“四个全面”，就不是真正“四个全面”的实现，不是治国理政的整体推进。大数据时代农村公共危机防控信息化能力建设，有利于促进“四个全面”战略在农村的落实。

（1）有利于农村推进全面深化改革。社会矛盾和社会力量构成了全面深化改革的动力。直面社会矛盾，依托人民群众的公共诉求和公共行动才能推动全面深化改革。2015年的中央一号文件，围绕增添农村发展活力，提出进一步全面深化农村改革，涉及农村经营方式、农业政策补贴、农村社会治理、农村法治建设等关切农民利益的各个方面④。大数据时代农村公共危机防控信息化能力建设，能够推进农村信息化，建立健全农村信息化公共服务平台，让广大农民平等参与改革发展进程，引导农民有序、合理、合法地表达自己的利益诉求，有助于化解农村社会矛盾和维护公共安全，有助于壮大农村全面深化改革的力量，从而使农村经济社会发展焕发出新活力。

（2）有利于农村落实全面依法治国。2015 年一号文件提出，必须加快完善农业农村法律体系，善于运用法治思维和法治方式做好“三农”工作⑤。大数据时代农村公共危机防控信息化能力建设，有助于各级政府依托农村信息化公共平台，引导广大农民参与立法、守法的过程，维护广大农民的合法权益，促进广大农民知法、懂法、用法，促使农村基层干部和广大农民以法治思维和法治方式处理各种问题，使依法治国在农村得到良好实现，从而减少或避免农村群体性事件的发生。

（3）有利于农村加强全面从严治党。农村基层党员干部的腐败，严重损害了党和政府在农民心目中的形象。十八大以来，党中央的反腐决心和行动，让老百姓大快人心。但是由于反腐机制的局限和力量的有限，对农村基层反腐显得鞭长莫及，很难让农民真

① 章传家.论“四个全面”的里程碑意义[N].光明日报，2015-07-28.

② 黄坤明.深刻理解“四个全面”的重要意义[J].求是，2015（13）：7-11.

③ 任远.“四个全面”是治国理政整体推进的体系建构[N].光明日报，2015-07-15.

④ 赵阳，王宾.全面深化农村改革 激发农村发展新活力[J].中国发展观察，2015（2）：5-6.

⑤ 本刊特约评论员.全面深化农村改革加快实现农业农村新发展[J].价格理论与实践，2015（2）：1.

切感受到反腐带来的公共红利。防治腐败，不仅要打老虎，也要打苍蝇和蚊子。实现普通农民对村干部行使权力的有效制衡，确保农民享有知情权、参与权和监督权，是防治农村基层腐败和维护农民利益的基本条件①。大数据时代农村公共危机防控信息化能力建设，有利于农民通过村、乡（镇）电子政务平台实现民主选举、民主决策、民主管理、民主监督，避免长期外出务工而无法实际有效地享有村民自治的权利；有利于规范村“两委”职责和村务决策管理程序，消除将“将权力关进制度笼子”的技术障碍。

（4）有利于农村全面建成小康社会。全面建成小康社会，最艰巨最繁重的任务在农村地区②。为实现全面建设小康社会奋斗目标，推进农业现代化，加快新农村建设，形成城乡经济社会发展一体化新格局，是今后一个时期农业农村发展的新任务③。大数据时代农村公共危机防控信息化能力建设，有助于加大对农村信息化建设投入，推动城乡公共资源均衡配置，帮助农民缩小与城镇居民的信息化差距，共同享受信息化革命和发展带来的成果；有助于农民利用信息化手段接受农业科技服务以及农业生产、经营、加工、销售等社会化服务，以信息化促进农业生产经营专业化、标准化、规模化、集约化，从而快速推进农业现代化；有利于农村以公共危机防控信息化为契机，为促改革、调结构、稳增长、惠民生、防风险提供条件保障，朝着“生产发展、生活宽裕、乡风文明、管理民主、村容整洁”新农村的要求不断前进，最终实现经济繁荣、设施完善、环境优美、文明和谐的新农村的目标，全面建成小康社会。

1.2 国内外研究动态

1.2.1 国外研究动态

西方学者对公共危机的研究已经有一百多年了，在理论上成为全世界公共危机研究的开拓者和引领者，在实践上形成了行之有效地覆盖城市和农村的公共危机应对机制。笔者以“emergency/hazards/crisis/disaster+information or big data”“rural+emergency/hazards/crisis/disaster management+ information or big data”“rural+informatization”为标题，分别在Science Direct 数据库、Academic Source Premier数据库和PQDD欧美硕博论文数据库进行检索和资料收集，同时查阅国外“大数据”“农村信息化”“公共危机”“风险社会”等方面著作，与本研究密切相关的研究文献主要有以下几个方面。

① 张晓山.全面深化改革，构建新型城乡关系——从社会主义新农村建设到新型城镇化[J].学习与探索，2014（1）：86-101.

② 曲青山.“四个全面”战略布局是党治国理政的“牛鼻子”[N].光明日报，2015-07-13.

③ 宋洪远，赵海，徐雪高.从积贫积弱到全面小康——百年以来中国农业农村发展回顾与展望[J].中国农村经济，2014（1）：4-16.

1.2.1.1 公共危机防控信息化的意义研究

自20世纪后半期以来，随着信息化席卷全球，西方学者率先开展信息化在公共危机防控中的作用研究。信息化在农村公共危机防控中是一柄双刃剑，既可以高效消除危机，又可以迅速放大危机。David Easton[①]（1965）指出，在高风险社会中，信息依托各种渠道快速流动，不同社会群体利用各种信息化媒介搭建的平台不断放大自己的利益诉求，最终导致公共危机。对此，建构（重构）媒介的运作模式，规范信息传播，避免或消除无处不在的不确定性，不仅是必要的，而且是必须的。罗杰・E・卡斯珀森[②]（1988）认为，灾难事件与心理、社会、制度、文化存在不同的交互作用方式，不同的方式或加强或消减人们的风险感知和风险行为，这些行为导致的各种后果甚至超过危机的直接影响。科学运用信息化手段可以改善灾难事件与心理、社会、制度、文化的交互作用方式，从而降低公共危机的次生影响和危害。阿兰・艾特克森[③]（Alan AtKisson，1999）指出"不能有效地传递信息导致灾难"。保罗・斯洛维克[④]（Paul Slovic，2000）提出了"信号价值"的概念，并获得四个主要发现，即①公共危机中负面事件（信任遭破坏）比积极事件（信任的建立）更显而易见；②危机应对中，负面事件显得比积极事件更重要；③或许是人类心理固有的特性，人们在危机中常常认为坏消息（信任遭毁）的来源似乎比好消息的来源更可信；④危机中，人们一旦产生不信任，就会朝更严重的方向发展，从而产生永久的不信任。运用信息化手段及时、公开、透明、科学发布危机信息，可以把握危机防控的主动权，帮助政府与民众、各利益群体之间建立"信任"。Barbara A. Bardes 和Robert W. Oldendick[⑤]（2000）研究指出，美国政府利用信息化技术和手段对社会舆情进行精准地监控，提高了政府部门工作效率，有效规避了社会风险和公共危机。Nimmo[⑥]（2001）认为，正确利用信息化进行有效信息沟通，不仅可以化解或减缓危机，甚至使政府赢得比危机发生前更为正面的声誉。Kent和White（2003）[⑦]，在网络媒体深度介入危机事件发展的背景下，具有交互性质的网络媒体在未来必将成为一种最有效的危机信息沟通工具，辅助政府应对危机。对此，政府在危机防控中必须注意运用信息化工具和手段，提升危机防控信息化能力。Syd Zafarllyas和John Sheffield[⑧]

---

① David Easton.A Frame work for Politieal Analysis[M].Englewood Cliffs，N.J.：Prentices-Hall，1965.

② [英]谢尔顿・克里姆斯基，多米尼克・戈尔丁.风险的社会理论学说[M].徐元玲，孟毓焕，徐玲，等，译.北京：北京出版社，2005.

③ Alan AtKisson. Believing Cassandra： An Optimist Looks at a Pessimist' s World[M].White River Junction， VT： Chelsea Green， 1999， pp.22-23.

④ Paul Slovic. The Perception of Risk， London： Earthscan， 2000， pp.320-323.

⑤ Barbara A.Bardes&Robert W.Oldendick. Public Opinion：Measuring the Amercian Mind[J].Wadsworth， 2000：30-37.

⑥ Nimmo Dan D，Sanders. Handbook of Politica Communication[M]. Beverly Hills，Keith R.CA：Sage. 2001.

⑦ Kent， M. L.， M. Taylor and WJ. White， The Relationship Between Website Design and Organizational Responsiveness to State holders[J]. Public Relations Review， 2003， 29（1）; 63-77.

⑧ Syd Zafar IIyas，John Sheffield. Awareness and acceptability of hydrogen vehicles：A public opinion.Int Hydrogen Energy（2007），doi：10.1016/j.ijhydene，2007-03：17.

（2007）认为，政府应该保障公众对事件的知情权，运行信息化平台及时、精准地发布事件的权威信息，有利于树立政府公信力，政府制定的事件处理政策容易得到公众认同，从而保证政策有效贯彻，消除或最大限度地减少危机的损害。Timothy和G. Madey[①]（2011）设计和实现一个基于主体的仿真应急反应和危机管理系统，从中发现高效的危机信息管理在危机管理中占有非常重要的地位，而良好的信息化能力是实现危机信息高效管理的基础。

1.2.1.2 公共危机防控信息化的运用研究

信息化肇始于美国，率先在西方发达国家得到广泛应用。西方学者利用其得天独厚的优势将信息化应用于公共危机防控研究中。Robert Heath[②]（1998）研究危机管理者如何积极运用现代信息技术搜集、分析和传播危机信息，以高效完成事实调查、深入分析、控制损失、加强沟通等众多任务。Barbara A. Bardes 和Robert W. Oldendick[③]（2000）研究了美国政府如何利用信息化技术和手段构建社会舆情系统，以快速、及时、精准地获取社会舆情数据，为政府部门危机防控政策提供情报支持。Theodore[④]（2001）研究危机事件的管理者如何转变危机信息管理的传统思维，以信息化思维构建一种由手机、互联网等多种渠道相结合的多维危机信息传播体系，全方位、多层次、宽领域地满足公众的信息需求，提高危机防控效能。Coombs W.Timothy[⑤]（2002）从传播学的角度将危机公共关系称为危机管理或危机传播，充分利用互联网等现代信息技术，通过网络平台促使政府公关部门与公众进行及时、诚恳的交流与沟通，以营造稳定、协调和融洽的环境，保证危机防控措施有效实施。Eirinaki等[⑥]（2003）挖掘web使用记录数据，运用多个数据模型进行分析，找出关键变量，构建危机预警模型，以此监控网络舆情，探讨危机防控信息化的具体路径。Kaye和E. Metzgar[⑦]（2007）研究指出，在信息化时代背景下，依靠单个信息渠道发布预警信息，很难引起公众的普遍关注。公众常常会通过多种渠道求证危机预警信息。对此，他们以博客为例，研究处于危机状态下的公众如何通过多种信息化工具接收、认同、传播危机信息。Marcia[⑧]（2007）对美国Katrina飓风灾难和东南亚海啸的具体研究，则验证Kaye和E. Metzgar

① Timothy， S. and G. Madey. Design and Implementation of An Agent-Based Simulation for Emergency Response and Crisis Management[J]. Journal of Algorithms & Computational Technology， 2011（5）： 601-622.

② Robert Heath.Nealing with the complete crisis the crisis management shell structure[J].sarety science， 1998（30）：49-73.

③ Barbara A.Bardes&Robert W.Oldendick. Public Opinion：Measuring the American Mind[J].Wadsworth， 2000：30-37.

④ Theodore， M. and A. Debecker， Chaoslike states can be expected before and after logistic growth[J]. Technological Forecasting&Social Change， 2001（41）：111-120.

⑤ Coombs W.Timothy.危机管理与传播[M].林文益，郑安凤，译.台北：风云论坛出版社，2002.

⑥ Eirinaki Mvazirgiannis M.web Mining for Web Personalization [J].ACM Transactions on Internet technology，2003，3（1），12-13.

⑦ Kaye， D.， S. Weetser and E. Metzgar， Communicating during crisis： Use of blogs as a relationship management tool[J]. Public Relations Review， 2007，33（3）： 340-342.

⑧ Marcia， R，Natural disaster management planning： A study of logistics managers responding to the tsunami [J]. International Journal of Physical Distribution and Logistics Management， 2007，37（5）： 409-433.

关于处于危机状态下的公众会对预警信息的求证会采用多种渠道的结论。Helsloot和Ruitenberg①（2008）根据已有的研究文献和危机事件案例，从危机的属性、受众的社会定位等方面入手，定性分析网络环境下危机信息对不同社会群体的影响及其程度，以此探讨危机防控信息化的关键环节以及如何有效把控。Martens等②（2008）从技术角度，利用单一粒度的观点挖掘算法监控网络舆情，研究网络舆情热度的运算法则和构建网络舆情的分析模型，对潜在的公共危机进行预测、预警和防控。Fiona等③（2009）从信息发出者与信息接收者的影响因素入手，构建了一个在网络环境中危机信息传播的模型，研究网络环境中危机信息传播的特征、影响因素等，以此探讨网络环境中危机信息管理策略。Mervyn④（2009）在研究信息化背景下的危机信息管理中，将危机中的信息沟通与归因理论相结合，以公众应对石油泄漏事故为案例，分析信息化在情境危机沟通中的因果关系，为危机防控信息化决策提供依据。Coombs⑤（2010）则运用归因理论研究危机信息沟通机制，建立一个不同对象的危机信息沟通模型，以研究危机沟通的外部信息化环境对危机防控管理的影响。

1.2.1.3 农村公共危机防控的信息化能力评价研究

国外学者对农村公共危机防控的信息化评价研究主要从农村信息化水平和农村公共危机防控体系研究展开，并实现两者融合。良好的信息化水平是农村公共危机防控信息化的基础。宏观上，国外学者主要采用知识产业宏观测度方法（F. Machlup，1962）⑥、波拉特方法（Porat，1977）⑦、信息化指数法（小松崎清介，1965）⑧、联合国信息利用潜力评价（H.Borko、N.J.Menou，1982）⑨等方法评价农村信息化水平；微观上，国外学者采取多元Logit模型（Batte⑩，1990；Amponsah⑪，1995）、泊松回归模型（Mishra⑫，

① Helsloot，L and A. Ruitenberg，Citizen response to disasters：a survey of literature and some practical implications[J]. Journal of Crisis andContingencies Management，2008，12（3）：98-111.

② Martens D.Brutnseels L Baesens Bet al.Predicting going Concern Opinion with Data Mining[J].Decision Support Systems.2008，45（4）：765-777.

③ Fiona，D. and B.Linda，Constructing a model of effective information dissemination in a crisis[J].Information Research，2009，（3）：178-184.

④ Mervyn，F.M.，Public’s Responses to an oil spill accident：A test of the attribution theory and situational crisis communication theory [J]. Public Relations Review，2009，35（3）；307-309.

⑤ Coombs W.T. Ongoing crisis communication：Planning，managing and responding[J]. California：SAGE Publications，2010（7）：293-305.

⑥ F．Machlup The production and distribution of knowledge in the United States[M].Princeton：Princeton University Press，1962.

⑦ Porat M U. The information economy：Definition and measurement［EB/OL］. www. eric. ed. gov/PDFS/ED142205.pdf，2012-03-01.

⑧ 刘世洪.中国农村信息化测评理论与方法研究[D].北京：中国农业科学院博士论文，2008：30-31.

⑨ 刘世洪.中国农村信息化测评理论与方法研究[D].北京：中国农业科学院博士论文，2008：31-32.

⑩ Batte M T，Jones E，Schnitkey G D. Computer use by Ohio commercial farmers[J].American Journal of Agricultural Economics，1990，72（4）：935-945.

⑪ Amponsah W A. Computer adoption and use of information services by North Carolina commercial farmers[J].Journal of Agricultural and Applied Economics，1995，27（2）：565-576.

⑫ Mishra A K，Park T A. An empirical analysis of Internet use by U. S. Farmers[J].Agricultural and Resource Economics Review，2005，34（2）：253 -264.

2005）、技术接受模型（Adrian[①]，2006）、Logistic模型（Grisham[②]，2011）等方法评价农民利用信息化获取信息的能力及其影响因素。同时，国外学者从危机防控效果对农村公共危机防控信息化能力进行评价。Tiedemann[③]（1992）利用计算机技术，运用灾害概率函数对洪水、风暴、地震等自然灾害进行风险评估。美国 Wilhite[④]（2000）从风险评价和管理理论两方面对美国旱灾进行深入研究，制定一个包含10个步骤的干旱应急预案，并对该方案的可行性和有效性进行评价，获得预期效果。此方案成了美国联邦政府干旱应对策略的重要组成部分。Savenije[⑤]（2000）依据信息技术对干旱灾害进行监控，及时、准确发布相关危机信息，使得美国政府和社会各界人士愈发重视预防旱灾及其引发的危机；其依据监控信息制定的以风险管理为主要基础抗旱预案被政府采纳，有效地指导美国的抗旱工作和避免或减少美国因旱灾引发公共危机。A.Zerger 等[⑥]（2002）在洪灾预警问题研究中，应用GIS（地理信息系统）技术建立数字高程模型，以此模型评价风险管理决策的有效性。内布拉斯加所[⑦]（2004）建立了AGNET模型，并在美国中西部6个州的危机预警中得到应用，以此为基础能够更加科学地实现区域社会管理。联邦政府多次将此方法运用社会决策的实践中，并获得良好的效果。日本十分重视研究洪涝干旱等自然灾害的风险评估和管理，在全国建立起了统一的预报与信息传递网络系统，依据该系统在旱灾损失评估、风险评价和综合减灾对策等方面研究和实践上取得了巨大成就，成为全世界灾害危机防控最有效的国家之一[⑧]。Sinclair等[⑨]（2012）以北美和新西兰为研究对象，通过问卷调查政府危机管理组织对地方政府的应急培训和演练效果进行评估的指标体系、方式方法等，并进行比较分析。Vasavada[⑩]（2013）以印度古吉拉特邦为研究对象，采用社会网络分析工具，通过网络、访谈等途径获取数据，对印度古吉拉特邦灾害管理网络进行评估并分析其影响因素。作为骨痛热（登革热）高发的新加坡，利用地理定位服务（GPS）技术对各个区域进行监测，在此基础上利用数学模型对

---

① Adrian A． Factors influencing adoption and use of precision agriculture[D].Auburn： Auburn University，2006.

② Grisham E，Gillespie J． Record-keeping technology adoption in the Louisiana dairy industry［EB/OL］． http：// ideas． repec． org/plags/saeasm/34975． html，2011-01-14.

③ H. Tiedemann. Disaster Prevention and Mitigation： Some Prerequisites[J].Disaster Prevention and Management， 1992， 1（1）： 11-29.

④ Wilhite DA，Hayes MJ.Planning for drought：moving from risk to risk management[J].Journal of American water Resources Association，2000，36（4）：697-710.

⑤ Savenije H H G.Water scarcity indicators：the deception of numbers[J].physics and Chemistry of the Earth（B）， 2000，25（3）：199-204.

⑥ A.Zerger，D. I.Smith，G. J.Hunter，S. D.Jones. Riding the storm：a comparison of uncertainty modeling techniques for storms urge risk management[J].Applied geography，2002，（22）：307-330.

⑦ 本刊记者.全球化条件下的和谐社会研究——鲍宗豪教授访谈[J].国外理论动态，2005（7）：1-4.

⑧ 张继权，冈田宪夫，多多纳裕一.综合自然灾害风险管理[J].城市与减灾，2005（2）：2-5.

⑨ H. Sinclair， E.E. Doyle， D.M. Johnston， et al. Assessing emergency management training and exercises[J]. Disaster Prevention and Management，2012，21（4）：507-521.

⑩ T. Vasavada. Managing Disaster Networks in India[J].Public Management Review， 2013， 15（3）： 363-382.

不同区域的发病概率进行预测，并不断进行改进，从而提高疾病防控效果[①]。

1.2.1.4　农村公共危机防控信息化能力提升研究

如何提升农村公共危机防控信息化能力，国外学者从不同角度提出了相应的策略。第一，从新闻传播学提出相应对策。JH.G.Gedamer[②]（1975）指出，大众媒介是危机传播的重要平台和参与危机事件的重要社会力量。基于这一基本事实，必须确保大众媒介的传播自由、接入性、监控和问责的统一，协调公众利益与私人利益、传播自由和权利义务，保证公众高度且普遍分享传播资源，从而提高公共危机防控能力。Bardoel，J.L.H[③]（2001）对媒介的责任（我们应该期望媒体人回应什么样的社会需求?）和责任性（社会将如何要求媒体人就赋予他的责任的完成情况做出说明）作了区分。在公共危机防控中，社会对媒介赋予义务与期望，媒介应该履行社会责任和回应公共心声。McQuail[④]（2005）提出，从政治问责性（political accountability）、市场问责性（market accountability）、公共问责性（public accountability）、职业问责性（professional accountability）规范媒介行为，从而加强农村公共危机防控。Ken Durham[⑤]（2003）对Calms市危机防控研究后指出，危机预警的有效实用方式是综合运用信息技术手段和传统手段才能有效应对多种灾害，其中，信息技术手段成为监测、预警、处理风险的主要手段，可以有效降低事件对社会和环境的不利影响。第二，从危机管理演变过程提出相应对策。Amanda与Maria[⑥]（2007）以美国的两次飓风“丽塔”和“卡特里娜”为例，对政府、民众、社会组织等在危机的事前、事中、事后各个阶段信息行为进行研究分析，总结不同主体在危机不同阶段的信息行为特点，以此提出危机信息管理相关策略，提升公共危机防控信息化能力。第三，从危机信息管理提出相应对策。Sherif Kamel[⑦]（2001）强调信息决策支持系统在危机信息管理中具有重要作用，对此，他提出利用传统手段和现代信息手段建立危机信息决策支持系统（DSS），为公共管理者提供重要的实践支持，提升危机防控的有效性。Zachary Sheaffer与Rim Negrin[⑧]（2006）在深入研究公共危机管理后，指出充分利用信息化技术将离散化、碎片化的危机信息进行有效整合，建立危

---

① 马亮.大数据技术何以创新公共治理？——新加坡智慧国案例研究[J].电子政务，2015（5）：2-9.

② JH.G.Gedamer.Ruth and Method[M].NewYork，Seabury Press，1975.

③ Bardoel，J.L.H..（2001）OPen Media，OPen Soeiety.Rise and fall of the Duteh Broad cast Model：A Case Study [M]// Y.N. Zassourski，E.Varnova（eds）.Media for The OPen Soeiety[M].Moseow：Faeulty of Joumialism/Pulisher IKAR，2001.

④ McQuail，D..McQuail’s Mass Communication Theory，4th edn[M].Lodon：Sage，2005.

⑤ Ken Durham.Treating the Risks in Cairns[J].Natural Hazards，2003，（30）：251-261.

⑥ Amanda，H. G. M. Fontenot and K. Boyle，Communicating during times of crises：An analysis of news releases from the federal government before，during，and after hurricanes Katrina and Rita[J]. Public Relations Review，2007，33（2）：217-219.

⑦ Sherif，K. Using DSS for Crisis Management[M]. American：Idea Group Publishing，2001.

⑧ Sheaffer，Z. and R. M. Negin. Executive’s Orientations as Indicators of Crisis Management Policies and Practices[J]. Journal of Management Studies，2003（5）：573-606.

机信息化管理系统，决策者能够凭借此系统有效应对危机。Xifra和Huertas[①]（2008）认为，信息化技术发展产物——博客在危机中能够发挥劝诱和提供信息的功能，加强对博客的引导与管理，获取博客意见领袖的支持，对于危机舆情引导和危机信息沟通具有相当重要的影响。第四，从信息技术研发角度探讨危机防控信息化能力提升。“9.11”事件之后，西方国家加大对国家安全与社会安全信息化技术研发工作和财政投入。2002年美国颁布“国土安全国家战略（National Strategy for Homeland Security）”报告，该报告提出加强信息化技术在国家安全中应用，提升危机信息化防控能力。美国国家基金会（WSF）在2003年宣布，对信息技术在国家安全中的研究予以强制性资助。相关资助中最著名的当属DARPA提出的TIA （Total/Terrorism Information Awareness）计划[②]。美国凭借其对互联网信息技术的掌控，开展许多类似研究及其成果应用，大大提升了其危机信息化防控能力。英国科波拉软件公司、Autonomy公司也纷纷研发网络舆情分析软件，不仅被政府部门用于公共危机防控，而且也被许多大公司用于了解民意和企业危机防控[③]。信息技术突破已成为公共危机防控信息化能力提升的重要途径。

1.2.1.5 大数据与农村公共危机防控信息化研究

西方国家在理论上加强研究，在实践上采取多项措施，以大数据促进农村公共危机防控信息化上一个新台阶。在危机事前准备阶段，西方国家从管理和设施上为大数据应用进行相应准备。在管理层面设立专门组织和培训专业人员。美国政府在2009 年任命了联邦政府首任首席信息官，他与首席技术官紧密合作，负责信息技术的投资政策和战略规划，确保在联邦政府整个信息系统互通互联、有效共享，同时推进总统有关大数据应用的战略设想[④]。英国提出，相关部门必须重视大数据管理，组建“大数据化”组织，任命“大数据”监督官，加强专业技术人员即数据分析官培训[⑤]。在设施上，通过数据平台共享、“物联网”等技术实现数据的收集。2005年，美国国家数据浮标中心对20世纪60年代建立的海浪检测系统进行了“大数据”升级，在原有设备的基础上架设了大量新型海洋地理传感器，获取大量数据，对海浪进行实时、精准监测，使预防风暴和海浪袭击的精准性大大提高[⑥]。谷歌公司设计人员根据不同地区的人在谷歌搜索的流感相关关键词设计了“谷歌流感趋势”系统。美国公共卫生部门

---

① Xifra，J. and A. Huertas. Slogging PR： An Exploratory Analysis of Public Relations Weblogs[J]. Public Relations Review，2008，34（3）：269-275.

② Wu，B.，B. Ran and Y. Qi. Design and implementation of SOA-based integrative tools for network analysis and visualization[J]. Journal of Harbin Institute of Technology（New Series），2008（4）：32-36.

③ 张一文.突发性公共危机事件与网络舆情作用机制研究[D].北京：北京邮电大学博士论文，2012：23.

④ Office of the Press Secretary of The White House： President Obama Names Vivek Kundra Chief Information Officer，2009，Washington D. C.

⑤ Neil Couch，Bill Robins. Big Data for Defence and Security[EB/OL].https： / /www.rusi.org /downloads /assets /RUSI_BIGDATA _Report_2013.pdf.

⑥ Landry Bernard，Bill Birkemeier，Richard Bouchard，et al.A National Operational Wave Observation Plan[EB/OL].www.ioos.noaa.gov /library /wave_plan_final_03122009.pdf.

2013年1月13日依据该系统发布了流感发生地区预警，被预警的波士顿有700例流感得到确认，该地区被宣布进入公共健康紧急状态[①]。在阿富汗反恐作战中，英美利用图像处理技术、多源数据融合技术和可视化技术对原有数据进行充分挖掘，获得有价值情报，以此打击恐怖分子。[②]在危机应对阶段，西方国家应用大数据为政府、第三方组织或个人开展应急响应提供很大便利。美英等国利用大数据决策支持系统，在突发事件发生时，能即时协调交通、医护、警务、市政基础设施等部门，帮助它们无缝衔接和有效沟通，为应对公共危机提供充足的物力资源、及时的导航信息和必要的建筑图纸等。美英等国同时利用大数据系统及时发布危机信息。2009 年5月，美国爆发杰苏斯塔大火（Jesusita Fire），许多组织和个人利用谷歌的“我图”（My Maps）服务迅速建立了自发式地图站点，共有27个自发式在线网站。政府将不断出现的自发式地理信息和官方信息及时整合，发布火灾边界图、疏散命令、紧急避难所位置等，大大降低了危机损害程度[③]。在恢复管理阶段，大数据也得到了广泛应用，其中，比较新颖的是使用“分众（Crowd Sourcing）”方式，即由大众通过网络分散和整合完成工作任务、提供服务的一种方式，主要分为捕获信息、甄别加工信息、机器分析、迅速反应四个阶段[④]。这种方式在2010 年海地地震救援中起到了重要作用[⑤]。

1.2.2 国内研究动态

我国在古时虽然有丰富的危机意识和思想哲理，但现代意义的危机管理研究起步较晚。自2003年“非典”开始，公共危机防控研究受到我国学界和业界的广泛关注，成为公共管理学、情报学、社会学、信息学等学科研究的“热点”，取得了丰富成果。将信息化、大数据与公共危机防控研究相结合，是公共危机防控研究的一个趋势。但是，专门研究农村公共危机和大数据时代农村公共危机防控信息化能力建设的文献很少，这不符合我国农村人口占绝对多数、农村公共危机日益增多且复杂的国情需要。现有关于大数据时代农村公共危机防控信息化能力建设的文献主要散见于一般化的公共危机信息化防控中，通过梳理，主要有以下几个方面。

1.2.2.1 农村公共危机分类与信息化作用的研究

不同的农村公共危机其信息化防控手段和效果是不同的。农村公共危机分类深受一

① 百度百科.流程化管理[EB/OL].[2013-12-25].http：//baike.baidu.com/link?url=HuWY8o3EpyNvM5-XQ29ZQY-gfVxeE790lF2cprD9jOBvQQ2MFumNgWjk3xLqcSddMc-vC1_S3UClnIH0x9PvW2tuUginuJRa52SZ71kbwKsDupBtBK7K9OL8_hy355Ga.

② Executive Office of the President.Big Data： Seizing Opportunities.The White House，May 1，2014.

③ Goodchild，M.F，Glennon，J.A.Crowdsourcing Geographic Information for Disaster Response：A Research Frontier[J]. International Journal of Digital Earth，2010，3（3）.

④ 马奔，毛庆铎.大数据在应急管理中的应用[J].中国行政管理，2015（3）：136-141，151.

⑤ OrtmannJ，Limbu M，Wang D，et al.Crowdsourcing Linked Open Data for Disaster Management.Proceedings of the Terra Cognita Workshop onFoundations，Technologies and Applications of the Geospatial Web in Conjunction with the ISWC，2011.

般公共危机分类的影响，同时，也体现自己的特点。张成福[①]（2003）认为，对人类危害程度较大的几种危机类型为地震、海啸、洪水、热带风暴、火山爆发、山体滑坡等地质和气候因素所引起的危机，旱灾、饥荒、环境的恶化、沙漠化、害虫灾害等环境因素所引起的危机，工业和技术系统的失败所引起的灾害和危机，军事入侵、暴动、恐怖主义等引起的危机，大规模的传染病所引起的公共卫生危机。莫利拉、李燕凌[②]（2005）对农村社会公共危机的表现形式归为城乡二元结构中的农民地位“弱势化”与“反弱势化”的矛盾，农民与基层政权的对抗性冲突，农村新旧文化冲突产生的矛盾，农村社会公共服务贫乏产生的矛盾，灾难事件频繁发生所产生的矛盾等五种。夏支平[③]（2011）借鉴公共危机一般分类的成果，根据农村社会特点，综合考虑农村公共危机的成因、性质和机理等特征，从不同角度对农村公共危机分类：①从危机的成因与性质将农村公共危机分为自然灾害、公共卫生事件、事故灾难和社会安全事件四类；②根据危机利益相关者的利益和态度一致与否，农村危机可以分为利益一致型危机和利益冲突型危机两大类；③根据危机影响范围，农村公共危机可以被分为区域性公共危机、县乡公共危机和村社公共危机。史育华[④]（2012）根据农村群体性突发事件化解时间，将农村公共危机划分为短期可化解型危机和长期可化解型危机。

张成福[⑤]（2003）将现代信息技术运用于政府的危机管理之中，建立信息化的危机预警系统与管理体系，以科技的力量提高政府危机管理能力。李燕凌等[⑥]（2004）指出，加强农村公共危机防控，必须建立一套全方位的、严格高效的信息管理系统，这个系统既包括预警机制的建立健全，也包括安全网、互联网络与卫星监控网络等高效网络的建设与升级。政府凭借以现代信息技术为基础建立的高效信息管理系统，能够快捷收集和分析农村公共危机情报，及时公布农村公共危机信息，从容应对农村公共危机。毕竟[⑦]（2006）提出，将计算机智能技术运用到具体的舆情监控工作中，能够大大提高对危机舆情监控的效率；针对一些不法分子利用互联网和手机短信等方式传播非法信息和制造恐慌，应加强对以现代信息技术为载体传播内容监管。只有这样，政府在突发事件应对中，才能做到把握主动性。曾明星等[⑧]（2013）指出，高效、畅通的信息沟渠道不仅可以为危机管理部门提供必需信息，而且可以为危机管理部门与公众之间的良性沟通架起重要桥梁。对此，危机管理部门应该充分利用现代网络技术，建立信息共享与发布

① 张成福.公共危机管理：全面整合的模式与中国的战略选择[J].中国行政管理，2003（7）：6-11.

② 莫利拉，李燕凌.公共危机管理——农村社会突发事件预警、应急与责任机制研究[M].北京：人民出版社，2007.

③ 夏支平.农村公共危机治理研究[D].杨凌：西北农林科技大学博士论文，2011：17-18.

④ 史育华.矛盾叠加期河北省农村群体性突发事件表征及预警机制建构研究[J].现代农业科技，2012（20）：71-72.

⑤ 张成福.公共危机管理：全面整合的模式与中国的战略选择[J].中国行政管理，2003（7）：6-11.

⑥ 李燕凌，陈冬林，周长青.农村公共危机的经济学研究及管理机制建设[J].江西农业大学学报（社会科学版），2004（1）：130-133.

⑦ 毕竟.试论高技术传播时代的舆情预警[J].新闻记者，2006（4）：29-31.

⑧ 曾明星，孙从军，朱炯波，等.民族地区农村突发事件区域应急联动机制研究[J].防灾科技学院学报，2013（1）：67-72.

平台，及时、准确地获取和发布危机信息，实现各部门之间的信息共享以及与公民、社会、非政府组织之间的信息互动，实现对危机缩减、预防、应对和恢复的全过程进行科学、精确管理。程潇凝、潘桂媚、刘红[①]（2015）提出，充分运用科技手段，提高农村危机应对的各种装备和技术水平，以现代信息技术为基础建立良好的信息沟通平台，及时地整合各方面资源，促进各个参与主体之间准确、及时、全面地实现信息共享、意见交流，协调行动，从而提高对农村公共危机的治理能力。

1.2.2.2 农村公共危机防控信息化应用与效果评价研究

随着现代信息技术快速发展和广泛运用，我国学者借鉴发达国家的研究成果和实践经验，探讨信息化在农村公共危机防控中的应用并对其效果进行评价。袁金辉[②]（2005）提出，利用传统手段和现代信息手段建立全面而有效的农村政治状况信息收集网络，形成科学的农村社会预警机制，构建快速有效的农村社会危机处理体系，同时，建立农村政治状况的科学评价体系，对农村公共危机进行科学预警和防控效果评价，从而为各级政府应对农村公共危机提供一个现代危机管理体系。黄海林[③]（2008）提出，政府应该充分利用因特网，主动开放公共空间，一方面，可以做到农村公共危机管理过程公开透明，获得民众的理解和支持；另一方面，可以收集各种各样的宏观和微观信息，有效掌控危机演变和舆情变化；还可以科学评估危机信息管理，根据需要不断改善信息质量。张玉亮[④]（2010）认为，政府公共危机信息预警是政府从内部和外部资源中获取、分析相关公共危机信息，以此及时提供危机警报和应急预案的管理过程。它从预警资源投入能力、环境支持能力、管理控制能力、信息活动能力等四个方面构建了政府公共危机信息预警能力评价指标体系。王志、袁志祥、吴艳杰[⑤]（2010）构建了农村突发公共事件应急管理能力评价体系，以汶川8.0级地震中的农村受灾地区为研究对象，运用因子分析法，从灾前预警能力、灾中应急能力、灾后恢复能力三个部分的9个方面对农村总体应急能力进行评价。结果显示，农村突发公共事件应急管理能力存在不足，主要表现在村民、政府对灾害预防不足，农村基础设施不足，救援体系不完善等方面。罗力[⑥]（2012）分析公共危机信息预警能力的内涵，兼顾政府和社会公众两大主体，从公共危机预警信息管理和公共危机信息预警支持保障两大子系统，构建了由16个三级指标组成的公共危机信息预警能力评价指标体系。谭

① 程潇凝，潘桂媚，刘红.农村公共危机事件的多元治理主体行为及参与困境分析[J].广西师范学院学报（哲学社会科学版），2015（1）：89-93.

② 袁金辉.论社会转型期的农村群体性突发事件[J].云南行政学院学报，2005（3）：29-31.

③ 黄海林.农村公共危机治理的两个维度[J].闽江学院学报，2008（3）：86-89.

④ 张玉亮.政府公共危机信息预警能力评价指标体系研究[J].图书情报工作，2010（23）：137-140.

⑤ 王志，袁志祥，吴艳杰.农村突发公共事件应急管理问题研究——基于汶川8.0级地震绵阳灾区的调研报告[J].灾害学，2010（3）：104-109.

⑥ 罗力.政府公共危机管理中信息预警能力评价指标体系研究[J].重庆大学学报（社会科学版），2012（5）：92-96.

爽、胡象明[①]（2014）提出，充分利用信息技术尤其是大数据对重大工程社会稳定风险进行评估，以大数据理念与工具为基础，构建了一个由“评估数据收集与管理”“评估信息挖掘与维护”“评估结果应用与输出”等三个子系统组成的“重大项目社会稳定风险的评估系统”。刘泽照、朱正威[②]（2015）立足我国社会稳定风险评估实践经验，从“评估数据多维采集”“评估数据集成挖掘”“评估结果可视化解析”等三个方面构建了社会稳定风险评估框架，同时指出，社会稳定风险评估的大数据应用在技术、资源、管理、理念四个层面面临着现实困境的严峻挑战。

1.2.2.3 农村公共危机防控信息化能力的影响因素研究

农村公共危机防控信息化能力受到管理机制、基础设施、资金投入、人员素质等多方面因素的影响。

1）管理机制因素

魏玖长、赵定涛[③]（2006）基于危机信息传播过程与模式的分析指出，危机事件属性、信息编码、信息传递、信息解码、存在噪声、信息反馈等各个方面都是影响危机信息管理效果的因素。陈宏军、王军[④]（2010）指出，由于目前农村公共危机管理制度的不健全，农村公共危机管理职能相对缺位，使得农村公共危机防控在不同程度上面临无人管理、被动管理、管理效率低下等问题。曹务坤、梁宏志[⑤]（2010）运用法社会学理论和法人类学理论，从应然和实然两个层面深入分析了民族地区农村群体性突发事件发生的原因，最后认为，农村公共危机防控的关键影响因素是现行有关农村方面的法律制度存在缺陷及其实施存在问题。高雪静、魏永忠[⑥]（2014）指出，当前，我国农村社会安全风险面临新动态、新问题，协调“党委领导、政府负责、社会协同、公民参与”关系，建立多元化主体协同治理机制，是从容应对农村社会安全危机事件的根本所在，也是实现农村社会管理创新的可行性对策。

2）基础设施因素

王志、袁志祥、吴艳杰[⑦]（2010） 对汶川8.0级地震中的农村受灾地区调研后指出，由于农村交通、信息等基础设施落后，严重制约了农村公共危机防控过程中的灾前预警能力、灾中应急能力、灾后恢复能力，最终导致灾害发生，造成严重损失。曾

① 谭爽，胡象明.大数据视角下重大项目社会稳定风险评估的困境突破与系统构建[J].电子政务，2014（6）：2-9.

② 刘泽照，朱正威.大数据平台下的社会稳定风险评估：研究前瞻与应用挑战[J].华东理工大学学报（社会科学版），2015（1）：78-85.

③ 魏玖长，赵定涛.危机信息的传播模式与影响因素研究[J].情报科学，2006（12）：1782-1785.

④ 陈宏军，王军.安徽农村公共危机治理的障碍性因素分析[J].赤峰学院学报（汉文哲学社会科学版），2010（4）：38-40.

⑤ 曹务坤，梁宏志.民族地区农村群体性突发事件的法律思考——以贵州为个案研究[J].云南行政学院学报，2010（5）：138-140.

⑥ 高雪静，魏永忠.论我国农村社会安全突发事件协同治理机制的完善[J].中国人民公安大学学报（社会科学版），2014（1）：116-121.

⑦ 王志，袁志祥，吴艳杰.农村突发公共事件应急管理问题研究——基于汶川8.0级地震绵阳灾区的调研报告[J].灾害学，2010（3）：104-109.

明星等[①]（2013）指出，救灾物资储备、应急设备与设施储备、预防突发事件的技术储备、救灾信息设施与信息储备等，不仅可以为农村公共危机迅速处理提供必要支持，信息设施、道路交通设施等还可以有效服务于当地经济发展。

3）资金投入因素

李燕凌等[②]（2004）基于农村公共品供求关系模型，深入分析了我国农村公共危机产生与防控不足的原因，最后认为，农村公共投入太少、投资结构不合理是农村公共危机产生与防控能力低下的根本原因。刘兵[③]（2004）认为，农村公共产品不足不仅可能诱发农村公共危机，而且制约农村公共危机有效防控。陈宏军、王军[④]（2010）指出，由于农村公共投入不足，使得农村教育、医疗卫生、社会保障等方面发展落后，导致农村公共危机防控基础性保障相对薄弱。

4）人员素质因素

研究者认为，农村基层干部对农村公共危机处理的思想理念和素质能力是农村公共危机防控信息化能力的关键性影响因素。曾婧婧[⑤]（2010）指出，基层政府的责任意识、行为方式、工作作风等往往是农村群体性突发事件和公共危机发生的主导原因。胡扬名、李燕凌[⑥]（2013）认为，农村基层干部在农村公共危机防控中没有牢固树立依法行政的观念，对农村公共危机的损害与影响缺乏足够的思想认识，缺乏农村社会公共治理的基本理念，缺乏以信息化思维对农村公共危机进行有效回应的能力等。这样不仅很难有效防控农村公共危机，而且还可能导致农村公共危机扩大化。另一方面，研究者认为，农民作为农村社会的主体，既是农村公共危机损害的主要对象，也是农村公共危机防控的主要力量。农民素质直接影响到农村公共危机防控。吴新建[⑦]（2012）认为，农民危机意识缺乏、思想道德落后、现代技能缺乏，不仅难以承担农村公共危机防控的主体作用，而且容易成为引发农村公共危机的因素。孟华、蔡佳佳[⑧]（2014）认为，农民思想文化素质较低和危机防控积极性不高，是导致农村公共危机防控能力不足的重要因素。

1.2.2.4 农村公共危机防控信息化能力提升对策研究

农村公共危机防控信息化能力提升涉及资金投入、人员培训、管理理念等多个方面，学者们从不同角度进行了研究并提出了相应对策。

---

① 曾明星，孙从军，朱炯波，等.民族地区农村突发事件区域应急联动机制研究[J].防灾科技学院学报，2013（1）：67-72.

② 李燕凌，陈冬林，周长青.农村公共危机的经济学研究及管理机制建设[J].江西农业大学学报（社会科学版），2004（1）：130-133.

③ 刘兵.公共风险与农村公共产品供给：另一个角度看农民增收[J].农业经济问题，2004（4）：46-49.

④ 陈宏军，王军.安徽农村公共危机治理的障碍性因素分析[J].赤峰学院学报（汉文哲学社会科学版），2010（4）：38-40.

⑤ 曾婧婧.党转型期我国农村群体性突发事件的成因与防范—— 基于契约理论的视角[J].中共银川市委党校学报，2010（1）：75-79.

⑥ 胡扬名，李燕凌.城乡统筹发展背景下农村社会突发事件管理问题研究[J].湖南社会科学，2013（4）：102-105.

⑦ 吴新建.农村公共危机的形成机理及其治理机制探析[J].咸宁学院学报，2012（6）：74-75.

⑧ 孟华，蔡佳佳.NGO参与农村公共危机管理的分析框架与路径设计[J].福建行政学院学报，2014（4）：27-33.

1）加强危机防控相关投入

刘兵[①]（2004）提出，必须建立一套合理的农村公共风险评估机制、提高保障农村公共产品供给的有效性、建立健全农民收入的稳定机制等，才能提高农村公共危机防控能力。刘辉、周惠文[②]（2004）提出，在常规社会保障方式难以应对农村公共危机的现实下，对农村人口给予足够的关注，加强现代社会保障制度建设，构建相关的法规体系和建立机构之间的协调机制，提高农村社会保障信息化水平和覆盖面，以提高农村应对社会突发事件的能力。朱敦军[③]（2008）认为，为农民提供基本而有保障的公共产品，是农村群体性突发事件化解和农村公共危机防控的有效途径。包括进一步完善农村最低生活保障制度、基本公共卫生保障制度、基本救济制度、基本义务教育制度等，切实保障农民对土地的长期使用权，确保农民最基本的人身权利，保障农村基本公共产品供给的有效性，增强农民保护生态权的主体性等，以优先解决广大农民生存、发展的基本保障问题。

2）创新和改善危机信息管理

唐钧[④]（2004）指出，政府危机管理的核心能力在于全面构建政府公共危机信息管理系统。对此，应该以全流程信息管理为基础、以信息通讯为途径、以信息管理机制为平台构建政府公共危机信息管理系统。张维平[⑤]（2006）从社会学的角度深入研究危机信息管理过程后指出，加强危机管理部门之间以及危机管理部门与民众、社区、媒体、国际社会及时、准确的信息沟通，做到下情上达和上情下达，能够稳定人心和有效化解危机、降低危机损耗。曾婧婧[⑥]（2010）指出，随着信息技术和计算机网络推广运用，在农村群体性突发事件处置中，充分发挥大众传媒的舆论宣传力量，一方面，可以为农民维权提供话语权和表达权；另一方面，政府可以以此及时回应事件发生和处置信息。信息的主动、充分、尽快沟通能够提高群体性突发事件防控能力和减少农村群体性突发事件的损害。陈宏军等[⑦]（2011）认为，面对多元化的信息传播渠道，政府应该建立完善农村公共危机信息披露系统，及时、公开和郑重地向公众披露信息。具体而言，信息披露要敢为，做到危机治理过程公开透明，保障公众的知情权；披露要多渠道，整合各种媒体尤其是网络媒体，构建开放、互动的公共舆论空间平台；披露要科学和灵活，把握好披露的“度”和信息的严谨性；披露要法制化，将危机决策、发布和修改的程序纳入法制化的轨道。

---

① 刘兵.公共风险与农村公共产品供给：另一个角度看农民增收[J].农业经济问题，2004（4）：46-49.

② 刘辉，周惠文.社会突发性事件中面向农民的应急型社会保障研究[J].农业经济问题，2004（7）：55-58.

③ 朱敦军.关于化解农村群体性突发事件的思考[J].学习月刊，2008（3）：71-72.

④ 唐钧.构建全面整合的政府公共危机信息管理系统[J].信息化建设，2004（10）：12-14.

⑤ 张维平.突发公共事件危机信息沟通机制的社会学分析[J].广播电视大学学报（哲学社会科学版），2006（4）：103-106.

⑥ 曾婧婧.党转型期我国农村群体性突发事件的成因与防范—— 基于契约理论的视角[J].中共银川市委党校学报，2010（1）：75-79.

⑦ 陈宏军，江若尘，张家迎，等.公共治理理念视角下农村公共危机治理机制的构建—— 以安徽为例[J].桂海论丛，2011（3）：79-84.

3）提高农村公共危机各防控主体素质和充分发挥其作用

吴宪、张敬录[①]（2004）提出，有针对性地加强对农村基层干部在农村各类突发事件的常识普及、常用预防、处理措施等方面培训，帮助农村基层干部利用各种媒介回应危机恐慌与谣言的技能，从而提升农村基层干部对农村公共危机防控的能力。同时，在农村培养公众责任意识，促使政府、公众机构和普通民众承担着各自的责任，共同应对农村公共危机。陈宏军等[②]（2011）提出，利用网络、电视、广播、板报等各种载体对农民、基层干部等进行危机治理知识的传播和教育，促使正确的危机意识和危机治理观念为社会、各级政府、农村组织、广大农民、公共媒体等各方面所掌握和认同。吴新建[③]（2012）认为，对农民加强危机意识宣传和教育，开展农业现代化技术、信息化技术等各项技能培训，倡导健康文明新风尚，向他们输入新的文化、知识和价值观念，提高他们的综合素质，从而增强农村公共危机防控的力量。孟华、蔡佳佳[④]（2014）认为，非政府组织在危机预警阶段的信息搜集和反馈、在危机爆发阶段的信息上传下达、在危机恢复阶段的争取社会援助和对外传递复建情况等方面发挥着重要作用。充分发挥非政府组织的作用，可以为农村公共危机防控信息化能力建设提供财力、人力、物力和智力支持。

1.2.2.5 大数据与农村公共危机防控信息化能力研究

随着大数据时代到来，我国学者将大数据相关理论应用到公共治理、公共安全之中。虽然专门研究大数据与农村公共危机防控信息化能力的文献很少，但是，研究大数据与公共危机防控的文献非常丰富，可以为本研究提供重要的基础。具体而言，这些研究主要体现在以下几个方面。

1）大数据对公共危机防控影响的研究

涂子沛[⑤]（2013）在《大数据》一书第三章中，以美国为例专门论述“数据治国”，指出大数据对国家治理的理念、方式和措施将产生革命性影响。王向民[⑥]（2014）认为，来自数据挖掘技术与互联网信息技术的大数据，不仅推动国家治理的组织结构日益多元化与平权化，而且推动国家治理决策过程的民主化与科学化，由此导致政府在公共事务中不同于传统的角色。刘叶婷、唐斯斯[⑦]（2014）指出，技术变革是政府治理现代化的重要推动力量。大数据作为信息技术发展的新形态，它推动社会朝着更加开放、权

① 吴宪，张敬录.建立农村突发事件应急机制的对策思考[J].河北建筑科技学院学报（社科版），2004（1）：18-19.

② 陈宏军，江若尘，张家迎，等.公共治理理念视角下农村公共危机治理机制的构建——以安徽为例[J].桂海论丛，2011（3）：79-84.

③ 吴新建.农村公共危机的形成机理及其治理机制探析[J].咸宁学院学报，2012（6）：74-75.

④ 孟华，蔡佳佳.NGO参与农村公共危机管理的分析框架与路径设计[J].福建行政学院学报，2014（4）：27-33.

⑤ 涂子沛.大数据[M].桂林：广西师范大学出版社，2013.

⑥ 王向民.大数据时代的国家治理转型[J].探索与争鸣，2014（10）：59-62.

⑦ 刘叶婷，唐斯斯.大数据对政府治理的影响及挑战[J].电子政务，2014（6）：20-29.

力更分散和网状的方向发展。这必然对政府治理理念、政府治理模式、政府社会管理等产生重要影响。沈亚平、许博雅[①]（2014）指出，充分利用信息技术和大数据，可以建立统一的政府数据开放平台，不仅可以改善政府与公众之间信息不对称的状况，而且可以促进政府提高信息质量，从而为政府改善公共服务和加强公共安全提供有力的技术支持和物质保障。李振、鲍宗豪[②]（2015）指出，“大数据”的“大事实”已经成为一种时代特征，由此必然引发社会治理模式的创新，无论是在自然性危机防控，还是在社会性危机防控中，大数据的社会治理功能似乎无所不能。

2）大数据在公共危机防控中运用困境研究

邵鹏、胡平、齐杰[③]（2014）认为，大数据时代给社会管理带来机遇的同时，也带来了挑战与困惑，比如数据分享带来的信息安全问题、如何从技术和制度上突破信息孤岛问题等。唐皇凤、陶建武[④]（2014）认为，大数据技术为提升国家的应急管理能力提供了良好的契机，但我国在大数据时代国家治理能力中面临大数据意识的缺乏、信息安全、数字鸿沟、信息孤岛等一系列问题和困境。蒋洁[⑤]（2014）认为，大数据联动有利于加强虚拟与现实联系，提高真相挖掘效率与预测精准性，但是容易导致信息过度膨胀、数字记忆过载化、用户隐私趋零化、行为选择程式化等问题，从而影响到大数据实际利用效果。刘佳[⑥]（2015）认为，大数据拓展社会运转道路越来越宽的同时，也使社会治理面临更多困境：因数据收集不足、处理不力而造成决策失衡，因数据传递不畅、共享不足而造成部门失调，因数据管理不善、法治不全而造成治理失误。

3）大数据在公共危机防控中运用对策的研究

李丹阳[⑦]（2014）提出，大数据背景下的中国应急管理应该从以下几个方面进行改革：树立新体制的元设计理念，从事件应对到全程管理；实现政治优势与管理效能相结合，拟合应急管理的机构设置；帮助地方政府构建大数据应急管理系统，使其成为信息服务者而非权力协调者；设立首席数据科学家，建立利用大数据的专业人才队伍；整合信息，构建无缝隙的大数据应急管理系统；流程再造，重塑应急管理流程；数据公开，建立向社会开放的应急管理公共数据库。张春艳[⑧]（2014）在大数据技术发展的基础上提出，以公开、透明、共享、协作等为基本原则的数据应用理念转变，以及数据管理模式重构将成为制约公共安全治理领域中大数据应用效果的关键。迟玉琢[⑨]（2015）认

① 沈亚平，许博雅.“大数据”时代政府数据开放制度建设路径研究[J].四川大学学报（哲学社会科学版），2104（5）：111-118.
② 李振，鲍宗豪.“云治理”：大数据时代社会治理的新模式[J].天津社会科学，2015（3）：62-67.
③ 邵鹏，胡平，齐杰.大数据时代产业发展与社会管理问题研究前瞻[J].科技进步与对策，2014（12）：154-160.
④ 唐皇凤，陶建武.大数据时代的中国国家治理能力建设[J].探索与争鸣，2014（10）：54-58.
⑤ 蒋洁.大数据联动的负面效应及应对策略[J].情报资料工作，2014（4）：10-14.
⑥ 刘佳.大数据时代的社会治理困境与创新发展路径[J].学术探索，2015（4）：77-84.
⑦ 李丹阳.大数据背景下的中国应急管理体制改革初探.江海学刊，2014（2）：118-124.
⑧ 张春艳.大数据时代的公共安全治理[J].国家行政学院学报，2014（5）：100-104.
⑨ 迟玉琢.大数据背景下的情报分析[J].情报科学，2015（1）：18-22.

为，大数据背景下情报分析将面临数据流分析更受关注、信息粒度更为细小、问题更加动态复杂、分析技术更加多样等发展趋势，对此，应该注重情境研究，开展协同分析，加强实时数据分析。

1.2.3 国内外研究简评

上述研究成果为本研究奠定了良好基础。大数据时代农村公共危机防控信息化能力研究应注意以下几点内容。

1）紧跟时代发展

近年来，我国公共危机管理问题已经受到学界和业界的广泛关注，但是对于信息时代尤其大数据时代的社会发展需求，显得有些滞后。当前，我国公共危机防控研究主要是对公共危机演化规律、公共危机产生原因、公共危机应对对策等问题的一般性进行研究，结合信息时代尤其大数据时代对农村公共危机进行系统、科学、深入、切实可行的研究较少。大数据和信息化对农村公共危机防控的思路、理念、方法等提出来新的要求和挑战。因此，农村公共危机防控研究应该与时俱进，从大数据时代背景研究农村公共危机防控信息化问题。深入研究大数据时代农村公共危机防控信息化“应该是什么样的、为什么是这样的”“应该怎么做、为什么这样做”，无论在理论上还是在实践上都显得十分必要。

2）关注农村地区

我国公共危机防控研究成果十分丰富，但是专门针对农村公共危机防控的研究成果较少。中国作为一个农村人口大国，农村安稳则国家安稳。随着农村经济社会发展和农村社会全面改革推进，无论是自然性公共危机还是人为性公共危机将继续呈增长趋势，农村公共危机防控压力将有增无减。因此，公共危机研究者应该回应现实需要，主动挖掘农村公共危机防控研究这一“富矿区”，以大数据时代为切入点，以信息化运用为重点，加强对农村公共危机防控的研究。

3）实现学科交融

农村公共危机管理研究作为近年来学术界研究的“热点”，社会学、政治学、情报学、传播学、心理学、信息学、公共关系学、管理学等不同学科和领域的学者都对此展开了卓有成效的研究，取得了较丰富的研究成果。这些研究表明，农村公共危机管理问题不是某一学科、领域的问题，而是一个涉及多学科、多领域的问题。但是，从多学科交叉研究公共危机防控的成果较少。因此，从多学科交融对大数据时代农村公共危机防控信息化进行综合性、系统性、根本性研究，无论在理论上还是在实践上都显得十分必要。

4）突出能力指向

公共危机信息研究一直是公共危机管理的重要内容。我国公共危机的信息管理与管理信息化研究取得了一些成果，主要体现在信息技术在危机信息管理中的运用和网络舆情传播研究上。大数据时代公共危机防控信息化研究将是公共危机防控研究新趋势，不仅要研究“怎样做”，更要研究“做得怎样”，而现有研究主要体现在“怎样做”。因此，直面现实问题，以“做得怎样”为目标，对大数据时代农村公共危机防控信息化能力建设进行研究，有利于创新农村公共危机防控的理念、思维、方法、对策等，从而提高农村公共危机防控的实际效果。

本书正是基于以上几点对大数据时代农村公共危机防控信息化能力建设展开研究，以期为我国公共危机防控研究做出一点贡献。

1.3 研究思路与方法

1.3.1 研究思路

本书以我国农村公共危机防控信息化的现实需要为起点，以农村公共危机防控信息化能力为目标，遵循理论联系实际的根本原则，从整理前期研究成果与数据资料、分析现有相关研究文献入手，对大数据时代农村公共危机防控信息化能力建设的相关概念进行界定，对相关理论进行梳理，以此提出符合我国国情与农村实际的公共危机防控信息化服务能力的研究理论、方法体系与分析模型，根据此模型运用SWOT方法和AHP方法对大数据时代农村公共危机防控信息化能力现状进行定性、定量分析，以此提出了具有一定针对性、操作性、创新价值和推广应用前景的政策建议。具体研究思路如图1-1所示。

1.3.2 研究方法

1.3.2.1 文献研究方法

本书从多视角考察大数据时代农村公共危机防控信息化能力的相关理论与方法，通过查阅图书资料、网络数据库等各种形式，广泛收集和整理了相关文献资料，较全面地把握了这一领域的最新研究动态和发展态势，从理论上系统地研究了大数据时代农村公共危机防控信息化能力的相关问题，构建了理论研究框架，为整个研究提供理论基础和指导。

1.3.2.2 系统分析方法

大数据时代农村公共危机防控信息化能力建设是一项复杂的系统工程，涉及多个学科、多个领域。对此，本书借助于系统分析方法，集成多学科理论与方法，对大数据时代农村公共危机防控信息化能力建设进行了比较全面、系统地研究，真实地了解和把握了大数据时代农村公共危机防控信息化能力的基本现状、主要问题及其成因，并提出了系统性、真实性和可操作性的建设对策。

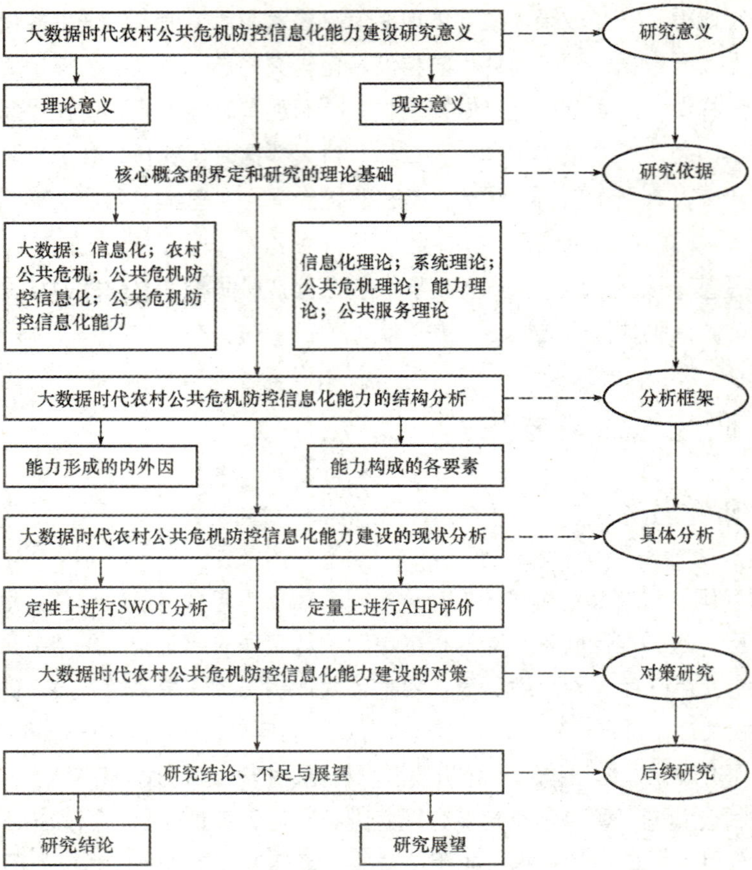

图1–1　研究思路

1.3.2.3　定性与定量相结合研究方法

本书运用SWOT-AHP方法对大数据时代农村公共危机防控信息化能力建设进行了定性和定量研究。一方面，运用SWOT分析方法对当前我国大数据时代农村公共危机防控信息化能力建设的优势、劣势、机遇、挑战进行了定性分析；另一方面，构建了科学合理的大数据时代农村公共危机防控信息化能力评价指标体系，以国家农村农业信息化建设示范省湖南省为研究对象，调查获得了湖南省14个市（州）2 771个样本数据，应用层次分析法（AHP）评价和分析了湖南省14个市（州）农村公共危机防控信息化能力。

1.4　研究内容

本书共分为七章，主要内容分述如下：

第一章是绪论。从分析研究背景入手，阐述了研究的意义，梳理了国内外大数据时代农村公共危机防控信息化能力研究的现状与进展，指出了大数据时代农村公共危机防控信息化能力建设研究亟待完善之处。在此基础上，介绍了主要研究内容、研究思路和研究方法。

第二章是大数据时代农村公共危机防控信息化能力建设的核心概念界定与理论基础。对大数据时代农村公共危机防控信息化能力的相关概念进行了界定，对公共危机理论、信息化理论、能力理论、系统理论等相关支撑理论进行了介绍，为本书写作提供理论依据。

第三章是大数据时代农村公共危机防控信息化能力结构分析。根据第一章和第二章的研究，以提高大数据时代农村公共危机防控信息化能力为目标，对大数据时代农村公共危机防控信息化能力各要素之间的关系进行了全面分析与探讨，构建了大数据时代农村公共危机防控信息化能力结构的分析框架。

第四章是大数据时代农村公共危机防控信息化能力建设的SWOT分析。大数据时代、信息化技术发展对农村公共危机防控产生了深刻影响。本章通过回顾相关研究文献，依据国家宏观统计数据，运用SWOT方法对大数据时代农村公共危机防控信息化能力建设的优势、劣势、机遇、挑战进行了系统分析，以期从宏观上对大数据时代农村公共危机防控信息化能力建设现状有一个定性的判断。

第五章是基于AHP的大数据时代农村公共危机防控信息化能力评价研究。本章借鉴已有研究成果，依据我国大数据时代农村公共危机防控信息化能力建设的实际情况，构建了大数据时代农村公共危机防控信息化能力评价指标体系，以国家农村农业信息化建设示范省湖南省为实证研究对象，利用调查数据，运用层次分析方法（AHP）对大数据时代农村公共危机防控信息化能力进行了评价分析。

第六章是大数据时代农村公共危机防控信息化能力建设对策研究。本章依据大数据时代农村公共危机防控信息化能力建设的现状分析和实证评价，从实现思维转变、完善建设机制、创新运行体系、加快技术研发、壮大人才队伍等方面提出了加强大数据时代农村公共危机防控信息化能力建设对策。

第七章是研究结论与展望。本章对全书进行了总结，归纳了研究的基本结论，指出了研究的局限与展望。

第2章 核心概念界定与相关理论支撑

深刻理解核心概念和梳理相关支撑理论是研究大数据时代农村公共危机防控信息化能力问题的基本前提。本章主要对农村公共危机、农村信息化、大数据、农村公共危机防控信息化能力等核心概念进行了界定，对公共服务理论、公共危机管理理论、信息化理论、能力理论、系统理论等进行了梳理，为大数据时代农村公共危机防控信息化能力建设研究提供理论基础。具体研究路线如图2-1所示。

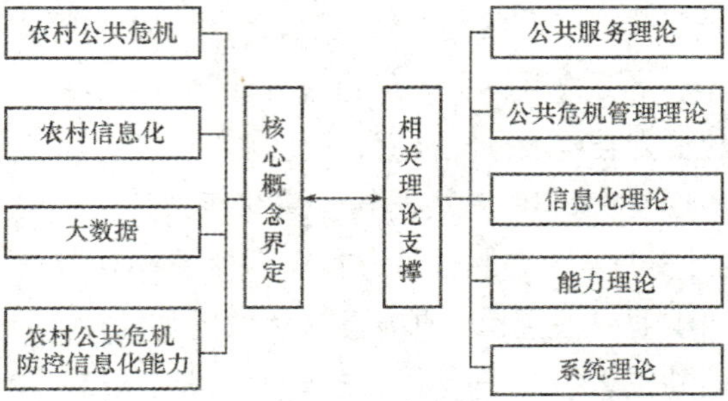

图2-1 研究路线

2.1 核心概念界定

2.1.1 农村公共危机

2.1.1.1 公共危机的含义

何谓公共危机，首先要从“危机”进行分析。在《说文解字》中，“危，在高而惧也”“机，主发谓之机也”[①]。《现代汉语词典》对“危机”的解释为“危险的根由”和“严重困难的关头”[②]。与危机相对应的英文是“crisis”，该词来源于希腊语中的一个医学术语，其基本含义是人得病后面临恢复或者死亡的状态。仅从字面上理解，中西方关于“危机”原始意义基本相同。在人类社会发展中，“危机”含义非常宽泛，使用也非常广泛，既可以指发生在个人身上的“意外”“疾病”“祸害”等危机事件，也可以指对社会产生巨大冲击的“自然灾害”“经济危机”“社会骚乱”“各种战争”等危机事件。

当“危机”被纳入到学术研究范畴之后，学者们根据研究切入点和角度的不同，对

① 许慎.说文解字注[M].段玉裁，注.杭州：浙江古籍出版社，2006：448，262.

② 中国社会科学院语言研究所词典编辑室.现代汉语词典[M].5版.北京：商务印书馆，2005：1412.

其内在含义的阐释也不尽相同。现代危机管理研究的先驱查尔斯·赫夫曼[①]（Charles，1969）认为，危机是一种威胁到决策主体最高目标的情景，而在情景得以改变之前，限制了决策主体可得的反应时间，情景的发生出乎决策主体的意料。罗森塔尔（Uric Rosenthal）等[②]（1989）则认为，危机有各种不同的形态和类型，对危机应该有更为一般性的解释。总体而言，危机是对社会系统的基本结构和核心价值所造成的严重威胁，其具有高度的不确定性和时间压力，对此需要决策者做出关键性决策。巴顿（Barton，1993）认为，危机是指具有不确定性、会引起潜在负面影响的大事件。斯格（Seeger，1998）认为，危机是一种特殊的、不可预测的、能够带来高度不确定性及高度威胁的非常规事件。罗伯特·希斯（Robert Heath，2001）[③]认为，危机是一种反应时间有限、信息不可靠或不完备、所需人财物超过实际可得的紧迫性事件。

在充分借鉴国外研究成果的基础上，国内学者也对“危机”概念进行了不同的界定。许文惠、张成福[④]（1998）从系统论角度指出，危机是一种改变或破坏系统平衡状态的现象，其本质就是由不一致、矛盾和冲突导致的一种失衡状态或紧张状态。薛澜、张强、钟开斌[⑤]（2003）认为，危机不仅是一种社会系统的基本价值及行为准则架构所面临严重威胁的情势，也是决策者在时间压力和不确定性极高的情景下必须做出关键性决策的情势。王茂涛[⑥]（2005）提出，危机指的是险境、灾难和时机、转机，是一种破坏一定领域内和一定群体中存在的和谐和正常状态的非常态事件，如果缺乏对策和控制将具有毁灭性的危害。唐钧[⑦]（2015）指出，传统的危机是指自然灾害、事故灾难、公共卫生事件和社会安全事件，随着社会发展，危机也呈现出多元化的特点，四类突发事件已经不足以涵盖所有的危机。其认为，危机是指危险的状态和造成恶性后果的事件，其包括：死伤和经济损失的危机、社会负面影响和社会恐慌的危机、信任危机。死伤和经济损失是自然灾害、事故灾难、公共卫生事件和社会安全事件发生时产生的人员伤亡、经济损失、环境破坏等，是客观的。社会负面影响和社会恐慌危机是公共部门、企业等主体在应对危机中的不当行为所导致的负面影响和相关利益群体的恐慌。信任危机是政府失责或群众误解所导致的。三者是一个递进关系。信任危机所造成的伤害是最为严重、最难修复的。

综观上述，“危机”定义，学者们将危机作为通用语。换句话说，学者们在大多数

① Charles Herman.Crisis in Foreign Policy： A Situation Analysis[M].Indianapolis： Bobs Merrill，1969：14.

② Uric Rosenthal etc. Coping with Crisis： The Management of Disaster， Riots and Terrorism[M].Spelling field： Charld L Thomas Publisher Ltd，1989：10.

③ [美]罗伯特·希斯.危机管理[M].王成，宋炳辉，金瑛，译.北京：中信出版社，2001：13.

④ 许文惠，张成福.危机状态下的政府管理[M].北京：中国人民大学出版社，1998.

⑤ 薛澜，张强，钟开斌.危机管理——转型期中国面临的挑战[M].北京：清华大学出版社，2003：26.

⑥ 王茂涛.政府危机管理[M].合肥：合肥大学出版社，2005：2-3.

⑦ 唐钧.应急管理与危机公关——突发事件处置、媒体舆情应对和信任危机管理[M].北京：中国人民大学出版社，2015：2.

情况下并没有严格区分危机与公共危机，而是将二者等同使用。然而，有不少学者还是对“公共危机”进行了专门的界定。R·J·斯蒂尔曼[①]（1988）认为，公共危机是指社会偏离正常轨道的过程与非均衡状态。肖鹏军[②]（2006）认为，公共危机是因突发事件对公众正常的生活、工作以至生命财产构成威胁的状态。汪玉凯[③]（2006）认为，公共危机是指那些突然发生的、攸关公共利益的、对于组织的存在与发展具有重大影响的、急需管理者快速应对的事件。余潇枫[④]（2007）认为，公共危机是指由自然或人为的突发事件引发的，导致系统正常运行失序或中断的急难状态。周晓丽[⑤]（2008）认为，公共危机是指威胁到社会公共或共同利益，要求政府以及社会其他主体采取措施加以应对的紧急情况或状态。蒋宗彩[⑥]（2014）认为，公共危机是一种发生在社会公共领域，干扰社会正常运行，其破坏能力超过了社会公共设施的抵抗能力，严重威胁到社会公共利益和公共安全的突发状态（自然灾害、事故灾难、社会动乱等）。

综合以上观点，与“危机”相比，“公共危机”更加凸显“公共”的意义。在西方，“公共”一词可追溯到古希腊，亚里士多德在《政治学》中指出，“城邦成员必然地要么共有一切，要么没有任何共有之物；要么有些事物共有，有些事物并不共有。显然，他们绝不可能没有任何共有之物，因为政体是一种共同体，它必须有一个共有的处所，一个城市位于某一地区，市民就是那些共同分有一个城市的人[⑦]。”“公共”是“共同体”赖以存在的前提条件。随着时代的发展，“公共”演变成政府或政治的同义词，代表着社会的共同领域、共同利益等[⑧]。由此，我们认为，公共危机是一种对社会公共利益产生威胁或破坏的危险状况或紧急状态，需要以政府为主体做出及时准确的关键性决策进行有效治理。

具体而言，公共危机至少应该包括以下几层含义：其一，具有公共性。这种危机一定对公共利益产生威胁或破坏。其二，具有突发性。这种危机往往是在意想不到、毫无准备的情况下突然爆发的。其三，具有紧迫性。这种危机一定做出及时准确的关键性决策进行有效治理，否则，后果不堪设想。其四，具有连锁性。这种危机一旦爆发，将迅速发生“链式反应”，向不同地区和不同公共领域快速蔓延。其五，具有聚焦性。在信息化社会的今天，这种危机一旦爆发，媒体、公众、社会组织、政府部门等各个方面将立刻对其进行“围观”，使处理事件的相关责任主体尤其是政府受到“聚焦”。

---

① [美]R.J.斯蒂尔曼.公共行政学[M].李方，潘世强，等，译.北京：中国社会科学出版社，1988：144.

② 肖鹏军.公共危机管理导论[M].北京：中国人民大学出版社，2006：3.

③ 汪玉凯.公共危机与管理[M].北京：中国人事出版社，2006：1.

④ 余潇枫.非传统安全与公共危机治理[M].杭州：浙江大学出版社，2007：18.

⑤ 周晓丽.灾害性公共危机治理——基于体制、机制和法制的视角[M].北京：社会科学文献出版社，2008：29.

⑥ 蒋宗彩.城市群公共危机管理应急决策理论与应对机制研究[D].上海：上海大学博士论文，2014.

⑦ [古希腊]亚里士多德.政治学[M].颜一，秦典华，译.北京：中国人民大学出版社，2012：29.

⑧ 郑杭生，何珊君.和谐社会与公共性：一种社会学视野[J].甘肃理论学刊，2005（1）：1-5.

2.1.1.2 农村公共危机的含义

要界定农村公共危机，必须明确农村的概念和范畴。何谓农村，《现代汉语词典》的解释是“以从事农业生产为主的人聚居的地方”[①]。散得生（Sandeison）认为，“农村是指一处的居民，居住在一个农业面积上，他们的各种共同生活和事业，都聚集到一个中心点上去合作。”帕尔（Burr）认为，“一个农村，可称为一个农业区域的人群，其大小与单位，能使其居民充分的从事团体合作的活动[②]。”施坚雅[③]（William Skinner，1985）以“标准集镇”为单位对中国农村的社会结构和社会生活进行分析，将农村定义为以标准集市以及周围的小集市、中心村落、自然村落构成的集镇区。杨懋春[④]（1980）认为，农村就是乡村，是由集镇以及集镇与周围的各个村落形成的集镇区。秦志华[⑤]（1995）对“农村”与“乡村”进行比较后，认为，农村是以农业为基本产业的地区，是一个产业区域概念；乡村是由乡与村两种社区构成的社会生活范围，是一个管理区域的概念。乡村范围大于农村范围，农村地区是乡村地区的绝大部分。贺雪峰[⑥]（2005）认为，我国农村由农业人口众多、农业特征明显、具有中国农村一般性的问题并因此成为农村政策一般的实施对象的农村和工业化程度高的特殊农村组成，前者是大多数，占农村的80%，后者是少数。郑国、叶裕民[⑦]（2009）认为，农村是指由县级（县级市、区）政府管辖的，以农业为主要产业，农业人口为主体，涵盖村庄、集镇等不同规模的居民点的一个总的社会区域。夏支平[⑧]（2011）基本认同郑国和叶裕民的观点，但排除了已经或者正在城镇化的、工业化程度较高的“农村”。综上所述，随着我国经济社会发展和城市化推进，人们心中传统的农村概念正在发生着变化，农村的区域变得模糊、特征开始变化。针对农村公共危机研究需要，我们认为，农村是指相对于城市而言，以农业为主要产业、农业人口为主体的社会区域，既是一个区域概念，也是一个管理概念，既包括一般性农村，又包括特殊性农村。

顾名思义，农村公共危机是指发生在农村的公共危机，是相对于城市公共危机而言的。一些学者对农村公共危机内涵进行了界定。李燕凌、陈冬林、凌云[⑨]（2005）认为，农村公共危机是指一系列严重危害农村社会安全、政治稳定和经济可持续发展的社会政治经济现象。郭泽保[⑩]（2007）认为，农村公共危机是由农村区域内（各村、乡、

---

① 中国社会科学院语言研究所词典编辑室.现代汉语词典[M].5版.北京：商务印书馆，2005：1004.

② 言心哲.农村社会学概论[M].上海：中华书局，1934：16-17.

③ William Skinner.Marketing and Social Structure in Rural China[J].Journal of Asian Studies，1985（3）：3-43.

④ 杨懋春.近代中国农村社会之演变[M].台北：巨流图书公司，1980：49-58

⑤ 秦志华.中国乡村社区组织建设[M].北京：人民出版社，1995：1.

⑥ 贺雪峰.什么农村？什么问题？——农村政策基础研究的对象与步骤[J].浙江学刊，2005（1）：143-147.

⑦ 郑国，叶裕民.中国城乡关系的阶段性与统筹发展模式研究[J].中国人民大学学报，2009（6）：87-92.

⑧ 夏支平.农村公共危机治理研究[D].杨凌：西北农林科技大学博士论文，2011：12.

⑨ 李燕凌，陈冬林，凌云.农村公共危机形成机理及治理机制研究[J].农业经济，2005（1）：13-15.

⑩ 郭泽保.试论农村的突发事件与危机管理体系构建[J].福建行政学院福学报，2006（2）：74-79.

县）社会矛盾引发并形成一定规模，给区域内经济社会发展造成负面影响的危机事件。苏立磊[①]（2011）认为，农村公共危机是一种作用对象，为农村政治、经济、文化等方面的公共危机。吴新建[②]（2012）认为，农村公共危机是农村在长期发展过程中的各种社会矛盾与社会问题积聚和激化后的多种形态表现。谭钧[③]（2012）认为，农村公共危机是一种对农村公共社会安全构成严重威胁的危险状态。王宁[④]（2012）认为，农村公共危机是指乡村社会由于遭受某种突发性变故，且在没有得到及时遏制的情况下持续蔓延，进而使得农业生产遭受严重破坏，农村生活陷入严峻形势，农民生存受到直接威胁，整个乡村社会秩序陷于混乱，民众心理产生恐慌的一种非正常状态。借鉴已有的研究成果，结合我国农村社会实际情况，一般认为，农村公共危机是指发生在农村或者对农村社会稳定产生威胁或破坏的危险境况或紧急状态，这种危险或紧急状态的解除需要以政府为主体做出及时准确的关键性决策进行有效治理。

2.1.1.3 农村公共危机的特点

农村公共危机作为对农村特定地区或农村特定人群产生的公共威胁，不仅具有一般公共危机的共性，也有其自身的独特性。下面主要研究农村公共危机自身的独特性，以更有针对性地加强农村公共危机防控。

1）危害的涉农性

农村公共危机之所以称之为农村公共危机，因为其“危”在“三农”，“害”在“三农”[⑤]。农村公共危机会破坏农业生产、影响农村稳定、损害农民利益，最终制约“三农”发展。近年来，各种自然灾害、动物疫情、植物病虫灾害等自然性农村公共危机，对农业生产和农民财产造成巨大损失。根据民政部发布的《2014年全国自然灾害基本情况》显示，与2013年相比，2014年虽然灾情总体偏轻，但是各类自然灾害共造成全国24 353.7万人次受灾，1 818人死亡或失踪，45万间房屋倒塌，354.2万间不同程度损坏；农作物受灾面积24 890.7千公顷，其中绝收3 090.3千公顷，直接经济损失3 373.8亿元[⑥]。除自然性农村公共危机外，社会性农村公共危机近年也呈现上升趋势，譬如征地拆迁、库区移民、计划生育、村级选举等引发的农民与基层政府的激烈对抗，村霸、地霸及带有黑社会性质的团体横行乡里，农村地区杀人、绑架等恶性暴力犯罪不断增多，民族、宗教、宗族等复杂问题引起的农民内部矛盾等。这些社会性农村公共危机同样严重影响了农村社会稳定，危害农村公共利益。

---

① 苏立磊.我国农村公共危机管理存在问题与对策研究[D].济南：山东师范大学硕士论文，2011：8.

② 吴新建.农村公共危机的形成机理及其治理机制探析[J].咸宁学院学报，2012（6）：74-75.

③ 谭钧.农村公共危机应急管理机制研究[D].上海：华东大学硕士论文，2012：12.

④ 王宁.优化农村公共危机管理[J].重庆行政，2012（4）：39-41.

⑤ 夏支平.农村公共危机治理研究[D].杨凌：西北农林科技大学博士论文，2011：15.

⑥ 民政部减灾办.民政部国家减灾办发布2014年全国自然灾害基本情况[EB/OL].http：//www.mca.gov.cn/article/zwgk/mzyw/201501/20150100754906.shtml，2015-01-05.

2）监控的难度大

农村公共危机监控难度大主要源于以下几点：一是农村公共危机的复杂性。农村公共危机根源多样、领域广泛，加之隐蔽性强，导致其监控的难度更大。二是农村公共危机监控资源有限。相比于各种资源丰富且集中的城市，农村大部分地区因受自然地理环境、经济社会发展等条件限制，应对相关危机的物质资源及人力储备十分有限，常常捉襟见肘[①]。三是农村公共危机信息管理分散。农村公共危机的监控信息分散在农业、水利、畜牧、公安、民政等不同部门，而基层政府的这些部门基本上没有实现有效的信息共享，使得全面、及时地对农村公共危机进行有效监控变得十分困难。

3）应对的能力弱

（1）基层政府人员应对能力弱。基层政府人员一方面危机意识普遍比较淡薄，对自己工作领域内出现的各种问题、产生的各种矛盾、潜在的各种危险充耳不闻、视而不见；另一方面，对公共危机防控缺乏系统学习和实践经验，导致知识准备严重不足，处置技能比较欠缺，往往不能科学、有效应对农村公共危机，甚至因处置不当而酿成大祸[②]。

（2）农民应对能力弱。农民思想文化素质相对比较低，缺乏危机防控知识和意识，在农村公共危机中不仅难以自救，反而常常通过从众跟风、信谣传谣等行为引发更大的危机。

（3）应对机制较差。农村公共危机的应对常常实行条块分割管理，如水灾由水利部门管、动物疫情由畜牧部门管、农作物病虫灾由农业部门管、社会秩序事件由公安部门管、社会保障等由民政部门管等，这使得多部门难以迅速联合协调作战，及时高效应对农村公共危机[③]。

2.1.1.4 农村公共危机的分类

近年来，我国农村公共危机呈现出各种各样的形态。学者们从不同角度对农村公共危机进行了分类研究，取得了较丰富的成果。对农村公共危机分类进行研究，有利于全面、深入地认识农村公共危机，为明确各类农村公共危机的治理主体权责和治理思路、措施提供基本依据。每一种分类都有其特定意义。总结归纳已有研究成果，进一步研究认为农村公共危机有以下几种分类。

1）从农村公共危机发生的原因进行分类

借鉴《国家突发公共事件总体应急预案》（2006）、《中华人民共和国突发事件应对法》（2007）相关规定，根据事件的性质可以将农村公共危机事件分为自然灾害、公

① 王宁.优化农村公共危机管理[J].重庆行政，2012（4）：39-41.

② 刘任平，吴晓俊.提高乡镇公务员应对农村群体突发事件的能力[J].中共山西省委党校学报，2010（3）：72-74.

③ 李霞.提升农村公共危机管理能力——建设社会主义新农村的必经之路[J].华东经济管理，2006（9）：43-45.

共卫生事件、事故灾难、社会安全事件四类。莫利拉、李燕凌[①]（2007）根据危机产生的原因将农村公共危机分为农村突发公共卫生危机、农村重大自然灾害危机、农民贫困化引发的社会公共危机、村民自治失范引发的公共危机和其他重大社会公共危机。彭亮[②]（2014）根据自然灾害、公共卫生、社会治安、政府内部不协调等危机根源对农村公共危机进行分类。这种分类便于农村公共危机防控部门根据危机事件的性质有针对性地开展防控管理。

2）从农村公共危机影响程度和影响范围进行分类

根据《国家突发公共事件总体应急预案》（2006）、《中华人民共和国突发事件应对法》（2007）等相关规定，可以将农村公共危机事件分为Ⅰ（特别重大）、Ⅱ（重大）、Ⅲ（较大）、Ⅳ（一般）四个等级。夏支平[③]（2011）则进一步将农村公共危机分为区域性公共危机、县乡公共危机、村社公共危机三大类。这种分类便于农村公共危机防控部门根据危机事件的影响程度和范围，启动防控预案和措施；同时，更加清楚危机程度，提高重视程度和处理的紧迫感。

3）从农村公共危机发生的领域进行分类

农村公共危机可以分为政治、经济、文化、社会、自然生态等危机。农村经济领域的公共危机主要指发生在农民增收、土地流转、生产经营等过程的危机。农村政治领域的公共危机主要指发生在民主选举、民主决策、民主管理、民主监督等村民自治过程中的危机。农村文化领域的危机主要指在乡风破坏、道德滑坡、迷信复燃、宗族抬头等过程引发的危机。农村社会领域的危机主要表现为社会保障不完善、社会不和谐等。农村生态领域的危机主要表现为自然性和人为性地灾害所导致的生态危机。这种分类有利于各级政府按照中共十八大“五位一体”建设要求，加强农村公共危机防控，积极建设一个生产发展、管理民主、乡风文明、社会和谐、生态良好的新农村。

4）按照农村公共危机的单一与否进行分类

农村公共危机可以分为单一型公共危机和复合型公共危机。前者是指仅由于某一种原因或发生在某一领域的农村公共危机，后者是指由于多种原因或发生在多个领域的农村公共危机，后者比前者更难防控。在现实中，农村公共危机往往是复合型的公共危机，纵使有些农村公共危机起初是单一型公共危机，但随着危机的演化和发展往往会转变为复合型公共危机。这种分类便于农村公共危机防控部门更好地认清农村公共危机的复杂性，制定出高效、实用、可操作性的农村公共危机防控方案。

5）按照农村公共危机发生的内在性与外在性进行分类

农村公共危机可以分为内在爆发危机和外在输入危机。前者是指由农村内部因素引

① 莫利拉，李燕凌.公共危机管理——农村社会突发事件预警、应急与责任机制研究[M].北京：人民出版社，2007：53.

② 彭亮.农村地区突发事件舆情预警的现状及对策研究[D].湘潭：湘潭大学硕士论文，2014：10.

③ 夏支平.农村公共危机治理研究[D].杨凌：西北农林科技大学博士论文，2011：18.

起或者最先发生在农村地域的公共危机，后者是指由农村以外原因引起或者农村以外地区输入的公共危机。当前，我国农村处于深化改革与社会转型的关键时期，各种矛盾交织，内在爆发危机数量占据农村公共危机的大多数。但随着我国城镇化加快、城乡人口流动常态化、新兴媒体发展等外部条件的变化，外在输入危机对农村公共安全构成越来越多的威胁。同时，相当一部分农村公共危机都是内在爆发危机和外在输入危机相互交织、相互作用的结果。这种分类有利于农村公共危机防控部门更加清楚地从内在因素或者外部环境或者内外兼顾的角度加强农村公共危机防控。

2.1.2 农村信息化

2.1.2.1 信息化的起源

随着现代信息技术在经济社会发展中无孔不入地广泛渗透，使得每一个人直接或间接地接触和使用信息技术，信息化正在改变着我们的工作、学习和生活。那么，什么是现代意义的信息？什么是信息化？信息化对人类社会发展产生怎样的深刻影响？这是我们研究农村公共危机防控信息化不能回避的问题。

现代意义上的信息概念是随着信息理论发展而形成的。1948年，美国贝尔实验室的数学家和工程师申农（C.E.Shannon）在《贝尔系统技术杂志（Bell System Technical Journal）》上发表题为“通讯的数学理论”（The mathematical Theory of communication）的长篇论文，阐述了在通信意义下的信息概念和数学度量方法，为通信领域的信息理论研究开创了新纪元，成为信息论正式诞生的里程碑[①]。同年，维纳（Norbert Wiener）从控制论的角度发展了信息理论，并在其专著《控制论：关于在动物和机器中控制和通信的科学（Cybernetics： The Communication and Control in Machine and Animal）》中提出，“信息是人们在适应外部世界，并且这种适应反作用于外部世界的过程中，同外部世界进行互相交换的内容的名称”“信息就是信息，信息是物质、能量、信息及其属性的标示”[②]。随着信息技术的发展和信息论的成熟，日本社会学家梅棹忠夫在《论信息产业》（1963）中对信息化进行了首次表述，“信息化是指通讯现代化、计算机化和行为合理化的总称”，并将以信息为中心的社会定义为“信息化社会”[③]。20世纪70年代后，信息化迅速成为一个国际化的、鲜明时代特征的词汇。信息化在英文中对应的词有informatization（美式英语）、informatisation（英式英语）以及information-alization。前两个词使用得比较广泛，后一个词则使用得比较少。信息化概念在全球得到广泛认同和使用。1998年，联合国教科文组织出版的《知识社会》一书中指出：

① 钟义信.社会动力学与信息化理论[M].广州：广东教育出版社，2007：151.

② [美]维纳.控制论[M].郝季仁，译.北京：北京大学出版社，2007.

③ 白根扎吉.日本信息化的动向[A].中日北京技术文明与现代化学术讨论会文集[C].长沙：湖南科技学技术出版社，1987.

“信息化既是一个技术的进程，又是一个社会的进程。它要求在产品或服务的生产过程中实现管理流程、组织机构、生产技能及生产工具的变革[①]。”

我国自20世纪80年代开始对信息化理论进行研究，学术界和政府内部对信息化如何表述进行了较长时间的研讨。有的从技术变革层面提出，信息化就是计算机、通信和网络技术的现代化；有的从产业转变层面提出，信息化就是从物质生产占主导地位的社会向信息产业占主导地位社会转变的发展过程；有的从社会演化层面，信息化就是从工业社会向信息社会演进的过程等。1997年，第一次全国信息化工作会议提出，信息化是指培育、发展以智能化工具为代表的新的生产力并使之造福于社会的历史过程。国家信息化就是在国家统一规划和组织下，在农业、工业、科学技术、国防及社会生活各个方面应用现代信息技术，深入开发和广泛利用信息资源，加速实现国家现代化进程。国家信息化的6个基本要素是信息化人才、信息资源、信息网络、信息技术应用、信息技术与产业以及信息化政策法规与标准。《2006—2020年国家信息化发展战略》提出，信息化是充分利用信息技术，开发利用信息资源，促进信息交流和知识共享，提高经济增长质量，推动经济社会发展转型的历史进程。该文件还提出，国家信息化基本要素除了1997年的6个要素外，又增加“信息安全”为第7要素。林毅夫（2003）认为：“所谓信息化，是指建立在IT产业发展与IT在社会经济各部门扩散的基础之上，运用IT改造传统的经济、社会结构的过程[②]。”周宏仁（2008）提出，信息化与农业化、工业化构成人类文明发展历程，其定义为：利用现代信息技术推动人类组织结构和经济结构全面变革的一个过程，是一个推动人类社会从工业社会向信息社会转变的社会转型的过程。他还提出一个信息化的理论模型（图2-2），并指出，信息化就是将人们生活的物理世界通过同态映射将其转换为数字世界；同时，又利用逆变换将数字世界转换至物理世界，成为人们认识和改造物理世界的工具。信息化是一个非常复杂和庞大的社会工程，绝不是仅仅依靠计算机或软件人员就可以完成的，需要物理世界的每个人参与其中，共同完成[③]。钟义信（2006）从社会动力学的角度指出，信息化是人类社会从工业社会（或工业农业社会）向信息社会转化的一个历史进程，是一场伟大的“科学—技术—经济—社会”的革命。它的实质是要通过全体社会成员的共同努力，在经济和社会的各个领域充分应用基于现代信息科学技术的先进社会生产工具，创建和发展信息时代的社会生产力，推动社会生产关系和上层建筑的改革，使国家的综合国力、社会的文明素质和人民的生活质量极大提高，达到真正的现代化水平[④]。

---

① Robin Mansell and Uta When，Knowledge Societies：Information Technology for Sustainable Development [M].Oxford University Press，1998.

② 林毅夫.信息化对制度变革的需求[J].中国信息界，2003（15）：15.

③ 周宏仁.信息化论[M].北京：人民出版社，2008：97-98.

④ 钟义信.社会动力学与信息化理论[M].广州：广东教育出版社，2007：121.

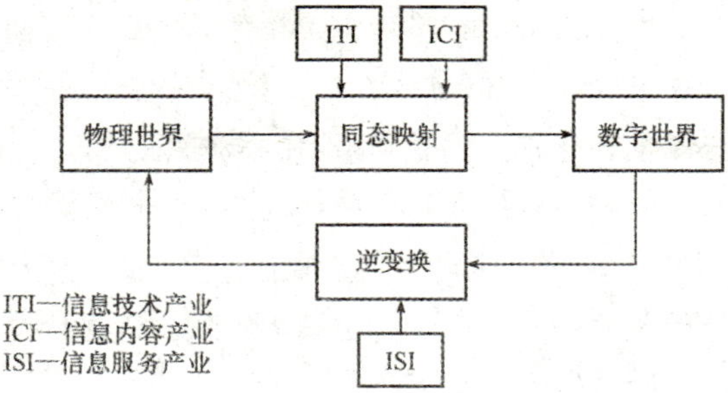

图2-2　信息化的理论模型

2.1.2.2　信息化的含义

信息化有着丰富的内涵，它是现代信息技术广泛应用于社会生产生活的各个领域，推动社会变革和进化，实现社会信息化和信息社会化的动态过程。它包括以下几层含义：①信息化是科学技术发展和经济社会发展的必然结果，遵循“科学—技术—经济—社会”发展路径[①]。无论是个人、组织还是国家必须遵循信息化这一最重要的规律，主动适应社会由工业化向信息化转变的发展趋势，自觉推进信息化，才能获得良好发展。②信息化既包含先进的信息基础设施建设和普及，又包括信息资源的高效开发和利用[②]。前者属于生产力范畴，后者属于生产关系范畴。信息化发展与信息社会形成同样是生产力与生产关系相互作用的结果。在当今社会，通常以信息产业产值与从业人数来衡量信息化程度：若一个国家的信息产业产值超过国民生产总值的一半，从事信息、知识、教育工作的人数超过其总就业人数的一半，则可认为这个国家已进入信息化社会[③]。③信息化需要全体社会成员共同参与完成，每一个人（组织）既是信息化的对象更是信息化的主体。信息化发展的目标和出发点是满足社会全体成员信息化需求。只有社会全体成员主动参与信息化，信息化才能更有针对性地满足社会成员需求和实现良性发展。增强全体社会成员的信息化意识和信息化能力是高效推进信息化的关键。④信息化涵盖国民经济的所有部门和社会生活的所有领域。虽然在具体工作部署上不同的领域或不同的地区应当有轻重缓急，不应搞一刀切，但不存在某一领域或地区“不宜推进信息化”的问题。对此，必须纠正在实际工作存在的“信息化是那些发达地区或某些社会领域的任务”“落后的地区先搞好农业和工业，再发展信息化”等错误认识和行为[④]。⑤信息化发展离不开国家的战略规划。信息化既要立足于某一国家地区的实情，又要有跨越式发展的战略。各国经济社会发展的情况不同，信息化道路是不同的。就是在一个国家内部，不同的地区或不同社会领域的信息化道路也是不同的。我国国家信息化的推

① 钟义信.社会动力学与信息化理论[M].广州：广东教育出版社，2007：147.
② 郑红维，李颢.中国农村信息服务体系综合评价与发展战略研究[M].北京：中国农业科学技术出版社，2010：9.
③ 甘利人，朱宪辰.电子政务信息资源开发与管理[M].北京：北京大学出版社，2003.
④ 钟义信.社会动力学与信息化理论[M].广州：广东教育出版社，2007：122.

进必须从我国国情出发，发挥自身优势，走中国特色的信息化道路。美国著名历史学家斯塔夫里阿诺斯在其专著《全球通史》中指出："历史的发展并不像通常所说的'一事成功百事顺'，人类学家们将此称为'受到阻滞的领先的法则'。该法则认为，最具适应性、最成功的社会要在转变时期改变和保持自己的领先地位，是极为困难的。相反，不太成功的落后社会更有可能适应变化，突飞猛进。"[①]我国作为一个发展中国家，应该充分利用"受到阻滞的领先的法则"，制定科学合理的信息化发展战略规划，在世界信息化进程中迎头赶上，抢占先机。

2.1.2.3 农村信息化的含义

随着信息技术发展和广泛渗透到人类社会发展的各个领域，农村信息化也随之快速推进。学者们从"农业"和"农村"两个角度界定了农村信息化的含义。梅方权[②]（2001）认为，农业信息化是农业全过程的信息化，是用信息技术装备现代农业，依靠信息网络化和数字化支持农业经营管理，监测管理农业资源和环境，支持农业经济和农村社会信息化。李道亮[③]（2012）认为，农村信息化是通过加强农村广播电网、电信网和计算机网等信息基础设施建设，充分开发和利用信息资源，构建信息服务体系促进信息交流和知识共享，使现代信息技术在农业生产经营及农村社会管理等各个方面实现普及应用的程度和过程。对比两种定义，二者各有侧重，但也相互交叉。两者的区别主要源自于农村与农业的区别。农村是以从事农业生产为主的劳动者聚居的地方[④]，是一个地域概念。农业是栽培农作物和饲养牲畜的生产事业，包括林业、畜牧业、渔业和农村副业等各项生产在内，是一个行业概念[⑤]。

农业信息化与农村信息化在理论研究上不断拓展和在实践探索上不断前进，二者交叉融合的趋势越来越明显，但二者在研究对象和边界上仍然存在差别，于是，相关研究者和主管部门提出"农业农村信息化"与"农村农业信息化"两个概念。在实际使用过程中，"农业农村信息化"与"农村农业信息化"常常混用，同一研究者在其不同的研究文章中分别使用这两个概念，甚至有时相关研究者和主管部门在同一篇文章、同一个文件中同时使用这两个概念。相关研究者和主管部门虽然并没有明确给农村信息化或农业信息化下一个定义，但是，在理论研究和实际工作中达成了基本共识：无论是农村信息化还是农业信息化，都是加快推进社会主义新农村建设和全面建设农村小康社会的重要内容；是改造传统农业、促进现代农业发展的客观需要；是实现以工促农、以城带乡，缩小城乡数字鸿沟、形成城乡经济社会发展一体化新格

① [美]斯塔夫里阿诺斯.全球通史——从史前到21世纪（上）[M].吴象婴，梁赤民，等，译.北京：北京大学出版社，2005：247.

② 梅方权.农业信息化带动农业现代化的战略分析[J].中国农村经济，2001（12）：22-26.

③ 李道亮.中国农村信息化发展报告（2011）[M].北京：电子工业出版社，2012：28.

④ 中国社会科学院语言研究所词典编辑室.现代汉语词典[M].5版.北京：商务印书馆，2005：1004.

⑤ 中国社会科学院语言研究所词典编辑室.现代汉语词典[M].5版.北京：商务印书馆，2005：1005.

局的现实选择；是加快培养新型农民、切实提高国民信息素质的迫切要求。根据农村公共危机防控信息化能力建设研究的实际需要，本书将“农业信息化”“农村信息化”“农村农业信息化”统称为“农村信息化”，即指在社会信息化背景下，坚持科学发展观，以信息化理论为指导，充分利用现代信息技术，提高农民综合素质和实现农民个人发展，促进农村农业发展方式由主要依靠资源和资本投入向主要依靠科技进步和提高劳动者素质转变，实现农村各项事业全面协调发展和形成城乡经济社会发展一体化新格局的过程。

2.1.3　大数据

2.1.3.1　大数据的兴起

享誉全世界的美国统计学家、管理学家爱德华·戴明（Edwards Deming）有一句名言“除了上帝，任何人都必须用数据来说话”。与中国“差不多”的社会文化不同，西方人的社会文化是“用数据说话”，这是西方开启并引领人类现代化的原因。随着经济社会快速发展，各种数据呈几何增长。但在相当长的时期内，受到技术的限制，数据的收集、使用很有限。现代信息技术的发展开启了数据收集、处理和使用的新时代。1965年，英特尔（Intel）的创始人之一戈登·摩尔（Gordon Mooer）提出著名的摩尔定律（Mooer’s Law），即统一面积集成电路上可容纳的晶体管数目，一到两年将增加一倍，也就是说，计算机硬件的处理速度和存储能力，一到两年将提升一倍。在其后的半个世纪里，硬件技术发展基本符合摩尔定律。计算机物理存储器的性能不断提高，但价格却不断下降。1955年，IBM推出了第一款商用硬盘存储器，每兆字节（MB，2^{20}个字节，相当于1/4首MP3格式的流行歌曲）的存储量需要6 000多美元。1993年，购买1兆字节的存储量价格只需1美元，2010年只需不足1美分。一般人的数据收集存储量由KB（2^{10}个字节）级增加到TB（2^{40}个字节）级，人类拥有的信息总量已达到ZB（2^{70}个字节）级。今天，人们花600美元可以买下一个存储全世界所有音乐的硬盘。计算机硬件这种令人“瞠目结舌”的发展速度，使全世界的数据处理和存储不仅越来越快、越来越方便，而且越来越便宜，使海量数据的积累和使用最终成为可能①。

海量数据的不断出现促使“大数据”一词应运而生。“大数据”（Big Data）概念早在1980年就已在美国出现，但它并不是一个确切的概念。当时，“大数据”主要用来描述人类呈几何增长的数据信息量，指向数据在“量”方面的特征，即“数据大”的意思，与今天意义上的“大数据”存在一定差异，因此，在当时及其后的很长一段时期内

① 涂子沛.大数据[M].桂林：广西师范大学出版社，2013：36-40.

并未引起广泛关注①。不过，由于需要处理的信息量过大，超过了一般电脑在处理数据时所能使用的内存量，工程师必须改进处理数据的工具。这就导致了新的处理技术的诞生，如谷歌的MapReduce和开源Hadoop平台。这些技术使得人们可以处理的数据量大大增加。更重要的是，这些数据不再需要用传统的数据库表格来整齐地排列——一些可以消除僵化的层次结构和一致性的技术也出现了。同时，因为互联网公司可以收集大量有价值的数据，而且有利用这些数据的强烈利益驱动，所以，互联网公司顺理成章地成了最新处理技术的领头实践者②。处理海量数据的新技术被广泛运用到社会各个领域，悄然改变着我们生活、工作和思维。

现实的需要，技术的突破，使得具有划时代意义的“大数据”破茧而出。2008年9月4日，《自然》（Nature）杂志刊发《Big Data： Science in the Petabyte Era》专辑，以一种全新的理念对“大数据”进行了诠释，使其超越于数据在“量”上的单方面描述，提出如何研究PB级容量的大数据流，即对待海量数据的全新的态度、理念与处理方法③。2011年5月，全球知名咨询公司麦肯锡发布著名的调研报告《大数据：创新、竞争和生产的下一个前沿》。该报告提出，“‘大数据时代’已经到来，数据已经渗透到社会生活中的各个行业和业务职能领域，逐渐成为重要的生产因素；而人们对于海量数据的运用将预示着新一波生产率增长和消费者盈余浪潮的到来④。”此后，信息时代海量数据对社会经济发展所带来的冲击，越来越受到人们的关注。2012年5月，联合国“全球脉冲”（Global Pulse）计划发布的《大数据开发：机遇与挑战》报告，对大数据带来的机遇、主要挑战和高效应用进行了全面阐述⑤。2012年，达沃斯世界经济论坛发布的《大数据、大影响：国际发展新的可能性》报告指出，大数据是与货币、黄金一样的经济资产类别⑥。2012年3月，美国发布《大数据研究和发展倡议》，正式启动“大数据发展计划”，对大数据研究的投入超过2亿美元⑦。同年5月，发布《数字政府战略》，该文件围绕数据全面推进美国政府“数字化”服务治理的提高，以期为公众提供更快捷、更高效的服务⑧。

基于大数据的巨大价值和发展前景以及世界大国对大数据发展的重视，我国著名计

① 宋学清，刘雨.大数据：信息技术与信息管理的一次变革[J].情报科学，2014（9）：14-18.

② [英]克托·迈尔一舍恩伯格，肯尼思·库克耶.大数据时代：生活、工作与思维的大变革[M].盛杨燕，周涛，译.杭州：浙江人民出版社，2013：8-9.

③ Nature.Big data：Science in the petabyte era[J].Nature， 2008，（455）：1-136.

④ Big data： The next frontier for innovation， competition，and productivity[EB/OL].http：//www.mckinsey.com/insights/business_technology/big_data_the_next_frontier_for_innovation，2011-05-21.

⑤ UN Global Pulse. Big Data for Development：Challenges & Opportunities[EB/OL]. http：//www.unglobalpulse.org/projects/Bigdataofordevelopment，2014-05-10.

⑥ World Economic Forum. Big Data， Big Impact： New Possibilities for International Development[EB/OL]. http：//www3.weforum.org/docs/WEF-TC-MFS-BigDataBigImpact-Briefing-2012.pdf，2014-05-10.

⑦ Digital Government Strategy[EB/OL]. http：//www.whitehouse.gov/blog/2012/03/29/big-data-big-deal，2012-03-29.

⑧ Big Data Research and Development Initiative[EB/OL]. http：//www.whitehouse.gov/sites/default/files/omb/ egov/digital-government/digitalgovernment-strategy.pdf，2012-05-23.

算机专家李国杰院士指出，“一个国家拥有数据的规模和运用数据的能力将成为综合国力的重要组成部分和企业间新的争夺焦点”。积极呼吁我国将大数据发展提升到国家战略层面[①]。由此可见，大数据正是凭借着自身无可替代的价值揭开了一个时代的序幕，一个超越信息时代的新时代——大数据时代已经到来。

2.1.3.2 大数据的含义

“大数据”作为信息社会发展的一个新生事物，人们还在探索中对它进行认识、应用。学术界和业界的专家学者从不同的角度对大数据进行定义。Gartner公司的Merv Adrian（2011）认为，大数据是一种超出了常用硬件环境和软件工具在可接受的时间内为其用户收集、管理和处理数据的能力[②]。麦肯锡全球数据分析研究所（Mckinsey Global Institute，2011）认为，大数据是指大小超过了典型数据库软件工具收集、存储、管理和分析能力的数据集[③]。维基百科（2014）认为，“大数据，或称巨量数据、海量数据、大资料，指的是所涉及的数据量规模巨大到无法通过人工，在合理时间内达到截取、管理、处理、并整理成为人类所能解读的信息。”这些定义侧重于从技术层面界定大数据，暗示着大数据的界定会随着技术进步而变化。以往的大数据或今天的大数据，在明天将不再是大数据。

有一些研究者从功能角度对大数据进行了界定。克托·迈尔一舍恩伯格、肯尼思·库克耶[④]（2013）认为，大数据是人们在大规模数据的基础上可以做到的事情，而这些事情在小规模数据的基础上是无法完成的。大数据是人们获得新认识、创造新的价值的源泉，还为改变市场、组织机构，以及政府与公民服务创造条件。赵国栋等[⑤]（2013）认为，大数据是在多样的或者大量数据中，迅速获取信息的能力。姜奇平[⑥]（2013）认为，大数据是通过对海量数据进行分析，获得有巨大价值的产品和服务，或深刻的洞见，最终形成变革之力。张春磊、杨小牛[⑦]（2013）认为，大数据更像是一种策略而非技术，其核心理念就是以一种比以往有效得多的方式来管理海量数据并从中提取价值。

从研究情况与应用效果来看，大数据不只是一项单一的技术，也是一种理念和思维。大数据通过数据处理技术创新，帮助人们以一种全新的方法处理数据，以一种全新的视角观察数据，以一种全新的理念应用数据，将数据转化为经济利益和社会价值，从

---

① 李国杰.大数据研究的科学价值[J].中国计算机学会通讯，2012（9）：8-15.

② Merv Adrian.Big Data[EB/OL]. http：//www.teradatamagazine.com/v11n01/Features/Big-Data/，2011-03-13.

③ Big data：The next frontier for innovation，competition，and productivity[EB/OL].http：//www.mckinsey.com/insights/business_technology/big_data_the_next_frontier_for_innovation，2011-05-21.

④ [英]克托·迈尔一舍恩伯格，肯尼思·库克耶.大数据时代：生活、工作与思维的大变革[M].盛杨燕，周涛，译.杭州：浙江人民出版社，2013：9.

⑤ 赵国栋，易欢欢，糜万军，等.大数据时代的历史机遇：产业变革与数据科学[M].北京：清华大学出版社，2013：21.

⑥ 姜奇平.大数据的时代变革力量[J].互联网周刊，2013（1）：34-37.

⑦ 张春磊，杨小牛.大数据分析（BDA）及其在情报领域的应用[J].中国电子科学研究院学报，2013（1）：18-22.

撼动商业科技到医疗、政府、教育、经济、人文以及社会的其他各个领域，最终导致人们的生活、工作和思维的大变革。

2.1.3.3 大数据的特点

大数据在特点上的研究同样处于未完成状态，人们从不同角度对大数据的特点进行总结和提炼。McAfee A和Brynjolfssne[①]（2012）将大数据的特征概括为“3V”，即大容量（Volume）、速度快（Velocity）和多样化（Variety）三大特征。Zucker[②]（2013）在“3V”基础上增加了易变性（Variability）和复杂性（Complexity）两个特性，提出大数据的五特征说（4V+ C）。Katal等[③]（2013）则在“4V+ C”基础上，增加“价值”（Value）特征，形成了大数据的六特征说（5V + C）。Zheng等[④]（2013）在“3V”基础上增加了精确性（Veracity）特征，提出大数据的四特征说（4V）。而Demchenko等[⑤]在“4V”基础上增加价值（Value）特征，提出大数据“5V”特征说。吴标兵等[⑥]（2015）认为，大数据具有大容量、高速度和多智慧3个特征。

结合上述研究成果，根据农村公共危机防控信息化能力建设研究的需要，我们将从大数据的规模、结构、处理技术、核心价值四个方面探索其特征。

1）数据规模大

从大数据兴起过程看，大数据最初源于海量数据的积累，因此，数据规模大是大数据的基本特征。2014年，全球有24亿互联网用户，63.4亿个网站。预计到2016年，全球人口中的45%的人将会上网，即全球网络用户将会达到34亿，而平均每个用户在每月中产生的流量也将达到32 GB。如此庞大的用户群，如此之多的使用量，其产生的数据量可想而知[⑦]。2014年，全世界数字化信息的数量6.16 ZB[⑧]。数据规模大是大数据运用的前提条件。

2）数据更混杂

大数据有容乃大，其“大”的背后是数据的混杂性，包含不同类型、含义和语义解释的异构数据、同构数据和半结构化数据，具体形式有点击记录、数据使用记录、声音记录、图像记录、生物计量数据（比如指纹或视网膜扫描）、传感器和其他设备产生的

① McAfee A，Brynjolfssone．Big data： The management revolution[J]. Harvard Business Review，2012（10）：1-9.

② Zucker C．What is big data? [EB/OL]．http：//www.sas.com /big-data，2013-05-06.

③ Katal A，WAZID M，GOUDARRH.Big data： Issues，challenges，tools and good practices [C].//The Sixth International Conference on Contemporary Computing.Noida： IEEE，2013： 404- 409.

④ Zheng Z，ZHu JM，Michaelr LYU.Service-generated big data and big data-as-a-service： An overview [C].// 1st International Congress on Big Data.Santa Clara： IEEE，2013： 403-410.

⑤ Demchenko Y，Grosso P，de Laat C，et al.Addressing big data issues in scientific data infrastructure [C].// Collaboration Technologies and Systems，San Diego： IEEE，2013： 48-55.

⑥ 吴标兵，许为民，许和隆，等.大数据背景下科技服务业发展策略研究[J].科技管理研究，2015（10）：104-109.

⑦ 阿里云.我们应该重视云备份起来[EB/OL].http：//www.aliyun.com/zixun/content/1_4_16231.html，2015-08-10.

⑧ 网易科技.全世界数字化信息的数量6.16 ZB：9个数字来看2014年的大事记[EB/OL].http：//tech.163.com/14/1230/16/AENO7RF400094ODU.html，2014-12-30.

数据等。而在海量数据中，只有5%的数字数据是结构化的且能适用于传统数据库。如果不接受混乱，剩下的95%的非结构化数据都无法被利用①。大数据的混杂性恰好解决这一问题。

3）处理速度快

大数据兴起过程显示，海量数据的出现使得原有的计算机硬件和数据处理技术无法应对，更高效、更快速的数据处理技术由此诞生。数据处理速度快是大数据的又一特征。2012年，沃尔玛在“黑色星期五”创下4小时处理1 000万次收银机交易的记录，这相当于每秒5 000宗交易②。不过这一纪录在不断被超越。2014年，天猫在“双十一”活动开场1分钟交易83万笔，3分钟410万笔，30分钟4 086万笔；交易额为3分钟突破10亿，14分02秒，突破50亿，38分28秒，交易额冲到100亿，仅用13小时31分，就突破了2013年全天362亿元的世界最大购物日成交纪录③。数据处理速度快是应对数据规模大、结构乱的内在要求。正因为具有高效复杂统计和分析能力，突破传统数据处理技术无法应对“数据大”和“数据乱”的屏障，最终产生大数据这样高性能的数据库管理系统。

4）预测更有效

大数据的核心就是预测。大数据是把数学算法运算到海量数据上来预测事情发生的可能。大数据之所以能够成功预测，关键在于它是建立在海量数据基础上的。随着系统接收到的数据越来越多，大数据可以自动搜索最好的信号和模式，并改善自己。当数据只有500万的时候，有一种简单的算法表现得很差，但当数据达到10亿的时候，它变成了表现最好的，准确率从原来的75%提高到了95%以上。谷歌公司利用大数据成功预测美国流感爆发的具体时间和具体地点，效率远高于联邦疾控中心的传统预警。大数据标志着人类在寻求量化和认识世界的道路上前进了一大步。过去不可计量、存储、分析和共享的很多东西都被数据化了。拥有大数据为我们理解世界和预测事情打开了一扇大门④。

2.1.4 农村公共危机防控信息化能力

2.1.4.1 农村公共危机防控信息化能力的含义

农村公共危机防控信息化能力的含义比较复杂，需要弄清楚农村公共危机防控、能力、政府能力、防控信息化等概念。

---

① [英]克托·迈尔一舍恩伯格，肯尼思·库克耶.大数据时代：生活、工作与思维的大变革[M].盛杨燕，周涛，译.杭州：浙江人民出版社，2013：64.

② 吴标兵，许为民，许和隆，等.大数据背景下科技服务业发展策略研究[J].科技管理研究，2015（10）：104-109.

③ 网易新闻.天猫双十一交易额突破571亿元[EB/OL].http：//news.163.com/14/1112/02/AAQM96Q600014AED.html，2014-11-12.

④ [英]克托·迈尔一舍恩伯格，肯尼思·库克耶.大数据时代：生活、工作与思维的大变革[M].盛杨燕，周涛，译.杭州：浙江人民出版社，2013：16，51，23.

1）农村公共危机防控

斯蒂文·芬克[①]（Steven Fink）认为，危机管理是特定组织对所有危机诱发因素的预警、分析、化解、预防等方面采取的行动总和。罗伯特·希斯[②]（Robert Heath）认为，公共危机管理是在危机预防、应对、恢复中，提高危机初始管理地位，改进危机反应管理，完善危机修复管理，以减少危机的攻击力、冲击力、破坏力和影响力的过程。张成福[③]认为，危机管理是一种动态的管理过程，具备组织性和计划性，政府针对潜在或者实际发生的危机，在不同阶段采取一系列的控制行为，以期实现预防、处理、消除危机。借鉴上述定义，一般认为，农村公共危机防控是在政府主导下，调动各方面力量，有计划、有组织地对农村公共危机进行预防、处理、消除的动态管理过程。

2）政府能力

所谓能力，是指成功地完成某种活动所必须具备的个性心理特征，是主体从事某种活动时所具备的内部条件和内在可能性[④]。政府作为农村公共危机防控主体，政府能力是农村公共危机防控的关键所在。政府能力是政府在从事某项活动或实现自己职能中，对人力、财力、权力、公信力、文化力、信息力、结构力等方面拥有的可能和大小[⑤]。从某种程度上讲，农村公共危机防控能力就是政府在农村公共危机防控中所表现出来的人力、财力、权力、公信力、文化力、信息力、结构力等。

3）防控信息化

随着信息技术飞速发展和广泛应用，信息化不断渗透到社会管理的各个领域和各个环节。农村公共危机防控信息化是指将现代信息技术有效应用到农村公共危机防控的各个环节，提高农村公共危机防控效果，以避免或减少危机损害。农村公共危机防控信息化不仅是技术层面变革，更是管理理念转变。

综上所述，农村公共危机防控信息化能力是指在信息化环境下，政府调动各方面力量，运用信息化管理理念和管理手段，在农村公共危机防控中表现出来的作用力。具体来讲，农村公共危机防控信息化能力是政府、社会、民众等危机防控主体运用农村公共危机防控信息化系统，在危机预防、危机应对、恢复管理等整个管理过程中，所拥有的人力、财力、权力、公信力、文化力、信息力、结构力等综合能力。农村公共危机防控信息化能力与能力要素的初始投入、防控过程的要素追加投入、具体防控措施实施过程密切相关，存在于防控人员、防控机构、文化氛围、信息技术、信息资

---

① Steven Fink.Crisis Management：Planning for the Invisible[M].New York：American Management Association，1986：3.

② [美]罗伯特·希斯.危机管理[M].王成，宋炳辉，金瑛，译.北京：中信出版社，2001：13.

③ 张成福.公共危机管理：全面整合的模式与中国的战略选择[J].中国行政管理，2003（7）：6-11.

④ 李玲玲.政府政策能力论析[J].理论与改革，2006（5）：16-19.

⑤ 汪永成.经济全球化与中国政府能力现代化[M].北京：人民出版社，2006：1.

源等各种要素之中，具有突出的路径依赖性，是农村公共危机防控信息化建设的长期实践和总结提升的结果。

2.1.4.2　农村公共危机防控信息化能力的特点

农村公共危机防控信息化能力是各类信息化资源在农村公共危机防控中融合应用的价值体现，是信息化背景下农村公共危机管理发展的必然产物。只有深入了解、掌握农村公共危机防控信息化能力的特征，才能够更好地把握农村公共危机防控信息化能力的内涵，才能促使农村公共危机防控信息化能力建设，才能创新农村公共危机防控的思路和探寻农村公共危机有效防控的新路径。

（1）目的性。农村公共危机防控信息化能力以信息化推动农村公共危机防控思路与对策的创新，形成农村公共危机防控的具体方案和措施，为政府、社会组织、农民等利益主体科学防控农村公共危机提供支持，从而提高农村公共危机防控效率和效果。农村公共危机防控信息化能力的目的性在于强调将信息化技术和理念付诸农村公共危机预防、应对、恢复的全过程，应对农村公共危机难以预测、快速扩散、产生恐慌、演化次生灾害等问题，实现农村公共危机的实时监控、快速回应和有效恢复，具体表现为农村公共危机预防能力、应对能力和恢复能力。

（2）复杂性。农村公共危机防控信息化能力的复杂性主要体现在：一是农村公共危机类型繁多，不同类型的农村公共危机，其防控信息化能力虽然具有共性，但也有自己的独特性；二是农村公共危机防控信息化能力渗透于农村公共危机防控的各个环节，具体表现为危机预防能力、应对能力、恢复能力等；三是农村公共危机防控信息化能力在政府、社会组织、农民等不同利益主体中，其表现形式是不一样的；四是从人员素质、资金投入、基础设施、社会环境、运行机制等农村公共危机防控的具体要素上看，农村公共危机防控信息化能力具有不同的实际内涵。由此可见，农村公共危机防控信息化能力具有构成多样化、关系复杂化的特点。

（3）动态性。任何事物都是不断变化发展的，农村公共危机防控信息化能力也不例外，其是一个动态发展的过程。在日新月异的现代信息技术推动下，农村公共危机防控信息化一直处于快速的发展变化中，设施设备从广播电视、电话村村通到有线网络、无线网络村村通，从一般的互联网技术到云计算、物联网等技术；数据处理技术从传统数据处理到大数据处理等。同时，在经济社会全面深化改革和转型的过程中，农村公共危机的内容和形态也在不断发生变化。正因如此，农村公共危机防控信息化能力内涵也在不断变化，与时俱进。

（4）间接性。农村公共危机防控信息化中的有形资源和无形资源本身或其组合并不能直接形成农村公共危机防控信息化能力，只有在资源整合的动态过程中才能产生并体现能力。农村公共危机防控信息化能力是一个隐性概念，依附并潜藏于农村公共危机防控信息化中，在农村公共危机防控过程中得以体现和发挥作用。农村公共危机防控信息化能力与目标构成直接的因果关系。农村公共危机防控信息化能力越强，则农村公共危机发生次数越少或造成损害越少，政府、社会组织、农民等利益相关者越满意。然而，农村公共危机防控信息化能力的隐藏性决定其很难直接体现和测量。正由于农村公共危机防控信息化能力的间接性，如何分析农村公共危机防控信息化能力的结构和构建农村公共危机防控信息化能力评价指标体系，将是本书研究的难点。

2.2 相关理论支撑

2.2.1 公共服务理论

大数据时代农村公共危机防控信息化能力是一种能力，旨在以信息化、大数据的技术和理念，消除或减少农村公共危机对社会公共利益的威胁和损害。由此可见，大数据时代农村公共危机防控信息化是一种公共产品，需要其提供者和主导者——政府转变管理理念，为民众提供高质量公共危机防控服务，维护民众的生命财产安全。因此，研究大数据时代农村公共危机防控信息化能力建设，需要公共服务理论作为支撑。

2.2.1.1 公共产品理论

公共经济学将人类社会发展中的消费品分为公共产品和私人产品。公共产品研究的拓荒者是大卫·休谟，亚当·斯密、李嘉图、马歇尔等人都对公共产品研究做出了重要贡献。“公共产品”理论的奠基人是保罗·萨缪尔森。1954年，他在其代表作《公共支出的纯理论》一文中指出，纯粹的公共产品是指每个人消费都不会导致其他人消费的减少的产品或劳务。根据萨缪尔森的观点，公共产品具有与私人产品完全不同的特性。

1）效用的不可分割性

政府提供公共产品是为了满足人们的公共需求。公共需求虽然是基于个人的需求，但不是单个人或少数人的需求，也不是个人需求的简单相加，而是当人们作为一个整体时的需求。也就是说，公共产品是为全体社会成员所提供的，在效用上具有不可分割性，不能被分割成若干部分为某个人或少数人独享。

2）消费的非竞争性

一部分人对某种公共产品的消费，不仅不会排斥和妨碍其他人同时消费，而且也不会因此而减少其他人消费该种公共产品的数量和质量。受益对象之间不存在利益冲突。例如，一个国家所有公民受国防保护，国防费用以及每一公民从中获得的保护不会因为多生一个小孩或出国一个人而发生变化。

3）受益的非排他性

在技术上将一些人排斥在消费过程之外，不让他们享受这一产品的利益是不可能的[①]。例如，治理好空气污染是一项使所有人能够生活在新鲜的空气中的服务，要让某些人不能享受到新鲜空气的好处是不可能的。

学术界认为，公共产品的供给模式主要包括：① 公共产品的政府供给。传统经济学家认为，由于公共产品具有非竞争性和非排他性，依靠市场不能实现公共产品的有效供给和最优配置，只能依靠政府通过税收供给公共产品和运用公共权力对社会资源的优化配置，这也是政府的职责所在。② 公共产品的市场供给。科斯的灯塔理论、布坎南的俱乐部产品理论等，反驳了公共产品只能由政府垄断的传统经济学观点，认为政府是“无能、低效、腐败的化身”，资源的有效配置只能由市场来执行，提出公共产品供给可以甚至应该引入市场机制。外部性、公共产品等所谓的市场失灵问题能够通过市场机制解决，因此，用不着政府直接插手[②]。③ 公私合作供给。现代经济社会运行的事实证明，无论是市场，还是政府，都有其自身无法克服的缺陷。二者都是现实经济过程的组成部分，不存在非此即彼的选择。一方面，纯公共产品应该由政府负责供给，但这并不意味着政府直接生产纯公共产品，况且现实中的纯公共产品并不多。另一方面，引入市场机制，完全由私人生产和提供公共产品，实际上需要得到政府的许可。因此，充分发挥政府和市场各自的优势，积极实行公共服务的民营化，建立起公私机构之间的竞争[③]，公私合作提供公共产品，是公共产品供给的最佳选择。

2.2.1.2　新公共管理理论

新公共管理理论于20世纪后期兴起，是西方政府管理的新理论形态和新实践模式，其主旨意在不太集权的公共部门中培养绩效取向的文化。波利特（C.Pollitt）[④]认为，新公共管理主义强调将商业管理的理论、方法、技术及模式应用到政府公共部门管理中。萨瓦斯（Savas）[⑤]认为：“新公共管理其最显著的特征是将市场机制引入政治领域”“民营化体现了新公共管理的所有特征”“民营化就是新公共管理”。胡德（C.C.Hood）[⑥]认为，新公共管理的内容包括“向职业化管理的转变、标准与绩效测量、产出控制、单位的分散化、竞争、私人部门管理风格、纪律与节约等七个方面”。奥斯本（David E. Osborne）和盖布勒（Gaebler Ted）[⑦]提出了新公共管理模式下政府改革的十项基本内容：掌舵而不是划桨、重妥善授权而非事必躬亲、注重引

---

① 杨灿明，李景友.公共部门经济学[M].北京：经济科学出版社，2003.

② Coase RH.The Lighthouse in Eonomies[J].Joumal of Law & Economics，1974，17（2）：357-76.

③ E.S.Savase.Privatization and Public-Private PartnershiPs[M].New York：Seven Bridges Press，2000.

④ C.Pollitt. Managerialism and Public Service： The Anglo-American Experience[M].Oxford： Basic Blackwell，1990.

⑤ [美]萨瓦斯.民营化与公私部门的伙伴关系[M].北京：中国人民大学出版社，2002：341-342.

⑥ CC. Hood.A Public management for all seasons? [J]. Public Administration，1991，69（1）：3-19.

⑦ [美]奥斯本，等.改革政府——企业精神如何改革着公营部门[M].周敦仁，译.上海：上海译文出版社，2006.

入竞争机制、注重目标使命而非繁文缛节、重产出而非投入、具备“顾客”意识、有收益而不浪费、重预防而不是治疗、重参与协作的分权模式而非层级节制的集权模式、重市场机制调节而非仅靠行政指令控制等。彼得斯（Peters）[①]将新的公共管理模式（治理模式）分为市场化政府、参与型政府、灵活性政府和解除规制政府等四种类型。陈振明（2000）[②]综合西方学者的观点，将新公共管理特征归纳为强调职业化管理、明确绩效标准与绩效评估、重视项目预算与战略管理、提供回应性服务、促进公共服务机构的分散化和小型化、竞争机制的引入、采用私人部门管理方式、兼顾管理者与政治家、改变公众关系等八个方面。

新公共管理理论自诞生以来，就受到来自各方的质疑和批评。波利特（C.Pollitt）[③]、张成福（2007）[④]等人认为，新公共管理过分信奉经济人假说，强调经济学的个人主义方法论，可能导致公共利益的丧失。汉森（S.Hansen）、格林沃德（J.Grenwood）、贺东航（2008）等认为，新公共管理过度强调用私人部门（企业）管理的模式重塑政府及公共管理，将忽视公共价值导向。罗伯特·B·登哈特（Denhardt）夫妇[⑤]、B·盖伊·彼得斯（Peters）[⑥]等人认为，新公共管理宣扬顾客导向固然可以提高公共服务质量，但容易舍本逐末，忽视公共服务的多元化、参与性与可监督性，反而弱化公民参与权和监督权。正因为这样，对于新公共管理在理论上，学者们不断进行反思和研讨；在实践上，西方国家的政府改革实践也开始反思和自我修正[⑦]。但不管怎样，在西方政府改革的实践中，新公共管理引入私营部门管理模式、提倡市场导向、顾客导向等做法，的确在一定程度上提高了政府管理效率。

2.2.1.3 新公共服务理论

新公共服务是以美国学者登哈特（Denhardt）夫妇为代表的一批公共行政学者批判和反思新公共管理理论的结果。所谓新公共服务，指的是关于公共行政在以公民为中心的治理系统中所扮演的角色的一套理念。根据登哈特夫妇的研究成果，新公共服务理论的内涵主要包括以下几点：①政府的核心职能是“服务”，而不是“掌舵”。帮助公民表达并满足他们共同的利益需求是公共行政官员越来越重要的作用。②公共利益是政府追求根本目标，而非副产品。公共行政官员为实现这一根本目标，必须致力于建立集体的、共享的公共利益观念，并用来指导自己的行为。③政府在思想上要具有战略性，在

① See B.Guy Peters.The Future of Governing： Four Emerging Models[M].Kansas：University Press of Kansas， Lawreme，KS. 1996：16-20.

② 陈振明.评西方的“新公共管理”范式[J].中国社会科学，2000（6）：73-82.

③ C.Pollitt. Managerialism and Public Service： The Anglo-American Experience[M].Oxford： Basic Blackwell，1990.

④ 张成福.重建公共行政的公共理论[J].中国人民大学学报，2007（3）：1-7.

⑤ [美]珍妮特·V·登哈特，罗伯特·B·登哈特.新公共服务：服务，而不是掌舵[M].丁煌，译.北京：中国人民大学出版社，2004.

⑥ [美]彼得斯.政府管理与公共服务的新思维[M].北京：国家行政学院出版社. 1998.

⑦ 张正岩.中国县级政府公共服务能力研究[D].长春：吉林大学博士论文，2011：42.

行动上要具有民主性。政府只有通过集体努力和协作，才能出台符合公共需要的政策和计划，才能使政策和计划最有效地、最负责任地得到贯彻和执行。④政府为公民服务，而不是为顾客服务。政府提供公共服务时必须考虑公正与公平的这一重要因素，关注更广大公民的眼前利益和长远利益。⑤政府承担的责任是多样的而非单一的。公共行政官员不仅关注市场，更应关注宪法法令、社区价值观念和价值标准、公民利益等。⑥重视以人为本，而不只是重视生产率。政府以尊重所有人为基础，重视建设政府与公民之间、公民与公民之间的信任与合作关系，可以使政府的政策和计划更有可能获得成功。⑦公民权和公共服务比企业家精神更重要。政府是公民的政府，公共行政官员要超越企业家的身份，重视公民权和公共服务[①]。

在现代民主社会形成和发展过程中产生的公民权理论、社区与公民社会理论、组织人本主义理论、后现代主义的话语理论等是新公共服务的理论基础。新公共服务理论改变了传统行政管理理论将政府置于政府改革与治理中心，提出将公民置于整个治理体系的中心，重视建立公民社会和加强社区治理，强调公民参与权和寻求公民更有效的回应，增进利益相关者与政府官员的公共对话，将公共组织改变成为更少受权威“掌舵”而更有利于公民个人主动性与创造性发挥和自我实现与满足的组织，从而彰显公共服务精神[②]。当然，新公共服务理论并不是对新公共管理的全盘否定，而是一种扬弃。它在吸收、继承和发扬了民主治理理论的同时，努力将新公共管理理论中的效率和生产力理论融入民主、社区和公共利益理论中，从而形成一种更加关注民主价值和公共利益、更加适合于现代公民社会发展和公共管理实践需要的新的理论体系[③]。

2.2.2 公共危机管理理论

农村公共危机防控信息化能力建设是一种从特定视角、在特定地域的危机管理。农村公共危机防控信息化能力建设必须依据危机管理的基本理论，结合农村社会具体实际和信息化特点进行理论研究和实践探索。根据本研究需要，我们将从危机管理的模式、特点和评价三个方面梳理危机管理基本理论。

2.2.2.1 公共危机管理的模式

在危机管理的研究和探索中，专家学者们建立了各种不同的危机管理模型。诺曼・R・奥古斯丁[④]提出了危机管理六阶段模式（表2-1）。

① [美]珍妮特・V・登哈特，罗伯特・B・登哈特.新公共服务：服务，而不是掌舵[M].丁煌，译.北京：中国人民大学出版社，2004.

② 李晓园.当代中国县级政府公共服务能力及其影响因素的实证研究[M].北京：中国社会科学出版社，2010：32.

③ 张正岩.中国县级政府公共服务能力研究[D].长春：吉林大学博士论文，2011：43-44.

④ 诺曼・R・奥古斯丁，等.哈佛商业评论精粹译丛：危机管理[M].北京新华信商业风险管理有限公司，译.北京：中国人民大学出版社，2001：15-18.

表2-1 危机管理六阶段模式

危机阶段	危机管理要求
危机防范阶段	力求减少或避免危机的发生
危机预备阶段	制订危机应对预案，做好危机应对的各项准备工作
危机确认阶段	判断是否出现了危机，出现了什么性质的危机，以进行正确的决策
危机控制阶段	采取各种必要的紧急应对措施，将危机控制在一定范围内
危机解决阶段	采取各种行动化解危机
从危机中获益阶段	抓住能够弥补部分损失的机会，吸取教训以避免更多错误

美国的保夏特（Pauchant）和米特若夫（Mitroff）①提出了危机管理五阶段模式，即"M模式"（表2-2）。

表2-2 危机管理五阶段模式

危机阶段	危机管理要求
信号侦测阶段	识别危机发生的预警信号
准备预防阶段	做好应对危机的准备，尽量降低潜在损害程度
损失控制阶段	尽量防止危机进一步扩散和对其他事物的损害
恢复阶段	尽快从危机中恢复过来，实现正常运转
学习阶段	总结经验教训，改善危机管理各项工作，提高危机处理能力和效率

芬克（Fink）②借鉴医学术语将危机管理形象分为征兆期、发作期、延续期和痊愈期四个阶段。但是，在危机管理中最受推崇的则是罗伯特·希斯（Robert Heath）③基于有效危机管理理念和追求提出的危机管理四阶段模式，即4R模式（表2-3）。

表2-3 危机管理四阶段（4R）模式

危机阶段	危机管理要求
缩减阶段	预防危机的发生，减少危机发生后的冲击，这是有效危机管理核心
预备阶段	做好应对和恢复计划，进行技能培训和模拟演习，提升危机意识和应对能力
反应阶段	立即采取应对措施，尽量抑制危机的扩展与恶化
恢复阶段	着手恢复工作，改进和完善危机管理

公共危机管理三阶段模型由来已久，其中Altay和Green④进行了较详细的阐述（表2-4）。

① Pauchant，T.C&Mitroff，I.I.Transforming the crisis prone-organization.San Francisco：Jossey-Bass.1992.

② Steven Fink.Crisis Management：Planning for the Inevitable[M].New York：American Management Association，1986.

③ [美]罗伯特·希斯.危机管理[M].王成，宋炳辉，金瑛，译.北京：中信出版社，2001.

④ N. Altay，W.G. Green. OR/MS research in disaster operations management[J].European Journal of Operational Research，2006，175（1）：475-493.

表2-4　危机管理三阶段模式

危机阶段	危机管理要求
危机前	预防危机的发生，做应对危机各项准备
危机中	迅速有效地控制住危机，并且防止其蔓延和持续
危机后	尽快恢复正常秩序，总结经验教训

国内学者借鉴国外研究成果，并结合我国实践对公共危机管理模式进行了研究。莫利拉、李燕凌[①]将公共危机管理分为事前、事中、事后三个阶段。肖鹏军[②]将公共危机管理分为监测预警、预控预防、应急处理、评估恢复四个阶段。张成福、唐钧[③]将公共危机管理分为危机预警、危机准备、危机舒缓、危机应对、危机重建五个阶段。由于莫利拉、肖鹏军关于公共危机管理划分模式与前面公共危机的三阶段模式和“4R”模式较为接近，故不做详细介绍。这里只介绍张成福和唐钧关于公共危机管理的五阶段模式（表2-5）。

表2-5　危机管理五阶段模式（张成福、唐钧）

危机阶段	危机管理要求
危机预警	科学收集信息，对危机态势进行动态监控、及时评估和准确判断，防患于未然
危机准备	制定危机预案，加强危机训练，做好资源储备，以有效应对危机发生
危机舒缓	以成本—收益高的方法，消除或减少危机发生，降低危机的损害
危机应对	控制或消除正在发生的危机，减轻危机带来的损失
危机重建	危机的善后处理、复原和重建

2.2.2.2　公共危机管理的特点

研究者从不同角度对公共危机管理的特点进行了分析。孙多勇、鲁洋[④]认为，公共危机管理具有长期性、权变性、公共性、心理约束性、博弈性等特点。张晓鹏[⑤]认为，公共危机管理具有预防性和长期性、公共性和强制性、权变性和博弈性、风险性和综合性等特点。常永华[⑥]认为，公共危机管理具有长期性、权变性、公共性的特点。总体来说，公共危机管理有以下特点。

（1）长期性。公共危机管理虽然是一种紧急状态下的应急管理，但是，公共危机的出现往往并非是偶然的和孤立的事件，其发生是矛盾长期积累的结果。当前，我国

① 莫利拉，李燕凌.公共危机管理——农村社会突发事件预警、应急与责任机制研究[M].北京：人民出版社，2007.
② 肖鹏军.公共危机管理导论[M].北京：中国人民大学出版社，2006.
③ 张成福，唐钧.政府危机管理能力评估——知识框架与指标体系研究[M].北京：中国人民大学出版社，2009.
④ 孙多勇，鲁洋.危机管理的理论发展与现实问题[J].江西社会科学，2004（4）：138-143.
⑤ 张晓鹏.公共危机管理系统的构建与能力评价研究[D].大连：大连理工大学博士论文，2011：24-25.
⑥ 常永华.公共危机管理视阈下的西部地方政府执政能力与评估研究[D].西安：陕西师范大学博士论文，2011：28.

处在社会转型和全面深化改革时期，各种经济社会错综复杂、相互交织，使得危机事件每时每刻都有可能发生，而且某一危机的发生会导致结构性和连锁性的反应。某一个公共危机的解决并不意味着潜在的危机也随之完全解除。因此，必须深刻把握公共危机管理长期性的特点，在公共危机管理中，不只是着眼于消极地解决眼前的某一危机，而应该着眼于主动采取一系列长期的和系统化的危机防控策略。

（2）公共性。公共危机具有社会性和扩散性，会对社会公众产生威胁和损害。公共危机管理因此具有公共性，其目的在于消除或减少危机对社会公共利益的损害。而这是个人或私人组织无法承担的。政府作为公共利益的维护者，应该在公共危机管理中发挥核心和关键的作用，行使公共权力，采取强制和非强制性手段，提供公共产品和公共服务，以有效预防危机、减缓危机蔓延和尽量降低危机造成的损失。

（3）权变性。公共危机产生的原因是多种多样的、错综复杂的，同时，公共危机演变如“水无常形”，因情形不同或变化可以衍化出各式各样的形态。因此，在公共危机管理中，可以总结出一些基本规律，但绝没有“放之四海皆准之”的管理对策。危机管理是权变的管理，需要因地制宜、因事因情地采取管理方式方法和具体对策。

（4）综合性。公共危机管理所涉及的范围一般是多领域、多专业和多层次的。从管理过程看，包括危机的监测、预防、处置、恢复等各个环节；从管理资源看，调动包括人力、物力、财力、信息等各项资源；从管理的知识要求看，既包括管理学、传播学、心理学、情报学等专业知识，还包括特定危机发生领域的专业知识（如地震、火灾、化学品泄漏等处置）。危机管理需要集结资源、统筹部署和协同作战，构建一个相互依赖、资源共享、快速响应的综合管理网络。

2.2.2.3　公共危机管理的评价

有关学者从标准确定、指标构建、方法选择等方面研究了公共危机管理评价。

1）公共危机管理评价的标准确定

在现代公共部门绩效评估中，根据投入—产出绩效追求，确立了“3Es”评价标准，即经济（Economy）、效率（Efficiency）、效益（Effectiveness）。这三个评价标准之间是互相依赖、互相联系的。公共部门既要追求资源的节约和使用效率，又要顾及民众满意度和社会效益。这有助于公共部门有效地获取和使用资源，以实现组织的目标要求[①]。公共危机管理虽然不能严格准确量化地评价投入—产出，但是在评价中要充分体现“3Es”标准。由于危机管理的不同相关利益群体的关注点和价值判断标准存在差异，以及公共危机管理的外部环境不确定性和自身系统复杂性，不能只是通过“3Es”标准评价公共危机管理的好坏。有学者提出，危机管理评价标准应当从“3Es”向“3D”（Diagnosis、Design、Development）转变。诊断（Diagnosis）是指管理者能

① [美]史蒂文·科恩，威廉·埃米克.新有效公共管理者：在变革的政府中追求成功[M].王巧玲，等，译.北京：中国人民大学出版社，2001.

够充分考虑各方利益，正确甄别问题。设计（Design）是指管理者能够制定恰当战略，以有效解决问题。发展（Development）是解决问题的能力和创新学习的能力[①]。可见，“3D”标准并不是对“3Es”标准的替代。在公共危机管理评价中，应将“3D”标准与“3Es”标准有机结合起来。

2）公共危机管理评价的指标体系

杨青、田依林、宋英华[②]基于危机过程管理，从灾前预警能力评价、灾中应急能力评价和灾后恢复能力评价三个方面，构建了由12个子系统组成的城市灾害应急管理综合能力评价体系。张成福、唐钧[③]根据美国联邦紧急情况署和国家危机管理协会的相关研究成果，结合我国实际情况，构建了由13个指标组成的公共危机管理能力评价指标体系，即：法律和权威，危险识别和风险评估，危险舒缓，资源管理，危机管理计划，指挥、控制和协调，通信和预警，程序和执行，后勤和设施，培训，演练、评估和矫正，危机沟通和公众教育，应急财政等。童星和张海波[④]认为，随着应急管理发展的实现，构建了基于中国问题的灾害管理分析框架，具体包括应急管理功能定位、应急预案绩效分析、治理结构优化、突发事件问责和群体性事件治理5个方面。常永华[⑤]从危机预警、危机处理、危机消弭、管理支撑、社会满意程度、系统学习能力6个方面构建了公共危机管理能力评价指标体系。

3）公共危机管理评价的方法选择

张永领[⑥]运用Delphi法和最小判别对应急管理能力进行逐级评价。丁继勇、王卓甫、郭光祥[⑦]在分析城市暴雨内涝应急决策特点和决策目标的基础上，采用贝叶斯和动态博弈分析方法，提出城市暴雨内涝动态应急决策的生成方法，通过实证计算分析说明了所提方法的应用过程。 汪志红、王斌会、张衡[⑧]提出了一个基于Logistic 曲线的城市应急能力评价模型，并运用该模型对广州市火灾应急能力进行了实证分析。于丽英、杜明星[⑨]利用基于α截集的模糊TOPSIS法对政府危机管理绩效进行评价。蒋宗彩[⑩]运用模糊AHP方法和模糊TOPSIS方法对城市群公共危机管理进行评价。巫德富、黄宏纯[⑪]运用模糊灰色综合评价模型，对城镇化快速发展背景下的突发事件应急管理创新能力进行了评价。

---

① [澳]欧文·E·休斯.公共管理导论[M].彭和平，等，译.北京：中国人民大学出版社，2001.

② 杨青，田依林，宋英华.基于过程管理的城市灾害应急管理综合能力评价体系研究[J].中国行政管理，2007（3）：103-106.

③ 张成福，唐钧.政府危机管理能力评估——知识框架与指标体系研究[M].北京：中国人民大学出版社，2009：173.

④ 童星，张海波.基于中国问题的灾害管理分析框架[J].中国社会科学，2010（1）：133-146.

⑤ 常永华.公共危机管理视阈下的西部地方政府执政能力与评估研究[D].西安：陕西师范大学博士论文，2011：82-86.

⑥ 张永领.基于Delphi 法和最小判别的应急能力逐级评价模式研究[J].中国安全科学学报，2010（2）：165-170.

⑦ 丁继勇，王卓甫，郭光祥.基于贝叶斯和动态博弈分析的城市暴雨内涝应急决策[J].统计与决策，2012（23）：26-29.

⑧ 汪志红，王斌会，张衡.基于Logistic曲线的城市应急能力评价研究[J].中国安全科学学报，2011（3）：163-169.

⑨ 于丽英，杜明星.基于α截集的模糊TOPSIS方法在政府危机管理绩效评价中的应用[J].上海管理科学，2013（2）：90-94.

⑩ 蒋宗彩.城市群公共危机管理应急决策理论与应对机制研究[D].上海：上海大学博士论文，2014：70-91.

⑪ 巫德富，黄宏纯.快速城镇化背景下突发事件应急管理创新能力灰色模糊综合评价研究[J].技术与创新管理，2015（4）：388-392.

2.2.3 信息化理论

本研究是基于大数据时代，探讨以信息化手段和理念促进农村公共危机防控能力建设。掌握信息化的内容结构、动力机制、测度评价、基本规律等相关理论，是研究大数据时代农村公共危机防控信息化能力建设的基本前提。

2.2.3.1 信息化的内容结构体系

信息化是20世纪中后期兴起的经济社会现象，现已成为全球主导型潮流。信息化作为一个庞大的系统工程，涉及社会的各个方面，具有十分复杂的内容结构体系。从不同角度可以构建不同的信息化内容结构体系。从社会领域可以构建由政治、经济、科技、教育、文化等组成的信息化内容结构体系；从行业领域可以构建由工业、农业、服务业等组成的信息化内容结构体系；从地域可以构建由城市、农村等组成的信息化内容结构体系等。其中，比较具有代表性的是我国信息化研究专家钟信义从社会动力学领域提出的信息化内容结构体系，如图2-3所示①。

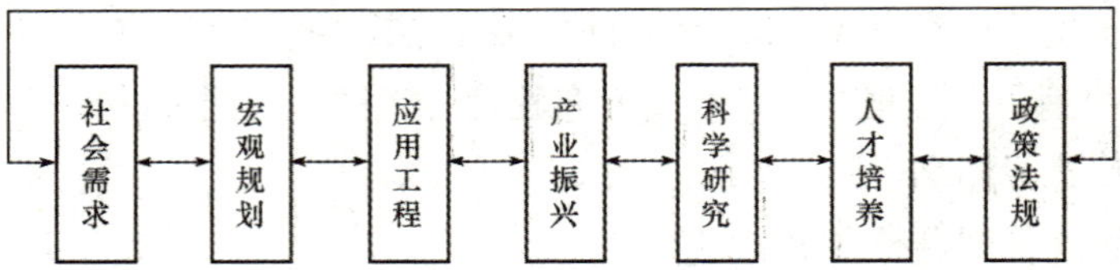

图2-3 信息化内容体系

1）社会需求

这是信息化的第一个也是信息化最重要的环节。如果没有信息化的社会需求，就不可能成功地推进信息化建设。即使强行推进，也难以取得成功。社会需求的激发主要是通过社会公众的文化科技教育和成功的应用示范来实现的。社会公众的文化科技教育不仅可以有效提高公众的文化科技素养，而且可以大大提高公众利用信息化的意识和能力，扫除公众利用信息化发现问题、分析问题和解决问题的思想和技能障碍。成功的信息化应用示范可以用直观的形象和生动的榜样激发人们对信息化的需求。

2）宏观规划

信息化是一项非常复杂和庞大的社会工程，需要进行宏观规划，以调动政府、企业、公众等各方面积极参与到信息化建设中。信息化的宏观规划应该由政府牵头，组织各方面力量，加强对信息化的研究，把握世界信息化发展前沿和发展趋势，依据社会的现实需求及需求未来走向，制定适合自身经济社会发展需要的中长期信息化建设规划。

3）应用工程

针对实际的社会需求，积极组织和推动信息化应用工程。信息化的应用工程可以按

① 钟义信.社会动力学与信息化理论[M].广州：广东教育出版社，2007：132-135.

照领域来组织，如经济信息化、社会信息化、国防信息化、环境信息化等；也可以根据实际情况按照区域和部门来组织，如政府信息化、城市信息化、社区信息化等。信息化应用工程的成功会进一步激发社会的需求，从而推动整个社会信息化发展和实现，推动经济社会实现跨越式发展。

4）产业振兴

信息化应用工程一旦推进到一定阶段，就会对信息产业等相关产业提出强烈需求，为信息技术产品的制造业、软件业、信息系统集成业、信息网络运营业等发展提供潜在的市场需求。强大的信息产业又可以为信息化应用工程建设提供大规模智能化信息网络等现代化装备，从而支持各行各业信息化和现代化建设。

5）科学研究

现代信息科学技术日新月异，信息化相关产品推陈出新的周期越来越短。为了满足社会不断发展的新需求，为了推进信息化建设以及信息产业发展，需要积极推进信息及相关领域的科学技术创新研究。在全球信息科技竞争日益激烈的今天，只有不断拥有一大批最新的信息技术自主知识产权，才能在信息科技发展和信息产业发展中占据有利位置。

6）人才培养

人是社会生产力诸因素中最活跃也是决定性的要素。积极培养和培训大批各级各类高素质人才，充分发挥他们的聪明才智，是信息化建设取得成功的根本所在。

7）政策法规

在信息化建设的实践过程中，为了推进信息化发展，发展和巩固信息化社会生产力，需要认真总结实践经验，出台有力推进和保护信息化进程的相关政策法规。

2.2.3.2　信息化的动力机制

信息化是源于人类对提高劳动生产率的孜孜不倦、无穷无尽的追求，是人类社会发展的内在必然要求。推进信息化的动力机制，就必须深深地扎根于人类社会的这种固有本性之中，严格遵循“需求牵引，技术支撑；应用导向，市场检验；合理竞争，平等合作；改革开放，积极创新；宏观调节，规则保障”的原则①。

1）需求牵引，技术支撑

社会需求是信息化建设的基本动力，任何信息化建设项目必须有明确的社会实际需求。同时，信息化建设必须有可靠的技术支撑，让社会成员能够真正从信息化建设中受益，从而进一步扩大社会对信息化的需求。

2）应用导向，市场检验

信息化建设应该以需求明确且有技术支撑的应用工程项目开路，让人们从中看到实

① 钟义信.社会动力学与信息化理论[M].广州：广东教育出版社，2007：136-137.

际效果和得到实惠。同时，用市场来检验信息化建设成效。

3）合理竞争，平等合作

十八届三中全会提出，发挥市场在资源配置中的决定性作用。通过完善市场机制，促进信息化建设的各个企业之间公开竞争、平等合作，确保信息化建设的高质量和高水平。

4）改革开放，积极创新

信息科技发展日新月异，社会需求不断更新，信息化建设不断面临新挑战。无论是信息化的宏观规划，还是具体建设项目，都必须坚持改革创新，敏锐发现新问题，注意研究新问题，始终保持信息化建设理念和技术的先进性。

5）宏观调节，规则保障

信息化建设是一个复杂而庞大的系统工程，事关国家在新一轮全球竞争中优势地位的取得。只有将信息化建设上升到国家战略层面，建立宏观协调机制，建立健全相关法律法规，才能保证信息化建设健康、协调、有序和高效发展，才能牢牢抓住信息革命的机遇，保证在全球化竞争中不落人后。

2.2.3.3　信息化的测评方法

自20世纪60年代以来，研究者从不同角度研究了信息化的测度评价。其中，国际上比较流行的信息化水平测评方法主要有以下几种。

1）信息化指数法

1965年，日本电讯与经济研究所研究人员小松崎清介首先提出并使用信息化指数法。其基本算法包括信息量、信息设备率、信息主体水平、信息系数4个方面11个代表性指标。他将信息化指数定义为这些指标值的平均，并规整化为100。这一算法的显著优势是，特别便于操作，但是存在指标指标体系不完善和各指标没有轻重之分的缺陷。

2）波拉特法

美国著名经济学家马克·波拉特（M. Porat）在其1977年出版的著作《信息经济：定义与测量》中提出了“信息经济”算法，即波拉特法，并以此测算了美国信息经济的GNP产值和信息经济就业人数。波拉特将国民经济信息部门划分为一级信息部门（信息企业）和二级信息部门（非信息企业和政府部门）。利用最终需求法和增值法计算信息企业产值。二级信息部门的产值可通过测算以下两种投入量，即非信息企业和政府部门的信息劳动者的收入与非信息企业和政府部门所购入的信息资本。波拉特法是一种较为系统的信息经济测度理论与方法，操作性强，适用广泛，但在信息部门划分上存在一些重叠和遗漏，运算方法比较复杂。

3）国际电联指标体系法

1995年，国际电信联盟（ITU）向西方七国集团提交了一套评价七国信息化的指标体系，该指标体系由电话主线、蜂窝式电话、综合业务数字网、有线电视、计算机、光纤等6个方面12指标构成。西方七国集团一致认同了指标体系，以此作为衡量一个国家信息化水平的指标依据，但是这套指标体系忽视了各国信息产业划分的差异，同时，随着时间的推移，许多指标显得过时，已无法反映信息化发展的实情。

4）网络化准备指数法

网络化准备指数法由哈佛大学与世界合作论坛于2002年推出。评估指标体系由网络应用与网络支撑两个一级指标，每百人中因特网用户数、每百人中移动电话用户数、每台主机容纳的用户数、接入因特网的计算机的比例、因特网公共接入的方便性、网络接入、网络政策、网络化社会、网络化经济等9个二级指标，以及10个三级指标和60个四级指标构成。该法体现了信息化发展的新要求，可以比较客观地衡量一个国家信息化的建设水平，但存在以偏概全的问题，因为信息化不等于网络化。

除了以上四种信息化测评方法外，各国根据本国国情和信息化建设的需要，纷纷推出自己的信息化测评方法，如澳大利亚的“信息经济办公室指数”、英国的电子经济评估体系、韩国的“信息化指数”等。国内学者也对我国信息化的测评进行了较全面的研究。周宏仁①将技术、经济、政府、教育、社会等5个一级指标，以及11个二级指标和29个三级指标构成信息化水平指数评价体系，根据该指标体系和采用层次聚类分析法，计算了我国31个省（市、区）2002—2010年的信息化指数，并进行比较分析。刘世洪②综合层次分析法、专家估测法、德尔菲法等，研究创建了农村信息化发展水平的“综合指数法”，并对我国农村信息化建设水平进行了测评。李道亮③提出应用综合指数法对农村信息化水平进行评价，并运用无纲量化对各个指标进行统一化处理，预测了我国“十二五”时期农业信息化发展水平。崔静、黄水清④运用数据包络分析（DEA）方法，从投入和产出的角度对我国31个省（市、自治区）农村信息资源配置的效率和总体情况进行了评价，分析了各个省（市、自治区）的农村信息化服务能力。

2.2.4　能力理论

当前，我国农村公共危机防控信息化建设基本采取“政府主导，社会参与，市场运作，农民受益”的模式。因此，学者们关于政府能力和企业能力的研究对大数据时代农村公共危机防控信息化能力研究有重要的作用。

2.2.4.1　政府能力理论

人们对政府能力的关注由来已久。早在古希腊，亚里士多德在其《政治学》一书中

① 周宏仁.中国信息化形势分析与预测（2012）[M].北京：社会科学文献出版社，2012：293-323.

② 刘世洪，许世卫.中国农村信息化测评方法研究[J].中国农业科学，2008（4）：12-22.

③ 李道亮.中国农村信息化发展报告（2011）[M].北京：电子工业出版社，2012：53-64.

④ 崔静，黄水清，等.基于DEA方法的我国农村信息资源配置效率评价研究[J].图书情报工作，2012（18）：60-64.

就指出："凡显然具有最高能力足以完成其作用的城邦才可算是最伟大的城邦。"[①]西方资产阶级革命前，资产阶级启蒙思想家洛克、孟德斯鸠、卢梭等人思考和关注的焦点是政府的能力应该为谁服务，将政府能力的探讨与政府的目的、合法性、正当性联系在一起。资产阶级革命后建立的政府，扮演了"守夜人"的角色，税收、保护产权、提供公共产品等是其主要职能，政府能力问题没有被人们特别关注[②]。二战后至20世纪60年代，政府职能膨胀、行政环境失衡、市场失灵等问题的叠加，使得发展中国家面临认同危机、合法性危机、执行危机、分配危机等[③]。西方学者在评估发达国家对发展中国家援助发展计划中，进行政治发展理论研究。根据政治发展理论，政治经济的增长、发展、现代化和进步，包含着政府能力、人民参政情况两个政治变量和经济的增长与分配两个经济变量支配的积极和向前发展的运动[④]。阿尔蒙德[⑤]认为，"一个结构上分化、文化上世俗化的政治体系将日益增强其影响国内外环境的能力。"亨廷顿[⑥]认为，"一个缺乏权威的弱政府是不能履行其职能的，同时它还是一个不道德的政府。"政府能力问题由此逐步受到政治学、公共管理学等学科的关注，并成为这些学科领域研究的热点问题。Wright[⑦]认为，政府能力建设体现在政策需求确认、项目开发、绩效标准、绩效分析、最终效果分析等整个政策管理过程中。Scott和Macdonald[⑧]进一步从地方政策需求的管理过程出发，将地方政府能力分解为工具维度、组织能力维度和资源维度三个维度。Nelissen[⑨]将政府能力分为潜在能力和有效能力，通过引入一个有关能力分析司法、经济、政治（JEP）的三维结构方法，对各种新型治理模式中的政府能力及其评估问题进行了讨论。总而言之，公共选择理论主要对政府能力的低下原因、运用方向偏差等问题进行了深入分析。新公共管理理论主张用企业家精神改革政府，引入私人部门的管理手段，即强调用市场的力量提高政府能力。治理理论则认为，政府似乎需要更多或者至少需要其他的能力以减轻他们自己的管理任务，所有的有关方面都与国家机关联合起来，在分享各种权力的同时，集中使用他们共同的资源、专业知识、技能和计划，从而提高实现政治目标的能力[⑩]。

① [古希腊]亚里士多德.政治学[M].颜一，秦典华，译.北京：中国人民大学出版社，2012：353.

② 汪永成.经济全球化与中国政府能力现代化[M].北京：人民出版社，2006.

③ [美]列奥纳德・宾主德尔，等.政治发展中的危机与后果[M].普林斯顿：普林斯顿大学出版社，1979：7.

④ [美]塞缪尔・亨廷顿.现代化理论与历史经验的再探讨[M].上海：上海译文出版社，1993：363.

⑤ [美]阿尔蒙德.比较政治学：体系、过程和政策[M].上海：上海译文出版社，1987：24.

⑥ [美]塞缪尔・亨廷顿.变化社会中的政治秩序[M].北京：生活・读书・新知三联书店，1989：26.

⑦ Wright，J.W. Building the capacities of municipal governments[J].Public Administration Review， 1975，35（Special Issue）：748-754.

⑧ Scott，P and Macdonald，R.J. Local Policy Management Needs： The Federal Response[J].Public Administration Review，1975，35（Special Issue）：748-754.

⑨ Nelissen.The Administrative Capacity of New Types of Governance[J].Public Organization Review， 2002（2）：5-22.

⑩ 汪永成.经济全球化与中国政府能力现代化[M].北京：人民出版社，2006.

自20世纪90年代以来，我国学者开始关注政府能力研究。施雪华[①]（1996）认为，政府能力是政府为完成职能规范的目标和任务，运用其拥有一定的公共权力在有效地治理社会中所形成的能量和力量的总和，具有政治性、管制性、服务性、整体性、层次性、流变性等基本特性。陈国权[②]（1997）认为，政府能力指政府所具有的管理手段、方法和力量，包括社会动员能力、行为管制能力、资源配置能力、经济调控能力等各种能力。杜钢建[③]（2000）认为，加强民主制度是政府能力建设的前提和基础，政府的制度性能力包括依法行政、人力投资、宏观调控、市场规制等四个方面的能力。张康之[④]（2001）认为政府能力主要包括财政汲取能力、分配能力、管制能力等方面。李江涛[⑤]（2002）认为，政府能力主要由财政能力、控制能力、协调能力、组织动员能力、危机处理能力等要素整合而成，是一种结构化的体制能力。张钢、徐贤春[⑥]（2005）认为，地方政府的能力结构是由其对资源进行输入和输出的转换方式决定的，包括资源获取、配置、整合和运用能力。张国庆[⑦]（2005）认为，现代国家的宏观公共行政能力与政府职能、公共行政权力、公共选择等方面有关。黄建洪[⑧]（2010）认为，转型期中国政府能力主要体现在自我治理能力、社会自理能力和综合能力三个方面，并提出相应的建设对策。黄毅峰[⑨]（2011）认为，政府能力结构体系包括社会发展能力和政治统治能力两大方面。

2.2.4.2 企业能力理论

企业能力理论可以追溯到亚当·斯密的劳动分工理论、李嘉图的比较优势理论、泰勒的科学管理理论、法约尔的一般管理理论等古典经济管理理论，这些理论都试图回答如何提高企业的生产效率和生产能力的问题。企业能力理论迅速发展是在20世纪80年代之后，并形成了以下四个具有代表性的理论。

1）资源基础论

潘罗斯（Edith Penrose）在其1959年出版的专著《企业成长论》中提出，企业之所以能够盈利以及取得竞争优势主要是由于企业所具有的资源稀缺性。企业内在成长论是形成企业资源论的基础。Wernerfelt[⑩]从企业战略层面上指出，相比外部环境，企业内部资源对企业获利和取得竞争优势更为重要。对此，他进一步明确了企业能力资源基础论

① 施雪华.论政府能力及其特性[J].政治学研究，1996（1）：6-69.
② 陈国权.论政府能力与为政清廉的内在联系及其协调发展[J].浙江大学学报（社会科学版），1997（4）：69-73.
③ 杜钢建.政府能力建设与规制能力评估[J].政治学研究，2000（2）：54-62.
④ 张康之.机构改革后阻碍政府能力提升的因素[J].南京社会科学，2001（5）：41-45.
⑤ 李江涛.论政府能力[J].开放时代，2002（3）：107-113.
⑥ 张钢，徐贤春.地方政府能力的评价与规划——以浙江省H个城市为例[J].政治学研究，2005（2）：96-107.
⑦ 张国庆.公共行政学[M].北京：北京大学出版社，2005：503-504.
⑧ 黄建洪.现代化进程中的政府能力发展：一般规律与中国选择[J].社会科学研究，2010（4）：57-62.
⑨ 黄毅峰.再论政府能力及其提升的路径选择[J].社会科学，2011（1）：33-42.
⑩ Wernerfelt.B. A Resource-Based View of the Firm[J].Strategic Management Journal，1984，5（2）：171-180.

的观点。Barney[①]认为，只有那些能够促进企业实现持续竞争优势的资源才是企业的战略性资源，而企业所拥有的战略性资源必须能够从有价值、稀少、难于模仿、不可替代等四个方面验证，并以此构建企业战略资源的分析框架模型。在随后的研究中，Barney[②]将"难以模仿"与"不可替代"两个方面综合成为"可模仿性问题"，添加了"组织问题"维度，完善了企业战略资源的分析框架模型。科利斯和蒙哥马利[③]将企业资源概括为企业拥有的有形资产、无形资产和组织能力三大类。迪利克斯和库尔[④]认为，真正带来竞争优势的资源是不可交易的资产，如商誉、企业特定的人力资本、研究开发能力等，这种资产只能由企业"建立"出来。Gary Hamel和 C.K. Prahalad研究指出，企业能力理论是一种关于企业寻找和培育企业竞争优势的战略管理理论，其核心内容主要包括两方面：其一，企业组织是一个具有独特的资源和能力的组合体，并且这一组合体是构成企业竞争战略的基础；其二，根据近现代企业能力理论发展的逻辑原点，企业竞争优势主要来源于企业内部[⑤]。

2）核心能力论

普拉哈拉德（Prahalad）[⑥]和汉默（Hamel）[⑦]的研究为企业核心能力论的发展奠定了理论基础。他们认为，企业核心能力是企业组织中的积累性知识，尤其是企业关于如何协调不同的生产技能和有机结合多种技术流的知识，是企业长期竞争优势的来源。用户价值、领先性和独特性、延展性、协调性和整合性是企业核心能力的四个重要特征。Leonard-Barton[⑧]则认为，企业核心能力是区别于其他企业并提供竞争优势的知识集合，这种知识集合可以从知识内容的体现与嵌入、知识创造与控制的管理系统、价值与规范等方面来描述。美国麦肯锡咨询公司认为，企业核心能力是组织内部一系列互补的技能和知识的组合，具有使一项或多项关键业务达到行业一流水平的能力，主要包括企业技术核心能力和管理核心能力[⑨]。王毅等[⑩]人认为，企业核心能力是一个由能力元和能力构架组成的动态发展的知识系统，蕴藏于企业运行和发展的各个层次和各个环节。总而言之，企业核心能力是企业获得持续竞争优势和实现持续健康发展的关键，是不同能力和

---

① Barney J B. Firm Resources and Sustainable Competitive Advantage[J].Journal of Management，1991，17（1）：99-120.

② Barney J B. Is the "Resource-Based 'View'，a Useful Perspective for Strategic Management Research? Yes" [J].Academy of Management Review，2001，26（1）：41-56.

③ 大卫·J·科利斯，辛西娅·A·蒙哥马利.公司战略：企业的资源与范围[M].王永贵，杨永恒，译.大连：东北财经大学出版社，2000.

④ Dierickx L.，Cool K. Asset stock accumulation and the sustainability of competitive advantage [J].Management science，1989，35（12）：1504-1511.

⑤ 马俊.信息技术嵌入的物流企业服务能力研究[D].武汉：武汉理工大学博士学位论文，2011：16.

⑥ C.K. Prahalad，Gary Hamel. The Core Competence of the Corporation [J]. Harvard Business Review，1990（3）：79-91.

⑦ Gary Hamel，C.K. Prahalad.Competing For the Future[M].Harvard Business School Press，1994.

⑧ Dorothy Leonard-Barton. Core Capabilities and Core Rigidities：A Paradox in Managing New Product Development[J].Strategic Management Joural，1992（13）：111-125.

⑨ 刘冀生.企业战略管理[M].北京：清华大学出版社，2003：83-86.

⑩ 王毅，陈劲，许庆瑞.企业核心能力：理论溯源与逻辑结构剖析[J].管理科学学报，2000（9）：24-30.

技能协调整合的有机体，来源于企业内部知识开发、积累、保持、应用等各个方面。企业核心能力理论突破了资源基础论的局限性，能够解释拥有相同或相似资源的企业在市场中不同的表现。

3）知识基础论

知识基础论认为，企业是能力的结合体，更是隐藏在能力之后的集合体，其中，构成企业核心能力基础的主要部分是那些难以被其他企业模仿的隐性知识。Allee[①]认为企业核心能力包括两大部分，一是反映在企业日常化的生产和服务方面的核心运作能力，具体表现在企业稳定和高效的生产能力、最终产品和服务的性价比特性等方面；二是核心知识能力，是企业在应对市场变化、接受顾客定制等特定业务活动中，所表现出来的独一无二的专长、知识和技能。Zott[②]从组织知识演化的角度指出，企业能力是企业经验知识积累及其协同进化的产物。企业以系统和预见的方式在业务活动中积累经验性知识，而要将经验性知识形成企业的能力，必须对企业显性知识的明确化、隐性经验的提炼、知识的编码活动等方面进行协同进化。企业基础知识理论解释和说明了构成核心能力的知识是怎样实现企业获取持续竞争优势的。企业获取竞争持续优势的关键在于不断更新构成企业能力的知识。因此，企业不仅要关注怎样利用当前知识及增进其效用，而且要重视怎样构建获取未来知识渠道和途径[③]。

4）动态能力论

企业动态能力问题由蒂斯（Teece）、皮萨罗（Pisano）、舒恩（Shuen）三位学者于1990年提出[④]。他们认为，企业必须具有不断更新自身能力的能力以适应不断变化的外部市场环境。这种“不断更新自身能力的能力”就是企业动态能力。这是一种企业适应快速变化的环境的能力，是企业保持或改变竞争优势基础能力的能力，是企业内外部能力的整合、建立、重构的能力。他们以组织过程、位置和发展路径三个要素来构建企业动态理论框架，强调借用外部能力、自身能力与外部可利用能力共同组成企业能力。许多学者对动态能力理论提出了质疑。Collis[⑤]从逻辑上类推出，既然存在着改变能力的一种能力，同样也会存在改变动态能力的一种能力，并且这种递推可以被无限进行下去，那么，企业的动态能力就不可能成为企业获得持久竞争优势的“关键性”源泉。Helfat和Peteraf[⑥]虽然强调企业能力具有动态性，但认为企业能力的自身能够适应变化，

---

① Allee V. The Knowledge Evolution： Expanding Organizational Intelligence[J]. Boston： Butterworth-Heinemann， 1997，51（11）：71-74.

② Zott C. Dynamic Capabilities and the Emergence of Intra-Industry Differential Firm Performance： Insights from a Simulation Study [J].Strategic Management Journal，2002，24（2）：97-125.

③ 马俊.信息技术嵌入的物流企业服务能力研究[D].武汉：武汉理工大学博士学位论文，2011：19.

④ D.J Teece， G Pisano， A Shuen. Firm Capabilities ， Resources and the Concept Strategy. CCC Working Paper， 1990：90-98， Center for Research on Management. University of California： Berkeley.

⑤ Collis DJ， Montgomery C. Competing on Resources[J].Harvard Business Review，1995，7（8）：26-36.

⑥ Helfat C E， Peteraf M A. The Dynamic Resource-Based View： Capability Life cycles[J].Strategic Management Joumal，2003，24（10）：997-1010.

可以实现能力的学习、变化和适应，也就不需要“动态能力”做中介。尽管学术界对企业动态能力理论存在着不少的争议，但企业动态能力理论要求企业考虑所处日益快速、复杂变化的外部市场环境，认为企业寻求的竞争优势是长期持续的而不是短期或一次性的，这些基本观点在企业发展的实践中极具生命力和指导意义。

2.2.5 系统论

大数据时代农村公共危机防控信息化能力建设是一项系统工程。大数据时代农村公共危机防控信息化是一个大系统，包含多个子系统。依据系统论，可以理清楚大数据时代农村公共危机防控信息化系统内外关系，有利于推进大数据时代农村公共危机防控信息化能力建设。

2.2.5.1 系统论的起源与发展

系统论的起源和发展有着十分深刻的历史根源和现实基础。系统的思想源远流长，它可以追溯到许多过去的科学家和哲学家。系统一词，来源于古希腊语“systεmα”，其意思是“由部分构成整体”。但系统论作为一个专门的理论，是由美籍奥地利生物学家贝塔朗菲（L.V. Bertalanffy）于1937年首先提出，并通过他在1945发表的论文《关于一般系统论》和1955年出版的专著《一般系统论》中进行全面阐述，最终得以创立。系统论作为科学方法论而成为一个专门的研究领域，是现代科学发展规律性和内在需要的反映，同现代技术的发展有密切关系，反映了现代科学思维方式和科学研究方法上的深刻变化①。可以说，系统论的起源和发展既是现代科学技术发展的需要，也是现代科学技术发展的结果。

系统论自创立后，被迅速应用到相关领域和项目建设中，产生了巨大的影响。系统论在应用的过程中也不断获得发展，产生了种类繁多的特色系统理论。系统论原理不断渗透到了其他新兴学科如控制论、信息论、运筹学等理论之中。它在扩散并丰富其他学科的同时，自身也获得不断发展，产生了许多新的分支。耗散结构论、协同论、突变论就是20世纪70年代以来陆续确立并获得极快发展的三门系统理论的分支学科。这就使得系统论成了更为丰富和综合性的科学系统。在现实实践中，众多的研究者将系统论应用到多种问题的分析和实证研究中，并尝试寻找到更加实用并适应于解决各类问题的不同模式，各种独具特色的系统论随之产生。随着各种特色系统论的不断产生，系统论发展中的一个关键性问题是如何统一各种系统论。因此，实现核心统一但方式多样化，逐步建立统一的科学体系是当前及今后系统论发展的基本趋势和方向。

① 贾泽林，王炳文.系统理论对哲学提出的新课题[J].哲学研究，1980（3）：36-39.

2.2.5.2　系统论的主要观点

1）系统具有整体性

贝塔朗菲的系统论思想源于生物学研究。他在1924—1928年多次发表生物学方面的文章表达一般系统论的思想，提出生物学中有机体的概念，强调必须把有机体当作一个整体或系统来研究，生物体的各部分不可分割，各部分不能离开整体而单独存在，否则，离开整体后的部分不再具有原来的属性。贝塔朗菲认为，“一般系统论是关于‘整体’的一般科学。”[①]系统论的核心思想在于其整体性观念，而“整体性”是系统、要素和环境之间的辩证统一[②]。首先，系统是相互联系的有机整体。系统与要素、要素与要素、系统与环境之间存在着有机联系，正是在相互联系的基础上，它们之间相互作用、相互影响，最终构成一个不可分割的有机整体。其次，“整体大于部分之和”。整体功能不是各部分功能的简单相加，整体能够出现部分不具有的新功能。系统的性质和规律，不是从各个部分中体现出来，而是从整体上才能显示出来。再次，系统内部各个要素或部分的性质和行为，依赖于其他要素或部分的性质和行为，并共同影响整体的性质和行为[③]。总之，整体性是系统论的基本出发点，系统论追求“1+1>2”的整合效果，希望通过整合能使系统达到最优。“考察各孤立部分，是不能理解各级‘系统’的。”[④]系统的整体性要求人们在认识和处理系统对象时，都要从整体着手进行综合考察，只有这样才能发挥整体的作用，才能达到整体效果最佳。

2）系统具有联系性

系统的整体性是通过系统的联系性实现的。系统的整体性是系统内各要素的物质和能量的相互交换、转换及守恒的规律。系统的联系性是系统内外物质、能量、信息的流动状态。可见，系统的整体是联系基础上的整体。贝塔朗菲认为，由“相互作用”的部分所组成的、被称为系统的整体，是非线性的[⑤]。这就是说，系统内各要素之间不是孤立的、封闭的、静止的，而是相互联系、相互作用、相互制约的关系。贝塔朗菲进一步指出，“组织性特征就是依赖于复合体内部特定关系的那些特征”“如果我们知道了一个系统所包含的所有组成部分以及它们之间的各种关系，那么就可能从组织部分的行为推导出这个系统的行为”。[⑥]子系统和母系统是不可分割和互相影响的关系。一方面，母系统的形成受到子系统的限制；另一方面，子系统的功能和作用发挥又由母系统决定。因此，我们在考虑和处理问题时，不仅必须知道部分（子系统），而且还必须知道各部分（子系统）之间的关系；坚持用发展的、联系的、动态的观点，研究要素之间和

---

① [美]冯·贝塔朗菲.一般系统论：基础、发展和应用[M].林康义，等，译.北京：清华大学出版社，1987：34.

② 魏宏森.系统论[M].北京：世界图书出版公司，2009：61.

③ [美]冯·贝塔朗菲.一般系统论：基础、发展和应用[M].林康义，等，译.北京：清华大学出版社，1987：50-51.

④ [美]冯·贝塔朗菲.一般系统论：基础、发展和应用[M].林康义，等，译.北京：清华大学出版社，1987：34.

⑤ [美]冯·贝塔朗菲.一般系统论：基础、发展和应用[M].林康义，等，译.北京：清华大学出版社，1987：17.

⑥ [美]冯·贝塔朗菲.一般系统论：基础、发展和应用[M].林康义，等，译.北京：清华大学出版社，1987：51.

子系统之间存在的必然联系和客观规律，有效地调控部分与部分、部分与整体之间的关系，以发挥综合优势，以实现系统的最大功能。

3）系统具有结构功能性

层次序列的一般理论是一般系统理论的主要支柱。贝塔朗菲指出，“把宇宙‘看作’一个庞大的层次系统，从基本粒子到原子核，到原子、分子、高分子、聚合物，到分子与细胞之间的大量结构，到细胞、有机体，直到超个体的组织。”而这些层次系统具有一定结构和功能。“结构（即部分的秩序）和功能（过程的秩序）完全是一回事。”[①]系统的结构与功能是辩证统一的。一方面，结构是功能的基础，结构决定功能，结构不同，功能一般也不同。另一方面，功能是结构的属性，同一种结构可能有多种功能，功能相同，结构可能不同，即异构同功。当子系统或各要素以合理有序的结构形成整体系统时，系统整体功能大于各子系统功能之和，母系统就具有了超越子系统的全新功能。反之，当子系统的组合结构不合理时，就会损害母系统功能的形成和发挥，就会出现系统整体功能小于各子系统功能之和的情况。这就要求我们在分析研究和处理各种问题时，必须坚持系统观点，把握好其结构和功能的辩证统一关系[②]，以更好地解决问题。

4）系统具有动态平衡性

“系统从它的真实性质和定义来看，不是封闭的系统。每一个生命有机体都是一个开放的系统。它在连续不断地流入和流出之中，在其组分的不断的构成与破坏之中维持自己”，[③]“开放系统模型的基础是它的组分的动态相互作用。”[④]无论是系统内部各个要素（子系统）之间，还是整个系统与外部环境之间，都无时无刻不在进行着物质、能量、信息的流通和交换。系统内部关系及其与外部的关系是在变化中产生相互联系和相互作用的。“生命系统开初是一种不稳定状态，而后趋于稳定。”[⑤]这说明，任何系统不是处于静态的，而是处于动态过程中的，具有动态平衡性。具体来说，其一，任何系统内各种力量的总和是趋于平衡的，即零和；其二，任何小系统的平衡状态受所在大系统的影响，即“零”的定义取决于大系统；其三，任何系统任一时刻只能处于某个平衡状态，“只要它是有生命的，它就永远不会处于化学的和热力学的平衡状态，而是维持在与平衡状态不同的所谓稳态上。”[⑥]因此，人们要想揭示各种系统的性质、规律和功能，调整其结构，最终达到系统的最优化，不能在静止状态把握系统，只能在动态中协调系统内各要素的关系。

① [美]冯·贝塔朗菲.一般系统论：基础、发展和应用[M].林康义，等，译.北京：清华大学出版社，1987：25.
② 顾培亮.系统分析与协调[M].天津：天津大学出版社，2008：33.
③ [美]冯·贝塔朗菲.一般系统论：基础、发展和应用[M].林康义，等，译.北京：清华大学出版社，1987：36.
④ [美]冯·贝塔朗菲.一般系统论：基础、发展和应用[M].林康义，等，译.北京：清华大学出版社，1987：140.
⑤ [美]冯·贝塔朗菲.一般系统论：基础、发展和应用[M].林康义，等，译.北京：清华大学出版社，1987：150.
⑥ [美]冯·贝塔朗菲.一般系统论：基础、发展和应用[M].林康义，等，译.北京：清华大学出版社，1987：36.

第3章　大数据时代农村公共危机防控信息化能力结构分析

大数据时代农村公共危机防控信息化能力形成应该具备什么样的内外环境要素，能力的构成要素有哪些，它们之间的关系是怎样的，能力的影响因素有哪些？本章在前一章核心概念界定和相关支撑理论阐述的基础上，对这些问题进行了深入分析，构建大数据时代农村公共危机防控信息化能力结构分析模型。具体研究技术路线如图3-1所示。

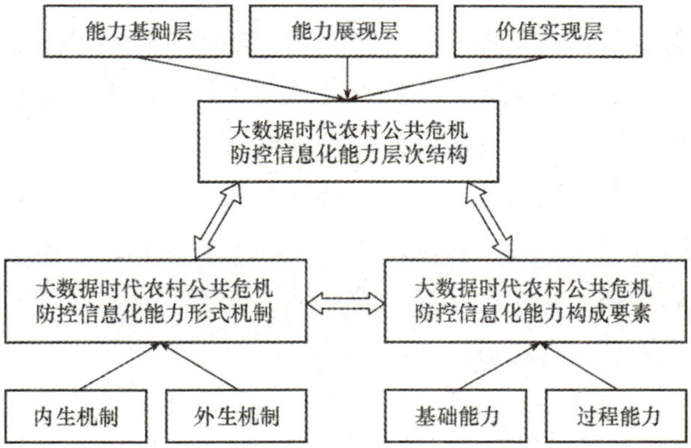

图3–1　研究技术路线

3.1　大数据时代农村公共危机防控信息化能力的形成机制

大数据时代农村公共危机防控信息化是在信息社会和大数据时代背景下，有效利用信息技术和发挥大数据作用，实现农村公共危机预防、应对和恢复的理念转变、手段改进和效果提升，以消除或减少农村公共危机对公共利益的损害。大数据时代农村公共危机防控信息化推进不仅要考虑农村公共危机防控信息化系统的内部环境，而且还要考虑到外部环境对农村公共危机防控信息化系统产生的作用。从整体上看，农村公共危机防控信息化内外部环境是农村公共危机防控信息化实现的基础和保障。农村公共危机防控信息化的内部要素包括组织管理机构、管理人员素质、信息设施水平、危机管理过程等。农村公共危机防控信息化的外部环境是指信息经济环境、信息科技环境、信息文化环境、相关政策法规、民众相关需求等。形成机制如图3-2所示。

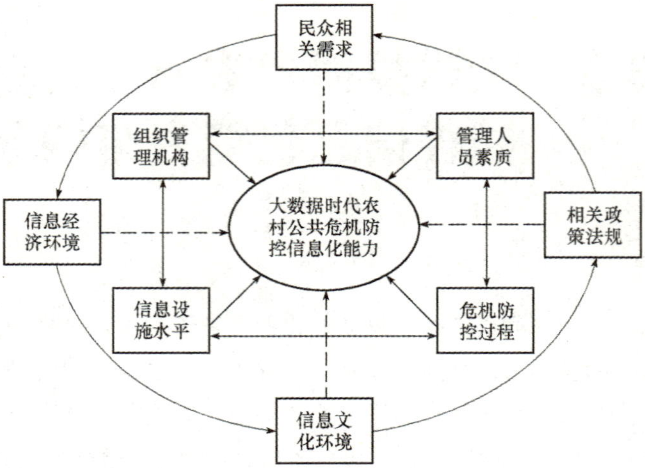

图3-2　大数据时代农村公共危机防控信息化能力形成机制

信息社会和大数据发展导致农村公共危机防控的内外环境发生巨大变化。从这个意义上说，大数据时代农村公共危机防控信息化是信息社会和大数据发展的必然结果。大数据时代农村公共危机防控信息化最终体现在其能力上，即有效消除或降低农村公共危机的发生及其危害。因此，大数据时代农村公共危机防控信息化内外环境是促进大数据时代农村公共危机防控信息化能力形成及动态发展的主要原因和形成机制。根据大数据时代农村公共危机防控信息化的内部与外部环境，我们将大数据时代农村公共危机防控信息化能力的形成机制分为内生与外生两种机制。

3.1.1　大数据时代农村公共危机防控信息化能力的内生机制

大数据时代农村公共危机防控信息化能力内生机制是指大数据时代农村公共危机防控信息化系统内部要素相互作用而形成合力的过程。大数据时代农村公共危机防控信息化系统内部要素包括组织管理机构、管理人员素质、信息设施水平、危机防控过程等。

3.1.1.1　组织管理机构

"必须有一个富有弹性的、适应性很强的组织机构以满足危机管理的需要。"[①]组织机构是大数据时代农村公共危机防控信息化系统的中枢。健全的组织机构是大数据时代农村公共危机防控信息化系统有效运行的前提和基础。大数据时代农村公共危机防控信息化组织机构由政府相关部门以及非政府组织部门组成，具体包括危机防控常设机构（各级应急管理办公室）、政府相关部门（安监、消防、公安、武警等）、非政府组织（专家咨询委员会、企事业单位、群团组织、公益组织、志愿者服务队等），其中政府

① Quarantelli E.L.Disaster crisis management：A summary of research findings[J].Journal of Management Studies，1988，25（4）：373-385.

组织处于核心地位并发挥主导作用。大数据时代农村公共危机防控信息化组织机构除了实现一般危机防控组织的职能外，在组织机制上应该特别围绕农村公共危机防控信息化的数字化、网络化、专业化、集成化、个性化等特点，对自身进行变革和创新，形成智能化的危机防控模式和机制。通过组织管理程序化、规范化和制度化建设，促进农村公共危机防控信息化各要素有机融合，提升危机防控能力。总之，只有根据经济社会发展要求，创新组织管理理念、管理模式和管理制度，变革组织机构，完善组织激励机制和约束机制，才能形成和提升大数据时代农村公共危机防控信息化能力。

3.1.1.2 管理人员素质

危机管理人员素质是大数据时代农村公共危机防控信息化能力的核心要素。危机管理人员是大数据时代农村公共危机防控信息化的主体，参与危机预防、危机应对和恢复管理的各个环节。在大数据时代农村公共危机防控信息化过程中，危机管理人员不仅应该具有危机管理一般专业能力，而且还应该具备危机信息化防控意识，能够熟练掌握和运用大数据时代农村公共危机防控信息化系统，利用信息化手段和大数据收集、处理和分析农村公共危机信息，准确预测农村公共危机发生，科学做出农村公共危机应对决策，总结农村公共危机教训。危机管理人员的专业能力、技术能力、学习能力、决策能力、组织协调能力等，将直接推动大数据时代农村公共危机防控信息化效果与水平的提升，增强大数据时代农村公共危机防控信息化能力。

3.1.1.3 信息设施水平

信息基础设施是大数据时代农村公共危机防控信息化能力发挥作用的基础，包括信息硬件设施、信息软件设施、各类信息资源等。其中，信息硬件设施包括光纤网络、信息终端设备、地理信息系统（GIS）设备、全球定位系统（GPS）设备、遥感技术（RS）设备、物联网技术设备、云计算技术设备等；信息软件设施包括危机信息收集、处理和分析的各种软件、人工模拟系统等；各类信息资源包括自然灾害、事故灾难、公共卫生事件、社会安全事件等危机信息以及存在于各部门的信息资源。大数据时代农村公共危机防控信息化就是借助于高水平信息基础设施，实现危机管理网络化、数字化和可视化，提高危机预警准确性、决策科学性、应对及时性和恢复迅速性。

3.1.1.4 危机防控过程

危机防控过程是大数据时代农村公共危机防控信息化能力的重要反映。大数据时代农村公共危机防控信息化是通过危机管理信息化来实现危机预警、危机应对和事后恢复的管理过程，为消除或减少危机的发生和损害提供网络化、数字化和智能化支持。农村公共危机管理过程中所体现和发挥的农村公共危机防控信息化能力直接决定着农村公共危机防控效果、效率和效益。

总而言之，在大数据时代农村公共危机防控信息化内部因素中，组织管理机构是中枢，管理人员素质是核心，信息设施水平是基础，危机防控过程是体现。它们之间通过互相影响、互相促进和互相融合，构成了大数据时代农村公共危机防控信息化能力形成的内生机制。

3.1.2 大数据时代农村公共危机防控信息化能力的外生机制

大数据时代农村公共危机防控信息化能力外生机制是指外部环境因素对大数据时代农村公共危机防控信息化产生作用的过程和机理。大数据时代农村公共危机防控信息化外部环境包括信息经济环境、信息文化环境、相关政策法规、民众相关需求。外部环境直接对大数据时代农村公共危机防控信息化能力形成产生作用的同时，更主要的是通过作用于内部环境而间接对大数据时代农村公共危机防控信息化能力形成作用。

3.1.2.1 信息经济环境

人类社会发展至今，大致经历了游猎时代、农业时代、工业时代、信息时代四个阶段①。正像工业革命最重要的成果是在完成了对传统农业的工业化改造的同时，产生了一大批新兴的工业部门和改变了社会管理方式；信息革命最重要的成果是在实现对传统产业的信息化改造的同时，产生了一大批新兴的信息产业和促进社会管理方式的改变②。大数据时代农村公共危机防控信息化是在信息经济环境下产生并发展起来的。维纳曾指出，信息就是信息，既不是物质，也不是能量。在信息经济社会的今天，信息已成为重要的生产力要素。信息产业发展，推动信息技术渗透到经济社会的各个方面，也促使农村公共危机防控的理念、方式、方法等发生巨大变化，是大数据时代农村公共危机防控信息化形成的直接推动力量。某一地区的信息经济发展水平不仅反映该地区的经济实力，而且反映该地区的信息基础设施建设水平。加快信息经济发展、促进网络普及和信息技术革新，能够为大数据时代农村公共危机防控信息化能力的形成和发展提供物质条件。

3.1.2.2 信息文化环境

普及和加强农村文化教育，注重对农村居民进行信息技术培训，提高社会公众信息素质，促进现代信息环境形成，有利于社会公众熟悉和认可信息技术和信息服务活动的功能和作用。信息检索与传递因此走向非中介化、非专业化和非智力化。社会公众能够自觉运用信息化手段获取各类农村公共危机防控知识，提升危机防控意识和危机自救能力，同时向有关组织提供及时、准确的危机信息。社会公众信息意识增强、信息思维形成、信息需求提高等都对大数据时代农村公共危机防控信息化目标与服务效果产生影响。相关机构和人员为适应信息文化环境变化，必须优化农村公共危机防控信息化功能，提高公众对农村公共危机防控信息化的认知度和认同感，从而推动大数据时代农村

---

① 钟义信.社会动力学与信息化理论[M].广州：广东教育出版社，2007：150.

② 周宏仁.信息化论[M].北京：人民出版社，2008：34.

公共危机防控信息化能力发展和提高。

3.1.2.3　相关政策法规

健全的信息政策法规是大数据时代农村公共危机防控信息化的重要保障。对于法律的控制作用，控制论创始人之一的维纳曾指出，“法律可以定义作对于通讯和通讯形式之一，即语言的道德控制”[①]。信息化和大数据是一柄双刃剑，如不能善加控制，不仅不能起到防控农村公共危机的作用，反而可能会对农村公共危机推波助澜，无限放大农村公共危机。大数据时代农村公共危机防控信息化实施过程，既需要与危机防控相关的政策法规，也需要与网络信息管理相关的政策法律。大数据时代农村公共危机防控信息化组织机构设置包括机构的内部结构设置、职责和权利确定、各种装备设施配置等，都需要有政策法规依据；机构的运作过程，如收集有关农村公共危机预警和应对信息的职责和权力、发布预警信息的条件和范围、采取应急行动的条件和规模、动员和指导公众参与应急行动等，也都需要有政策法规依据。同时，对建立危机应对基金，储备危机物质，提高公众应对危机的素质（危机意识、知识水平、自救能力等），规范公众参与危机应对等，这些也都需要依据相应的政策法规。

3.1.2.4　民众相关需求

1943年，美国心理学家马斯洛提出了人类的需求层次理论。他将人类的需求划分为生理、安全、社交、尊重和自我实现五大类，这五大类需求如阶梯一样展开，低层次需求一旦得到相对满足，更高层次需求就会成为个人行动的主导（图3-3）。在大数据时代农村公共危机防控信息化中，民众对空气、水、食物等有生理需求，对人身、财产、工作保障等有安全需求，对信息交流、心理抚慰等有感情需求，对平等对待等有被人尊重的需求，对在参与危机应对中有实现自我价值的需求，可以说涵盖了马斯洛需求层次各个方面。不同民众的需求层次虽然存在差异，但基本上是由低到高展开的。民众需求由低到高展开的过程，也是推动大数据时代农村公共危机防控信息化能力不断发展的过程。

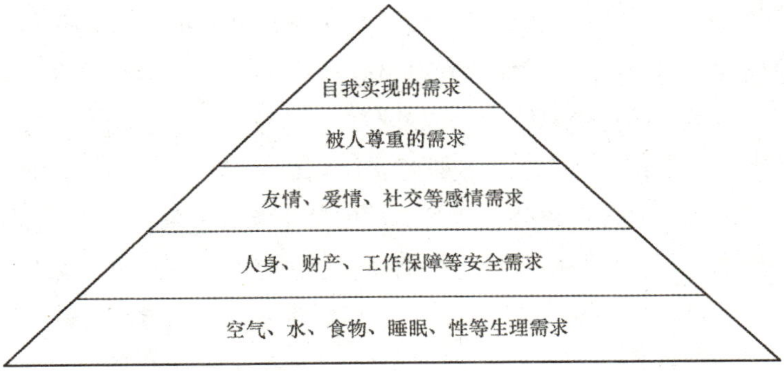

图3-3　马斯洛需求层次

① [美]维纳.人有人的用处——控制论和社会[M].陈步，译.北京：商务印书馆，1978：83.

大数据时代农村公共危机防控信息化能力外部环境约束和影响着大数据时代农村公共危机防控信息化内部环境的水平与状态。内部环境因素构成了大数据时代农村公共危机防控信息化能力形成的推动力，内部因素间相互联系、相互作用、相互融合，为农村公共危机防控信息化能力形成创造了良好的基础与内部条件。外部环境因素构成了大数据时代农村公共危机防控信息化能力的牵引力，通过直接和间接两种方式作用于农村公共危机防控信息化能力，并引导其发展方向。内生机制与外生机制相互影响、相互作用，共同推动并引导大数据时代农村公共危机防控信息化能力形成与发展。

3.2 大数据时代农村公共危机防控信息化能力的构成要素

大数据时代农村公共危机防控信息化是以信息化和大数据为特征，以人、财、物等资源整合和提升为基础，从管理理念、管理模式、管理方法等方面改进危机信息的收集、开发、利用和反馈，实现危机防控的经济、效率和效益最优化，消除或降低农村公共危机威胁或危害的动态管理过程（图3-4）。

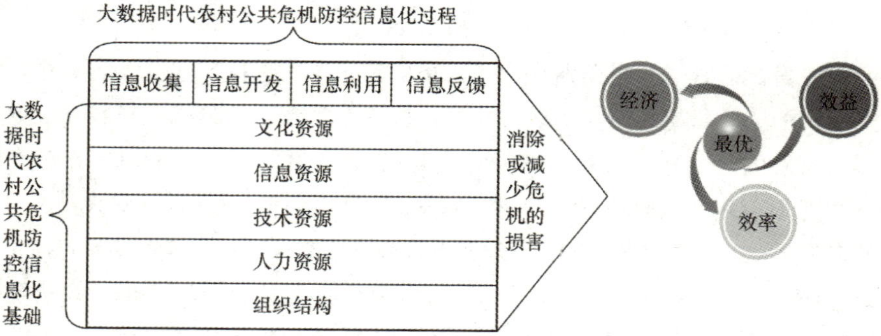

图3-4　大数据时代农村公共危机防控信息化能力要素构成模型

可见，大数据时代农村公共危机防控信息化包括农村公共危机防控信息化基础、防控过程以及防控价值目标。农村公共危机防控信息化基础资源构成及其相互作用是大数据时代农村公共危机防控信息化能力的基石。为实现农村公共危机防控经济、效率和效益最优化的目标，它们以组合上的变革促进农村公共危机防控理念、模式和方法的创新，形成和优化大数据时代农村公共危机防控信息化能力体系。从空间维度和时间维度上，可以将大数据时代农村公共危机防控信息化能力划分为基础能力和过程能力两大部分，其中，基础能力是相对静态的和隐性的，过程能力则是相对动态的和显性的。

3.2.1 大数据时代农村公共危机防控信息化基础能力

大数据时代农村公共危机防控信息化基础能力主要来源于组织结构、人力资源、技术资源、信息资源、文化资源等方面的作用力。它们共同构成了大数据时代农村公共危机防控信息化的基础能力。

3.2.1.1　组织结构能力

无论理论研究者，还是实际操作人员，都认为危机管理需要通过一个核心来执行[①]。采用什么样的组织结构及其能力大小直接关系到危机防控效果。大数据时代农村公共危机防控信息化组织结构包括农村公共危机防控信息化的组织管理结构、防控流程以及各种管理机制等，是农村公共危机防控信息化各项工作开展的组织保障，影响和制约着农村公共危机防控信息化效果。大数据时代农村公共危机防控信息化依靠专业人员充分掌握信息化和大数据相关技术，对农村公共危机进行实时、准确、科学地预防和应对，呈现出明显的专业化、集成化、高效化等特点。大数据时代农村公共危机防控信息化组织结构能力就是其组织在农村公共危机防控信息化中，根据农村公共危机防控信息化的特点和要求，优化利用其资源优势、人才优势、技术优势，建立灵活、创新的组织结构体系，发挥个体、团队、组织各个层面职能和作用，最终所表现出来的组织管理综合能力。具体而言，组织结构能力主要体现管理机构、管理机制和管理创新上（图3-5）。

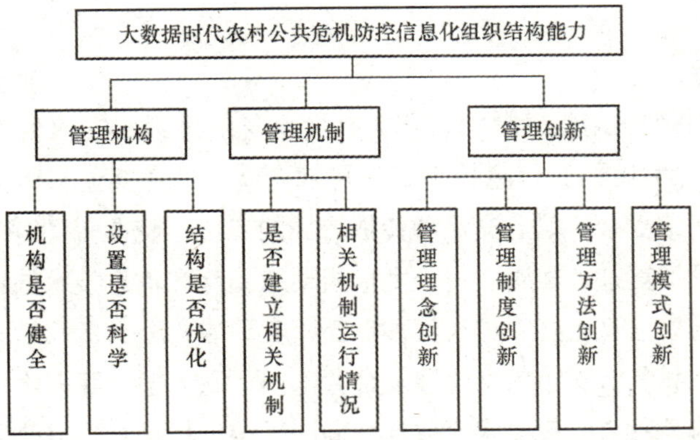

图3–5　大数据时代农村公共危机防控信息化组织结构能力构成图

1）管理机构

罗伯特•希斯（Robert Heath）提出，危机管理部门设置的标准化描述是“部门是什么，部门为何存在，谁负责此部门，部门什么时候启动，部门在何处。”[②]同时，他还指出，危机管理组织体系应当“相对简单、灵活”“适应各种可能出现的危机或灾难的要求，并能够适应新技术的发展。”[③]经过多年努力，我国基本建立了由各级应急管

① [美]罗伯特•希斯.危机管理[M].王成，宋炳辉，金瑛，译.北京：中信出版社，2001：194.

② [美]罗伯特•希斯.危机管理[M].王成，宋炳辉，金瑛，译.北京：中信出版社，2001：204-205.

③ [美]罗伯特•希斯.危机管理[M].王成，宋炳辉，金瑛，译.北京：中信出版社，2001：196.

理办（中心）以及各级农业、水利、卫生、民政、公安等对口职能部门组成的农村公共危机防控组织体系，在农村公共危机防控中发挥着重要作用。而随着信息化迅速发展和大数据时代到来，农村公共危机防控的特点和要求也随之发生了巨大变化，农村公共危机防控信息化已成为一种趋势。针对大数据时代农村公共危机防控信息化，提出了管理机构是否健全，是否有专门利用信息化和大数据进行农村危机防控的机构；相关机构设置是否科学，是否能够胜任农村公共危机防控信息化实际工作；组织结构是否简单易控，是否符合扁平化管理要求等。这些从管理机构上反映了大数据时代农村公共危机防控信息化组织结构能力。

2）管理机制

就一个完整的危机管理流程而言，应当包括危机预防、危机应对以及处理善后并从中获益等几个主要环节。该过程涉及的主要机制包括：政府危机决策机制、公众公共沟通机制、内部信息传递机制、各职能部门间的联动机制、危机应对情景训练系统机制等[①]。在大数据时代农村公共危机防控信息化中，管理机制是否健全，是否根据大数据时代农村公共危机防控信息化实际需求建立了相应管理机制，这些管理机制运行情况如何，等等，这些问题直接影响着大数据时代农村公共危机防控信息化组织结构能力。

3）管理创新

技术的发展并不一定能够顺利转化为社会事务治理绩效的改善，这一点在公共危机防控中体现得尤为明显[②]。信息技术日新月异，新的信息交流和传播方式层出不穷，它们相互交织，错综复杂。信息交流和传播方式的变化，使得转型时期的农村公共危机不断演化和变得更加复杂。面对农村公共危机动态演化和信息技术快速发展，大数据时代农村公共危机防控信息化必须进行管理创新，实现农村公共危机管理体系和管理能力的现代化。农村公共危机防控信息化涉及公共部门、私人部门等多类主体的协作。但在信息化和大数据的运用中，各类安全数据之间缺乏统一标准，使得公共安全信息收集、整合和应用面临极大困难。对此，在大数据时代农村公共危机防控信息化中，需要以公开、透明、共享、协作等为基本原则，进行管理理念创新、管理制度修订、管理新方法运用和管理模式重构，消除现有组织设置和管理体制所导致的“部门壁垒”。

3.2.1.2　人力资源能力

人力资源是危机管理的重要保障。人力资源的标准保障主要包括完善危机管理人员队伍建设、建立健全专家队伍、建立健全与相关专业队伍的联动机制、培育非政府组织和志愿者队伍等[③]。在大数据时代农村公共危机防控信息化中，人力资源能力主要是指

① 薛澜，张强，钟开斌.危机管理——转型期中国面临的挑战[M].北京：清华大学出版社，2003：20.

② 张春艳.大数据时代的公共安全治理[J].国家行政学院学报，2014（5）：100-104.

③ 唐钧.应急管理与危机公关——突发事件处置、媒体舆情应对和信任危机管理[M].北京：中国人民大学出版社，2012：94.

由具体实施人员的数量构成和智力资本，即管理人员的数量、结构、专长、技能等所表现出来的胜任力。在大数据时代农村公共危机防控信息化中，无论是技术层面还是管理层面，管理人员发挥着关键性作用。管理人员的智力资本是大数据时代农村公共危机防控信息化中最活跃、最具增值潜力的资源，是提升大数据时代农村公共危机防控信息化能力的最重要因素。大数据时代农村公共危机防控信息化人力资源能力主要体现在人员构成、人员培训和人员素质上（图3-6）。

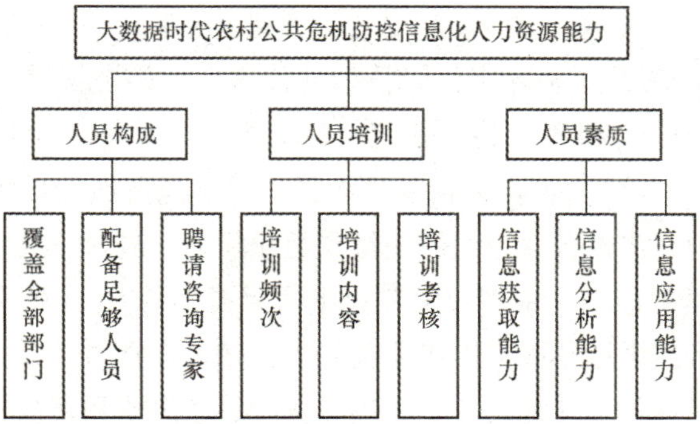

图3-6　大数据时代农村公共危机防控信息化人力资源能力构成图

1）人员构成

基于大数据的巨大作用，英国在国家安全管理中，要求相关部门必须重视大数据利用，组建“大数据化”组织，任命“大数据”监督官和专业技术人员（即数据分析官）①。大数据专业人才已成为各国公共危机信息化防控的重要人才。在大数据环境下，知识服务专业人员不仅要熟悉文献资源和数字信息资源的组织与利用，而且在计算机和数据统计分析等方面需要具备更新更高的能力，知识服务机构需要多方面的高水平人才共同组建专业化知识服务团队②。因此，在大数据时代农村公共危机防控信息化的人员构成上，不仅需要具备公共危机管理专业的人才，更需要能够利用信息化和大数据的专业人才，特别需要复合型人才。相关专业人员在农村公共危机管理各部门中覆盖情况、配置数量，以及农村危机防控机构聘请相关咨询专家情况，这些情况所体现的相关人员构成是大数据时代农村公共危机防控信息化人力资源能力的基本反映。

2）人员培训

在职业发展过程中，政府危机管理部门职员应该有接受危机管理专门培训的机会，实现终身学习和与时俱进，以不断提高专业技能和素质③。大数据时代农村公共危机防

① Neil Couch，Bill Robins. Big Data for Defense and Security[EB/OL].https：/ /www.rusi.org /downloads /assets /RUSI_BIGDATA _Report_2013.pdf.

② 赵悦，蔡超，丛姗.稳固信息服务开拓知识服务——英国国防科技研究院知识服务部转型启示[J].情报理论与实践，2011（10）：28-31.

③ 张成福，唐钧.政府危机管理能力评估——知识框架与指标体系研究[M].北京：中国人民大学出版社，2009：185.

控信息化对相关人员提出了新挑战，需要通过专门培训，以转变危机管理理念，树立危机信息化管理意识，储备相关危机管理知识，学习相关危机管理的方式与方法。大数据时代农村公共危机防控信息化人员培训效果，是人力资源能力衡量的重要依据，具体体现在相关危机管理培训的内容、频次、考核等方面，即对农村公共危机防控人员是否进行了有关信息化和大数据方面知识和技能培训，培训频次如何，是否对培训人员进行了相关考核，是否进行相应奖惩，培训效果最终如何等。

3）人员素质

在危机情境下，高度的不确定性和复杂性使得危机事态发展常常处于转折关头，即使决策效能成为一个关键性，甚至决定性的力量，这就要求决策者应该具有较高的素质和非凡的能力①。具体来说，危机管理人员，尤其是危机管理领导者应该具有公共危机预警和识别能力、应对公共危机的决策和组织能力、应对公共危机的协调能力、面对公共危机的心理素质能力、应对公共危机的善后能力等②。大数据时代农村公共危机防控信息化对管理人员素质和能力提出了新要求。在大数据时代农村公共危机防控信息化中，管理人员除了具备上述能力外，还应具备利用信息化和大数据收集危机信息、分析危机信息和应用危机信息的能力，即管理人员是否掌握信息化和大数据利用的相关专业技能，掌握程度如何，能否运用信息化和大数据技术对海量农村公共危机信息进行收集、整理和分析，并以此对危机防控进行综合研判、决策等。

3.2.1.3 技术资源能力

随着网络技术、信息技术迅速发展以及全球化进程推进，农村公共危机防控信息化需要通过应用新信息技术，以提升防控能力。技术资源能力是大数据时代农村公共危机防控信息化开展和实现的基本条件和基本保障，是大数据时代农村公共危机防控信息化能力的重要来源。由于技术资源能力本身的隐藏性、对载体的依附性，其能力和作用发挥不能直接体现，而是渗透于农村公共危机信息化过程中，在农村危机防控各个阶段、各个环节中得以发挥并体现其能力。从某种程度上说，大数据时代农村公共危机防控信息化是一种信息化服务。在信息化服务中，从不同角度可以划分不同种类的技术。从知识构建角度看，知识元标引与链接技术、主动推送的知识导航与服务技术、支持语义的知识检索技术、知识重组与整合技术是知识服务的四项关键技术③。大数据时代农村公共危机防控信息化技术资源能力主要体现在信息收集技术能力、信息监测技术能力、信息分析与决策支持技术能力、信息网络技术能力和信息发布技术能力上（图3-7）。

① 薛澜，张强，钟开斌.危机管理——转型期中国面临的挑战[M].北京：清华大学出版社，2003：197.

② 谢志强.论社会转型期的公共危机管理[J].科学社会主义，2010（3）：101-105.

③ 司莉.基于知识构建的知识服务的实现[J].图书馆论坛，2009（6）：216-219.

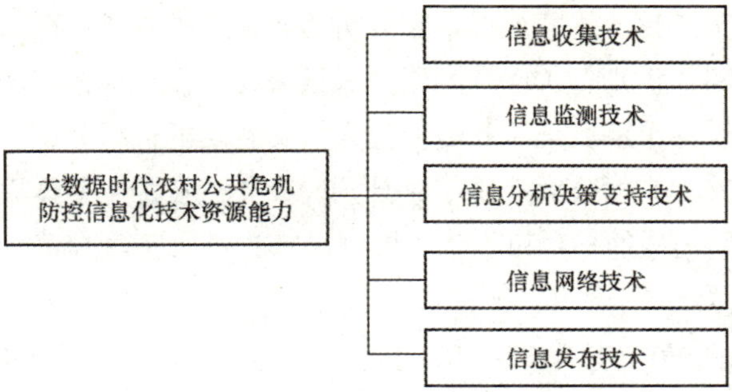

图3-7　大数据时代农村公共危机防控信息化技术资源能力构成图

1）信息收集技术

信息收集贯穿于农村公共危机预防、化解和消弭的各个阶段。特别是在农村公共危机预警和准备阶段，它利用现代信息技术敏锐捕捉危机征兆并收集有关信息，这对贯彻“预防在先”“防患于未然”的农村公共危机防控原则来说是十分重要的。随着网络信息技术快速发展，Internet和Web数据挖掘技术、搜索引擎记录技术、人工智能的信息自动分类技术、深层次自然语言理解的知识检索技术、问答式知识检索系统等信息收集技术不断呈现并不断进行性能升级。这些信息收集技术能够对整个农村公共环境信息进行全方位扫描和有针对性的收集、整理和分析。农村公共危机防控信息收集技术能力主要体现在相关技术的应用领域、应用层次、应用效果等方面。

2）信息监测技术

农村公共危机防控的关键工作是通过农村公共危机监测系统或信息监测处理系统认识和辨别出危机潜伏期的各种症状。农村公共危机监测设施可以分为四大类：自然灾害类，如防洪、地质、气象、水质等方面的监测设施；事故灾难类，如生产安全、交通安全等方面的监测设施；公共卫生事件类，如动物疫情、食品安全等方面的监测设施；社会安全事件类，如社会治安、社会矛盾等方面的监测设施。依托这些监测设施，利用信息技术对收集到的农村公共危机信息进行加工、整理，辨别信息的真伪，发现危机信息暴露出的主要问题以及隐藏在问题表象背后的本质原因。农村公共危机信息监测技术能力主要体现在各类设施覆盖率、数据收集准确性和时效性等方面。

3）信息分析决策支持技术

依托信息收集技术和信息监测技术获得大量农村公共危机信息，然后对这些信息进行分析与决策，以确定农村公共危机产生的可能性、影响范围、影响程度以及活动周期。信息分析决策支持技术是对农村公共危机进行预测或者对农村公共危机恶化或失控趋势概率进行分析和评估的技术，其主要包括面向主题的数据仓库技术（Data Warehouse，DW）、联机在线分析处理技术（On-Line Analytical Processing，OLAP）、数据挖掘技术（Data Mining，DM）以及具有人工智能的知识库（Knowledge Base，KB）技术等。农村公共危机防控决策者通过信息分析与决策支持系统，能够获取决策所需的数据、信息和背景材料，识别各种问题和确立决策目标，建立或修改决策模型，快速制定各种备选方案并实现评价和优选，最终依托人机交互功能进行分析、比较和判断，支撑决策者获得正确决策。农村公共危机信息分析决策支持技术主要体现在相关技术应用是否成为在农村危机防控中的一种日常工作惯例，其效果如何等方面。

4）信息网络技术

信息网络技术是通信技术与计算机技术相结合的产物。依托信息网络技术能够将分散的、独立的计算机相互连接并集合，使不同部门的计算机共享硬件、软件和数据资源，有利于提高共享数据资源集中处理及管理和维护能力。在农村公共危机防控信息化中，信息网络技术是农村公共危机管理信息系统建设的重要技术基础。农村公共危机防控网络技术系统主要是通过延伸和拓展现有信息网络，扩大覆盖面，实现不同层级、不同部门之间的各种危机信息双向数字传输。从纵向上看，涵盖中央、省（区、市）、市（州）、县（区）、乡（镇）、村不同层级；从横向上看，囊括农业、水利、气象、民政、公安等不同部门。农村公共危机防控信息技术系统能力主要体现在网络覆盖率、网络传输速度、各部门数据共享情况等方面。

5）信息发布技术

信息发布系统又称危机公关信息系统，是指农村进入公共危机状态后，为实现与民众有效沟通与互动，政府依托广播电视网、电信网、互联网等建立的信息网络。一方面，政府凭借此网络系统发布权威的农村公共危机状态信息，以减少谣言等危机负面产品的传播，为控制危机、减缓蔓延、减少损失奠定基础。另一方面，在保障公众对农村公共危机知情权的同时，政府通过此网络系统收集公众对危机的反馈意见，便于做出科学的危机管理决策，采取更贴近公众的危机管理措施[①]。农村公共危机信息发布系统的能力主要体现在能否及时、准确地发布危机信息，能否及时回答民众最关心的问题，能否快速、有效肃清各种虚假信息，能否有效收集民众意见，能否正确、有效引导公众心理、行为和舆论导向等。

3.2.1.4 信息资源能力

危机信息资源是农村危机管理信息化的基础和保障。大数据时代农村公共危机防控信息化是以信息化和大数据技术对危机信息进行分析和利用，以有效预防、化解和消弭危机。要实现这一目的的前提就是拥有足够信息资源以及科学管理和使用这些资源。信息资源建设是人类对处于无序状态的各种媒介信息进行选择、采集、组织和开发等活动，使之形成可供利用的信息资源体系的全过程[②]。农村公共危机信息资源建设是指利

① 张晓鹏.公共危机管理系统的构建与能力评价研究[D].大连：大连理工大学博士论文，2011：63.

② 肖希明.信息资源建设：概念、内容与体系[J].中国图书馆学报，2006（5）：5-8.

用现代信息技术对危机的相关数据和信息进行收集整理、标准处理、分类汇总，形成各类危机信息数据库，实施统一管理，为危机科学研究和决策提供信息支持的过程。积极建立各类危机信息数据库，科学管理危机信息数据，有效使用危机管理数据，为农村公共危机防控信息化奠定良好的信息基础，这也是农村公共危机防控信息资源能力的形成过程和具体表现（图3-8）。

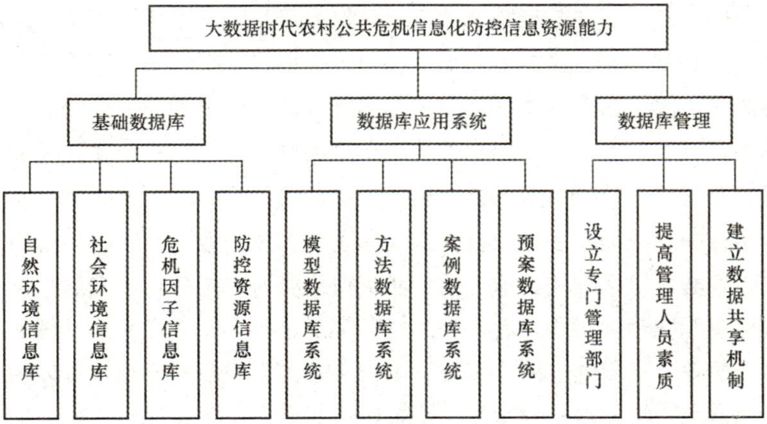

图3-8　大数据时代农村公共危机防控信息化信息资源能力构成图

1）基础数据库

农村公共危机防控信息化基础数据库是指利用计算机、网络、卫星监测、全球定位系统、遥感、物联网等现代社会高度发达的技术和手段，分门别类地对影响社会发展各方面数据进行收集、整理、储存、更新和维护，为农村公共危机防控信息化提供的信息资源。基础数据库是农村公共危机防控信息化中信息管理系统和实施大数据分析的基石，主要包括自然环境信息库、社会环境信息库、危机因子信息库、防控资源信息库等。自然环境信息库涵盖空气信息、水文信息、地质信息、土壤信息、气候信息、动植物信息等。社会环境信息库涵盖人口信息、经济信息、交通信息、教育信息、科技信息等。危机因子信息库涵盖环境污染源数据、地质灾害数据、山洪灾害数据、动植物疫情数据、重点传染病数据、社会治安数据、交通事故数据等。防控资源信息库涵盖危机物质储备数据、危机防控设施数据、应急救援专业队伍数据、医疗卫生数据、决策咨询专家数据等。农村公共危机防控信息化基础数据库的能力主要体现在相关数据的全面性、准确性、是否及时更新、使用是否方便等方面。

2）数据库应用系统

农村公共危机防控信息化的数据库应用系统是指依据基础数据库，利用相关分析方法和分析模型对危机预防、化解和消弭进行信息分析，同时借鉴相关危机处理的案例，形成相关决策和预案的系统。数据库应用系统是将静态的基础数据库变为动态的危机决策系统的重要载体。该系统主要包括模型数据库系统、方法数据库系统、案例数据库系统、预案数据库系统等[①]。模型数据库系统包括信息识别与提取模型、事件发展与影响后果模型、人群疏散与预警分级模型等。将基础数据库系统的相关信息输入到模型数据库系统，可以自动输出相关危机信息处理和模拟决策结果，为农村公共危机的描述、分析和防控决策提供科学依据。模型数据库系统在农村公共危机防控能力上主要体现为模型分析情况与实际情况的拟合度。方法数据库系统为农村公共危机的预警、应对和消弭提供多种方法，包括数据统计分析、计量经济分析、系统动力学、层次分析法、多目标决策和动态规划等，其能力体现在农村公共危机防控信息化在分析方法上的提供与否及其适用性。案例数据库系统是选取国内外各类危机事件的大量经典案例，进行科学分析，总结其经验教训，并分门别类地建立案例库，其能力主要体现在案例涉及的广泛性、选取的典型性、分析的透彻性、实际可借鉴性等方面。预案数据库系统是依据基础数据库，结合模型数据库系统、方法数据库系统和案例数据库系统，运用大数据技术和思维对农村各类危机事件的模拟、评价和虚拟现实所产生各种方案的系统。通过预案数据库系统可以明确相关机构在农村公共危机事前、事中、事后整个过程中的职能，提出农村公共危机各个环节的应对策略及资源准备等，形成各种详细、具体的应对预案，供相关部门会商和决策使用。预案数据库系统在能力上主要表现为其所输出预案的科学性、可操作性、实效性等方面。

3）数据库管理

为保证农村公共危机防控信息化的信息资源质量，充分发挥信息资源作用，必须加强数据库管理。其一，设立农村公共危机防控数据库专门管理的部门，明确数据库管理部门的权利和职责。其二，招聘数据库管理专业技术人才，定期对管理人员进行大数据应用、发展等方面专业知识和技能的培训，建立一支高水平的现代化数据库管理队伍。其三，明确数据库管理原则，做到保密性和公开性的合理统一。既要保证国家信息安全和个人隐私，又要及时公开相关信息，保证公民对危机信息的知情权，方便相关机构和人员研究危机管理，提高信息使用效率，为农村公共危机有效预警、化解和消弭提供多元化服务。其四，确保数据库管理部门与相关危机信息来源部门之间的有效沟通和协调，明确综合数据库管理与各职能部门数据库管理之间的关系，与科研机构、企业、社会团体等社会组织开展广泛合作，建立统一的信息标准、定期信息上报和信息公开制度等，保证数据、信息标准化以及及时更新和发布，共同做好数据库维护、更新工作，实现数据有效共享。农村公共危机防控信息化数据库管理在能力上体现为管理结构、管理人员、管理机制等方面。

3.2.1.5 文化资源能力

文化资源是农村公共危机防控信息化过程中所创造的精神财富，代表着价值、信

① 张成福，唐钧.政府危机管理能力评估——知识框架与指标体系研究[M].北京：中国人民大学出版社，2009：15.

念和规范等，并以此支撑和证明农村公共危机防控信息化的合理合法性。农村公共危机防控信息化文化资源是信息技术与危机防控知识相互交融，为实现农村公共危机防控的经济、效率和效益最优化而形成的价值、行为与制度体系，具体包括制度文化、技术文化、行为文化等（图3-9）。文化资源为农村公共危机防控信息化提供制度保障、技术支撑和民众理解与支持，从而为农村公共危机防控信息化能力提升创造良好的社会文化环境。

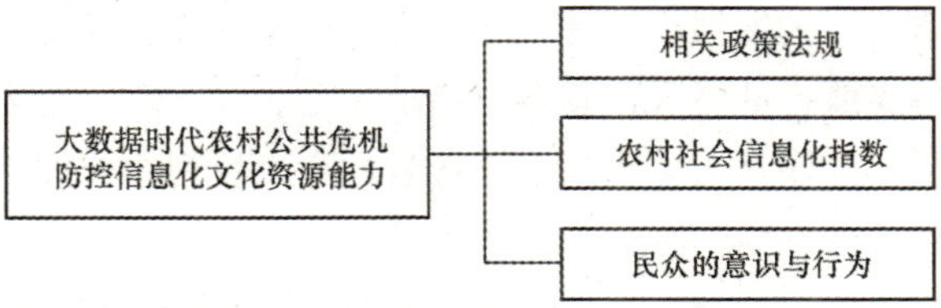

图3-9　大数据时代农村公共危机防控信息化文化资源能力构成图

1）相关政策法规

建立各项制度规范和政策法律，实现各项工作规范化、制度化、法制化是农村公共危机防控信息化的内在要求。“三化”是一个既互相独立、互有区别又互相联系、不可分割的统一整体。其中规范化是前提，制度化是保证，法制化是目的，其基本目的只有一个，就是不断提高农村公共危机防控信息化能力。所谓规范化，是指为了在农村公共危机防控信息化中获得最佳秩序，对现实和潜在的问题做出可供普遍和重复使用的规定的一种活动。通过制定和实施各项规章，让农村公共危机防控信息化达到一定的标准，使其转化为符合标准的、规范的性质和状态。所谓制度化，是指在农村公共危机防控信息化实践中逐步建立一系列的互相联系互相配合又各自独立的规章制度，形成一整套的制度体系，以保证各项工作顺利开展。农村公共危机防控信息化制度包括原则性制度和具体性制度、指导性制度和操作性制度、全面性制度和专业性制度等，通过这些制度指导和规范农村公共危机防控信息化。所谓法制化，是指制定、完善相关法律，使农村公共危机防控信息化“有法可依”，依法有序开展。从总体上说，农村公共危机防控信息化制度文化能力主要体现在农村信息化建设的制度法规上，即相关制度法规体系的全面性、内容的针对性、完善性以及实施的效用性等。

2）农村社会信息化指数

现代信息技术作为一种技术文化，其在农村社会普及达到一定程度是农村公共危机防控信息化的基本前提。农村社会信息化指数可以从农村信息资源、农村信息基础设施建设、农村信息技术应用、农村信息产业发展、农村信息化人才、农村信息化外部环境、农村信息消费等7个方面进行测算。其中，农村信息资源是农村信息化基础结构运载的实质内容，其开发和利用是农村信息化建设的核心内容，其测算指标为农经类广播电视播出率、百万人涉农网站拥有量、人均农业图书馆藏量、电话通话次数等。农村信息基础设施主要是指支持农村信息资源开发利用及农业信息技术应用的各类网络，其测算指标为农村电话普及率、农村电视机普及率、长途光缆覆盖率、设立农村经济信息服务站的县乡比重、设立农村经济信息服务点的行政村比重、每百户拥有计算机数量等。农村信息化建设的目的就是将现代信息技术广泛应用到农村社会发展的各个领域，可以说农村信息技术的应用是农村信息化发展的核心和先导，其测算指标为农村互联网用户比例、用于农业信息技术研发的科研经费比重、农业科技成果转化率、万人农业数据库拥有量等。农业信息产业的发展程度能在一定程度上反映农村信息化的发展水平，也能直接反映农民接受信息服务的概况，其测算指标包括农村人均邮电业务量、农业信息咨询服务业产值占农村GDP比重、信息产业基础设施建设投资占全部基础设施建设投资比重、信息产业研究与开发经费占各地GDP比重等。农村信息化人才是我国农村信息化建设的重要前提，是影响农村信息化发展的最重要因素，其测算指标为农村信息中心从业人员比重、农村信息员数量、农业科技人员比重等。农村信息化外部环境是指影响农村信息化建设的外部环境因素，其测算指标为农村居民劳动力文化程度、农村教育经费投入比重、农村电信投资比重等①。农村信息化指数直接反映农村公共危机防控信息化的技术文化环境状况，对农村公共危机防控信息化能力产生影响。

3）民众的意识与行为

农村公共危机防控信息化对社会影响不仅是物质上的，同时也是文化心理上的。农村公共危机会造成民众的心理危机。心理上的焦虑、恐慌、恐惧会使民众的行为发生异常，容易利用信息技术传播谣言，严重的则出现社会恐慌、骚乱等反社会行为，从而进一步加剧危机程度。因此，在数据时代，民众利用信息技术的行为偏好和应对危机的意识与行为对农村公共危机防控信息化能力产生影响。就信息文化环境而言，民众在虚拟网络环境中，对自己言行的约束、对信息网络相关法规的遵守、获取信息方式和途径等行为偏好，直接影响着农村公共危机信息管理，制约着农村公共危机防控信息化的文化资源能力。就农村公共危机防控的文化环境而言，通过对公众进行危机管理教育，宣传法律法规和自救、互救知识，进行危机培训实践，进行恰当的心理疏导等，以营造良好的农村公共危机防控信息化文化环境，这对于提高农村公共危机防范能力和水平将起到十分重要的作用。

3.2.2 大数据时代农村公共危机防控信息化过程能力

危机影响发展和演化过程就是危机信息的传导过程，危机防控能力依赖于信息交换能力和危机管理者根据收集信息制定有效行动方针的能力。公共危机信息是指在公

① 刘世洪.中国农村信息化测评理论与方法研究[D].北京：中国农业科学院博士论文，2008：62-65.

共危机潜伏、爆发、缓解及消除的发展过程以及与之对应的公共危机管理过程中产生的所有信息之和[①]。大数据时代农村公共危机防控信息化就是构建一个大数据信息服务平台，收集相关信息。大数据信息服务平台是一个获取、存储、组织、分析大数据的服务资源和服务能力共享、交易和协作的智慧平台[②]。农村公共危机防控过程中的每一个阶段都离不开信息资源管理的支持，依靠大数据信息服务平台，及时、快速、准确、充分、可靠地提供危机信息是防范和化解危机的主要手段。从某种程度上来说，大数据时代农村公共危机防控信息化过程实质上是利用信息化技术对危机信息进行采集、加工、传递、分析、利用、公开、反馈的管理过程。因此，大数据时代农村公共危机防控信息化过程能力主要体现为信息采集能力、信息开发能力、信息利用能力和信息反馈能力（图3-10）。这些能力不是孤立存在的，而是同时作用于农村公共危机预防、应对、恢复等各个阶段，它们在每一个阶段共同作用的结果常常表现为农村公共危机预防能力、应对能力和恢复能力。

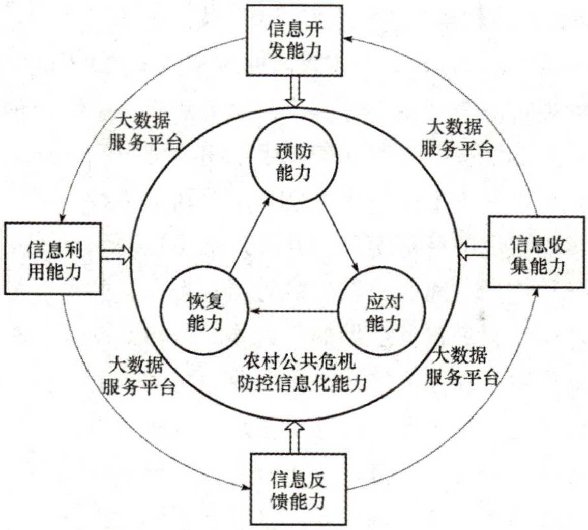

图3-10 大数据时代农村公共危机防控信息化过程能力构成图

3.2.2.1 危机信息收集能力

信息可以为危机的发生提供预警，对危机的发展做出动态描述，并有助于确定危机中可能出现的各种意外事件[③]。农村公共危机防控信息化就是以信息化和大数据为手段和方法加强危机信息管理的过程。农村公共危机信息收集是农村公共危机防控信息化的第一个环节，也是其过程的起点。大数据时代农村公共危机信息收集是农村公共危机防

① 吴建华.试论公共危机信息收集的范围与渠道[J].情报科学，2007（3）：77-81.

② 李晨晖，崔建明，陈超泉.大数据知识服务平台构建关键技术研究[J].情报资料工作，2013（2）：29-34.

③ 朱霞，李云波，王炜，等.突发性事件中不同文化背景人群心态分析[J].第四军医大学学报，2004（22）：2058-2061.

控者通过建立相应制度，安排专人或设立专门机构，以信息需求分析和信息源分析为基础，利用传感器技术、射频识别（RFID）、搜索引擎分类工具、分布式计算系统（如Hadoop、Mapreduce）等信息化和大数据为手段，在农村公共危机预防、应对和恢复各环节有目的、有针对性地采集相关信息的过程。在大数据时代农村公共危机防控信息化中，信息收集能力是为消除或减少公共危机损害，农村公共危机防控者利用信息化和大数据技术，准确、及时、毫无遗漏地收集农村公共危机防控过程所需一切信息的能力，具体表现为所收集信息的全面性、及时性和可靠性。

（1）全面性。农村公共危机信息从不同角度可以划分为不同类型的危机信息。按信息记录方式可以划分为文字信息、图表信息、声音信息和多媒体信息；按公共危机类型可以划分为自然灾害信息、事故灾难信息、公共卫生危机信息、社会安全危机信息等；按公共危机发生周期可以划分为事前信息、事中信息和事后信息。农村公共危机信息收集应该围绕防控过程展开，包括以下几个方面：其一，危机预防信息。主要是指在农村公共危机预防阶段收集或产生的各类信息，如《中华人民共和国防洪法》《中华人民共和国传染病防治法》《国家自然灾害救助应急预案》《国家防汛抗旱应急预案》《国家突发重大动物疫情应急预案》等制度法规信息；危机防控的领导机构、指挥机构、具体管理部门、人员配备、咨询专家等组织机构信息；危机准备资源（人、财、物等）、危机教育培训、医疗卫生等保障信息；对自然灾害、事故灾难、公共卫生危机、社会安全危机实时监测的各项信息。其二，危机应对信息。主要指在农村公共危机发生阶段收集的各种信息，如危机发生的时间、地点、类型、性质、造成的损害、次生危机等危机基本信息；危机发生地的人文建筑、自然地理、基础设施、人口、经济等基础信息；危机预案、现场监控、人员疏散、抢险救助、医疗救护、卫生防疫、交通管制、安全防护、社会动员等危机应对信息。其三，危机恢复信息。主要是指在危机恢复阶段产生的各种信息，如疫病防治信息、环境保护信息、人员伤亡信息、保险理赔信息等善后处置信息；危机的起因、性质、影响、责任、经验教训等调查评估信息；复重建计划及其组织实施信息。总之，农村公共危机信息收集的全面性应该做到，从空间上，要把与危机事件有关的散布在各个领域的信息收集齐全；从时间上，要对在不同时期、不同阶段的发展变化情况进行跟踪收集，保证危机信息的完整性、连续性和系统性。

（2）及时性。信息是有时效的，危机信息在时效性上显得更为迫切。《国家突发公共事件总体应急预案》规定，“各地区、各部门要针对各种可能发生的突发公共事件，完善预测预警机制，建立预测预警系统，开展风险分析，做到早发现、早报告、早处置。”在大数据环境下，人们设计采集传感器节点数据系统，通过各种传感器和RFID等信息源自动生成手段，采集数据并处理形成知识，提供API接口供上层服务调用，实现信息的及时收集[①]。传感器自动捕获数据、收集社交网络中用户生成数据和信息系统是大数据主动、及时采集的三种主要产生方式[②]。大数据时代农村公共危机防控信息化就是要利用现代信息技术发展的最新成果快速、及时地收集危机信息，以能及时反映危机发展的最新情况，使信息的效用得到最大限度发挥，为危机分析与决策创造条件，从而提高农村公共危机防控能力。对此，农村公共危机信息收集能力在及时性上主要表现为：依托健全的农村信息化网络，利用大数据技术，在危机预防阶段及时收集危机潜伏信息以能够早发现危机，在危机应对阶段及时收集危机及其发生地的基本信息以能够早报告和早处置，在危机恢复阶段及时收集危机调查评估和恢复重建所需信息以能够科学总结和“转危为机”。

（3）可靠性。大数据时代农村公共危机防控信息化在危机信息收集上必须做到“去粗取精，去伪存真，由此及彼，由表及里”，确保信息的可靠性。农村危机信息收集能力在可靠性上主要表现在以下几个方面：① 真实性。在农村公共危机中，各类信息杂乱无序，真假难辨，经过多级传递，信息易于扭曲，发生畸变，导致信息失真。对此，农村公共危机防控信息化在信息收集中，运用先进的信息分析技术、方法和工具，识别、分析、判断所获信息真伪，确保信息的真实性。② 准确性。在农村公共危机防控信息化中，由于相关人员无意或有意的犯错，使得有些信息出现偏差。对此，通过人员培训和追责制度建设，保证信息化环境下的危机信息来源、危机信息记录准确无误，确保农村危机信息收集的准确性。③ 针对性。农村公共危机信息瞬时多变、内容繁杂，但是危机决策对信息的需求总是针对特定时间、特定危机事件、危机发展特定阶段以及解决特定问题[③]。因此，农村公共危机信息收集要有目的、有重点地进行，即在了解和研究危机管理者和决策者的信息需要基础上，明确信息收集的目的和重点，利用信息化手段有针对性地收集相关信息，保证信息的针对性和有用性。

3.2.2.2　危机信息开发能力

大数据时代农村公共危机信息开发是指在危机信息收集的基础上，为实现相关利益者的信息需求和危机防控的特定目标，利用信息化和大数据手段，通过信息重组或再造，对大量相关信息进行系统化、综合化和适用化的分析、对比、归纳、综合、概括、推论，并融入农村公共危机防控人员的知识和能力，形成农村公共危机决策所需要的知识解决方案或适合相关利益者需求的信息产品的过程。信息重组和信息再造是农村公共危机信息开发的两个重要方式，是危机信息开发能力的集中体现。信息组织开发是实现信息内容序化、信息质量优化和信息表达美化的过程[④]。从某种程度上说，农村公共危机信息开发就是信息选择、组织、加工和整理的过程，是将无序信息流转化为有序信息

① 吴斌，王俊峰，覃毅芳，等.一种面向自主服务的知识网络构建方法[J].四川大学学报（自然科学版），2013（5）：973-978.

② 官思发.大数据知识服务关键要素与实现模型研究[J].图书馆论坛，2015（6）：87-92.

③ 王伟.公共危机管理信息管理体系构建与运行机制研究[D].长春：吉林大学博士论文，2007：59.

④ 郭春侠，储节旺.信息组织的三重境界：序化、优化、美化[J].情报资料工作，2011（2）：15-18.

流，形成更高级的信息产品，以便于进一步分析研究并提供危机管理决策的过程。农村公共信息开发可以控制农村危机信息的流速和流向，减少信息流的混乱程度，达到信息内容有序化、信息流向明确化、信息流速适度化、信息质量最优化的目的，以便于能够在适当的时机有针对性地传递给需要者，为农村公共危机防控提供决策依据①。依据信息组织序化、优化和美化的三重境界追求，我们认为，农村公共危机信息开发能力可以通过信息组织加工后的系统化、适用化和美感化等方面进行衡量。

（1）系统化。“信息如若是‘可获的’，那它就必须能够供人们以某种形式检索。”②在大数据时代的今天，与农村公共危机相关的信息具有数量巨大、增长迅速，内容丰富、形式多样、变化频繁、价值不一、结构复杂、分布广泛的特点。对此，在农村公共危机信息开发中，首先要对相关危机信息进行组织排序，形成有序的整体结构，使之系统化，以方便信息的快速查询。信息序化主要依靠符号系统。信息符号是概念的标识、信息组织的基本工具，在信息组织过程中起到关键作用③。我国信息科学领域著名专家钟义信教授依据符号学理论提出“认识论信息”（也称为“全信息”）概念，认为其由语法信息（形式）、语义信息（内容）和语用信息（功用）三个层次构成④。据此，农村公共危机信息开发的系统性能力主要体现在形式序化、内容序化和功用序化上。其一，信息形式序化。信息形式序化是指通过语法信息的组织实现序化。语法信息是人们通过感官器官可以感受到的信息。也就是说，形式序化是一种对信息外显的形式特征或属性，如特定类型的字、词、代码（物名、人名、地名、时间等符号的逻辑序列）甚至载体形态（空间维度、色彩），进行描述和揭示并予以排序形成有序信息集合的过程。农村公共危机信息的形式序化是通过音序、地序、时序、代码等语法信息对农村公共危机信息进行符号序列和时空序列的逻辑整理。农村公共危机信息的形式序化过于粗放化，但操作简单，实现网络信息“如若被认为具有可获性，就必须能被‘所有公民’使用，而不是专为技术专家们设计”⑤的基本价值目标，民众能够据此轻而易举查询到相关危机信息。其二，信息内容序化。信息内容序化是指通过语义信息即信息的主题内容及其相互关系进行序化的过程。面对大数据时代的海量信息，进行信息内容的序化比较复杂、抽象，需要借助机器人（robot）、爬虫（crawler）等网络搜索工具以及RSS、Ajax、Tag 等自动抽取、聚集和标注的技术。大数据时代农村公共危机信息内容序化是在形式化的基础上，利用大数据技术，根据农村公共危机信息中的知识概念、

① 王伟.公共危机管理信息管理体系构建与运行机制研究[D].长春：吉林大学博士论文，2007：60.

② [美]克里斯廷.L.博格曼.从古腾堡到全球信息基础设施：网络世界中信息的获取[M].肖永英，译.北京：中信出版社，2003：68.

③ 尚克聪.信息组织论要[J].图书情报工作，1998（11）：1-4.

④ 钟义信.信息科学原理[M].北京：北京邮电大学出版社，2013：158-162.

⑤ [美]克里斯廷.L.博格曼.从古腾堡到全球信息基础设施：网络世界中信息的获取[M].肖永英，译.北京：中信出版社，2003：67.

知识主题、知识范畴及其相互间的联系进行相关序化，使之精细化、多层化和立体化的过程。其三，信息功用序化。信息功用序化是按照信息语用即信息的功用进行序化的过程，具有高度专业化、个性化、集成化的特点。农村公共危机信息功用序化是有关专业人员在信息形式序化和内容序化的基础上，依据农村公共危机防控需要和相关利益者需求，利用人工智能技术对农村公共危机信息的相对实用价值大小进行排列，提供集成化、个性化服务的过程。

（2）适用化。农村公共危机信息适用化主要表现在农村公共危机信息组织的优化上，即在信息序化的基础上针对某种目的，依照结构功能优化原理对信息进行再序化的过程，是信息序化的继续和升华[①]。农村公共危机信息组织开发活动虽然从信息的序化开始，但是信息序化是一个按照一定标准和规格范围，将无序的信息集合变为系统化、可检查的信息系统的过程，这一过程就是一个信息优化的过程。由于信息具有可加工、可压缩、可传递、可转换、可共享、可增值等特性，这使得信息可以进行反复的、深层次的加工，以实现信息优化和增值。农村公共危机信息优化和综合化主要是通过信息的优选、浓缩和重新表述等活动，对农村公共危机信息进行深度加工和重新整合，更适用于实际需要。①信息优选。大数据时代农村公共危机信息数量巨大、内容繁杂、价值不一，对此，需要依据事先制定的一定原则和标准，只对符合特定要求的信息开展捕捉和进行优选，通过RSS技术推送或在相关平台上主页进行主题链接等方式，为农村公共危机防控人员和相关利益者提供精炼的、高质量的农村公共危机防控信息。② 信息浓缩。“浓缩就是精华。”大数据分析的主要任务是对数据（信息）去冗分类，去粗取精，从海量的数据中挖掘出有价值的信息与知识，通过定量分析将大数据变成小数据[②]。相关部门和人员利用大数据分析技术对农村公共危机信息各种信息进行压缩加工成文摘、索引、综述等，为农村公共危机防控人员和相关利益者在最短的时间内了解相关信息的核心内容。③ 信息重新表述。在农村公共危机防控信息化中，为实现更广泛的信息共享和增强信息的可用性，需要利用现代信息处理技术对农村公共危机有关信息进行表现形式的改编或使用语种的转换。总而言之，利用大数据技术对农村公共危机信息进行筛选、压缩、浓缩、分析、综合、集成、整合、挖掘等活动，是为了使相关信息的价值实现提升，这都是农村公共危机信息优化和适用化的过程。

（3）美感化。信息组织的美感化与信息组织的系统化、适用化都是为了开发高质量的信息。1976年，美国建筑师沃尔曼将信息和建筑学相结合创造性提出了“信息构建”概念，其含义是“组织信息、帮助人们有效地实现其信息需求的艺术和科学”[③]。众多学者认为，信息构建是信息组织开发在网络环境下的网页信息和大数据信息的发展

---

① 王知津，孙鑫.网络信息组织的原理、方法与问题[J].图书馆理论与实践，2006（3）：65-67.

② 邬贺铨.大数据时代的机遇与挑战[J].求是，2013（4）：47-49.

③ 叶继元.信息组织[M].北京：电子工业出版社，2010：43-46.

与延伸。大数据时代农村公共危机信息开发必须突出强调信息布局的视觉效果，从网页的美观度和数据的可视化上提高相关危机信息质量，使农村公共危机防控人员和相关利益者能够迅速捕捉和感知相关信息，实现信息“可访问”和“可理解”的目标。其一，信息的美观度。农村公共危机信息构建强调以用户为中心，重视信息集合结构化与层次化，将信息元素如文字、图形、音频、视频进行整合，追求信息空间布局的美感与艺术性，使每一个具体信息更加生动直观而富有表现力。其二，数据的可视化。法国著名统计学家杰克·伯廷有一句名言“图形是解决逻辑问题的视觉方法”[①]。在大数据时代的今天，农村公共危机信息量过载，各种数据让人眼花缭乱。对此，在农村公共危机信息开发中，可以充分利用交互式的三维地图、动态模拟、动画技术等更加直觉化、趣味化的表现方法，让枯燥乏味、眼花缭乱的数据“动”起来、“舞”起来，具有可视化的特性，刺激使用者的视觉神经，调动使用者的美学意识，使他们过目不忘，轻松地理解数据，从而对农村公共危机防控信息化有更深入、准确的认知。

3.2.2.3 危机信息利用能力

信息利用是将信息潜在价值转化为现实价值的唯一途径。信息只有在利用过程中才能实现其社会效益和经济效益。农村公共危机信息收集、开发的目的就是充分和有效利用相关信息对农村公共危机进行防控，只有实现了对农村公共危机信息的利用，相关信息的价值才能真正体现出来。信息利用能力是指为了某种需要或特定目的，将获取、处理的信息应用于实践，以实现预定目标，使信息价值得以实现的能力[②]。大数据分析（Big Data Analytics，BDA）是当前信息利用的重要理念与方法，是衡量当前某一组织信息利用能力大小的重要依据，是指对海量、类型多样、增长快速且内容真实的数据（即大数据）进行分析，从中找出可以帮助决策的隐藏模式、未知的相关关系以及其他有用信息的过程[③]。大数据时代农村公共危机信息利用能力是为了预防、化解和消弭农村公共危机，农村公共危机防控人员和相关利益者运用大数据分析方法，将收集和开发的信息应用于农村公共危机防控具体实践中，有效彰显相关信息的现实价值，对农村公共危机防控进行科学决策的能力。在农村公共危机信息获取、分析、筛选、加工的所有阶段，批判性地处理和利用相关信息是农村公共危机防控信息化过程能力的最重要特征。在大数据时代农村公共危机防控信息化中，农村公共危机防控人员和相关利益者通过农村公共危机防控信息化平台，简便、快捷和有效地利用各种信息解决相关问题。农村公共危机信息利用能力主要表现在信息利用过程的简便性、时效性和效用性上。

（1）简便性。在信息化快速发展的今天，并不是所有人都能通过网络利用信息，

① 涂子沛.大数据[M].桂林：广西师范大学出版社，2013：100.

② 曾秋霞.试论新世纪领导干部的信息利用能力[J].科技管理研究，2007（8）：229-231.

③ 李广建，化柏林.大数据分析与情报分析关系辨析[J].中国图书馆学报，2014（9）：14-22.

因为信息“获取受到人们利用技术和可获信息能力的限制”①。互联网上的资源浩如烟海，IP地址数以千万计，网上检索工具也多达数千个，网络信息利用者一般不熟悉检索工具的性能和特点，不了解网站的分类目录，因而难以利用相关信息②。大数据时代农村公共危机防控信息化的一个基本目标就是农村公共危机防控人员和相关利益者能够简便地利用相关信息。实现农村公共危机信息利用简便性主要体现在：其一，农村公共危机信息管理在收集和整理的“厚积”基础上，经过加工、提炼和浓缩，实现信息输出的“薄发”，解决相关信息海量庞杂和噪声太多的问题，使信息能够精炼简约，便于农村公共危机信息利用者快速抓住相关信息的核心内容。其二，建立大数据时代农村公共危机防控信息化服务平台，将相关信息集成到这个平台上，解决信息分散问题，便于农村公共危机信息利用者通过“一站式”服务获取、利用相关信息。其三，在大数据时代农村公共危机防控信息化服务中，在各级服务平台上建立统一的栏目规范，选用技术成熟、性能可靠、使用简单的信息搜索引擎。这样，农村公共危机信息利用者只要学习和了解这些规范和统一的搜索引擎，就能方便快捷地获取和利用相关信息③。

（2）时效性。信息利用总是经过一个由产生、收集、加工、传递到最后利用的过程，总存在着时间差，这是信息本身所具有的一个特征。由于公共危机具有时间紧迫的特殊性，在农村公共危机信息利用过程中，如果迟一分一秒，其后果或损失就有可能增加几倍甚至几十倍，将危及利益相关者的财产与生命安全和社会秩序的稳定。从某种程度上说，在所有确定农村公共危机信息价值的因素中，时间起着根本的作用。农村公共危机信息本身的内容以及其是否能够被人们及时获得，将决定农村公共危机信息的价值和作用能否有效发挥。这样，农村公共危机信息利用中就有一个时效性的问题，即从农村公共危机信息产生、传递、接收直至被利用的时间间隔及其效率。与一般的信息利用相比，公共危机信息利用更强调时效性。时效性是衡量农村公共危机信息利用能力的重要指标。《国家突发公共事件总体应急预案》规定，“特别重大或者重大突发公共事件发生后，各地区、各部门要立即报告，最迟不得超过4小时，同时通报有关地区和部门。应急处置过程中，要及时续报有关情况。”“突发公共事件的信息发布应当及时、准确、客观、全面。要在事件发生的第一时间向社会发布简要信息。”在大数据时代农村公共危机防控信息化中，农村公共危机信息利用的时效性主要可以从响应时间、获取时滞、机动性3个方面进行测量。其一，响应时间。在农村公共危机防控信息化系统中，响应时间是指对农村公共危机的各种信息进行监测、收集、处理、分析、发布等所需要的时间与信息代表的客观事件发生时间的间隔。农村公共危机信息响应时间越短就意味着

① [美]克里斯廷.L.博格曼.从古腾堡到全球信息基础设施：网络世界中信息的获取[M].肖永英，译.北京：中信出版社，2003：67.

② 柳较乾.再论网络信息利用障碍与对策[J].图书馆论坛，2006（2）：203-205.

③ 谢永宪，孙爱萍，沈蕾.基于公民视角的政府信息利用问题研究[J].档案学研究，2010（6）：40-42.

系统获取信息、分析信息和提供信息的能力越强，信息时效性越强，信息利用能力也就越强。在大数据时代农村公共危机防控信息化中，应该利用信息化手段和大数据技术有效缩短信息响应时间。其二，获取时滞。获取时滞是指农村公共危机信息利用者通过农村公共危机信息传输系统获取信息所需要的时间。农村公共危机信息利用者获取相关信息的时间越短意味着农村公共危机信息利用能力越强。在一般信息的传递过程中，信息被收集、整理和加工以后，处于各就各位的“待传递”状态，然后以主动传递与被动传递两种方式传递出去[①]。与此不同的是，在大数据时代农村公共危机防控信息化中，信息传递应该以主动传递方式为主，相关危机信息一经加工就要立即传递出去，绝不允许长时间地处于“待传递”的状态，尤其是对一些“预警”信息，应该通过互联网、广播电视、手机短信等实时、主动传递到农村公共危机防控者和广大民众的手中。其三，机动性。机动性是指根据农村公共危机防控信息化的任务需要或环境改变对整个防控系统进行机动性调整，适当增加系统选项，提高系统机动性能的过程。在大数据时代农村公共危机防控信息化中，面对自然灾害、事故灾难、公共卫生事件、社会安全事件等不同类型的农村公共危机，在预防、应对、恢复等不同农村公共危机管理阶段，信息利用的侧重点有所不同，对整个信息管理系统结构会提出相应的要求。大数据时代农村公共危机信息系统的机动性越高，对获取信息、处理信息和传递信息的能力越强，信息利用能力也就越强。

（3）效用性。在大数据时代农村公共危机防控信息化中，便捷性和时效性一般是测量信息利用过程中所表现的能力，但信息利用结果到底如何，需要从整个信息利用系统角度进行综合测评，这就是信息利用的效用性。大数据时代农村公共危机信息利用的效用性需要从两个角度进行考察：一是测量相关用户对农村公共危机信息综合服务平台的利用程度，如信息利用率和用户满意度；二是测量信息利用的效益，如经济效益和社会效益。具体而言，农村公共危机信息利用的效用性主要体现在以下4个方面。① 信息利用率。信息利用率是指在大数据时代农村公共危机防控信息化系统中，用户在一定时间内对相关信息点击次数与整个系统所提供信息总数的比率，即信息利用的频次。农村公共危机信息利用能力与信息利用率成正比。信息利用率反映了大数据时代农村公共危机防控系统信息资源的可利用水平，反映出用户利用系统信息的综合水平。在大数据农村公共危机防控信息化系统中，信息内容价值、信息平台技术、用户利用信息能力等对信息利用率产生重要影响。② 用户满意度。大数据时代农村公共危机防控信息化系统是为相关利益者服务的，农村公共危机信息利用的最终效果体现在用户满意度上。信息利用率在很大程度上是反映农村公共危机信息利用的数量指标，用户满意度则是反映农村公共危机信息利用的质量指标，即用户对大数据时代农村公共危机防控信息化系统功能、用户界面、

① 李超平，戴言.政务信息传递及其控制[J].情报资料工作，2001（1）：21-23.

容错性等方面的满意程度。在大数据农村公共危机防控信息化系统中，系统功能越强大、页面设计越人性化、信息内容越精准和有效，用户就越满意。③ 经济效益。经济效益是指在大数据时代农村公共危机防控信息化系统中，信息传递和利用投入与实际效益产出之间的比。农村公共危机信息利用的经济效益主要体现在大数据农村时代公共危机防控信息化服务质量改进，用户利用信息的时间成本和经济成本降低等方面。④ 社会效益。社会效益是指农村公共危机信息利用对于促进社会经济协调发展，实现决策智能化和科学化，为公众提供相关信息以及科学利用农村公共危机信息资源等过程中所表现的效益。比如，农村公共危机防控者利用大数据时代农村公共危机防控信息化系统，对农村公共危机可能造成的危害程度、紧急程度和发展势态进行准确的预测，并及时发布公共危机事件的类别、预警级别、起始时间、可能影响范围、警示事项、应采取的措施等预警信息，民众和相关部门据此采取相应措施进行应对，最大限度地避免、化解农村公共危机或者减少农村公共危机带来的损害，从而为维护社会稳定和促进社会发展保驾护航。

3.2.2.4　危机信息反馈能力

信息反馈是信息接受者在接受和利用信息中所做出的反应。反馈过程是将决策执行中的问题和偏差回馈给决策者，以及决策者制定纠正措施的过程①。信息反馈是检验农村公共危机信息收集、开发和利用效果的重要环节，也是对农村公共危机防控信息化过程能力发挥的重要评价来源。大数据时代农村公共危机防控信息化是以信息化手段有效实现危机信息管理而提升农村公共危机防控能力的过程。信息反馈对于大数据时代农村公共危机管理、决策和信息沟通等过程都具有十分重要的作用。具体来说，第一，信息反馈有利于及时纠正农村公共危机决策过程中由于信息不全或不充分导致的偏差，保证农村公共危机决策的正确性；第二，服务人员收集用户的反馈信息并进行核实或修正，可以不断完善农村公共危机信息管理，确保大数据时代农村公共危机防控信息化的正确方向，改进农村公共危机信息收集、加工和利用的质量，提升农村公共危机防控信息化能力；第三，信息反馈是总结农村公共危机防控信息化经验教训的有效途径，也是制定更加完善的农村公共危机防控信息化预案的重要依据。借助于大数据时代农村公共危机防控信息化平台，信息反馈贯穿于整个农村危机防控的各个阶段和各个环节中。在大数据时代农村公共危机防控信息化中，信息反馈能力可以通过信息反馈的迅捷性、互动性和可控性等方面进行评价。

（1）迅捷性。随着互联网快速发展，云计算成为大数据处理的重要方法，手机、PC、移动终端等设备性能的不断改善使得各项社会活动能够转化为有效的数据，促进更具时效性的反馈机制形成②。与一般的信息反馈相比，公共危机信息反馈更强调快速反

① 凡春芳，刘婵媛.反馈与前馈控制在管理系统中的应用[J].机械管理开发，2006（5）：104-106.
② 韩小改.大数据时代电子商务物流信息反馈机理研究[J].江西社会科学，2014（8）：232-235.

应，因为这直接决定公共危机防控的效果和能力。大数据时代农村公共危机防控信息化改变了传统信息反馈方式，以现代信息化、智能化的信息反馈方式替代手工操作为主的信息反馈方式，突出信息反馈的迅捷性。反馈信息收集、处理和回应的迅捷性是农村公共危机信息反馈迅捷能力的主要体现。① 反馈信息收集的快捷性。反馈信息是用户对所接受信息的感知和反应，是信息资源中的二次信息源。二次信息源属于动态信息源，是最重要的信息来源之一，又是最主要的开发对象之一[①]。在大数据时代农村公共危机防控信息化系统中，建立和完善农村公共危机信息用户反馈平台，确保反馈信息实时、动态地得到收集，避免信息反馈的阻塞和滞后，为信息修正、加工和利用创造条件。② 反馈信息处理的快捷性。根据用户反馈的信息进行快捷整理、加工和开发是信息反馈能力的重要体现。在大数据时代农村公共危机防控信息化系统中，依靠良好的信息反馈平台、健全的信息反馈机制、高水平的信息服务队伍等，对用户反馈信息进行数字化汇总、分类以及深入分析，真实地反映用户实际需求和农村危机演化实际情况。③ 反馈信息回应的快捷性。信息反馈的快捷性最终要落实到对用户反馈的快速回应上。在大数据时代农村公共危机防控信息化系统中，依据反馈信息的收集和处理，快速做出决策，回应农村公共危机防控人员和广大民众实际需求，应对农村危机演化实际情况。

（2）互动性。信息反馈是一个以人为中心，实现信息提供者与信息接受者之间协调互动的过程。反馈信息的目的是及时、准确、持续地把决策及其实施过程中表现出来的各种问题、偏差等相关信息传递给决策系统，以便决策者根据实际情况及时修正偏差或制定应变的对策[②]。实现信息反馈的目的离不开信息提供者与信息接受者的良性互动。在大数据时代农村公共危机防控信息化中，农村公共危机信息的提供者与接受者之间也需要良性互动，这体现在他们相互参与、接触过程中融洽地直接交流中，更体现在他们通过网络很自然地进行相互交流中。农村公共危机信息反馈的相互性可以通过农村公共危机信息的提供者与接受者之间实时、全面、有效的互动来衡量。① 实时互动。在大数据时代农村公共危机防控信息化中，农村公共危机错综复杂、瞬息万变，农村公共危机防控者需要根据信息用户反馈的信息，快速调整防控措施。如何快速获取反馈信息成为衡量信息反馈能力的重要指标。依据大数据时代农村公共危机防控信息化的在线服务系统，可以实现信息提供者和信息接受者之间的实时互动。② 全面互动。全面互动是指在大数据时代农村公共危机防控信息化过程中，为获取完整、持续的反馈信息，实现信息提供者和信息接受者之间全方位、全过程的互动。农村公共危机防控人员之间、广大民众之间、农村公共危机防控人员与民众之间等，通过大数据时代农村公共危机防控信息化服务平台实现全方位互动，实现农村公共危机防控全过程的各种信息反馈，从而

① 孟广均，等.信息资源管理导论[M].3版.北京：科学出版社，2008：56.

② 季淑娟.图书馆过程管理的信息反馈研究[J].情报杂志，2009（5）：1-4.

使农村公共危机防控的决策者获得完整、持续的反馈信息，进行科学决策、修正实施偏差或者重新决策。③ 有效互动。有效互动是指在大数据时代农村公共危机防控信息化过程中，信息提供者和信息接受者之间能够真实表达意愿，实现有效沟通和互动。在信息反馈中，信息渠道中的噪声过多会使得信息失真，导致信息传递质量下降[①]。大数据时代农村公共危机防控信息化不仅要实现信息反馈的快捷、全面互动，而且要避免过多的噪声对信息反馈的干扰，促进信息提供者和信息接受者之间有效互动，信息接受者准确地向信息提供者反馈信息，信息提供者准确地回应信息接受者相关诉求和发布危机演化新情况。

（3）可控性。信息反馈是一个系统的输出信息作用于输入信息，并对信息再输出发生影响的作用过程。这一过程就是一个对信息传播过程中各种变量加以控制的过程。信息反馈既可能对输入信息增强，也可能对输入信息减弱。信息反馈控制的目的是为了对信息的空间传播范围进行适当把握[②]。在大数据时代农村公共危机防控信息化中，信息反馈的“控制”是指积极的信息控制，是指农村公共危机防控信息化平台应当成为危机信息发布、反馈和回应的权威，维护民众的知情权，发挥其积极的“安全阀”和“稳压器”作用。大数据时代农村公共危机信息反馈的可控性主要表现在有引导、有选择和有节奏等方面。① 有引导。危机事件发生后，民众关心的信息越及时、越充分地得到传播、反馈和回应，社会越能顺利地从无序走向有序[③]。农村公共危机防控信息化平台应当在第一时间迅速反应并抢占舆论阵地，及时发布危机事件的背景性、资料性信息，回应民众的信息反馈，引导民众在充分而准确的信息解读中理性面对危机。② 有选择。政府在处理农村公共危机时必须公开信息、澄清真相，然而这不等同于立即澄清所有真相。由于各种原因，农村公共危机发生后很难立刻弄清楚所有信息，对此应该有选择性对信息反馈进行回应。农村公共危机防控信息化平台应当通过权威专家、政府领导人适时向公众说明危机事件的发展情况、各种防控知识等必要信息，使公众准确、清楚和理性地认识危机事件。③ 有节奏。“有节奏”是指农村公共危机防控者对信息反馈形式进行调控，信息公布的时间、顺序应与危机事件同步进行。危机事件中大都伴随着谣言的产生与流传，如果不及时公开信息，会导致民众对危机信息的模糊和迷茫，就会为谣言滋生提供空间。农村公共危机防控信息化就是利用信息化手段和大数据技术有节奏地控制信息传播和反馈，同步回应信息反馈，澄清危机中的各种谣言，抑制信息传递中的噪声，帮助民众认清危机性质和了解危机情况，为农村公共危机防控人员纠正偏差和进一步决策提供良好的反馈信息。

① 商红日，孙珏.政府传播：公众信息反馈问题[J].2003（1）：17-21，91.

② 李超平，戴言.政务信息传递及其控制[J].情报资料工作，2001（1）：21-23.

③ 赵红艳.危机传播中的信息控制与公开[J].中国广播电视学刊，2010（2）：50-51.

3.3 大数据时代农村公共危机防控信息化能力的层次结构

大数据时代农村公共危机防控信息化是以高效防控农村公共危机为目标驱动，利用信息化和大数据技术创新农村公共危机防控的过程。大数据时代农村公共危机防控信息化能力在农村公共危机防控信息化系统的各种机制共同作用下相互联系、相互影响，形成农村公共危机防控的综合能力，推动农村公共危机防控信息化发展。贝塔朗菲指出，“系统是处于相互作用的各要素的集合”①，同时，“层次序列的一般理论是一般系统理论的主要支柱”，系统也是一个层次结构与功能结构的统一②。大数据时代农村公共危机防控信息化能力是一个包含能力形成基础、能力具体展现和能力价值实现的系统。大数据时代农村公共危机防控信息化能力形成基础、能力具体展现和能力价值实现之间存在一个由低到高的序列层次结构，它们之间是相互依存、相互制约、相互促进的关系（图3-11），各自承担整个系统运行的不同功能。基础资源能力是形成大数据时代农村公共危机防控信息化能力的前提，信息化过程能力是大数据时代农村公共危机防控信息化能力的重要体现，避免或减少农村公共危机是大数据时代农村公共危机防控信息化能力作用的最终目标。从能力形成基础、能力具体展现到能力价值实现是大数据时代农村公共危机防控信息化能力实现的过程；反之，能力价值实现驱动着大数据时代农村公共危机防控信息化运行，促进能力基础和能力要求提升。大数据时代农村公共危机防控信息化能力各层次有效运转以及三个层次有机结合，需要大数据时代农村公共危机防控信息化系统的良性循环机制形成，以保障能力作用有效发挥，否则独立的基础能力、过程能力并不能实现其应有的价值与功效。

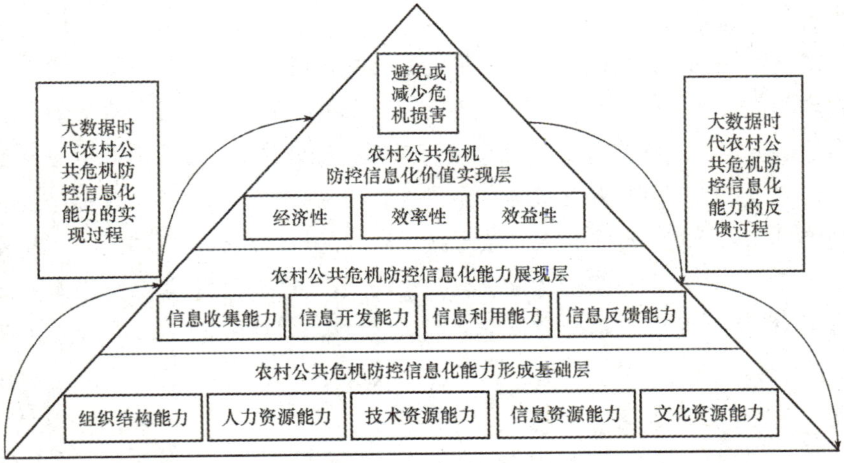

图3-11 大数据时代农村公共危机防控信息化能力层次结构

① [美]冯・贝塔朗菲.一般系统论：基础、发展和应用[M].林康义，等，译.北京：清华大学出版社，1987：35.

② [美]冯・贝塔朗菲.一般系统论：基础、发展和应用[M].林康义，等，译.北京：清华大学出版社，1987：25.

3.3.1　大数据时代农村公共危机防控信息化能力的形成基础

大数据时代农村公共危机防控信息化能力形成基础处于整个能力结构的最底层，在大数据时代农村公共危机防控信息化能力形成过程中发挥着最重要、最直接的作用，没有基础资源的支撑，就没有能力的存在。大数据时代农村公共危机防控信息化是一个动态发展系统，需要不断进行物质、能量和信息的输入，以推动整个系统运行和发展。基础资源则是大数据时代农村公共危机防控信息化系统得以运行的物质、能量和信息来源。

大数据时代农村公共危机防控信息化能力形成基础包括组织结构能力、人力资源能力、技术资源能力、信息资源能力和文化资源能力。组织结构能力是为适应大数据时代农村公共危机防控信息化需要，在管理组织、管理机制和管理创新中所体现的综合能力，为大数据时代农村公共危机防控信息化能力形成和实现提供组织资源保障。人力资源能力是大数据时代农村公共危机防控信息化人员队伍的整体呈现，包括人员数量、人员培训、人员素质等方面，是大数据时代农村公共危机防控信息化中最活跃、最具增值潜力的资源，为大数据时代农村公共危机防控信息化能力形成和实现提供人力资源保障。技术资源能力是在大数据时代农村公共危机防控信息化中采用各种技术所表现的综合力量，包括信息收集技术能力、信息监测技术能力、信息分析与决策支持技术能力、信息网络技术能力、信息发布技术能力等，是区别于传统农村公共危机防控的核心标志，为大数据时代农村公共危机防控信息化能力形成和实现提供技术资源保障。信息资源能力是在利用现代信息技术对农村公共危机的相关数据和信息进行收集整理、标准处理、分类汇总，建立各类危机信息数据库，并进行科学管理和有效利用过程中所表现出来的能力，包括危机信息数据库质量、危机信息资源管理能力、危机信息资源利用能力等，为大数据时代农村公共危机防控信息化能力形成和实现提供信息资源保障。文化资源能力是在大数据时代农村公共危机防控信息化过程中所创造的价值、信念和规范等精神财富，是支撑和证明农村公共危机防控信息化合理合法性的作用力，包括制度文化力、技术文化力、行为文化力等，为大数据时代农村公共危机防控信息化提供制度保障、技术支撑和民众理解与支持，从而为农村公共危机防控信息化能力提升创造良好的社会文化环境。

资源能力对大数据时代农村公共危机防控信息化能力形成和实现起到基础和支撑作用，在一定程度上决定了大数据时代农村公共危机防控信息化能力的强弱与发展潜力。能力形成受到大数据时代农村公共危机防控信息化基础资源数量与质量的影响，但资源本身的能力及简单组合并不能产生大数据时代农村公共危机防控信息化能力与实现其价值，需要对基础资源能力进行有效利用与整合，使其按照一定的目标动态地结合起来，起到这一作用的便是大数据时代农村公共危机防控信息化系统。

3.3.2 大数据时代农村公共危机防控信息化能力的具体展现

能力展现层是大数据时代农村公共危机防控信息化能力层次结构中的核心部分，是大数据时代农村公共危机防控信息化能力研究的重要切入点，由大数据时代农村公共危机防控信息化过程能力要素构成。大数据时代农村公共危机防控信息化能力是一个抽象的概念，基础能力和防控目标在农村公共危机防控信息化过程中得到体现。

大数据时代农村公共危机防控信息化过程能力即能力展现层，包括信息收集能力、信息开发能力、信息利用能力和信息反馈能力。信息收集能力是在农村公共危机预防、应对和恢复各环节，利用信息化和大数据技术有目的、有针对性地采集相关信息的能力，表现为收集信息的全面性、及时性和可靠性。信息收集能力是大数据时代农村公共危机防控信息化过程能力的基础，是信息开发能力、信息利用能力、信息反馈能力得以发挥并产生作用的前提。信息开发能力是对收集的各种农村公共危机信息进行选择、组织、加工和整理，使之由无序信息流转化为有序信息流，成为用于农村公共危机防控决策的高级信息产品的能力，包括信息的系统化能力、适用化能力和美感化能力。信息开发能力是大数据时代农村公共危机防控信息化过程能力的关键，是对信息收集能力的深化，为信息利用提供高级信息产品和服务的能力。信息利用能力是农村公共危机防控人员和相关利益者将收集和开发的信息应用于农村公共危机防控具体实践中，实现信息的价值，有效防控农村公共危机的能力，体现为信息利用的简便性、时效性和效用性。信息利用能力是大数据时代农村公共危机防控信息化过程能力的核心，是将信息潜在价值转化为现实价值的作用力。信息反馈能力是检验农村公共危机信息收集、开发和利用效果，及时将检验结果反馈给相关部门和人员的能力，表现为信息反馈的迅捷性、互动性、可控性等。信息反馈能力为信息收集能力、信息开发能力和信息利用能力提升提供反馈意见，是大数据时代农村公共危机防控信息化能力形成过程的收官环节，同时也是新能力发展的开始。

大数据时代农村公共危机防控信息化能力的形成及其作用发挥以各种基础能力为基础，信息收集、开发、利用、反馈等各种能力作用发挥又依赖于农村公共危机防控信息化过程能力之间的整体协调。信息收集能力是基础，信息开发能力是关键，信息利用能力是核心，信息反馈能力是验证。在大数据时代农村公共危机防控信息化过程中，各种能力的展现就是一个动态运动的过程，是一个由信息收集能力、信息开发能力、信息利用能力到信息反馈能力的循环反复过程，信息反馈能力并不是终点，而是新能力形成和发展的起点。同时，从农村公共危机防控过程来看，信息收集能力、信息开发能力、信息利用能力、信息反馈能力同时存在于危机预防、应对和恢复的各个阶段，常常表现为危机预防能力、危机应对能力和危机恢复能力，为实现大数据时代农村公共危机防控信息化的价值目标共同发挥作用。

3.3.3　大数据时代农村公共危机防控信息化能力的价值实现

大数据时代农村公共危机防控信息化能力的价值实现层处于整个能力结构层次的最高层，是基础能力与过程能力综合作用的体现，是大数据时代农村公共危机防控信息化能力的最直接反映。大数据时代农村公共危机防控信息化能力的价值实现会反作用于能力展现层和能力形成基础层，以促进大数据时代农村公共危机防控信息化不断完善和培育其能力，实现对自身能力和优势的动态提升。

能力价值实现层以避免或减少危机损害为目标，在大数据时代农村公共危机防控信息化中实现经济性、效率性和效益性的最优化。经济性表示投入成本的最小化程度。效率性表示以最小投入获得最大产出。效益性是在一定投入水平下，实现产出的功能价值最大化[①]。大数据时代农村公共危机防控信息化的经济性是指在农村公共危机防控信息化基础资源特定的情况下，尽可能降低成本或充分利用已有资源，以实现对农村公共危机防控信息化过程中的各种资源最佳比例的投入，通过成本节约方式提高农村公共危机防控信息化能力，避免或减少危机损害。大数据时代农村公共危机防控信息化的效率性是指以农村公共危机防控信息化既定投入获得最大化的防控结果，或者在既定防控结果下使投入水平最小化，通过投入与产出比率衡量农村公共危机防控信息化价值实现的情况。大数据时代农村公共危机防控信息化的效益性是指一定水平的农村公共危机防控信息化产出最终对实现农村公共危机防控信息化价值目标的影响程度，包括防控效果、社会效益、民众满意度等。大数据时代农村公共危机防控信息化的经济性、效率性和效益性各有侧重，在实现大数据时代农村公共危机防控信息化能力的价值中不仅要关注成本节约和投入产出，而且更要关注社会效益和民众需求，只有实现经济性、效率性和效益性的最优化，才能在现有经济社会环境下实现农村公共危机防控信息化能力的价值目标，从物质和精神层面避免或减少危机对公共利益的损害。

农村公共危机防控信息化能力系统的目标是通过农村公共危机防控信息化活动开展，以经济性、效率性和效益性最优化为原则，促使防控信息化基础能力和防控信息化过程能力得到最大限度发挥，从而避免或减少农村公共危机损害。大数据农村公共危机防控信息化能力是一个具有内在结构的有机整体和复杂系统，由基础资源能力、防控过程能力、防控价值目标等要素依据一定关联性与层次性，彼此相互影响、相互作用，并通过与外部环境的交互不断累积经验，不断增强整个系统的功能与作用。在大数据农村公共危机防控信息化能力形成过程中，基础资源能力、防控过程能力和防控价值目标既各自发挥独特作用，又共同发挥整体作用，缺一不可。

---

① 刘旭涛.政府绩效管理[M].北京：机械工业出版社，2003.

第4章　大数据时代农村公共危机防控信息化的SWOT分析

本章采用SWOT分析方法，结合我国农村实际情况，从优势、劣势、机会和挑战四方面对大数据时代农村公共危机防控信息化进行综合分析，为大数据时代农村公共危机防控信息化能力建设的策略提供基础。具体研究技术路线如图4-1所示。

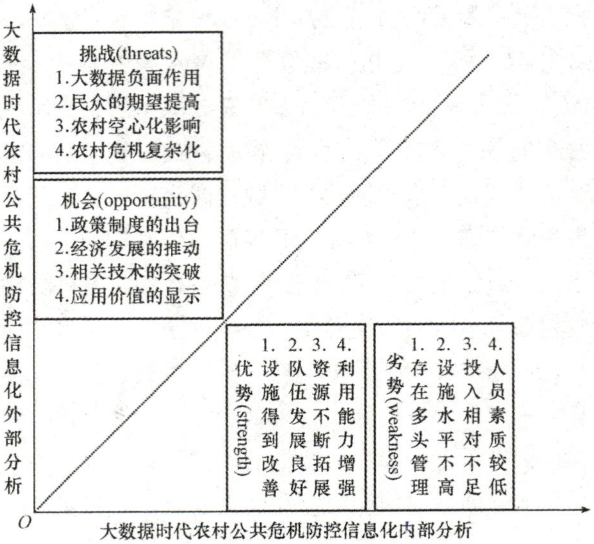

图4-1　研究技术路线

4.1　大数据时代农村公共危机防控信息化的优势

信息化是当代的主流大势，也是现代化转型的题中之意。我国自20世纪末以来，持续开展农村信息化建设，在基础设施、人员队伍、信息资源、信息能力等方面取得了巨大成绩。这些成就为大数据时代农村公共危机防控信息化实施奠定了坚实基础，成为大数据时代农村公共危机防控信息化的优势所在。

4.1.1　农村信息化设施得到改善

农村信息化基础设施是支持信息资源开发、利用及信息技术应用的各类设施和装备，是分析、处理及传播各类信息的物质基础，主要包括信息化网络、信息化技术基本设备、信息安全设施等[①]。农村信息化基础设施不仅是农村信息化建设的根本，也是将信息技术和大数据技术应用到农村公共危机防控的基本前提和支撑条件。就大数据时代农村公共危机防控信息化而言，基础设施主要包括信息化网络和信息化技术设备，是农村公共危机信息收集、传播、接收和利用的物质载体。我国农村信息化建设是以基础设施建设为起点，向其他方面全面推进。经过20多年的努力，我国农村信息化基础设施建设取得了巨大成绩，为大数据时代农村公共危机防控信息化实施提供了物质基础。

4.1.1.1　农村信息化网络基本建立

农村信息化网络是以“三网”（互联网、电信网和广播电视网）为主体的信息传播网络。我国自20世纪90年代以来先后开展广播电视、电话和宽带村村通工程。为解决广大农民群众听广播、看电视难的问题，1998年党中央、国务院决定启动广播电视村村通工程。2005年，完成第一轮工程后，按照“巩固成果、扩大范围、提高质量、改善服务”要求，实施了“十五”“十一五”“十二五”广播电视村村通工程，建立和完善了农村广播电视公共服务体系。《中国统计年鉴（2014）》的数据显示，我国实现了广播电视村村通，农村广播节目综合人口覆盖率为97%，农村电视综合人口覆盖率为97.86%。2004年，我国开始实施通信村村通工程。经过三个阶段的建设，我国实现了行政村100%“村村通电话”，电信普遍服务正从“行政村通”延展到“自然村通”[②]。同时，全国通宽带乡镇和行政村比例达到100%、93.5%[③]。在互联网、电信网和广播电视网村村通工程的基础上，自2009年来，科技部、中组部、工信部联合在山东、湖南等12个省（市、区）启动了国家农村农业信息化示范省建设，以农村农业信息化服务综合平台建设为衔接，积极推进农村“三网”融合，有力促进了农村信息化网络扩容提质。农村信息化网络的基本建立，为农村公共危机防控利用信息化网络进行危机信息传递和反馈创造了条件，成为大数据时代农村公共危机防控信息化最基本的优势。

4.1.1.2　农村信息化终端设备改善

农村信息化终端设备改善主要表现为农村基层办公信息化设施和农民拥有信息化工具的改善。首先，农村基层组织信息化设施水平提高。2003年，我国开始在山东、湖南、贵州和安徽省试点农村党员干部现代远程教育工作，后扩大9省（区）。2007年，在总结试点经验的基础上决定在全国农村普遍开展这项工作。农村党员干部现代远程教育是运用计算机、多媒体、现代通信等信息技术和现代教育思想有机结合的一种新型教育方式，是工业化和信息化时代的产物。2010年，在全国基本建成了农村党员干部现代

① 李道亮.农村信息化与数字农业[M].北京：中国建筑工业出版社，2010：2.

② 百度百科.村村通电话[EB/OL].http：//baike.baidu.com/view/13709875.htm，2015-05-26.

③ 工信部.全国乡镇接通宽带比例达100%[EB/OL].http：//www.haote.com/jiaocheng/34373.html，2015-01-27.

远程教育网络体系[1]。同时，不少地方对农村党员干部现代远程教育进行创新，如实施党员e信通工作。在农村党员干部现代远程教育工作的推动下，我国乡（镇）、村的信息化终端设备得到很大改善，计算机办公在乡（镇）普及并逐步延伸到村。另外，国家农村农业信息化示范省建设也要求建立村级信息服务站点，规定有场所、有电脑等软硬件的配备及标准。其次，信息化设施在农民的普及率得到提高。2008年，我国出台和实施家电下乡政策，国家给予农民购买手机、电脑、电视机等8个类别的家电产品以13%的财政补贴[2]。在家电下乡政策推动下，农村手机、电视机、电脑等信息化终端设备的普及率及其质量和性能不断提高。根据《中国农村统计年鉴（2014）》的数据显示，2012年，我国农村每百户拥有彩色电视机116.9台、手机197.8部、计算机21.4台；而2000年的相关数据为彩色电视机48.7台、手机4.3部、计算机0.5台（表4-1）。农村信息化终端设备改善有利于各方面利用信息化设施加强农村公共危机防控，快速收集、传递和反馈农村公共危机信息。

表4-1　中国主要年份农村居民家庭
年末主要信息终端拥有量统计（1990-2012）（平均每百户）

指标	单位	1990年	1995年	2000年	2011年	2012年	2012年为下列各年%	
							1990年	2011年
彩色电视机	台	4.7	16.9	48.7	115.5	116.9	2476.6	101.2
黑白电视机	台	39.7	63.8	53	1.7	1.4	3.6	86.7
固定电话	部	/	/	26.4	43.1	42.2	/	98
移动电话	部	/	/	4.3	179.7	197.8	/	110
计算机	台	/	/	0.5	18	21.4	/	118.9

注：数据来源于《中国农村统计年鉴（2014）》。

4.1.1.3　信息化监控设备开始推广

在农村自然灾害、事故灾难、公共卫生事件、社会安全事件中开始推广应用信息化设备。我国建立了气象、地震、地质、水文等信息化监控网络，开始运用卫星定位系统（GPS）、地理信息系统（GIS）、遥感系统（RS）、自动控制系统（ACS）、物联网等技术设备，实时收集空气信息、水文信息、地质信息、土壤信息、气候信息、交通信息等，监测农村自然灾害和事故灾难等公共危机。我国已经开始在农村运用自动控制系

① 百度百科.农村党员干部现代远程教育[EB/OL]. http：//baike.baidu.com/link?url=9ktU8XlOWnuZ64et-NFTC732bnVXoQ6GfoH-7AMffVpG5otaRZCNFlpHqxx5YDzu_NnzBUlZ1_fTXFty_lHt0ao，2015-06-25.

② 百度百科.家电下乡补贴[EB/OL]. http：//baike.baidu.com/link?url=kOFTkqFghEyfz1zQic5BoCJkHUnZPMsoMQWwK4-TglYKdBO2150p7CFjHlNSMN5QC7bw_Ki1SJFJpgIo8lSTZa，2015-06-15.

统（ACS）、产品跟踪系统、快速检测系统等监测设备，收集动植物疫情数据、重点传染病数据、农药残留数据等，监测动物疫情、畜牧养殖、农产品生产与加工，以维护农村公共卫生安全和农产品质量安全。例如我国建立的畜牧业和饲料工业生产监测预警系统，养殖户可以通过该系统采集上报生产情况。目前，该系统监测范围已经覆盖了全国760个监测县、5 800个村、1.4万养殖场户、480个集贸市场、1.3万奶站、265个工业饲料生产企业、1 600个重点养殖和加工企业等，实现了对生猪、蛋鸡、肉鸡、奶牛、肉牛、肉羊6大品种的全覆盖[①]。另外，为建设平安农村，我国在村镇的关键路口和人口相对集中的地区安装了“天网”监控设备，收集农村社会治安数据，维护农村社会安全。

4.1.2 农村信息员队伍发展良好

农村信息员队伍是连接基层农业信息服务机构与广大农民的桥梁和纽带，是农村信息化建设主体中具有关键性作用的主力军，是促进农村信息流通必不可缺的中介[②]。他们在大数据时代农村公共危机防控信息化中承担着基础性的服务工作。近年来，我国农村信息员队伍发展迅速，信息员的服务能力显著增强，信息员的覆盖范围逐步扩大，农村信息化实现了跨越式发展，为大数据时代农村公共危机防控信息化提供了基本的人力资源保障。

4.1.2.1 稳步推进农村信息员培训

《农业农村信息化行动计划（2010—2012年）》明确提出农村信息员培训实施计划。各地根据自己的实际情况，充分利用农村基层综合信息服务站、农村党员干部远程教育系统、全国文化信息资源共享工程服务网络、农业广播电视学校等培训资源，开发和出版《农村气象信息员培训教材》（2008）、《农村信息员培训教材》（2010）、《农村信息员实用教程》（2014）等农村信息员培训专门教材，建设专通结合、内容丰富多彩、形式多样的农村信息化教学资源库，采取多种形式对农村信息员进行信息采集、整理、分析、传播等基本技能培训。“十二五”期间，吉林省培训农村信息员29 600人，其中培训骨干农村信息员10 000人[③]。山东、湖南、湖北、安徽、宁夏、贵州、广东、新疆、重庆等省（市、区）纷纷采取积极措施，有计划地全面推进农村信息员培训工作。据不完全统计，全国农村信息员培训达百万人次。通过专门培训，农村信息员的信息技能有了很大提高，基本达到了会收集、会分析、会传播信息的“三会”要求。例如，我国农村69万余名气象信息员经专门培训后，“学会了”“用好了”气象信

① 房宁.1.4万养殖场户可手机采集上报生产情况[N].农民日报，2013-06-14（001）.

② 李道亮.中国农村信息化发展报告（2011）[M].北京：电子工业出版社，2012：2.

③ 中国农业信息网.顶层设计 多措并举 全面推进农业农村信息化建设[EB/OL]. http：//www.agri.cn/V20/ZX/qgxxlb_1/jl/201507/t20150716_4749045.htm，2015-07-16.

息化相关技能，既能进行气象信息采集与上报，又能在自然灾害发生时清楚危险区域，通知和引导村民及时避险，成了农村自然灾害防控信息化的基层骨干力量①。

4.1.2.2　不断完善农村信息员考核

为提高农村信息员的业务能力和服务质量，各地自“十五”开始探索建立农村信息员考核标准，对农村信息员进行考核。随着农村信息化建设不断推进，为了加强农村农业信息化人才队伍建设，国家工业和信息化部、科学技术部、农业部、商务部和文化部于2010年联合发布《国家优秀信息员考核评估参照标准》，统一了农村信息员考核标准。该标准主要从思想品德、出勤值勤、工作作风、业务能力和工作业绩五个方面对农村信息员进行考核，为各地对农村信息员进行考核评估提供了国家标准，有力地推进了农村信息员考核评估工作开展。依据《国家优秀信息员考核评估参照标准》，评选出2010年国家优秀村级信息员175名。此次评选涉及31个省（区、市）和新疆生产建设兵团的300个地市1 852个县（区、市）②。农村信息员考核制度的不断完善，提升了农村信息员能力，推动农村信息化长效发展和不断迈上新台阶。

4.1.2.3　不断充实农村信息员队伍

农村信息员队伍数量是否充足、能力是否强，直接关系到农村信息化基础设施建成后能否健康、持续地运转和充分发挥作用。《全国农业农村信息化发展“十二五”规划》明确提出，继续从种养大户、农村经纪人、农民专业合作社、大学生村干部等群体中培养选拔农村信息员，壮大农村信息员队伍，力争使每一个自然村都有一名信息员。各级政府十分重视农村信息员队伍建设，广泛吸收高素质人才加入农村信息员队伍，让更多更优秀的农村信息员服务于“三农”，使农村信息员队伍数量与现有农村劳动力数量相匹配，使广大农民切实地从信息化中获得实惠。以基层灾害信息员为例，民政部门自2007年启动基层灾害信息员制度建设，截至2013 年底，全国覆盖省、市、县、乡、村五级的灾害信息员达到69.6 万人，其中11.5% 具有专业资格，他们在灾情信息收集、报送和评估等方面发挥了重要作用③。以大学生村干部为例，自2008年中组部和教育部、财政部、人力资源社会保障部联合部署开展大学生村干部工作以来，截至2013年底，全国共选聘41万名大学生村干部。目前，全国在岗大学生村干部有22.1万名，覆盖全国1/3以上的行政村④。大学生村干部不仅是高素质的信息员，而且能够帮助和教育村民掌握和运用信息化技术，也是培训农村信息员的重要力量。农村信息员队伍的不断充实，有力地促进了我国农村信息化发展和维护农村信息化服务体系有效运转。

---

① 张格苗.让农村气象信息员发挥更大作用[N].中国气象报，2014-11-18（004）.

② 李道亮.中国农村信息化发展报告（2011）[M].北京：电子工业出版社，2012：143-144.

③ 李明.大数据技术与公共安全信息共享能力[J].电子政务，2014（6）：10-19.

④ 百度百科.大学生村干部[EB/OL]. http：//baike.baidu.com/link?url=_TxPkT4vsmVmc7q9YHJiMSpxSwLGNFB2ESLGrAxpT5OMOT9fmqi0H7Tz_cgFOdRqinj8NDZ_qw9cu1ZSx0bvJhyZgyS9WBV2LLbeXWBHadS，2015-07-07.

4.1.3　农村信息化资源不断拓展

信息资源、能量资源和物质资源是现代社会发展的三大支柱性资源。随着信息技术迅猛发展，信息资源在经济社会发展中的地位和作用更加凸显。从某种程度上来说，农村信息化就是利用现代信息技术对农村信息资源收集、整理、分析和利用的信息增值过程。农村信息化资源包括农村自然资源信息、生态信息、生产管理信息、农产品市场信息、科技信息、教育文化信息、卫生信息、政务信息等[①]。信息资源建设是农村信息化建设的关键要素之一。近年来，我国积极建立农村各类信息资源数据库，促进农村信息资源共享，有力地推动了农村信息化资源大规模、高效率的开发和利用，为大数据时代农村公共危机防控信息化提供了基本的信息资源保障。

4.1.3.1　分类建设信息资源

近年来，围绕农村生产、农业产业和农民生活，我国重点开发了市场、科技、农资、气象、水利、生态环境、质量安全、电子政务、医疗卫生、文化教育、社会保障等信息化资源。这些信息化资源总体上可分为农业生产经营信息化资源和农村公共事业信息化资源两大类。其一，农业生产经营信息化资源丰富多样。在农业生产上，运用地理信息系统（GIS）、全球卫星定位系统（GPS）等信息技术，建立县域耕地资源管理信息系统、全国测土配方施肥数据库、全国农业气象数据库、水利水文数据库等；运用遥感技术（RS）全面实现了对水稻、小麦、玉米、大豆和棉花五大作物种植面积、长势、墒情、单产和总产的实时信息收集；运用自动控制系统（ACS）、自动识别系统（AIS）等信息技术，建立畜牧养殖、水产养殖、海上渔业捕捞等信息资源库系统。在农业经营上，建立农产品物流、农产品批发、农业企业经营、农民专业合作社经营等信息资源库系统，如依托全国3万家以上的农村电子商务网站，全国的4 300多个农产品批发市场和25 000家左右农贸市场收集农业经营数据[②]。在农业管理上，形成了40条信息采集渠道、8 000多个信息采集点，建立了农情调度、农产品质量安全监管、农产品市场监测、动物疫病防控、农机管理、渔政指挥管理、草原监理、种子管理、农药管理、饲料管理等信息资源库系统。[③]在农业服务上，我国有40 000多家涉农网站，农经公共服务网站2 315个，其中，省、市、县、乡级分别建立本级农经工作网站31个、90个、450个、1 744个，推动了信息服务向实用、便利、全面发展[④]。其二，农业公共事业信息化资源初具规模。在农村政务上，“金农工程”的有效实施，促进农村电子政务向村镇延伸。

① 李道亮.农村信息化与数字农业[M].北京：中国建筑工业出版社，2010：3.

② 农业部市场与经济信息司.农业经营信息化进展[EB/OL]. http：//www.moa.gov.cn/ztzl/sewgh/fzbg/201112/t20111207_2424850.htm，2011-12-07.

③ 郭永田.信息化是推动农业现代化的重要支撑[N].农民日报，2015-01-01（003）.

④ 房宁.信息化服务农经管理科学精细[N].农民日报，2013-06-23（002）.

目前，我国乡（镇）基本建立政府网站，不少省份在村一级也建立政务网站，如浙江省实施“万村联网工程”，依托“万村联网”，每个村都建立了自己的村级网站。在农村教育上，国家实施了农村中小学现代教育远程教育工程和农村党员干部现代远程教育工程，使农村中小学生能够共享优质教育教学资源，提升农村党员干部和群众的素质和能力。在农村文化上，国家实施了全国文化信息资源共享工程，利用信息技术，将中华优秀文化和当代先进文化进行数字加工整合后，送进农村千家万户。在农村医疗卫生上，我国已建成覆盖全国的新农合管理信息系统，农村居民健康档案系统和面向县乡医院的现代远程医疗诊断系统已在部分地区进行试点和推广。在农村就业和社会保障上，建立了农民外出务工信息发布系统和农村社保网络体系。这些数据资源库的建立是大数据时代农村公共危机防控信息化资源收集和加工的基本依托。

4.1.3.2　促进信息资源整合

为解决横向“信息孤岛”和纵向“信息阻滞”的问题。近年来，我国在农村信息化建设中十分注重对各种信息资源整合，建立完善的信息采集指标体系，开发通用的信息采集软件，推行统一的数据标准，使信息重复采集、分割拥有、垄断使用和低效开发的局面有所改变，促进信息资源共享。这些为信息自由流动创造了条件。在纵向上，基本建立了由国家到省（区、市）、市（州）、县（市、区）、乡（镇）、村的信息资源服务体系。截至2014年年底，全国31个省（区、市）都设立了农业农村信息化主管部门及专门机构，97%的市（州）、80%以上的县（市、区）设立了农业农村信息化专门管理和服务机构，70%以上的乡（镇）成立了信息服务站，超过100万个村建立了信息服务点[①]。建立统一的农村农业信息化网络，为农村农业信息资源的采集、传递和利用创造了良好条件，也促进了农村信息化资源不断拓展。在横向上，一方面，集约建设一批开发农村公用信息数据库，加快农村信息资源目录和交换体系建设，实现不同部门间的信息资源共享；另一方面，采用公用模块的方式，实现一站式发布，整个系统共享。我国在乡（镇）和村正在逐步推进“四个一”的信息化建设，即一乡一个信息服务站、一村一个信息服务点、一乡一个网上信息库、一村一个网上信息栏目，以实现信息一站式发布和信息资源共享。山东、湖南、安徽、湖北、河南、重庆、贵州、新疆、青海、云南、江西、浙江等12个省（区、市），依托国家农村农业信息化示范省建设项目，创新信息资源共享和服务模式，遵循“平台上移、服务下延”的原则，由省级农村农业信息化综合服务平台直接对接基层服务站点，实现农村生产各方面信息资源汇聚在同一服务平台上和消除信息资源共享“层级阻滞”问题，取得了较好效果。譬如，山东省在农村农业信息化建设中，积极探索大数据产业发展。2013年，国内首个农业大数据产业技术创新战略联盟由山东农业大学牵头成立。该联盟将对气象、土地、水利、农资、生态环

① 郭永田.信息化是推动农业现代化的重要支撑[N].农民日报，2015-01-01（003）.

境、农业病虫害、农业科研成果等农村经济社会发展的多领域信息进行全面收集、整理、研究，建立高水平的农业大数据，促进农村信息资源共享，为政府决策和产业发展提供支持[①]。

4.1.3.3 促进信息资源共享

模仿现代工业分工所形成的科层制组织结构建立的政府部门，各负其责，很容易造成信息共享上的障碍。农村公共危机的产生、发展及影响通常都是由复杂因素综合而成的，在影响区域范围具有综合性，实施危机防控信息化需要对多方信息综合后进行判断。对此，国家在政策、制度、技术等方面采取了一系列措施，以促进农村公共危机相关信息共享。

（1）国家出台相关政策文件。国家先后出台的《国家信息化领导小组关于我国电子政务建设指导意见》（2002年）、《关于加强信息资源开发利用工作的若干意见》（2004年）、《2006—2020年国家信息化发展战略》（2006年）、《国民经济和社会发展第十二个五年规划纲要》（2011年）、《中共中央关于全面深化改革若干重大问题的决定》（2013年）等一系列文件，都明确提出，作为配合各项改革的重要举措，必须推进政务信息系统在相关业务系统之间、中央与地方之间互联互通、信息共享和业务协同[②]。

（2）国家建立公共安全信息发布机制。2003年的“非典事件”刺激了公民的知情权，公民要求政府及时发布公共危机信息，倒逼政府信息公开制度和新闻发言人制度出台[③]。2007年颁布的《中华人民共和国政府信息公开条例》将公共安全信息及时、准确、公开作为政府信息公开发布的重点内容。同时，政府新闻发言人制度、突发事件应急管理信息发布制度等相继建立健全，也为公众获知、共享和监督农村公共危机的发生、发展、处置、恢复等提供了政策制度依据。

（3）建立部门间的会商机制。为实现农村农业不同部门的信息共享，特别是对自然灾害、社会安全、公共卫生等方面信息的互联互通。根据《2006—2020年国家信息化发展战略》《国家电子政务总体框架》及各部门有关信息化建设的相关规定，我国建立了地质灾害紧急会商系统、地震会商系统等安全信息共享与发布系统。

（4）创新管理流程和技术应用。不少政府部门对业务职能进行了重组和流程优化，利用云计算、大数据、物联网等信息化手段实现信息融合与共享。中国气象局于2012年启动国家突发公共事件预警信息发布系统建设，实现对网站、手机短信、电话传真、广播电视插播、电子显示屏、农村大喇叭、海洋广播电台等发布子系统的整合，多角度、全网络对自然灾害、事故灾难、公共卫生、社会安全等方面信息进行

① 张杰.农业现代化：提升农民利用信息能力[N].中国社会科学报，2014-03-24（A03）.

② 李明.大数据技术与公共安全信息共享能力[J].电子政务，2014（6）：10-19.

③ 李明.突发事件与制度变迁、技术进步关系研究[J].北京航空航天大学学报（社会科学版），2013（1）：16-23，89.

公开发布[①]。卫生部于2004 年启用的对37 种传染病和突发公共卫生事件的网络直报系统、民政部于2009 年启用的自然灾害灾情管理系统等，也推动了相关农村公共危机信息资源共享[②]。此外，国家有些部门在信息资源共建共享中与企业进行合作，引入市场机制，如国家统计局与百度、阿里巴巴等11家大型互联网企业联合创设“大数据合作平台”，促进政府与市场之间的数据资源共享[③]。以上信息化系统和平台的建立健全不仅能够实现政府不同部门、政府与民众之间的信息共享，而且能够提供科学、及时、准确的公共安全信息，为农村公共危机防控决策提供依据。

4.1.4 农民信息化能力逐步提升

信息能力是信息主体从事信息活动的主观能力，具体表现为获取、吸收、交流、消费、组织、运用和创新信息的能力[④]。农民既是农村信息化的建设主体，也是农村信息化的受益主体[⑤]。农村信息化建设必须要提高农民信息化能力，只有农民信息化能力提高了，农民才能真正从农村信息化中获益。同时，农民信息化意识提高、能力增强和消费增加，又会反过来促进农村信息化的健康、持续发展。近年来，随着农村信息化建设持续开展和效果不断提高，农民在信息化意识、信息化利用、信息化消费等方面的能力逐步提升，为大数据农村公共危机防控信息化创造了良好的民众基础。

4.1.4.1 农民信息化意识能力逐步提高

信息意识是指信息摄取的主体对客观信息自觉的心理反应，即对信息取舍、判断、推理和吸收的自觉程度[⑥]。农民信息化意识能力是指农民利用信息化网络和信息化终端捕捉、分析、判断和吸收信息的自觉程度。农民具有强烈的信息化意识是农村信息化可持续发展的强大动力。根据由初级到高级的发展过程，农民的信息化意识可以分为认知、情感、行为倾向三个不同层次和阶段[⑦]。三个阶段是紧密联系的螺旋上升过程（图4-2）。

（1）认知阶段。信息化认知是信息化意识的初级阶段。在认知阶段，需要通过外界干预手段帮助农民对信息化由不了解过渡到了解。随着信息化迅速发展和信息化广泛渗透到农村经济社会各个方面，农民逐步接触到信息化，并获得对信息化的初步认识。

① 裴顺强，孙健，缪旭明，等.国家突发事件预警信息发布系统设计[J].中国应急管理，2012（8）：32-35.

② 冯子健，李克莉，倪大新，等.中国突发公共卫生事件网络直报系统及时性的研究[J].疾病控制杂志，2008（2）：152-155.

③ 顾阳.政府统计加快对接“大数据”——国家统计局与百度、阿里巴巴等11家企业共同启动大数据合作平台[N].经济日报，2013-11-20（006）.

④ 赵静，韦春伊，王玉平.以农民信息能力提升达成区域信息共享[J].情报理论与实践，2008（4）：559-562.

⑤ 熊春林.农村农业信息化服务能力建设研究[D].长沙：湖南农业大学博士论文，2013：166.

⑥ 李习文，张玥，张玉梅.宁夏农民信息意识、信息需求、信息能力现状分析[J].宁夏社会科学，2008（6）：71-75.

⑦ 王洪俊，黄杰，王德海.农民信息意识对农民行为的影响分析——以江苏省仪征市为例[J].农业科技管理，2007（2）：69-72.

（2）情感阶段。信息化情感是信息化意识的提高阶段。处于这一阶段的农民具有一定的信息认知水平，对信息化产生兴趣和进行评价。在农村信息化建设持续开展下，电话已在农村基本普及，宽带网络“进村入户”全面推进，村级信息化综合服务站点广泛建立，这为农民对信息化进行情感体验创造了良好条件。农民在接受信息化服务过程中对信息化进行情感体验和评价，逐渐形成了某种持久的、稳定的、反映本质的内在需求情感。

（3）行为倾向阶段。这是信息化意识的最高阶段。农民在信息化活动中表现出来的行为趋向，是信息化行为的心理准备状态。这一阶段的农民主动利用信息化改善生产生活的意识相当强，处于信息化意识向行为转变的临界状态，只要有合适的触发条件就可以实现信息化行为，处于即将采纳阶段。当前，不同地区的农民的信息化意识虽然不同，但总体来看，农民信息化意识能力逐步提高，相当数量农民的信息化意识处于行为倾向阶段，只要有适当的条件，他们就能够主动利用信息化改善自己的生产生活。

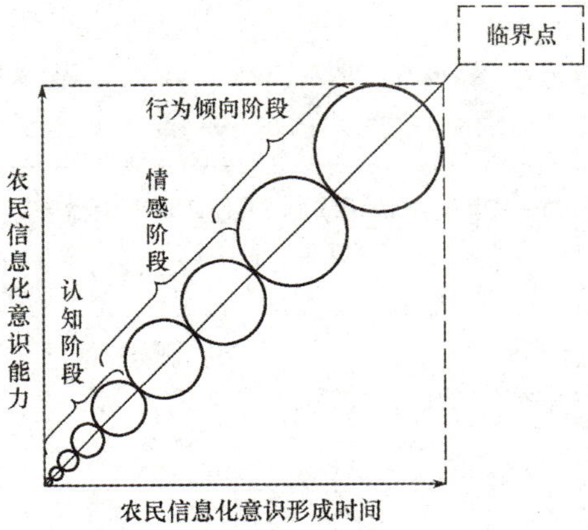

图4-2　农民信息化能力发展阶段

4.1.4.2　农民信息化利用能力逐步提高

农民信息化利用能力是农民利用信息化获取、吸收、交流、消费、组织、运用和创新信息的能力。随着农村信息化建设持续推进和农民信息化意识逐步增强，农民利用信息化能力也逐步提高。这主要表现在农村居民上网人数、上网时间、利用网络等方面。从农村网民人数规模上看，我国农村网民持续增长，农村互联网普及率呈现上升趋势（图4-3）。截至2014年12月，我国农村网民规模达1.78亿，农村互联网普及率为28.8%。从农民上网时间看，我国农村网民平均每周上网时间也在不断增加。根据《2014年农村互联网发展状况研究报告》显示，农村网民平均上网时长2011年为16.5小时/周，2012年为17.4小时/周，2013年为21.5小时/周，2014年为24.1小时/周。从农民利用信息化用途看，一方面，利用信息化手段获取行政法规、惠农政策、农业科技、农产品行情、医疗卫生、社会保障、劳动就业、文化教育等方面信息，改善自己的生产生活[①]；另一方面，运用地理信息系统（GIS）、全球卫星定位系统（GPS）、运用遥感技术（RS）、自动控制系统（ACS）、自动识别系统（AIS）、无线射频识别技术（RFID）等信息技术提升农业生产、加工和销售的效率。从农民利用信息化终端设备看，农村网民使用手机、台式机、笔记本、平板电脑等各种不同的终端上网，对终端的选择范围呈现拓宽趋势，利用台式机、笔记本、平板电脑上网的比重都在增高（图4-4）。

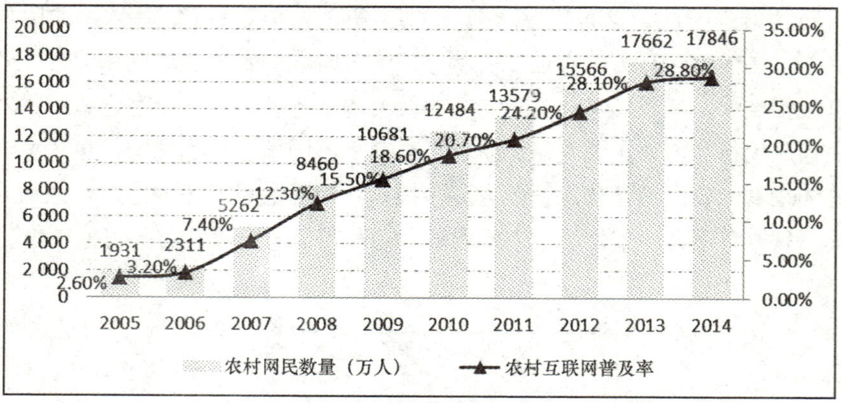

图4-3　2005—2014年我国农村网民规模和农村互联网普及率

注：根据《2014年农村互联网发展状况研究报告》和《中国统计年鉴2014》相关数据整理而成。

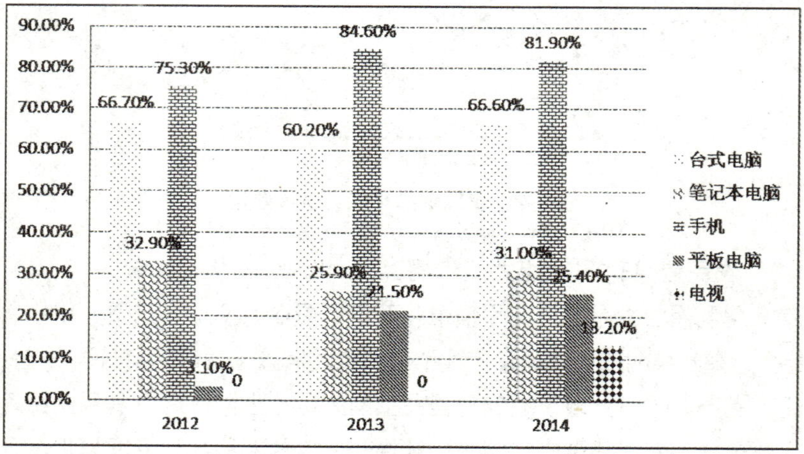

图4-4　2012—2013年农村上网设备对比

注：根据《2014年农村互联网发展状况研究报告》相关数据整理而成。

4.1.4.3　农民信息化消费能力逐步提高

随着农村经济社会发展和农村信息化深度发展，农民作为农村信息化的主体在利用

① 杨秀丹，郭洪生，赵延乐.河北省农村信息基础设施与农民信息行为调查与分析[J].现代情报，2013（5）：38-42.

信息化过程中，表现出较强劲的消费能力。在信息终端设施购买上，农民购买电脑、手机等产品的数量不断增加，这可以从农民拥有这些产品的数量上可以看出（表4-1）。在固定资产投资上，《中国统计年鉴2014》数据显示，2011—2013年，我国农村住户在信息传输、计算机服务和软件业方面的固定资产投资增长迅猛，2011年为0.3亿元、2012年为0.7亿元，而到2013年增长到460.8亿元。这其中固然有国家加大农村信息化建设相关政策的原因所致，但是，农民自身信息化消费能力是最主要的原因。在信息服务支出上，农民信息消费支出金额不断增长，在整个消费支出中所占比重也不断扩大（表4-2）。正因为农民信息化消费能力不断增强，许多电商、信息化服务企业纷纷进军农村市场。目前，阿里巴巴已经启动了“千县万村计划”，计划在三至五年内投资100亿元，在全国建立1 000个县级运营中心和10万个村级服务站点，拓展农村电商市场。苏宁也宣布将在乡镇大量布点，在未来5年内，苏宁易购服务站将超过1万家，覆盖全国四分之一的乡镇[①]。

表4-2　中国主要年份农村居民消费交通通信支出及比重统计（1990-2013）

指标	1990年	1995年	2000年	2012年	2013年	2013年为下列各年%	
						1990年	2012年
总体消费支出（元/人）	584.6	1310.4	1670.1	5908	6625.5	1133.3	112.1
交通通信支出（元/人）	8.4	33.8	93.1	652.8	796	9454.1	121.9
交通通信支出与总体消费支出之比（%）	1.4	2.6	5.6	11	12	/	/
注：数据来源于《中国农村统计年鉴2014》。							

4.2　大数据时代农村公共危机防控信息化的劣势

当前，我国农村信息化建设虽然具备一定基础，但是与农业农村发展新形势和大数据时代农村公共危机防控信息化要求相比，在农村信息化建设的管理体制、资金投入、总体水平、人才队伍等方面仍然存在一定差距。同时，我国农村信息化建设还存在地区发展很不平衡的问题。东部沿海省份农村信息化发展较快，有力地促进了农村经济社会发展。中西部特别是西部经济不发达地区，受地理自然环境、社会经济条件等多种因素制约，其农村信息化建设基本处于“硬件不足、软件缺乏、运行较难”的窘境。这些都是大数据时代农村公共危机防控信息化全面实施和能力提升的劣势所在。

① 苏德悦.农村电商，借势“互联网+农业”起飞[N].人民邮电，2015-07-28（003）.

4.2.1 农村信息化面临条块管理困境

农村信息化是一个宏大的系统工程，参与主体包括政府、企业、农民和社会其他力量。在农村信息化建设启动之时，我国作为农业大国和世界上最大的发展中国家，农村经济社会比较落后，农民文化素质不高和经济能力有限，信息化产业发展水平不高，政府扮演了直接推动者和主导者的角色。正是在政府积极推动下，我国农村信息化获得了巨大发展。但是，我国实行的是部门财政拨款体制，政府各部门以条块方式获得农村信息化建设的财政拨款，并推进农村信息化建设。这样一来，多个部门各自为政推进我国农村信息化建设，使得农村信息化建设的标准不统一，各部信息资源整合十分困难。农村信息化建设和管理的条块分割严重制约了大数据时代农村公共危机防控信息化有效推进和能力提升。

4.2.1.1 多头建设

回顾我国农村信息化建设历程，基本是以部门项目方式进行的。国家新闻出版广播电影电视总局（合并前为国家广播电影电视总局）实施广播电视“村村通”工程，工业和信息化部（合并前为信息产业部）实施电话、网络“村村通”工程，中共中央组织部实施农村党员干部现代远程教育工程，文化部实施全国文化信息资源共享工程，农业部实施“金农工程”，教育部实施农村中小学现代远程教育工程，科技部实施国家农村农业示范省建设项目，商务部实施“万村千乡”市场工程信息服务系统工程等。这些农村信息化建设项目都是从中央到省、市、县、乡进行自上而下的条块建设和管理。这种由不同部门归口建设和管理的方式，有利于多个部门齐头并进地推动农村信息化建设，促使农村信息化建设在启动和初级阶段获得了巨大成功。但是，由此产生的农村信息化建设交叉重复，不仅增加了政府协调的难度和成本，而且使得农村信息化的管理、建设和应用严重分离[①]。随着农村信息化建设向纵深发展，这种多头建设的缺陷和不足越来越显现，制约了农村信息化建设健康、可持续发展，成为大数据时代农村公共危机防控信息化能力提升的体制障碍。

4.2.1.2 标准缺乏

我国在农村信息化建设积累了大量数据信息，但是，由于条块分割管理，各部门和各单位都依靠各自独立、薄弱、不规范的信息系统进行信息资源采集、开发、管理和利用，增大了信息化技术推广应用和信息资源共享的难度[②]。

（1）信息采集标准化程度较低。由于对农村信息体系内部各种信息采集渠道缺乏合理的规范和监督，农村信息的准确性、及时性、全面性、权威性受到影响。特别是

① 宋富胜，等.河北省农业信息化发展研究[M].北京：中国农业科学技术出版社，2009：135.

② 汤曼，夏建群.农村信息化主要问题研究[J].图书馆理论与实践，2014（6）：38-41.

大数据时代农村公共危机防控信息化所依据的数据资料多来自互联网、新兴社交媒体等所产生的文本、图片、HTML、音频/视频等大量非结构化数据[①]。由于农村信息化采集标准不健全，面对这些海量的非结构化数据，不仅不同部门的农村信息化资源难以兼容共享，而且同一部门不同层级的农村信息化资源共享也存在困难。

（2）信息采集指标体系不健全。农村信息化资源涉及面十分广泛，不同的部门应该采集哪些信息数据直接关系到信息资源的开发和利用。由于我国在农村信息化建设的标准研究相对滞后，在理论和实践上不能做到与时俱进地构建统一农村信息采集指标体系，并对其进行完善和发展。各部门只根据自己的需要建立农村信息采集指标体系，没有顾及其他部门和整个农村经济社会发展的需要，最终导致许多农村经济社会发展急需的指标没有被纳入采集范围。

（3）信息关键技术标准缺少规范。在农村信息化建设中，各部门依据自身需要采用相应的标准和规范，对信息进行存储、传输、共享等，这不仅造成在硬件建设和软件开发利用上出现了不必要的浪费，而且不利于不同部门的设备相互兼容和共用共享。

（4）信息质量管理标准缺少科学。信息质量的管理与控制是信息资源开发和利用中十分重要的环节，需要有严格的质量管理标准作为保障。在农村信息化建设中，各类涉农信息网站如雨后春笋般出现，极大地丰富了农村信息化资源，但是由于没有科学的信息内容质量标准和文档编辑质量标准，导致信息资源在正确性、合理性、实用性、规范性等方面都存在不少问题。

（5）信息服务应用标准不合理。信息服务应用标准是指用于规范采集加工后的信息资源最终以什么样的屏幕视图格式和技术服务模式向用户提供服务[②]。许多部门和涉农网站在网站设计、数据更新维护、用户访问、数据共享交换等方面，没有根据农民群体的特点和实际需要建立合理标准，人为地导致农民在利用这些信息资源中面临种种困难，最终使得农村信息化建设不能发挥真正效果。

4.2.1.3 整合困难

由于历史和体制的原因，我国农村信息化建设由不同部门归口实施和管理，缺乏一个统一的信息化建设和服务管理机构，使得农村信息化建设成果统一整合十分困难[③]。随着农村信息化建设深入推进，对相关资源整合的呼声显得越来越迫切，国家也进行了相关引导。由科技部、中共中央组织部、工业和信息化部联合实施的国家农村农业信息化示范省建设项目，就是以整合各方面资源，建立农村农业综合信息综合服务平台，促进农村信息化建设上新台阶为基本目标。但在实际实施中，基本是科技部门在唱独角戏，农业部门、教育部门、工业和信息化部门、商务部门等只是参加有

① 苏林森，易伟芳.大数据技术对传播研究方法的影响与挑战[J].现代传播，2014（11）：99-102.

② 张会田.我国农业信息资源开发利用标准体系架构[J].情报资料工作，2012（5）：78-82.

③ 郑红维，李颙.中国农村信息服务体系综合评价与发展战略研究[M].北京：中国农业科学技术出版社，2010：162-163.

关会议，并没有发挥多大的实际作用，农村信息化建设的各种资源并没有得到预期整合。究其原因，其一，各个部门都有自身利益，一旦农村信息化建设资源完全整合到某一个部门，其他部门就不能从农村信息化建设中获得部门利益。其二，在公共安全信息管理和使用上，不同部门及其工作人员之间基于自身利益等方面因素考虑，自觉或不自觉地对公共安全信息进行封闭式管理甚至屏蔽等，这使得无论是下级对上级的信息报告，还是上级对下级的信息传递都呈现出层层失真现象。在近年的一些较大规模的自然灾害事件、事故灾难中，下级政府对上级政府、不同地区政府之间的信息过滤和隐瞒现象普遍存在[①]。因此，在农村信息化建设的整合过程中，各个部门为了维护自身部门利益，常常表现不积极甚至从中变相阻扰，给工作的推进带来巨大困难。如何消除部门之间的壁垒，已成为当前农村信息化建设和农村大数据功能拓展中迫切需要破解的难题。

4.2.2 农村信息化建设投入相对不足

农村信息化建设具有高投入的特点，需要大量的资金投入[②]。自农村信息化建设开展以来，我国政府逐年加大对农村信息化建设投入，同时，积极引导市场参与农村信息化建设和激发农民对信息化投入的动力。但是，从总体上看，农村信息化建设存在政府投入相对不足、农民投入能力十分有限和市场投入动力明显缺乏等问题。农村信息化建设投入相对不足不仅严重制约了农村信息化建设持续推进，而且使得已有的农村信息化服务难以为继。大数据时代农村公共危机防控信息化实施也因此面临困境。

4.2.2.1 政府对农村信息化建设的投入相对不足

农村信息化建设具有公共产品性质。政府应在农村信息化建设中发挥主导作用和加大财政投入。虽然我国政府逐年加大了对农村信息化建设的资金投入，但与农村信息化建设实际需要相比，还存在不足。其一，中央财政总量投入可观，但全国平均投入不足。中央各个部委投入农村信息化建设的总体资金十分可观，但分散到全国31个省（区、市）可以说是杯水车薪。以农业部的农村信息服务投入为例，根据《农业部2015年部门预算》显示，农业部仅用于农村农业信息统计监测与信息服务资金由2014年的36 101.97万元增长到2015年的40 053.73万元，增长幅度为10.95%[③]。但要维持全国各省的12316农业综合信息服务平台运转，统计全国农业生产、加工、销售等方面信息，维护数量庞大的农业公益性网站和平台，这些资金使用起来常常是捉襟见肘。其二，地

① 李明.大数据技术与公共安全信息共享能力[J].电子政务，2014（6）：10-19.

② 张新民.中国农业信息化服务的现状与前景展望[J].河北农业科学，2010（6）：106-108.

③ 农业部财务司.农业部2015年部门预算[EB/OL]. http：//www.moa.gov.cn/zwllm/cwgk/ysjs/201504/t20150417_4531791.htm，2015-04-17.

方政府积极性不高，配套财政投入不足。1994年，我国实行分税制改革后，中央与地方在农村公共产品投入与供给上的责任划分存在许多不合理，把原本由中央承担的事权交由地方政府负责。在农村信息化建设中，中央各部委以项目的方式拨付资金给地方政府部门，但是地方政府必须自行筹措相应配套资金，否则，就不能争取中央部委的相关项目。但由于不少地方政府财政比较困难，加之农村信息化建设投资回报滞后，难以在短期内显示政绩。因此，地方政府对于投资农村信息化建设的积极性并不高。

4.2.2.2 农民对农村信息化建设的投入能力有限

改革开放以来，尽管农民收入有了大幅度提高，但是，他们仍然缺乏足够的财力投资农村信息化建设。根据《中国农村统计年鉴2014》数据显示，2013年，我国农民纯收入为8 895.9元，不到城镇居民收入的1/3，且全国各地农民纯收入极不平衡，贵州、甘肃的农民纯收入不到6 000元，不到北京、上海的1/3。对于年收入只有几千元的农民而言，是难以承受价格在四五千元的电脑购置费和动则上千元的网费、电费、咨询费等信息化服务费的。因此，信息网络虽然进了村、入了户，但是，由于农民实际承受能力有限，真正投资农村信息化建设的农民很有限，进行信息化消费和接受信息服务的农民也不多。这使得农村信息化建设一直依靠“外部输血”，而“内部造血”能力却没能获得有效地提升，最终严重制约农村信息化建设和相关信息化服务的可持续性。

4.2.2.3 市场对农村信息化建设的投入动力缺乏

市场是社会资源配置的基本手段。我国农村信息化建设已经进入全面提质增效阶段，单一的政府投入已经难以适应新形势发展需要。引入市场机制，扩大农村信息化建设融资渠道是农村信息化建设的必然选择。农村信息化建设投入大，但回报周期长、回报率较低，这使得市场对农村信息化建设的原动力不足。国家和地方政府出台了一些政策以鼓励市场资本投向在农村信息化建设，并取得一定效果，如湖南农村农业信息化综合服务平台由湖南腾农科技服务有限公司进行运营，宁夏农村综合信息网由西部电子商务股份有限公司负责运营等。但是，这些公司基本依靠财政投入运营，自身创收获利能力仍然很弱。从总体上看，国家和地方政府引入市场资本发展农村信息化的政策缺乏系统性和稳定性，政策优惠力度和吸引力有限，加之，农村信息化消费市场发育迟缓、发展前景不明，相关政策并没有获得预期效果。市场对农村信息化建设投入动力仍然比较缺乏。

4.2.3 农村信息化建设总体水平不高

自20世纪末以来，我国农村信息化建设取得了巨大成就。特别是“十二五”以来，党和国家提出工业化、信息化、城镇化、农业现代化同步发展战略，推动农村农业信息化实现了跨越式发展。但是，从总体上看，我国农村信息化建设水平不高，城乡信息化发展差距不断拉大，农村和农民的“信息孤岛”现象依然存在，农民对信息化利用明显不足。大数据是信息化发展的新形态，是以高水平的信息化建设为前提和基础的。农村信息化建设总体水平不高直接制约和影响了大数据时代农村公共危机防控信息化顺利开展和良好效果取得。

4.2.3.1 城乡信息化差距不断扩大

当前我国农村信息化建设是处在工业化、城镇化的叠加时期，工业化造就的城乡差距，在信息化建设中不仅没有得到减弱，反而呈现出明显的“马太效应”①。从宽带接入用户数来看，根据《中国统计年鉴2014》数据显示，2010—2013年，城乡宽带接入用户数差距不断扩大（表4-3）。从网民规模来看，我国农村网民规模不断增加，截至2014年12月，农村网民规模虽然达到1.78亿，但远低于城镇网民4.7亿规模，且增速较缓，城乡差距呈扩大趋势（图4-5）。从互联网普及率来看，尽管农村互联网普及率都在不断增长，但是城乡互联网普及率差异仍有扩大趋势，2014年城镇地区互联网普及率超过农村地区34个百分点（图4-6）。

表4-3 2010—2013年城乡宽带接入用户数情况比较

指标	2010年	2011年	2012年	2013年
城市宽带接入用户数（万户）	9 963.5	11 691.4	13 442.4	14 153.6
农村宽带接入用户数（万户）	2 475.7	3 308.8	4 075.9	4 737.3
城乡宽带接入用户数之差（万户）	7 487.8	8 382.6	9 366.5	9 416.3
注：数据来源于《中国统计年鉴2014》。				

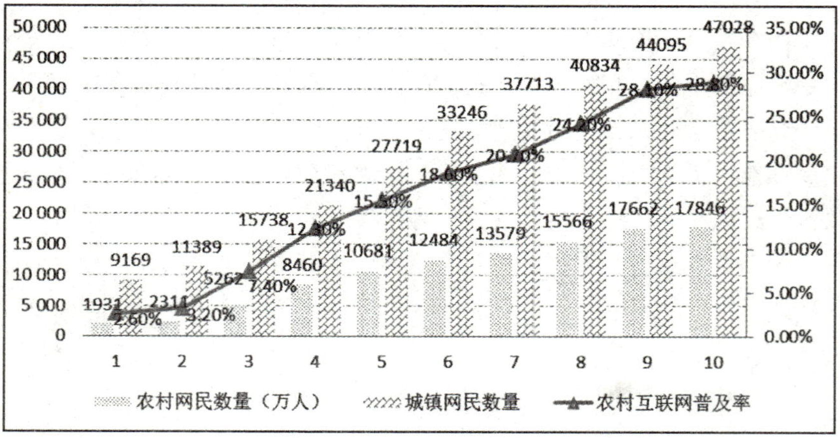

图4-5 2005—2013年城镇和农村网民规模对比

注：数据来源于《2014年农村互联网发展状况研究报告》。

① 岳奎，胡军.时空维度下的我国农村信息化建设研究[J].社会主义研究，2014（5）：95-101.

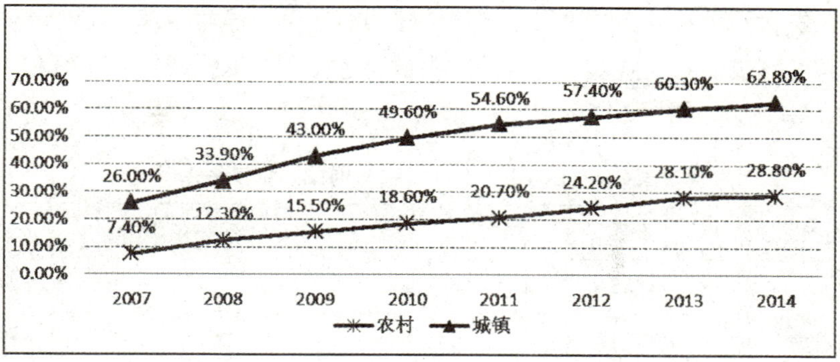

图4-6　2007—2014年城乡互联网普及率

注：数据来源于《2014年农村互联网发展状况研究报告》。

4.2.3.2　有效信息化资源相对缺乏

目前，我国农村信息化资源采集体系基本形成，农村信息化资源总量不断丰富，但是有效的农村信息资源相对缺乏。从信息来源看，多数农村农业信息网站和信息资源库多半是转载别人的信息，进行简单的堆砌，自己精心加工的原创性信息资源少之又少。从信息内容来看，综合性信息和交叉重复信息多，而针对地方农村农业发展需要的特色信息、专业信息少[①]。从信息时效来看，许多农村农业网站过时信息多，缺乏首发信息，不能及时实现信息更新，甚至有的网站成为经年累月都不变的“僵尸网站”。从信息形式来看，目录数据多，全文数据库少；文字、数据信息多，图片、视频、声频等可视化信息少。从信息服务指向来看，自用数据库多，公用共享信息少；宣传本地农村农业和为领导服务的信息多，真正致力于服务农村社会发展、农业增产增效和农民增收的信息少。总体来讲，除了一些有影响的国家级和省级涉农网站和信息资源库以外，大多数地方性涉农网站和信息资源库重复、雷同严重，实用性、时效性、针对性比较差，难以满足农村经济社会发展实际需要。

4.2.3.3　农民利用信息化效果不佳

随着信息化席卷全球和农村信息化深入推进，农民利用信息化的意识和能力有了快速提升。但是，由于农民的整体文化素质比较低，他们利用信息化所取得的效果不尽人意。其一，大多数农民由于受自身文化素质影响，缺乏接受并利用信息化服务的知识和技术基础，从而难以利用信息化服务获取改善生产生活的相关信息。其二，农民普遍存在从众心态，缺乏风险防范意识，对信息化利用表现出很大的盲目性，看见别人赚了钱就跟着干，容易造成大起大落的“一窝蜂”局面，最终导致自身利益受损。其三，农民还存在攀比心态，见别人购买了智能手机、电脑等信息化终端设备和连上宽带，自己也要购买信息化终端设备也要联网，但实际使用率却很低。其四，从农村网民的网络应

① 俞乔，童晓渝.信息化与农村发展——基于四川联通“天府信息网”的实证研究[M].北京：人民邮电出版社，2008：61.

用情况看，农村网民对网络的应用主要停留在即时通讯、搜索引擎、网络音乐、网络视频、网络游戏等较简单的层次，对难度较大的网上支付、网上银行、论坛和BBS等领域使用率比较低（表4-4）。

表4-4　2012—2014年农村网民网络使用率

应用类别	应用细项	2012年	2013年	2014年
信息获取类	网络新闻	/	/	74.2%
	搜索引擎	73.3%	70.5%	72.8%
	博客	/	/	12.3%
网络娱乐类	网络音乐	73.0%	66.9%	69.7%
	网络视频	58.3%	55.0%	60.9%
	网络游戏	56.7%	46.7%	54.0%
	网络文学	35.6%	37.5%	40.7%
商务交易类	网络购物	29.0%	31.1%	42.3%
	网上支付	25.2%	25.7%	35.2%
	网上银行	25.7%	25.4%	31.9%
	旅行预订	10.8%	22.1%	22.6%
	团购	7.3%	15.2%	16.3%
	网上炒股或炒基金	2.3%	1.1%	8.4%
交流沟通类	即时通讯	80.5%	86.0%	87.2%
	微博	46.5%	35.2%	29.9%
	电子邮件	32.3%	23.0%	29.0%
	论坛和BBS	19.3%	14.4%	14.8%

注：数据来源于《2012—2014年中国农村互联网发展调查报告》。

4.2.4　农村信息员素质难以适应新形势

近年来，我国农村信息员数量增长迅速，能力也有了较大提高，他们在农村信息化服务中发挥了重要作用。但是，面对农村信息化不断发展尤其是大数据分析和利用，农村信息员在信息分析思维转变、信息分析方法运用、信息分析工具掌握等方面表现出明显的不适应。

4.2.4.1　尚未树立新的信息分析思维

信息分析思维是人们依据理论、观念、方式和手段，在信息分析活动中所表现出来的思维方式和方法[①]。信息分析人员的逻辑思维对信息分析工作顺利开展、任务完成具有重要的作用和意义。大数据作为信息化发展新阶段，为人们获得新认知、创造新价值提供源泉的同时，也促使市场、组织机构以及政府与公民关系的改变[②]。大数据环境对农村信息员的工作模式和业务内容都带来了巨大改变。但在科学技术发展和应用过程中常常存在人们思维滞后的现象，即科学发现或技术发明在先，滞后的适应文化往往是社会组织和意识形态[③]。当前，我国农村信息员只能够基本胜任传统信息数据的采集、加工、分析等工作，脑海里很少或者根本没有大数据的概念。他们在大数据面前一片茫然，无法应对；或者依据惯性思维，以传统思维方式应对。这严重阻碍了大数据时代农村公共危机防控信息化中的信息收集、整理、分析、存储和利用。因此，在大数据时代农村公共危机防控信息化实施中，必须引导和帮助农村信息员，尤其是高层次的信息员转变思维，树立全新的大数据思维。

4.2.4.2　未能运用新的信息分析方法

信息分析方法是创新信息分析工作的核心和信息分析学科发展的不竭动力[④]。当前，农村信息员在农村信息化建设和服务中主要采用的信息分析方法有以内容分析法、引文分析、共现分析、网络链接分析等为主的科学计量分析，以因子分析、聚类分析、回归分析、时间序列分析等为主的统计分析方法，以数据仓库、OLAP、数据挖掘等为主的计算机辅助分析方法。这些信息分析方法在传统的农村信息化服务中发挥了重要作用，但是面对大数据环境下的数据批量分析与流式分析、多源数据融合分析、社会网络结构分析、空间信息分析、可视化分析等，已经难以胜任。一些适合大数据时代的分析方法不断产生，如XML数据、图数据和复杂网络上实体识别技术的探索与研究[⑤]，对交互可视化、自动化的分析方法进行集成与应用[⑥]，集成科学仿真、工程协同、3D可视化和大数据管理的轻量级计算平台[⑦]，G-Hadoop安全模型的提出[⑧]，等等。因此，农村信息员必须及时学习这些针对大数据分析的方法，以能够胜任大数据时代农村公共危机防控信息化的信息分析工作。

---

① 卢小宾，郭亚军.信息分析理论与实践[M].北京：清华大学出版社，2013：1.

② [英]克托・迈尔—舍恩伯格，肯尼思・库克耶.大数据时代：生活、工作与思维的大变革[M].盛杨燕，周涛，译.杭州：浙江人民出版社，2013：9.

③ 苑雪.大数据时代网络社会管理中的政府行为模式创新[J].广东行政学院学报，2013（4）：25-30.

④ 官思发，朝乐门.大数据时代信息分析的关键问题、挑战与对策[J].图书情报工作，2015（3）：12-18，34.

⑤ 王宏志，樊文飞.复杂数据上的实体识别技术研究[J].计算机学报，2011（11）：1143-1152.

⑥ William R，Derek X W，Dou W. Social Media Analytics for Competitive Advantage[J].Computer and Graphics，2014，38：328-331.

⑦ Belaud J，Negny S，Dupros F Collaborative Simulation and Scientific Big Data Analysis：Illustration for Sustainability in Natural Hazards Management and Chemical Process Engineering[J].Computers in Industry，2014，65（3）：521-535.

⑧ Zhao Jiaqi，Wang Lizhe，Tao Jie. A Security Framework in G-Hadoop for Big Data Computing[J].Journal of Computer and System Sciences，2014，80（5）：994-1007.

4.2.4.3 很少掌握新的信息分析工具

“工欲善其事，必先利其器”。随着信息技术发展和信息量增加，人们利用计算机编程实现了信息分析工具的软件化与系统化，这极大地提高了信息分析工作效率，推动了信息化服务迅速和广泛利用[①]。在计算机辅助信息分析的背景下，农村信息员主要运用SPSS、SAS、R等软件工具进行信息收集、整理和分析。正因为这样，目前我国政府公共部门绝大部分电子政务是以结构化数据运行为主，相应地采用关系型数据库等传统数据存储架构[②]。但是，随着互联网、移动互联网、物联网等先进技术在农村生产生活中的广泛部署，快速地累积了海量、复杂的数据资源。农村信息员所掌握的一般性信息分析工具很难直接处理这些海量数据资源，尤其是占整个数据资源95%以上的文本、图片、HTML、音频/视频等非结构化数据。正由于农村信息员和信息分析专业人才很少掌握适应大数据时代的专业信息分析工具，农村信息化建设中产生大数据的潜在价值还远远没有得到显现，大数据时代农村公共危机防控信息化能力还很低。农村信息员和信息分析专业人才处理“大数据”能力和掌握有效分析大数据工具，是农村信息化建设向纵深方向发展和大数据时代农村公共危机防控信息化的必要条件。

4.3 大数据时代农村公共危机防控信息化的机会

随着信息化快速发展，大数据在经济社会各个领域广泛应用并显现出巨大作用，各国纷纷将大数据发展提升到国家战略层面。在不远的将来，数据积累也许会成为国力的标志[③]。党和政府深刻认识到大数据的价值和作用，先后出台一系列政策制度促进大数据发展。大数据时代农村公共危机防控信息化发展也因此获得机会。同时，农村经济产业发展和升级、农村信息化文化逐渐普及、大数据技术新突破和在农村农业发展中的应用等，也为大数据时代农村公共危机防控信息化发展提供了许多的机会。

4.3.1 相关政策法规的出台

在信息时代的今天，信息化已成为衡量一个国家综合国力的标志。为推动信息化快速、规范和可持续发展，我国在信息化建设中不断建立健全相关政策法规。大数据作为信息化发展新阶段，彰显出巨大价值，我国各级政府对此十分重视，相继出台了一些促进大数据发展的政策文件。这些政策法规的出台为大数据时代农村公共危机防控信息化顺利实施和能力提升创造了一定的政策法规环境。

---

① 官思发，孟玺，李宗洁，等.大数据分析研究现状、问题与对策[J].情报杂志，2015（5）：98-104.

② 刘泽照，朱正威.大数据平台下的社会稳定风险评估：研究前瞻与应用挑战[J].华东理工大学学报（社会科学版），2015（1）：78-85.

③ 谢佳沥.大数据：信息时代的狂飙突进——蕴含财富密码 成为国家战略[N].人民日报（海外版），2012-10-20（008）.

4.3.1.1 国家出台大数据发展战略的政策文件

大数据时代已经到来，数据是基础性资源，也是重要生产力。随着信息化在我国的发展和普及，我国成为一个拥有海量数据资源的大国，如何实现由一个数据资源大国变为信息应用大国，关系到国家能否在全球新一轮的信息化竞争中抢得先机，关系到能否实现民富国强的中国梦。对此，国家积极研究和制定促进大数据发展的政策文件。2014年3月，“大数据”被第一次写入政府工作报告。李克强总理在就任后的第一次政府工作报告中提出，在大数据方面赶超先进，引领未来产业发展。据不完全统计，随后，李克强总理在国务院常务会议上9次提及“大数据”[①]。随着大数据发展被提升到国家战略层面，国家和各部委不断加快推动大数据产业发展，发布指导意见和制定相关规划，如工业和信息化部主导的“十三五”规划编制工作、国家发展与改革委员会和中国人民银行主导推行的全国首批信用示范城市工作等，都将大数据产业发展作为重点。2015年8月19日，国务院总理李克强主持召开国务院常务会议，会议通过《关于促进大数据发展的行动纲要》，将大数据上升至国家核心战略。《关于促进大数据发展的行动纲要》以推动政府信息系统和公共数据互联共享、消除信息孤岛为第一位，对于彻底解决影响政府大数据价值发挥的掣肘和释放大数据真正的价值具有重要意义。这标志着大数据产业开始逐渐落地，同时，政府大数据建设和应用将起带头作用。2015年11月29日，中共十八届五中全会提出，“实施网络强国战略，实施‘互联网+’行动计划，发展分享经济，实施国家大数据战略”。国家从战略层面出台大数据发展政策文件，为大数据时代农村公共危机防控信息化提供了机会。

4.3.1.2 各地出台大数据发展战略的政策文件

九次方大数据总裁王叁寿指出，土地和大数据资源是我国政府手里最值钱的两个东西。土地资源已经利用得差不多了，大数据资源将是继土地之后最有价值的资源，而且大数据可以无限循环利用，这是土地不具有的优势[②]。一些地方政府开始认识到大数据资源的价值，相继出台大数据发展的政策文件。2012年，广东省起草《广东省实施大数据战略工作方案》，提出到2020年基本建成“智慧广东”，使广东信息化水平达到中等发达国家水平。广东是率先在全国推行大数据战略的省份[③]。同年，陕西省发布《陕西省大数据产业发展战略》，并在西咸新区沣西新城规划和建立国内首家以大数据处理与服务为特色的专业园区[④]。2013年，上海市发布《上海推进大数据研究与发展三年行动计划（2013—2015年）》，计划三年内重点选取医疗卫生、食品安全、终身教育、智慧

---

① 中金在线.国家大数据战略 各地政府加快铺设大数据管道[EB/OL]. http：//news.cnfol.com/it/20150827/21357649.shtml，2015-08-27.

② 中金在线.国家大数据战略 各地政府加快铺设大数据管道[EB/OL]. http：//news.cnfol.com/it/20150827/21357649.shtml，2015-08-27.

③ 唐柳雯，谢思佳.广东省率先启动大数据战略 相关工作正有序进行[N].南方日报，2012-12-06（A02）.

④ 林火灿.陕西大数据产业发展战略发布会举行[N].经济日报，2012-12-07（006）.

交通、公共安全、科技服务等具有大数据基础的六大领域，探索交互共享、一体化的服务模式，建设大数据公共服务平台[①]。2014年，贵州省发布《贵州省大数据产业发展应用规划纲要》，提出将大数据作为推进贵州省信息技术产业集聚发展和经济社会跨越发展的重要抓手，将以黔中经济区核心区为主，规划建设贵安新区电子信息产业园大数据基地、中关村贵阳科技园大数据基地、黔南州超算中心等多个产业基地[②]。其他各省也出台或正在制定大数据发展政策。这些地方性政策文件的出台，为大数据时代农村公共危机防控信息化在各地的有效实施提供了针对性政策保障。

4.3.1.3 信息化建设相关法律法规的建立健全

自20世纪90年代以来，随着信息化持续、快速发展，信息化越来越广泛地渗透到国民经济和社会各个领域。为促进信息化建设规范化、法治化和可持续性，更好地服务国民经济和社会发展，我国相继出台了一系列的规范性文件以及法律、行政法规、部门规章、地方性法规和地方政府规章。据不完全统计，我国先后颁布、施行有关信息化建设与管理方面的各种文件与法规共有100多件，涉及不同法律效力层级和信息化的不同领域[③]。从法律效力层级看，国家法规有《中国互联网络信息中心域名注册服务机构认证办法》《计算机信息系统国际联网保密管理规定》《互联网骨干网间互联管理暂行规定》等30多件，部门规章有《电信网间互联争议处理办法》《互联网IP地址备案管理办法》《电子认证服务管理办法》《通信网络安全防护管理办法》等40多件，地方性法规有《北京市经营性网站备案登记管理暂行办法》《山东省信息化建设管理规定》《广东省电子政务信息安全管理暂行办法》《河南省计算机信息系统安全保护暂行办法》等70多件。从信息化建设涉及领域看，关于网络设备与产品方面的有《电信新设备进网试验管理暂行办法》《电子信息产品污染控制管理办法》《强制性产品认证管理规定》《中华人民共和国无线电管理条例》等30多件，关于网络管理方面的有《互联网电子公告服务管理规定》《互联网上网服务营业场所管理条例》《信息网络传播权保护条例》等50多件，关于网络安全方面的有《中华人民共和国计算机信息系统安全保护条例》《通信网络安全防护管理办法》《维护互联网安全的决定》等10多件，关于域名管理方面的有《中国互联网络域名管理办法》《中国互联网络信息中心域名争议解决办法程序规则》《中国互联网络信息中心域名注册服务机构认证办法》等20多件[④]。这些法律法规构成了当下大数据时代农村公共危机防控信息化的整体制度框架，为提升大数据效益，有效实施农村公共危机防控信息化提供了法制保障。

---

① 王延.上海发布大数据研发三年行动计划建大数据平台[N].浦东时报，2013-07-16（B01）.

② 李蠹.专家进行《贵州省大数据产业发展规划纲要》解读[N].贵州日报，2014-02-26（002）.

③ 马志刚.我国信息安全立法的必要性分析[EB/OL]. http://www.catr.cn/kxyj/catrgd/201212/t20121204_899075.html，2012-12-04.

④ 光明网.中国互联网络法律法规[EB/OL].http://topics.gmw.cn/node_10212.htm，2015-09-03.

4.3.2 农村经济发展的推动

信息化是人类经济社会发展到一定阶段的产物。农村信息化建设和大数据发展是为了满足农村经济发展需求。农村经济发展是农村信息化和大数据发展最基本的推动力。改革开放以来，我国农村经济获得了巨大发展，尤其是进入21世纪以来，在连续12个“中央一号”文件等惠农政策的持续推动下，农业增效和农民增收取得了卓越成效。农民持续增收和农业经营规模和方式变化，呼唤着农村信息化全面提质和农村大数据开发利用。这也为大数据时代农村公共危机防控信息化实施提供经济基础。

4.3.2.1 农民人均收入的持续增长

苏联著名情报学者帕尔凯维奇研究指出，一个国家民众对信息需求的增长大约与该国人均国民收入的平方成正比。当一个国家人均国民收入达到1 000美元时，该国民众对信息需求的增长进入到较快阶段[①]。这就是著名的帕尔凯维奇定律。针对我国存在城乡二元结构的实际情况，根据帕尔凯维奇定律研究农村信息化需求应该主要依据农民的人均纯收入。近年来，我国农民人均纯收入持续增长较快（表4-5）。2009年，东部地区的农民人均收入达到7 155.5元，首先超过1 000美元（当年美元兑人民币的平均汇率为6.831）。2011年，全国、中部地区和东北地区农村居民纯收入分别达到6 977.3元、6 529.9元、7 790.6元，均超过1 000美元（当年美元兑人民币的平均汇率为6.313）。2013年，西部地区农村居民纯收入达到6 833.6元，也超过了1 000美元（当年美元兑人民币的平均汇率为6.097）。农民收入持续增加，为其信息消费能力提高创造了基本条件。根据帕尔凯维奇定律，我国农村对信息需求已经全面进入较快增长阶段。这为农村信息化快速发展和农村大数据开发利用提供强劲的经济动力。

表4-5　2005—2013年中国东、中、西部及东北地区农村居民纯收入统计

年份	全国	东部地区	中部地区	西部地区	东北地区
2005	3 254.9	4 720.3	2 956.6	2 378.9	3 379
2006	3 587	5 188.2	3 283.2	2 588.4	3 744.9
2007	4 140.4	5 855	3 844.4	3 028.4	4 348.3
2008	4 760.6	6 598.2	4 453.4	3 517.7	5 101.2
2009	5 153.2	7 155.5	4 792.8	3 816.5	5 456.6
2010	5 919	8 142.8	5 509.6	4 417.9	6 434.5
2011	6 977.3	9 585	6 529.9	5 246.7	7 790.6

① 李立志.信息化视角下的中原经济崛起和可持续发展战略研究[J].财经理论与实践，2010（2）：111-115.

续表

年份	全国	东部地区	中部地区	西部地区	东北地区
2012	7 916.6	10 817.5	7 435.2	6 026.6	8 846.5
2013	8 895.9	12 052.1	8 376.5	6 833.6	9 909.2
注：数据来源于《中国农村统计年鉴2014》，单位：元。					

4.3.2.2 农业经营规模的适度扩大

改革开放以来，我国农村实行以家庭联产承包为主的责任制、统分结合的双层经营体制。这种经营体制极大地解放了农村生产力，促进了农业快速发展。但是，当农业发展到一定阶段，家庭联产承包责任制所导致的土地细碎化却成了农业增效和农民增收的巨大瓶颈。土地流转和多种形式规模经营，是发展现代农业的必由之路，也成了我国农村改革的基本方向。随着农村劳动力大量外流和《农村土地承包经营权流转管理办法》等农村土地使用权流转政策相继出台，通过土地流转，农业经营规模得到了适度扩大，出现了家庭农场、专业大户、农民合作社、龙头企业、农业社会化服务组织等新型农业经营主体，推动农业经营规模化、集约化和现代化。农业经营规模适度扩大将促进以劳动替代资本的传统农业生产组织方式逐步过渡到以资本替代劳动的现代农业生产组织方式，将推动农户对施肥技术、良种配套、栽培技术以及先进农机设备需求的增加，将促进一系列专业化农业生产基地形成和发展①。在信息时代的今天，要实现农业生产专业化、标准化和生态化，就需要运用地理信息系统（GIS）、全球卫星定位系统（GPS）、运用遥感技术（RS）、自动控制系统（ACS）、自动识别系统（AIS）、无线射频识别技术（RFID）等信息技术。因此，农业经营规模适度扩大将进一步刺激农村信息化服务和大数据利用的发展。

4.3.2.3 农村经济结构的调整优化

改革开放以来，我国农村经济总量在不断扩张的同时，非农产业逐步兴起和市场化进程不断推进，农村经济结构发生了一系列重大变化。首先，农业内部结构的调整优化。改革开放前，我国片面强调"以粮为纲"，农业内部结构极不合理。根据《中国农村统计年鉴2013》和《中国统计年鉴2014》数据显示，1978年，在农业总产值中，种植业、林业、牧业、渔业产值比重分别为80%、3.4%、15.0%、1.6%。在市场需求带动下，农业内部结构不断优化。2013年，种植业、林业、牧业、渔业产值比重分别为53.1%、4%、29.3%、9.9%。其次，农村经济产业的调整优化。改革开放初期，我国农村经济以农业生产为主，第二、第三产业虽然有所发展，但是第一、第二、第三产业在

① 蔡昉.农业生产进入适度扩大规模阶段[N].人民日报，2015-08-13（007）.

农村社会总产值中比重变化并不快。随着农村市场化进程加快，近年来，农村经济产业结构进一步优化，第一产业比重不断下降，第二产业经过大发展后比重开始回落，第三产业比重不断提升，实现了由农业经济为主向第一、第二、第三产业协调发展的转变。其三，农村劳动力就业结构不断优化。随着农村产业结构调整优化，农村劳动力就业实现了由第一产业向第二、第三产业的有序转移。农村经济结构调整优化对信息化和大数据利用也提出了新要求，需要以信息化带动农村工业化和城镇化发展。

4.3.3 相关技术发展与突破

大数据是信息技术发展到一定阶段的产物。同时，大数据兴起又对信息技术提出了新要求。人们加大了对大数据相关技术的研发，在信息存储、信息处理、信息分析等方面实现了技术的新发展与突破。美国麦肯锡全球数据分析研究所（McKinsey Global Institute）在2011年5月发布的研究报告第二部分中，从大数据分析技术、大数据技术和可视化三方面专门阐述和介绍了当前各种大数据技术的发展与应用情况①。这些技术的发展与突破为大数据时代农村公共危机防控信息化提供了技术基础。

4.3.3.1 云计算在信息存储功能上的飞跃

大数据的首要特征是“大”。随着新的大数据源出现，数据规模已经达到了新的量级，即PB量级。我们使用的普通计算机的CPU及存储一般仅为GB量级，PB为GB的2^{20}倍。也就是说，在传统网络技术条件下，普通计算机的CPU及存储是无法满足大数据需要的。但是，云计算的出现无疑解决了这一关键性技术要求。云计算具有按需的自助服务、高速网络接入、资源池、快速的系统弹性和可以衡量的服务等5个必要特性。云计算的硬件资源是弹性的，这就意味着在任何时间都可以很容易地增加新的硬件资源，也意味着可以很容易地在某一台服务器上增加更多的CPU、存储与内存。在任何时候，你也可以直接使用10台或更多的服务器，只要你为此付费②。云计算技术在不断发展和完善，在社会各个领域的应用也越来越广泛。它所提供强大的存储和计算能力为大数据有效储存与应用提供了重要工具。大数据时代农村公共危机防控信息化必然会产生海量数据，但是农村公共危机防控各个部门现有计算机的CPU及存储无法应对。云计算的出现与成熟将为农村公共危机防控走向信息化和充分利用大数据创造条件。

4.3.3.2 大数据在信息处理技术上的创新

在大数据时代的今天，数据规模越来越大，增长速度越来越快。有些大数据源在仅仅几天或几周，甚至是几个小时，就可以生成TB或PB量级的数据，数据处理的极限又

① Big data: The Next Frontier for Innovation, Competition, and Productivity［EB/OL］.http//www.mckinsey. com /insights / mgi /research /technology_and_innovation /big _data_the_next_frontier_for_ innovation，2014-05-23.

② [美]Bill Franks.驾驭大数据[M].黄海，车皓阳，王悦，译.北京：人民邮电出版社，2014：86-88.

将面临一次新的挑战。随着数据处理与分析技术飞速发展，历史上人们驾驭了那些当时看起来很“可怕”的数据，这次大数据带来的海量数据也终将被再次驾驭[①]。当前，人们在大数据处理效率与速度上进行了广泛研究，取得了一些成果。比如，在VC中利用OO4O（Oracle Objects for OLE）包含的Oracle C++ Class Library提供的一些基本类库，获得一种对大数据高效处理的方法[②]；依据ASP.NET3.5的最新特性，得到大数据量下最佳的分页解决方案[③]；对WMB（WebSphere Message Broker）进行改进，形成一种大数据软件执行高效算法（称为WMB*）[④]，等等。此外，国内外著名IT行业大公司也积极开发大数据处理技术，英特尔公司与SAP共同打造了大数据实时分析平台，Twitter开发了开源实时分析计算工具Storm，百度、阿里巴巴、中国电信等中国相关企业也正致力于大数据技术开发[⑤]。在大数据时代农村公共危机防控信息化中，新的数据不断增加，需要快速、高效处理规模越来越大、增长越来越快的数据。以上信息处理技术的不断发展与突破将使那些大得“可怕”的数据不再可怕。

4.3.3.3 大数据在信息分析方法上的变革

大数据在数据存储、处理等方面技术的快速发展主要推动力源于大数据应用实践。面对大数据所提出的新情况、新问题，原来的数据分析方法难以解决，人们需要不断去探索更为行之有效的数据分析技术[⑥]。在大数据应用的实践中，信息分析技术不断获得发展和突破，其中Google公司提出的MapReduce技术最具代表性[⑦]。MapReduce是一种并行的编程架构，是一种分析半结构化或非结构化数据的工具[⑧]。在大数据应用实践中，对持续生产的海量数据进行快速分析以支持科学决策是非常重要的。但是，传统的数据分析技术和方法很难快速处理海量的半结构化或非结构化数据。作为面向大数据分析和处理的并行计算模型，MapReduce技术被广泛应用到社会各领域的大数据分析中。类似MapReduce的相关技术在不断研发和改良。2011年，TDWI与IBM公司在联合调查大数据分析技术和工具使用情况中，就列举当前使用比较广泛的33项分析技术和工具[⑨]。在大数据时代农村公共危机防控信息化中，信息分析速度与效率直接关系到防控信息化能力的高低。大数据分析方法的发展与突破，为农村公共危机防控信息化的数据处理提供了新方法。

---

① [美]Bill Franks.驾驭大数据[M].黄海，车皓阳，王悦，译.北京：人民邮电出版社，2014：72.

② 吴会丛，王井阳，张晓明，等.用VC访问Oracle操作大数据类型的高效方法[J].河北科技大学学报，2004（2）：38-41.

③ 陈南.ASP．NET中大数据量分页技术的研究与实现[J].计算机应用与软件，2011（4）：205-208.

④ 向剑平，乔少杰，胡剑.WMB*：一种提高大数据上软件执行效率改进算法[J].内江师范学院学报，2012（12）：24-28.

⑤ 刘军.Hadoop大数据处理[M].北京：人民邮电出版社，2013：48-51.

⑥ 宋学清，刘雨.大数据：信息技术与信息管理的一次变革[J].情报科学，2014（9）：14-18.

⑦ Dean J，Ghemawat S. MapReduce：Simplified data processing on large clusters[J].Communications of the ACM，2005，51（1）：107-113.

⑧ [美]Bill Franks.驾驭大数据[M].黄海，车皓阳，王悦，译.北京：人民邮电出版社，2014：92-93.

⑨ Philip Russom.Big Data Analytics[Z].TDWI.org.4th season，2011.

4.3.4　大数据的应用与影响

当前，我们已经迈入大数据时代。大数据应用开始渗透到社会各领域，在深刻改变着我们的生产生活模式和思维方式。大数据在商业、公共卫生、社会治理等领域中的应用，其所带来的价值已初步显现，可以预见未来人们决策将更多地基于大数据分析。这为大数据时代农村公共危机防控信息化有效实施和能力提升带来了新的挑战，提供了更重要的发展契机。大数据应用将为农村公共危机防控的组织结构优化、决策方式改进和政府角色重塑创造条件。

4.3.4.1　促进组织结构优化

信息即权力，数据即力量。数据信息的分布决定着社会治理结构[①]。大数据广泛分布于政府、企业、社会组织与个体之间，在大数据时代农村公共危机防控信息化中，政府不再是唯一主体。传统的农村公共危机防控组织结构因此受到挑战，必须逐渐形成适应大数据分布的平权性组织结构。其一，由政府独大的组织结构转向多元共治的组织结构。在传统的农村公共危机防控中，政府是权力唯一或核心掌控者。大数据将赋权于市场组织与社会组织，打破政府独占权力的局面，市场组织、社会组织与政府在农村公共危机防控信息化中具有几乎同等信息治理能力，从而促进农村公共危机防控形成多元共治的组织结构。其二，由封闭性结构转向开放性结构。传统的农村公共危机防控组织结构是以政府为核心的封闭性结构，这容易导致政府与社会、民众之间的信息鸿沟。在大数据时代，农村公共危机防控组织机构将逐渐变得开放，市场组织、社会组织、民众都将在农村公共危机防控组织中游走，利用信息化平台参与农村公共危机防控。其三，由官僚科层制结构转向扁平化结构。传统的农村公共危机防控组织结构是一个横向分工合作、纵向等级管理的官僚科层制结构，这在横向容易导致部门之间的信息壁垒，在纵向容易导致信息传递速度缓慢和内容失真。大数据将打破农村公共危机防控横向分工制与纵向科层制的生硬结构，形成联勤、联动的扁平化结构，促进部门在农村公共危机防控中实现数据共享与共同决策，提高农村公共危机防控效果。

4.3.4.2　推动决策方式改进

大数据将推动农村公共危机防控决策走向民主化和科学化。

1）为协商共识创造条件

民主政治的理想就是实现群体的共识。在传统的农村公共危机防控决策中，由于技术限制，政府与社会组织、民众之间的协商时间、空间很有限。大数据时代，人们在农村公共危机防控中可以通过政府专门平台、个人博客等途径，随时随地宣示自己的信息。政府部门可以从大数据中快速、高效地收集社会组织和民众的意见，社会组织和民

① 王向民.大数据时代的国家治理转型[J].探索与争鸣，2014（10）：59-62.

众也可以从大数据中更快、更好、更多地掌握相关信息，从而达成共识。

2）为民主决策提供平台

在农村公共危机防控中，由于时间与空间地域的现实限制，民众表决只能采取代表制度或间接民主。大数据能够在一定程度上消弭政治个体的时间与空间限制。民众利用互联网与云计算就能够超越地理空间、成本费用、数字计算的限制，对关系民众切身利益的农村公共危机防控事项参与直接表决。

3）为科学决策提供依据

传统的农村公共危机防控决策大多是被动响应性或事后处置性的，这主要是因为占用的数据规模有限和计算能力不足，只能采取随机抽样的方式。科学决策的重要前提是对信息数据广泛占有与快捷分析。大数据恰好可以解决这些问题。大数据是指不用随机分析法的捷径，而是采用所有数据的方法①。在农村公共危机信息化防控中，大数据依据规模庞大、类型多样的数据，利用云计算的快速计算能力，能够实现对农村公共危机信息进行“全样本”研究，从而能够更好地做出防控决策。

4.3.4.3 促使政府角色重塑

大数据对农村公共危机防控中的政府角色将提出新的要求。

1）要求政府承担农村公共危机大数据规划角色

当今，大数据已成为一个国家发展的核心战略。对大数据进行总体规划，政府责无旁贷。大数据时代的多元共治与国家的规划角色并不矛盾，大数据时代的秩序不能依赖于自发秩序而应当由人类理性加以规制②。政府必须从顶层设计、标准设置、法律制度等方面进行规划，推动农村公共危机防控大数据建设，保障农村公共危机防控信息的共享和安全。

2）要求政府进一步做好信息公开

美国第三任总统托马斯·杰斐逊有一句名言，“信息之于民主，就如货币之于经济”③。在大数据时代，数据是一种权力，开放是一种潮流，数据的开放和流动，意味着知识和权力的开放和流动④。政府是农村公共危机防控信息的主要拥有者。大数据将推动政府进一步公开信息，民众可以从政府公共数据库中快捷获取农村公共危机防控信息。这不仅有利于民众监督政府在农村公共危机防控中的权力行使，而且有利于社会组织、民众等多元参与农村公共危机防控，从而提升农村公共危机防控决策的民主性、科学性和可预见性。

---

① [英]克托·迈尔一舍恩伯格，肯尼思·库克耶.大数据时代：生活、工作与思维的大变革[M].盛杨燕，周涛，译.杭州：浙江人民出版社，2013：39.

② 王向民.大数据时代的国家治理转型[J].探索与争鸣，2014（10）：59-62.

③ 涂子沛.大数据[M].桂林：广西师范大学出版社，2014：15.

④ 唐皇凤，陶建武.大数据时代的中国国家治理能力建设[J].探索与争鸣，2014（10）：54-58.

3）政府的职能是服务

新公共服务理论认为，政府要着重关注于公民并且在公民之间建立信任和合作关系，要利用基于价值的共同领导来帮助公民明确表达和满足他们的共同利益需求①。在农村公共危机防控信息化中，政府通过相关大数据开放与互动，不仅实现了服务民众与帮助民众表达自身利益的诉求，而且鼓励了农村公共危机防控创新，有利于形成以市场组织与社会组织的大数据开发与社会服务为主体的农村公共危机防控模式，节省政府在农村公共危机防控中的成本与开支，提高农村公共危机防控效果。

4.4 大数据时代农村公共危机防控信息化的挑战

“这是一个最好的时代，这是一个最坏的时代。”②大数据发展所具备的政策、技术和实践基础，以及农村经济发展良好形势为大数据时代农村公共危机防控信息化提供了一个“好时代”。但同时应该清楚地看到，大数据的负面作用、民众期望不断提高、农村空心化、农村公共危机复杂化等构成了一个“坏时代”，对大数据时代农村公共危机防控信息化带来了威胁。

4.4.1 大数据负面作用的冲击

任何事物都具有两面性，大数据也不例外。大数据的积极意义就在于它已经成为一种重要的生产要素，其具有不可估量的应用价值，但是，在大数据应用中，其消极作用及负面影响也是显而易见的，并且与日俱增③。大数据所带来的信息安全易攻击、个人隐私易侵犯、唯数据论等负面影响对大数据时代农村公共危机信息化防控形成一定威胁，直接制约大数据时代农村公共危机信息化有效开展。

4.4.1.1 信息安全易被威胁

大数据利用的前提是要求数据进行集中存储和充分开放，但数据集中存储和充分开放恰恰增加了数据的泄露风险。2014年的“棱镜门”事件表明，在大数据背景下许多国家的信息数据存在巨大安全问题。当今，与领土主权、领海主权和领空主权一样，数字主权和领网主权也是国家安全的重要领域④。一些别有用心的势力利用其技术优势实时威胁我国信息网络安全和国家安全。相关数据库一旦被攻破和泄露就会给政府、市场、

① [美]珍妮特·V·登哈特，罗伯特·B·登哈特.新公共服务：服务，而不是掌舵[M].丁煌，译.北京：中国人民大学出版社，2011：31.

② Charles Dickens.A Tale of Two Cities：A Story of the French Revolution[M].Create Space Independent Publishing Platform，2010：1.

③ 刘佳.大数据时代的社会治理困境与创新发展路径[J].学术探索，2015（4）：77-84.

④ 郭建锦，郭建平.大数据背景下的国家治理能力建设研究[J].中国行政管理，2015（6）：73-76.

社会以及公民造成巨大的损害[①]。我国在农村公共危机防控信息化中，建立统一的大数据库，虽然可以促进农村公共危机防控信息化能力提升，但是信息安全的威胁也随之加大。从国际形势看，西方国家利用其在网络空间的行动自由和实际控制，更容易攻击和控制我国在农村公共危机防控信息化中建立的相关数据库。从国内形势看，在大数据背景下，网民与网民之间的关系更加网络化，相互之间的影响更容易产生“放大效应”。在农村公共危机防控中，一旦有网民（特别是具有一定影响的网民）在网络空间发泄不满情绪或散布谣言，极容易产生“蝴蝶效应”，促使危机无限放大和迅速失控。因此，大数据对于农村公共危机防控信息化来说，是一柄双刃剑，既对其能力提升提供了不可多得的机会，又对其顺利实施构成了不可小觑的威胁。

4.4.1.2 个人隐私易被侵犯

在大数据时代中，个人的社会行为将被高度数字化，个人的网上浏览、消费交易、通话信息、出行轨迹等几乎一切行为将被以数字化形式存储在大数据库中。依据个人数据就可以勾画出其主要社会活动图像，并分析其行为特征。政府善加分析和利用这些数据，可以增强对民众的监控能力。市场善加分析和利用这些数据，可以衍生出很多新的商业模式。但是，在大数据时代，与政府、市场相比，个人处于非对称、非均衡的地位，其隐私趋零化，极易被侵犯。政府可以凭借其拥有和运用信息技术的巨大优势，全面收集和贮存公民的个人信息数据，使得每一个公民的生活像一本敞开的书而彻底暴露在政府监管之下，以致政府可以打造一个极为富有效率的“数字利维坦”[②]。商业组织在大数据环境下可以通过大规模的关联分析寻找零星非结构性数据之间潜在联系，虽然可以获得更高效益的经营模式，但是常常是以披露和侵犯用户隐私为代价的[③]。例如，Target公司利用其数据库制定一个“怀孕预测”系统，以此分析女性客户购买记录确定顾客是否怀孕，并向女性客户推销相关产品。根据这一系统，该公司获取了一名高中女生的妊娠隐私[④]。大数据时代农村公共危机防控信息化也可能会侵犯个人隐私，而一旦个人隐私泄露的真相被揭露，就会遭到公民的反对或抵制，定会造成政府公信力和企业信誉度严重下降，从而削弱大数据时代农村公共危机防控信息化能力。

4.4.1.3 数据崇拜易被极致

不可否认，大量数据组的科学预示分析带来更为客观与正确的结果[⑤]。大数据在科学预测与决策上具有“小数据”无可比拟的优势。大数据技术在社会各领域的高效应用

① 蒋洁.大数据联动的负面效应及应对策略[J].情报资料工作，2014（4）：10-14.

② 肖滨.信息技术在国家治理中的双面性与非均衡性[J].学术研究，2009（11）：31-36.

③ Frank Konkel.Boston Probe' s Big Data Use Hints at the Future [EB/OL]. http：//fcw.com/articles/2013/04/26/big-data-boston-bomb-probe.aspx，2014-05-30.

④ [英]克托・迈尔－舍恩伯格，肯尼思・库克耶.大数据时代：生活、工作与思维的大变革[M].盛杨燕，周涛，译.杭州：浙江人民出版社，2013：77-78.

⑤ Danah Boyd， Kate Crawford.Critical questions for big data：Provocations for a cultural， technological， and scholarly phenomenon[J].Information，Communication＆Society， 2012（15）：657-672.

使得人们容易对数据产生崇拜和依赖，并走向极致。这种对数据分析的极致崇拜对农村公共危机防控信息化来说是十分危险的。

1）容易导致决策者逐步丧失自我判断能力

依据大数据挖掘结果对农村公共危机进行决策的模式虽然有效提升了决策效率，但是牺牲了基于思维互动与头脑风暴的创新能力，容易导致决策者在数据海洋中迷失自我，为了“数据”而“数据”。农村公共危机充满着不可预知的因素，需要依靠人的主观能动性和创造力。依靠数据分析的农村公共危机决策程式化意味着冒险精神的失落与创新意识的凝滞，这对充满风险和不可预知的农村公共危机防控来说是十分不利的。

2）容易导致农村公共危机防控风险的剧增

技术过度依赖意味着风险的剧增，特别是高度自动化以后，大数据技术的一点小故障可能带来致命的危险[①]。在农村公共危机防控信息化中，有关势力为了市场利益或者政治格局可能篡改数据，进行造假分析和结果控制。同时，农村公共危机防控信息化高度依赖科技型技术，而一旦系统被攻击或破坏，整个系统就可能因此中断或崩溃而无法运转。

3）大数据分析能力还有待提高

大数据只要相关关系，但并不意味着因果关系就不重要。马航MH370失联后，基于大数据相关分析得出其坠入南印度洋，世界多国开展了大规模联合搜救却无果而返。这无疑是对人类自信的信息技术的嘲讽[②]。政治和社会领域不能像学术研究可以按照波普尔证伪理论不断试错，要求农村公共危机防控决策不仅要重视相关分析，更要综合历史经验和决策者智慧来探究因果关系。因此，大数据带来的数据崇拜对大数据时代农村公共危机防控信息化是一种威胁。

4.4.2 民众期望要求不断提高

在民主政治进步和信息技术发展的双重推动下，民众对农村公共危机防控信息化的期望和要求不断提高。在大数据时代农村公共危机防控信息化中，民众期望通过大数据平台宣示自身利益、要求民主参与和监督政府行为。这是对传统农村公共危机防控的挑战。政府在农村公共危机防控中的独自决断和“暗箱操作”将成为历史。民众的期望和要求将成为大数据农村公共危机防控信息化能力提升的重要方向标。但是，政府对此还没有做好准备，从而制约大数据时代农村公共危机防控信息化的发展。

4.4.2.1 要求政府关切民众利益

“是人，而不是技术，必须成为价值的最终根源；是人的全面发展，而不是生产

① 李志刚.大数据：大价值、大机遇、大变革[M].北京：机械工业出版社，2012：221.

② 郭建锦，郭建平.大数据背景下的国家治理能力建设研究[J].中国行政管理，2015（6）：73-76.

的最大化，成为所有发展的标准。”[①]科学技术是服务人的科学技术，而不是凌驾人之上的科学技术。大数据技术的应用、创新和研发也不例外，应该坚持以人为本，关切民众利益。农村公共危机防控的基本价值取向也是维护公共利益。但大数据时代农村公共危机防控信息化在现实中容易忽视对民众利益的关切，出现异化综合征，即为收集数据而赤裸裸地侵犯民众隐私，为实现效率最大化而无情地损害民众利益，为维护“社会稳定”和“政府形象”而刻意隐瞒信息等。但是，随着民众对信息技术掌控和对大数据运用，他们更能理解和真切感知大数据时代农村公共危机防控信息化的异化对其利益的侵犯。在大数据时代农村公共危机防控信息化中，民众会要求政府回归价值的本真，以维护他们切身利益、促进他们生活幸福和提高他们生活质量为基本宗旨，并且以此评判政府的相关工作。这样一来，政府将在大数据时代农村公共危机防控信息化中面临两难境地——大数据技术利用的非人性化（工具理性）与对民众人文关怀的人性化（价值取向），如何处理好工具理性与价值取向的关系将是大数据时代农村公共危机防控信息化的一大挑战。

4.4.2.2 要求政府回应民主表达

网络是一种证明机会均等的新力量，蕴含着民主精神和民主要求，它的发展和运用能够产生民主精神、促进民主发展。网络的结构是一种民主精神的显示，它的共时性让所有的终端用户共享信息[②]。信息技术发展为民主的进步拓展了时空。大数据作为信息技术发展的一次重大变革，对民主的参与形式和表达力度产生了重大影响。网络民主已经成为公共事务管理中不能不面对的问题。在大数据时代农村公共危机防控信息化中，民众的民主表达常常是分散的、凌乱的，主观性和随意性过强，具有个别性与个体性。但是，过分分散的表达方式将无法实现真正的民主协商，过分随意的观点表达将无法实现真实意思的表达，过分个体的民主表达将使得信息收集变得十分困难。政府关注和回应民众对农村公共危机的民主呼声就在于，利用大数据对不同时空领域、不特定主题的民主表达进行聚类归纳，使之由分散走向系统；对随意的、主观的民主表达进行深入挖掘，寻找民众民主真实意思的表达；对众多个体的民主表达进行广泛收集、处理、分析和加工，使之由个体表达变为整体表述。从某种程度上说，政府利用大数据在农村公共危机防控信息化中对民众民主表达的回应，正是大数据分析的价值所在。但是，大数据决策在本质上是一种精英决策，而网络民主表达在本质上是一种草根民主[③]。如何实现精英决策与草根民主耦合，真正做到系统、真实、全面回应民众的民主诉求，对大数据时代农村公共危机防控信息化来说是一大挑战。

---

① 刘永富.也谈哲学价值论研究的人学基础——与赖金良先生商榷[J].教学与研究，2005（10）：57-61.

② 韦吉锋.论网络对社会民主的主要影响[J].桂海论丛，2005（2）：38-40.

③ 孙光宁.大数据时代对网络民主的价值、冲击及其应对策略[J].行政论坛，2014（6）：19-22.

4.4.2.3　要求政府提升防控效益

随着互联网发展，多种来源的信息汇集至政府机构，政府对这些数据进行恰当地管理、建模、分享和转化，可以更全面、更准确地把握公共管理中的各种信息，以过去根本不可能的方式对公共管理做出决策[①]。在大数据时代农村公共危机防控信息化中，大数据为政府部门全面掌握农村公共危机或风险信息提供了充分的可能。政府利用大数据技术收集、处理、加工和分析海量的数据信息，可以帮助农村公共危机决策者更全面、更准确地掌握相关信息，提升对农村公共危机的认知与判断能力，并对农村公共危机进行科学预测和决策。然而，大数据在显著改进农村公共危机防控工作的同时，也面临着成本投入过高的问题。这主要源于以下三点。

1）基础设施投入规模庞大

为了能够更全面地收集农村公共危机相关信息，需要在农村各个领域进行大规模、全覆盖的信息化基础设施建设，而这些建设投入大，收益低，回报周期长。

2）需要处理的数据规模巨大

依据互联网、物联网、云计算技术建立农村公共危机防控信息化网络，每时每刻都在产生纷繁复杂的巨量信息，都是PB量级。并且这些信息的95%为文本、图片、HTML、音频/视频等半结构化、非结构化数据。这不仅需要配备更高级的硬件设备和软件系统进行处理，还需要更高水平的专业人才承担数据处理工作。

3）大数据的价值密度较低

在农村公共危机防控信息化的海量数据中，真正有价值的信息往往只是极其少量的。如在大量的监控录像中，对侦破犯罪有用的信息可能只有几秒钟的画面[②]。但是，政府的公共财政是有限的，对农村公共危机防控信息化投入的增加就意味着其他公共投入的减少。在公民社会不断成熟的今天，民众要求政府在大数据时代农村公共危机防控信息化建设投入中提高公共财政资金使用的效率，以最少投入获得最大效益，以更好地满足公众需求。如何节约成本、实现产出最大化和赢得民众满意，即实现效率、效果和效益的最大化是政府在大数据时代农村公共危机防控信息化中面临的又一大挑战。

4.4.3　农村空心化形成与影响

自20世纪90年代以来，随着城市化、工业化步伐加快，大量农村劳动力特别是高素质的青壮年劳动力流向城镇，他们同时也带走了资金、技术、知识、人才和需求等

① 刘润生.大数据对政府的大影响[N].学习时报，2012-11-26（007）.

② 张春艳.大数据时代的公共安全治理[J].国家行政学院学报，2014（5）：100-104.

资源，造成农村空心化，严重阻碍了农村社会发展[①]。农村空心化的核心是人口空心化，人口空心化必然会造成农村基础设施、农村宅基地、农村产业等方面的空心化[②]。农村空心化最终对大数据时代农村公共危机防控信息化实施的人才、资金、需求等方面构成威胁。

4.4.3.1　农村人口空心化的影响

近年来，我国农村人口持续外流。这主要表现在农村人口城镇化和进城务工两个方面。根据《中国统计年鉴2014》数据显示（表4-6），2009—2013年，我国农村人口每年减少在1 000万以上，考虑农村人口年自然增长率为5‰左右，可以估算出每年农村城镇化人口在2 000万左右。我国农村人口《2014年全国农民工监测调查报告》显示，2010年以来，我国进城的农民工增长比率有所下降，但是总量一直在增长。2014年全国农民工总量为27 395万人，比上年增加501万人，增长1.9%。其中，外出农民工16 821万人，比上年增加211万人，增长1.3%；本地农民工10 574万人，增加290万人，增长2.8%（表4-7）[③]。无论是农村人口城镇化还是进城务工，其主要是高素质青壮年劳动力。农村人口空心化的结果是，农村人口下降和农村青壮年人口比例下降，老人、妇女和儿童成为农村剩下的人口大多数[④]。大数据时代农村公共危机防控信息化的基本前提是农村居民具有较高的信息化素质，能够运用信息技术改善自己的生产生活。老人、妇女和儿童的信息化素质一般都不高，他们难以利用信息化手段利用和反馈农村公共危机信息。无法全面、准确地收集、利用、反馈农村公共危机信息，利用大数据对农村公共危机进行防控将成为空中楼阁。

表4–6　2009—2013 年我国城乡人口构成情况（万人）

年份	全国总人口数	城镇		乡村		与上年相比乡村人口减少数
		人口数	比重（%）	人口数	比重（%）	
2009	133 450	64 512	48.34	68 938	51.66	1 461
2010	134 091	66 978	49.95	67 113	50.05	1 825
2011	134 735	69 079	51.27	65 656	48.73	1 457
2012	135 404	71 182	52.57	64 222	47.43	1 434
2013	136 072	73 111	53.73	62 961	46.27	1 261

注：数据来源《中国统计年鉴2014》。

① 于水，姜凯帆，孙永福．“空心化”背景下农村外出劳动力回流意愿研究[J].华东经济管理，2013（11）：97-111.

② 张丽凤，占鹏飞，吕赞.农村“空心化”环境下的社区建设模式与路径选择[J].农业经济问题，2014（6）：33-38.

③ 国家统计局. 2014年全国农民工监测调查报告[EB/OL].http：//www.stats.gov.cn/tjsj/zxfb/201504/t20150429_797821.html，2015-04-29.

④ 周祝平.中国农村人口空心化及其挑战[J].人口研究，2008（2）：45-52.

表4-7 2010—2014 年全国农民工数量（万人）

	2010年	2011年	2012年	2013年	2014年
农民工总量	24 223	25 278	26 261	26 894	27 395
1. 外出农民工	15 335	15 863	16 336	16 610	16 821
（1）住户中外出农民工	12 264	12 584	12 961	13 085	13 243
（2）举家外出农民工	3 071	3 279	3 375	3 525	3 578
2. 本地农民工	8 888	9 415	9 925	10 284	10 574

注：数据来源于国家统计局。

4.4.3.2 农村产业空心化的影响

随着农村人口、资金等要素不断流向城镇，农村主体弱化、经济衰退，导致农村产业空心化。具体表现为，其一，农民不愿种地，农村土地撂荒，种植业逐渐衰退；其二，农村养殖业逐渐弱化，发展全靠极少数的专业养殖户支撑；其三，农业龙头企业、涉农公司等乡镇企业在农村缺乏生命力，其数量少，规模小；其四，农业产业化、组织化程度低，农村特色产业培育不足；其五，农村配套服务匮乏，创业环境不良，农民创业艰难①。农业兼业化、副业化、老年化越来越明显，农业收入在农民纯收入中所占比重逐步下降（表4-8）。农村产业空心化一方面使得农村信息化建设的经济基础变得越来越不牢固，另一方面相关领域的农村信息化需求动力不足。这不仅制约农村产业领域的信息基础设施建设水平，也制约了农村产业领域的相关信息数据库建设速度、数量和质量，最终威胁到大数据时代农村公共危机防控信息化发展。

表4-8 中国主要年份农村居民纯收入结构与比重统计（1990-2012）

指标	1995年		2000年		2011年		2012年	
	金额	比重	金额	比重	金额	比重	金额	比重
农民纯收入	1 577.7	100	2 253.4	100	6 977.3	100	7 916.6	100
一、工资性收入	353.7	22.42	702.3	31.17	2 963.4	42.47	3 447.5	43.55
二、家庭经营纯收入	1 125.8	71.36	1 427.3	63.34	3 222	46.18	3 533.4	44.63
1.第一产业收入	956.5	60.63	1 090.7	48.40	2 519.9	36.12	2 722.2	34.39
2.第二产业收入	48.2	3.06	99.4	4.41	192.6	2.76	213.7	2.70
3.第三产业收入	121.2	7.68	237.2	10.53	509.4	7.30	597.4	7.55
三、财产性和转移性收入	98.3	6.23	123.9	5.50	791.9	11.35	935.8	11.82

注：数据来源于《中国农村统计年鉴2014》；单位：元/人，%。

① 冉光和，张林，田庆刚.城乡统筹进程中农村空心化形成机理、现状与治理——基于重庆市54个村1236户农户的调查[J].农村经济，2014（5）：3-7.

4.4.3.3 农村社区空心化的影响

随着村庄常住人口减少，农村社区也走向空心化。在村落建设上，新建房屋不断向村庄外围扩散，村中房屋闲置倒塌，村庄呈现外扩内空，空间不断分散和扩大，不利于农村信息化基础设施集约建设。在农村基层管理上，村组干部老龄化严重，面临青黄不接的尴尬局面。他们在大数据时代农村公共危机防控信息化建设中，缺乏积极性和主动性，“等、靠、要”思想严重，缺乏利用信息化手段防控农村公共危机的意识和能力。在农村技术采纳与服务上，老人农业和妇女农业主要采取外延式的扩大再生产，粗放的生产经营方式，对新技术、新品种的采纳意愿不强。这影响了信息化服务在农村发展，政府农业技术推广人员主要采用传统的进村入户方式对农民提供基本的公益性技术服务，信息化、市场化的农业技术推广服务发展缓慢且后劲不足。在公共基础设施上，农村空心化使得农家书屋、村级综合信息化服务站、农村党员干部现代远程教育站点等农村社区公共服务设施建设和维护缺资金、缺人员，并且由于村落扩大与分散等原因，村民不方便利用这些公共设施，导致这些公共设施基本处于闲置状态。在农村生活消费模式上，农民不断地进行农村住宅建设和更新是其生活的一部分，在非耐用型商品和服务型商品消费上增长有限①。在信息时代背景下，信息化终端设备和信息化服务是农村主要的非耐用型商品和服务型商品。这就意味着农村对信息产品和信息服务消费很有限。农村社区空心化使得农村信息化需求、建设和利用等方面都面临着巨大困难，不利于大数据时代农村公共危机防控信息化能力提升。

4.4.4 农村公共危机的复杂化

农村公共危机是由于农村遭受突发性变故且未能得到有效遏制，导致农业生产遭到严重破坏、农民生存受到直接威胁和农村秩序陷于极度混乱的一种非正常状态②。当前，我国经济社会发展处于转型期，加之，农村地域广阔，其自然地理、历史文化传统等条件各异，农村公共危机日益复杂化。这对大数据时代农村公共危机防控信息化能力提出了更高的要求。针对农村公共危机类型更加多样、数量日益增多、化解难度增大等现实情况，如何有效利用信息化手段和大数据方式进行防控是大数据时代农村公共危机防控信息化必须面临的挑战。

4.4.4.1 类型更加多样

当前，我国已经进入风险社会。农村公共危机涉及农村经济社会各个领域，类型更加多样。其一，自然灾害。我国地域辽阔，各地自然地理环境迥异，自然灾害种类多，

① 张良悦，曾赏，程传兴.农村空心化的困境与应对：基于城乡一体化的视角[J].南方农村，2015（2）：34-40.

② 王宁.优化农村公共危机管理[J].重庆行政，2012（4）：39-41.

主要包括干旱、洪涝、大风、冰雹、霜冻、沙尘暴等气象灾害，地震、滑坡、崩塌、泥石流、水土流失、沙漠化、石漠化、火山喷发等地质灾害，虫灾、外来物种入侵等生物灾害。其二，事故灾难。主要指农村各类安全生产事故、交通运输事故、公共设施和设备事故、环境污染和生态破坏事件等引发的危机。其三，公共卫生事件。主要指传染病、群体性不明原因疾病、食品安全和职业危害、动物疫情，以及其他严重影响公众健康和生命安全的事件引发的危机[①]。其四，社会安全事件。主要指农村刑事案件、农村群体性事件等社会安全事件引发的危机。不同类型的农村公共危机其防控思路、原则、措施等都是不同的。因此，大数据时代农村公共危机防控信息化不是一个简单的系统。在利用信息化手段和大数据技术时，需要根据不同类型农村公共危机构建有针对性的防控信息化子系统，由不同的农村公共危机防控信息化子系统构成一个统一的大系统。在这个农村公共危机防控信息化大系统中，既有共享的基础设施和基础数据库，又有针对不同类型农村公共危机的专门防控系统。大数据时代农村公共危机防控信息化只有经历一个长期的理论研究和实践摸索过程，才能建立健全这样一个复杂的系统。

4.4.4.2　数量高居不下

近年来，我国农村经济社会在快速发展的同时，农村公共危机发生数量、频次高居不下。其一，生态环境遭到严重破坏，自然灾害频发。民政部《2014年社会服务发展统计公报》显示，2013年全国各类自然灾害共造成2.4亿人次不同程度受灾，农作物受灾面积2 489.1万公顷，因灾直接经济损失3 373.8亿元。其二，农村事故灾难发生的增长趋势虽然得到一定遏制，但是，总数仍然居高不下。农村交通运输事故、农村环境污染和生态破坏事件等还在不断增长。其三，由于农村公共产品供给和公共服务水平相对较低，对食品安全监控、动物疫病防疫等工作做得不到位，农村公共卫生事件发生频率较高。其四，由于农村社会转型和农村利益分配不均衡，农村区域内社会矛盾日益增多和变得尖锐，上访、游行、集会、械斗、堵塞交通、冲击党政机关等群体性事件频发，同时，农村刑事案件呈现高发态势，农村社会安全受到威胁。高居不下的农村公共危机，将挑战大数据时代农村公共危机防控信息化的各方面能力。利用大数据技术快速收集数量庞大的农村公共危机信息，高效处理、分析这些信息，可为农村公共危机防控提供科学决策方案，尽可能避免和减少农村公共危机造成各种损害。

4.4.4.3　化解难度增大

当前，我国农村公共危机不仅类型更加多样，数量高居不下，而且化解难度增大。农村公共危机化解难度大主要源于农村公共危机信息传播效率不高和农民素质和能力有限。其一，相对于城市而言，农村地域广，居住分散、交通不便，信息设施相对落后，因而农村公共危机信息传递效率与质量不高。其二，农村公共危机信息传播路径不畅。

① 唐钧.应急管理与危机公关——突发事件处置、媒体舆情应对和信任危机管理[M].北京：中国人民大学出版社，2015：4-7.

农村公共危机信息公开主要有三条路径：①上行路径，即村民自下而上向政府及相关部门报告危机相关信息。但在现实中，对于自然性危机，村民受自身意识与能力限制，难以监测和预测，他们上报的危机信息基本上是灾后求援；对于社会性危机，由于村落是个熟人社会，村民坚持“家丑不外扬”“亲亲相隐”的日常生活基本准则，一般不会主动向政府报告。②下行路径，即基层政府工作人员深入民间，调查研究，自上而下获取危机相关信息。然而，随着农村税费改革及相关配套改革推行，基层政权日渐“悬浮”于乡村社会之上，与村民渐行渐远，下行路径失效[①]。③平行路径，主要表现为大众媒体传播农村公共危机信息。然而，媒体一方面存在着“灾害不是新闻，抗灾救灾才是新闻”的观念偏差，另一方面存在着政治化和城市化特征，导致农村公共危机容易成为大众媒体关注的“死角”，平行路径失效[②]。其三，由于封建宗族势力甚至带有黑社会性质的恶人势力在农村的存在和影响，面对农村公共危机事件，农民常常受到裹挟采取非正当途径表达自身利益诉求，也增大了农村公共危机化解难度。正由于农村公共危机信息化设施、信息化传播渠道、农村行为方式等方面原因，使得以信息和数据收集为基础的大数据时代农村公共危机防控信息化面临巨大困境。

① 周飞舟.乡镇政府“空壳化”与政权“悬浮”[J].中国改革，2007（4）：64-65.

② 夏支平.农村公共危机治理研究[D].杨凌：西北农林科技大学博士论文，2011：16.

第5章　大数据时代农村公共危机防控信息化用户评价研究

大数据时代农村公共危机防控信息化能力是一个复杂的系统，从基础构成看包括组织结构、人力资源、技术资源、信息资源、文化资源等方面的能力；从过程构成看包括信息收集、开发、利用、反馈等方面的能力。要对大数据时代农村公共危机防控信息化能力进行全面系统评价十分困难，这就需要转换视角对大数据时代农村公共危机防控信息化能力进行评价。评价是指按照明确目标测定对象的属性，把它变成主观效用的行为过程，即满足主体要求程度的行为过程①。大数据时代农村公共危机防控信息化最终目标是为了避免或减少危机对农村公共利益的损害，维护相关利益者的生命财产安全。从某种意义上说，相关利益者的主观感受是大数据时代农村公共危机防控信息化能力的综合体现。本章将从用户的角度对大数据时代农村公共危机防控信息化能力进行微观分析，依据大数据时代农村公共危机防控信息化能力结构和SWOT分析，构建用户满意度分析模型（AHP），依据湖南省国家农村农业信息化示范省综合服务平台用户满意度调查数据，深入分析用户对大数据时代农村公共危机防控信息化能力的具体要求，以期为大数据时代农村公共危机防控信息化能力建设提供相应依据。本章具体研究技术路线如图5-1所示。

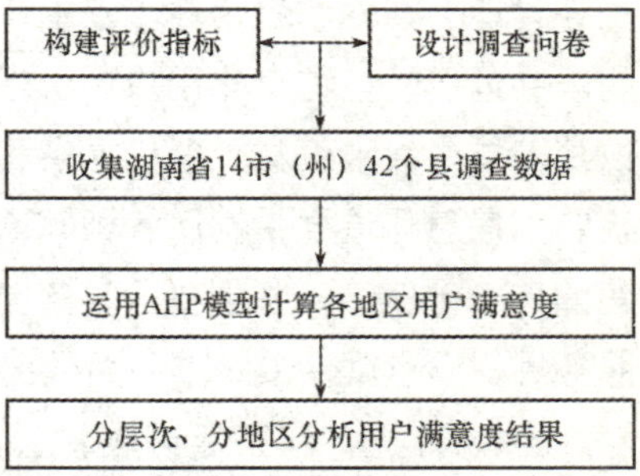

图5-1　研究技术路线

5.1　评价指标的构建

大数据时代农村公共危机防控信息化综合服务平台作为一个信息系统，为人们提供危机信息服务，帮助人们预知风险和做出决策，避免和减少损失。用户评价反映了大数据时代农村公共危机防控信息化的服务能力，关系到大数据时代农村公共危机防控信息化的优势和健康发展。评价具有判断、预测、选择、导向等功能。大数据时代农村公共危机防控信息化用户评价应该以人的需要为尺度，促进大数据时代农村公共危机防控信息化选择那些更有价值的事物、方案或行为，更好地满足人们安全的需要。如何掌握大

① 陈晓剑，梁梁.系统评价方法及应用[M].合肥：中国科学技术大学出版社，1993.

数据时代农村公共危机防控信息化的用户需求，首先需要从价值目标、基本原则和具体构成等方面认真研究用户评价指标的构建。

5.1.1 评价指标构建的价值目标

信息化能力建设是农村公共危机防控应对信息化发展和大数据时代的必然选择，在适应用户需求变化、提高对用户活动的支持层次和力度、提升农村公共危机防控能力等方面具有现实和深远的意义，是带动农村公共危机防控理念、手段和机制创新的重要杠杆。大数据时代农村公共危机防控信息化成功与否，关键在于各种危机信息收集、开发、利用、反馈等方面能力的大小及其对用户需求和用户活动的满足程度与支持力度。因此，大数据时代农村公共危机防控信息化用户评价的基本价值依据是价值客体的功能是否满足价值主体的需要，即大数据时代农村公共危机防控信息化综合服务对用户是否具有价值、具有何种价值、具有多少价值等。据此，构建大数据时代农村公共危机防控信息化用户评价指标体系，以充分掌握大数据时代农村公共危机防控信息化综合服务中的各种能力强弱和各个环节基本情况，不断进行改进和完善。具体而言，大数据时代农村公共危机防控信息化用户评价指标的构建，应该坚持“以人为本”的基本价值取向，以消除或最大限度减少危机损害和维护人的生命财产安全为目标，有利于在农村公共危机防控信息化过程中发现各种问题和总结经验教训，有利于促进农村公共危机防控信息化的技术创新、机制创新、服务创新和管理创新，有利于提高农村公共危机防控信息化服务用户满意度，最终推动大数据时代农村公共危机防控能力建设。

5.1.1.1 有利于促进农村公共危机防控信息资源整合

大数据时代要求我们在信息利用和处理中必须转变思维，利用所有的数据，而不再仅仅依靠一小部分数据①。也就是说，以海量的信息储备和强大的数据分析等技术为基础，将一个个的信息片段根据需要联系起来。大数据时代农村公共危机防控信息化综合服务平台应该使用户感受到危机信息资源不再是一个庞大而零散、割裂的“信息孤岛”，也不再是单一信息类型，而是一个将内容多样和形式各异的危机信息资源整合形成一个融会贯通的危机防控知识网络，提供多维的危机防控知识指向，最终形成一个完整的危机信息数据分析体系，帮助用户建立危机防控信息的全局概念，全面学习和掌握危机信息内容与危机演化趋势，从而使用户及时、有效、准确地掌握农村危机发展实情，采取应对措施以消除或最大程度减少危机损害。因此，大数据时代农村公共危机防控信息化用户评价指标的构建应该有利于促进农村公共危机防控信息资源整合，为用户提供完整、全面的危机信息资源。

① [英]克托·迈尔－舍恩伯格，肯尼思·库克耶.大数据时代：生活、工作与思维的大变革[M].盛杨燕，周涛，译.杭州：浙江人民出版社，2013：29.

5.1.1.2　有利于促进农村公共危机防控信息资源发现

大数据时代对信息处理的主要目的在于发现事物之间的相关关系。“大数据通过给我们找到一个现象良好的关联物，相关关系可以帮助我们捕捉现在和预测未来”[①]。大数据时代农村公共危机防控信息化综合服务平台应该通过平台系统、技术手段，深入分析各种信息的相关关系，充分挖掘、关联和升值信息资源，有效提升信息服务的整体性，促使信息查找和定位更加细化、快捷、准确，帮助用户快速、准确发现危机信息资源的具体来源、演化节点等，从而更好地采取防控措施。因此，大数据时代农村公共危机防控信息化用户评价指标的构建应该有利于促进农村公共危机防控信息资源发现，为用户提供准确、有效的危机信息资源。

5.1.1.3　有利于促进农村公共危机防控信息资源推送

大数据时代的信息服务不仅在于信息资源的整合、挖掘，而且还在于快速、主动推送信息服务[②]。大数据时代农村公共危机防控信息化综合服务平台应该通过深入挖掘各种信息资源之间的立体关系，分析并挖掘大数据背后的潜藏信息，帮助用户发现潜在的知识需求信息，同时利用现代信息技术手段将危机信息节点串联起来，借助于信息推送技术将危机信息传递给用户。因此，大数据时代农村公共危机防控信息化用户评价指标的构建应该有利于促进农村公共危机防控信息资源推送，为用户提供及时、主动的危机信息服务。

5.1.2　评价指标构建的基本原则

大数据时代农村公共危机防控信息化用户评价不仅提供了衡量大数据时代农村公共危机防控信息化能力水平的标准，而且也是大数据时代农村公共危机防控信息化能力建设的指南，是促进大数据时代农村公共危机防控信息化能力提升不可或缺的重要工具与参考。大数据时代农村公共危机防控信息化用户评价指标体系构建一般要遵循以下原则。

5.1.2.1　科学性原则

科学性原则是大数据时代农村公共危机防控信息化用户评价指标体系构建的首要原则。根据大数据时代农村公共危机防控信息化能力建设的性质、特点、现状、发展趋势等，应该对指标进行规范化、标准化的解释和定义，符合大数据时代农村公共危机防控信息化能力发展规律，客观真实地反映大数据时代农村公共危机防控信息化能力发展状况、体现用户的真实需求。指标设计要能够明确反映大数据时代农村公共危机防控信息化能力评价目标与指标间的一致关系，要便于进行纵向与横向对比，尽快可能缩小误差，提高评价效度。只有建立在科学性原则的大数据时代农村公共危机防控信息化用户

---

① [英]克托・迈尔—舍恩伯格，肯尼思・库克耶.大数据时代：生活、工作与思维的大变革[M].盛杨燕，周涛，译.杭州：浙江人民出版社，2013：72.

② 刘江玲.面向大数据的知识发现系统研究[J].情报科学，2014（3）：90-93.

评价指标体系，才能使评价具有客观性、真实性，才能够获得广泛认可，从而推动大数据时代农村公共危机防控信息化能力建设。

5.1.2.2 系统性原则

大数据时代农村公共危机防控信息化能力建设是一个复杂的系统工程。用户对大数据时代农村公共危机防控信息化能力进行评价应该是系统的、全面的。大数据时代农村公共危机防控信息化用户评价属于微观层面的评价问题，对大数据时代农村公共危机防控信息化能力评价应持一种整体观，评价指标的选择与构建必须涉及信息收集、信息开发、信息利用、信息反馈等各个方面，以全面、系统地反映用户对大数据时代农村公共危机防控信息化能力的需求，从而既能够有针对性又能够系统性地推动大数据时代农村公共危机防控信息化能力建设。

5.1.2.3 导向性原则

大数据时代农村公共危机防控信息化能力建设正处在一个起步阶段，需要进行正确的引导。大数据时代农村公共危机防控信息化用户评价指标的构建，应着重选择最能反映大数据时代农村公共危机防控信息化能力建设的价值取向、本质特征、特色因素等内容作为评价指标，一方面通过能力评价为大数据时代农村公共危机防控信息化能力培育与提升指引方向；另一方面，通过用户参与评价为大数据时代农村公共危机防控信息化服务平台不断完善提供依据，从而推动大数据时代农村公共危机防控信息化健康发展。

5.1.2.4 可操作性原则

评价必须具有可操作性才能得到真正实施，才能获得有效的评价结果，最终实现评价目标。大数据时代农村公共危机防控信息化能力涉及信息收集、信息开发、信息利用、信息反馈等各个方面能力。为保证评价的可操作性，一方面，大数据时代农村公共危机防控信息化用户评价指标体系不能过于复杂，应该遵循简明性原则，抓主要矛盾和矛盾的主要方面；另一方面，大数据时代农村公共危机防控信息化用户评价指标应该尽量选择切实可行和便于采集的指标；再一方面，大数据时代农村公共危机防控信息化用户评价指标设计应该易于被用户理解和掌握，即将大数据时代农村公共危机防控信息收集、信息开发、信息利用、信息反馈等各个方面能力转变为用户能够直观感知的指标，以便于用户真实表达自己的评价。

5.1.3 评价指标体系的构成

随着风险社会到来，公共危机管理日益常态化。能力建设与评价在公共危机管理领域得到较为广泛的应用，已成为一个重要的行话或术语[①]。大数据时代背景下，公共

① 杨明亮.能力建设：一个具有重要意义的新概念[J].中国卫生法制，2006（2）：14-16.

危机管理信息化能力成为应急反应能力的直接反映。构建科学合理的公共危机防控信息化能力评价指标是全面提升公共危机防控信息化能力的迫切要求。国内外不少学者对公共危机防控信息化能力评价进行了研究，取得了一些成果。克莱顿（Kaylene Clayton，2003）从用户角度对信息质量进行评价，将信息质量评价划分为信息丰富性、适应性和可获取性三个一级指标[①]。赫尔弗特（Markus Helfert，2003）等从信息获取和决策角度将信息质量划分为可获取性、可解释性、新颖性、置信度、关联性、决策获取、有效性和价值 8 个指标[②]。普赖斯（Rosanne J. Price，2004）等人依据信息符号模型，将信息质量评价指标划分为语法、语义和效用三个层次[③]。王伟（2007）以公共卫生网站为例，构建网站内容、网页设计、网站利用3 个一级指标，信息丰富程度、网络信息的时效性、网站提供的查询功能、网页整体结构设计、页面的层次结构、人机界面的设计水平、链接数量、链接速度、网站开放性和交互性、网站维护与安全性等10个二级指标，对公共防控信息化能力进行评价[④]。

借鉴已有研究成果，根据大数据时代农村公共危机防控信息化能力构成要素以及用户实际需求，本书从信息内容、信息技术和信息利用三个方面构建大数据时代农村公共危机防控信息化用户评价指标体系，具体由3个一级指标、6个二级指标、18个三级指标构成，见表5-1。

表5-1　大数据时代农村公共危机防控信息化用户评价（A）指标体系

一级指标（编号）	二级指标（编号）	三级指标（编号）
信息内容（B_1）	信息数量（C_1）	信息总量（C_{11}）
		信息覆盖全面性（C_{12}）
		信息内容完整性（C_{13}）
	信息质量（C_2）	信息可靠性（C_{21}）
		信息真实性（C_{22}）
		信息针对性（C_{23}）
信息技术（B_2）	平台设计（C_3）	页面设计美观度（C_{31}）
		界面友好程度（C_{32}）
		链接相关重要网站数量（C_{33}）
	平台性能（C_4）	网页打开速度（C_{41}）
		可共享性（C_{42}）
		网站安全性（C_{43}）

① Clayton K. Information Quality： the Relationship to Recruitment in Pre-tertiary IT Education[R]. Australia：Griffith University， Brisbane， 2003：65-77.

② Helfert M， Radon R. Research Approach for Measuring Information Quality in Data Warehousings [EB/OL]. http： // www.iqconference.org/Documents/... % 20Measuring%20IQ.pdf，2007-9-18.

③ Price R J， Shanks G. A Semiotic Information Quality Frame Work [EB/OL]. http： //vishnu.sims. monash.edu.au：16080/dss2004/proceedings/ pdf/65_Price_Shanks.pdf，2004-6-28.

④ 王伟.公共危机管理信息管理体系构建与运行机制研究[D].长春：吉林大学博士论文，2007：190.

续表

一级指标（编号）	二级指标（编号）	三级指标（编号）
信息利用（B_3）	信息时效（C_5）	发布信息及时性（C_{51}）
		信息询问回应性（C_{52}）
		根据具体任务需要发布信息的机动性（C_{53}）
	信息效用（C_6）	访问信息平台的频率（C_{61}）
		平台信息对生产生活发挥的作用（C_{62}）
		对信息服务平台总体满意度（C_{63}）

5.1.3.1 信息内容指标

该指标主要反映用户对大数据时代农村公共危机防控信息化内容的主观感受，包括信息数量和信息质量两个方面。从用户角度看，大数据时代农村公共危机防控信息收集能力和信息开发能力主要表现为信息数量和信息质量。信息数量评价主要指用户对大数据时代农村公共危机防控信息化服务平台提供信息的总体存量、覆盖广度、完整程度等方面的评价。信息质量评价主要指用户对大数据时代农村公共危机防控信息化服务平台提供信息的可靠性、真实性、针对性等方面的评价。

5.1.3.2 信息技术指标

大数据是信息技术发展的产物。信息技术指标反映大数据时代农村公共危机防控信息化中一切有关信息获取、处理、储存、传递、应用等方面的技术水平。性能可靠、使用简便、利用高效的信息技术是大数据时代农村公共危机防控信息化能力的重要体现。大数据时代农村公共危机防控信息化是利用现代信息技术发展成果扩大、延伸和增强人们对危机信息的掌控能力，以消除或降低危机损害。信息技术指数包括用户对农村公共危机信息服务平台设计水平和平台基本性能两个方面的评价结果。平台设计水平评价主要指用户对大数据时代农村公共危机防控信息化服务平台页面设计美观度、界面友好程度、链接相关重要网站数量等方面的评价。平台基本性能评价主要指用户对大数据时代农村公共危机防控信息化服务平台网页打开速度、共享程度、安全性等方面的评价。

5.1.3.3 信息利用指标

信息利用指标是指农村公共危机相关利益者对其所利用的信息服务平台进行评价的指标。信息利用直接反映大数据时代农村公共危机防控信息化平台在信息内容和信息技术所产生的社会效果，也是信息服务平台建设的最终目的。信息利用指标包括用户对大数据时代农村公共危机防控信息化平台提供信息的时效性和效用性两方面评价。信息时效评价主要指用户对大数据时代农村公共危机防控信息化服务平台提供信息的及时性、回应性、机动性等方面的评价。信息效用评价主要指用户对大数据时代农村公共危机防控信息化服务平台提供信息的利用频率、利用效果、满意度等方面的评价。

5.2 调查设计与具体实施

问卷调查是社会调查中最常用的资料和数据收集的方法，具有简单方便、易于收集资料进行统计处理和定量分析等优点[①]。为了有效实施大数据时代农村公共危机防控信息化用户评价，在评价指标体系的基础上，通过问卷设计将各个评价指标转变为具体调查问题。科学选定调查样本，通过问卷调查收集大数据时代农村公共危机防控信息化用户评价数据。这些是进行大数据时代农村公共危机防控信息化用户评价实证研究的基础性工作。

5.2.1 调查问卷的设计

为了保证问卷调查的严谨性和科学性，本书在设计调查问卷中，先后经过以下步骤。

5.2.1.1 调查问卷初稿的拟定

在广泛查阅相关研究文献的基础上，经过课题组成员共同讨论和咨询相关专家，拟定调查问卷初稿。调查问卷由引言、被试者的基本信息问题和被试者对信息化服务平台评价问题三部分组成。问卷引言主要告知被试者本调查的目的、问卷填写说明、感谢之意等。被试者的基本信息问题包括地址、性别、年龄、文化程度、婚姻状况、主要从事工作、家庭收入等。被试者对信息化服务满意度评价问题是根据3个一级指标、6个二级指标、18个三级指标设计18个具体问题。在问题答案回答方式上，问卷除了地址和最后的建议两题采用文字填写，其余都是选择题。其中，对18个满意度问题的作答方式，采用的是李克特五分法量表，“1~5”由弱到强分别表示“极不同意、较不同意、一般、比较同意、非常同意”。

5.2.1.2 调查问卷的预测

问卷初稿设计工作完成之后，请有关专家进行审读，并根据他们的建议进行修改。在此基础上，我们组织学生深入农村对调查问卷进行预测，共发放问卷167份，实际回收137份，有效问卷103份。

5.2.1.3 调查问卷的修订与定稿

课题组成员对预测的调查问卷进行认真分析，深入寻找问卷回收率比较低和无效率比较大的原因。在遵循完整性原则、互斥性原则、协调一致性原则、明确性原则的基础上[②]，对部分问题进行了修改和完善，最终定稿（具体问卷见附录一）。同时，在问卷发放方式上以代填式替代自填式。

---

① 陈振明.社会研究方法[M].北京：中国人民大学出版社，2012：211-212.

② 陈振明.社会研究方法[M].北京：中国人民大学出版社，2012：227-228.

5.2.2 调查对象的选择

对于问卷调查对象的选择，必须考虑被试者是否是符合调查研究目的的对象，调查对象是否具有代表性等问题。大数据时代农村公共危机防控信息化是在大数据背景下利用现代信息技术加强信息的收集、开发、利用和反馈，以提升农村危机防控能力。因此，在选择大数据时代农村公共危机防控信息化用户满意度样本时，首先要考虑调查对象所处地域具有良好的信息化环境。其次，调查对象具有访问和利用相关信息化服务平台的经历和体验。对此，本研究选择国家农村农业信息化示范省湖南省的基层服务站点相关用户为调查对象。

2009年，科技部、中共中央组织部、工信部联合启动了国家农村农业信息化示范省建设工作。2011年，湖南依托农村党员干部远程教育系统成为继山东之后的全国第二个农村农业信息化示范省。湖南省对此十分重视，成立了由省委书记为组长，各职能部门一把手为成员的国家农村农业信息化示范省建设领导小组，将湖南省国家农村农业信息化示范省建设作为“数字湖南”建设的重要组成部分。2013年7月，按照“平台上移、服务下延、资源整合、统一接入”的基本原则，湖南省国家农村农业信息化示范省综合服务平台建成并投入使用。该平台由湖南农业大学、湖南科学技术信息研究所和北京联信永益科技股份有限公司联合成立的湖南腾农科技服务有限责任公司负责运营，由交互平台、应用服务、基础服务、业务数据库、云计算硬件资源等五个子平台构成，支持“语音、短信、视频、网络、广播”等多方式接入，打造“远程呼叫、双向可视、产业交流、专业服务”的模式，整合分散在政府各个部门、科研院所、专家、市场、企业等涉农信息资源，利用互联网、移动通讯和广播电视等方便、快捷和低成本的信息通道，以农村综合信息服务站、专业信息服务站和各种终端设备为落地手段，为农业生产经营活动和农村生活服务提供全面的信息技术支撑。

为实现“平台上移、服务下延、资源整合、统一接入”，在湖南省国家农村农业信息化示范省综合服务平台的基础上，建立了服务“百万农户”服务中心，建立了湖南省农村农业信息化云数据中心，建立了1 061个基层信息站点。通过这些基层服务站点对接科技、党务、民生、市场等资源，建立多个特色应用系统，为广大基层农业生产者、农村产业化组织、农户提供实时互动的“扁平化”信息服务，解决农村农业信息化服务“最后一公里”问题。该平台在农业自然灾害预防、动物疫情防控、农产品市场销售风险预警、农药种子等农资打假、各种农业科技推广等方面为农村居民提供了及时的信息服务，帮助农村居民在生产生活中规避、减少各种风险和危机，取得了突出成绩，为湖南农业健康发展、农民持续增收和农村繁荣稳定发挥了巨大作用。

基于此，本研究以湖南基层信息服务站点的用户为调查对象，收集他们对湖南省国家农村农业信息化示范省综合服务平台访问和利用的评价数据，开展大数据时代农村公共危机防控信息化用户评价，探寻大数据时代农村公共危机防控信息化能力建设中的成功经验与各种问题。

5.2.3 问卷的发放与回收

问卷调查发放必须考虑两个因素：一是问卷的回收率，即经过调查对象填答并能被调查者收回与所发问卷总数之间的比率；二是问卷的有效率，即实际回收的问卷数减去无效问卷再除以实际回收的问卷数。回收率和有效率的多少与问卷设计质量和问卷发放方式有关[①]。在保证问卷设计质量的基础上，本研究重点控制了调查问卷发放和回收过程，以尽可能提高调查资料和数据的信度和效度。

5.2.3.1 调查问卷发表方式

按问卷填写者的不同，可以将问卷发放方式分为自填式和代填式两大类。自填式问卷调查是通过邮寄、直接送发等方式将问卷送到调查对象手中，由调查对象自己填写。代填式问卷调查是由调查者根据被调查者的口头回答代为填写问卷的一种调查方式，主要有访问问卷调查和电话问卷调查两种形式[②]。本研究在调查问卷预测试中，主要采用自填式问卷调查方式，较少一部分采用了代填式问卷调查方式。结果显示，自填式问卷调查方式难以控制回答过程，部分调查对象不配合调查或者随意填写问卷，问卷的回收率和有效率都比较低。而代填式问卷调查方式有利于控制访谈过程，调查对象通过与调查者交谈更容易理解问题并做出正确分析和回答，而且问卷的回收率和有效率非常高。为了保证问卷调查在实施中具有较高的填写质量、回收率和有效率，本研究采用了代填式问卷调查方式。

5.2.3.2 调查问卷发放过程

1）调查人员的选择与培训

本研究从湖南农业大学公共管理与法学学院本科生与硕士研究生中招募调查志愿者27名。调查志愿者均为湖南籍，所承担的任务就是到其所在县（市、区）或相邻县（市、区）进行本次调查。然后，对调查志愿者进行集中培训，告知调查相关主要事项，尤其是向他们充分解读调查问卷内容，使他们能够充分理解调查问卷的所有问题，以便了解在与调查对象交谈中传递问题的真实意图。

2）具体调查地点的选择

当前，湖南省共建成1 061个农村农业信息化基层服务站点，分别在14个市（州）的117个县（市、区）。本研究根据互联网普及率将14个市（州）的县（市、区）分为

① 陈振明.社会研究方法[M].北京：中国人民大学出版社，2012：230.
② 陈振明.社会研究方法[M].北京：中国人民大学出版社，2012：212-213.

上中下三个层次，每个市（州）的每个层次随机抽取1个县（市、区），然后在抽取的县（市、区）中随机选择3个基层服务站点，每个基层服务站点选取20~25个调查对象。这样共选取14个市（州）42个县（市、区）126个基层服务站点的2 851个调查对象（表5-2）。

3）调查问卷具体发放

在湖南科学技术信息研究所、湖南省科技厅农村发展处、湖南农业大学和湖南腾农科技服务有限责任公司的大力支持下，2015年1—2月，课题组组织调查志愿者利用寒假具体实施本项调查。

5.2.3.3 调查问卷回收情况

本次调查共发放问卷2 851份，回收问卷2 851份，回收率为100%，有效问卷为2 771份，有效率为97.19%。无效问卷主要是由于调查对象回答问题前后矛盾所致。本次调查由于采取代填式问卷调查方式，由调查志愿者进村入户与调查对象进行面对面的访谈，采取一问一答的方式帮助调查对象代为填写问卷，因此，调查问卷的回收率和有效率比较高（表5-2）。

表5-2 调查问卷发放与回收情况一览表

市（州）	县（市、区）	发放数	回收数	回收率	有效数	有效率
长沙	望城区、长沙县、宁乡县	208	208	100%	202	97.12%
株洲	天元区、醴陵市、茶陵县	209	209	100%	201	96.17%
湘潭	雨湖区、湘潭县、韶山市	207	207	100%	203	98.07%
衡阳	石鼓区、衡南县、祁东县	203	203	100%	199	98.03%
邵阳	邵东县、新邵县、隆回县	205	205	100%	201	98.05%
岳阳	君山区、湘阴县、平江县	207	207	100%	202	97.58%
常德	鼎城区、澧县、石门县	206	206	100%	203	98.54%
张家界	武陵源区、慈利县、桑植县	196	196	100%	192	97.96%
益阳	赫山区、桃江县、安化县	201	201	100%	197	98.01%
郴州	北湖区、嘉禾县、汝城县	204	204	100%	198	97.06%
永州	冷水滩区、宁远县、新田县	206	206	100%	197	95.63%
怀化	鹤城区、沅陵县、通道县	199	199	100%	191	95.98%
娄底	娄新区、双峰县、涟源市	202	202	100%	195	96.53%
湘西	吉首市、花垣县、古丈县	198	198	100%	190	95.96%
合计		2851	2851	100%	2771	97.19%

5.2.4　调查对象的基本情况

本次调查对象均为访问过“湖南省国家农村农业信息化示范省综合服务平台”的用户，包括在家务农人员、打工返乡人员、在农村自主创业人员、村组干部、农业专业合作社人员等。运用SPSS20.0软件对调查数据进行统计分析，调查对象的具体情况如下。

由表5-3可见，14个市（州）2 771名有效答题的调查对象中，男性为1 595人，占57.56%。每个地区调查对象男性均高于女性，其中怀化市的调查对象男性最高，为65.97%。从某种程度上说，抽样地区男性用户对“湖南省国家农村农业信息化示范省综合服务平台”的访问高于女性用户。就调查对象的婚姻情况而言，已婚人数占绝对多数，为2 223人。14个市（州）调查对象未婚情况与地区经济发展水平基本成正相关性，即地区经济发展水平越高，调查对象未婚比例也越高。

表5-3　调查对象的性别与婚姻情况一览表

市（州）	男		女		已婚		未婚	
	人数	比例	人数	比例	人数	比例	人数	比例
长沙	115	56.93%	87	43.07%	149	73.76%	53	26.24%
株洲	105	52.24%	96	47.76%	152	75.62%	49	24.38%
湘潭	104	51.23%	99	48.77%	145	71.43%	58	28.57%
衡阳	111	55.78%	88	44.22%	159	79.90%	40	20.10%
邵阳	119	59.20%	82	40.80%	167	83.08%	34	16.92%
岳阳	125	61.88%	77	38.12%	157	77.72%	45	22.28%
常德	124	61.08%	79	38.92%	156	76.85%	47	23.15%
张家界	100	52.08%	92	47.92%	161	83.85%	31	16.15%
益阳	108	54.82%	89	45.18%	153	77.66%	44	22.34%
郴州	113	57.07%	85	42.93%	166	83.84%	32	16.16%
永州	116	58.88%	81	41.12%	155	78.68%	42	21.32%
怀化	126	65.97%	65	34.03%	164	85.86%	27	14.14%
娄底	121	62.05%	74	37.95%	169	86.67%	26	13.33%
湘西	108	56.84%	82	43.16%	170	89.47%	20	10.53%
全省	1595	57.56%	1176	42.44%	2223	80.22%	548	19.78%

由表5-4可见，就整体而言，45岁以下的调查对象为2 153人，占77.05%。这在一定

程度说明，农村农业信息化综合服务平台作为信息化发展的产物，对其访问和利用需要一定接受新事物的能力和兴趣。45岁以下的人相对来说更容易对信息化服务产生兴趣，更主动学习接受信息化服务的相关技能。调查志愿者在具体调查中也认识到了这一点。本调查的基本前提是调查对象必须有访问和利用湖南省农村农业信息化综合服务平台的经历。调查志愿者发现，45岁以上的人较少关注湖南省农村农业信息化综合服务平台，他们中的许多人自然就不符合调查对象的要求。而从各个地区来看，在经济相对发达和思想相对开放的地区，45岁以上的调查对象比例相对要高些，不同年龄阶段的调查对象分布相对要均衡些。

表5-4　调查对象的年龄情况一览表

市（州）	30岁以下		31~45岁		46~60岁		61岁以上	
	人数	比例	人数	比例	人数	比例	人数	比例
长沙	65	32.18%	73	36.14%	61	30.20%	4	1.98%
株洲	68	33.83%	78	38.81%	48	23.88%	6	2.99%
湘潭	67	33.00%	87	42.86%	45	22.17%	4	1.97%
衡阳	66	33.17%	101	50.75%	28	14.07%	4	2.01%
邵阳	58	28.86%	74	36.82%	66	32.84%	2	1.00%
岳阳	55	27.23%	105	51.98%	40	19.80%	2	0.99%
常德	63	31.03%	89	43.84%	47	23.15%	4	1.97%
张家界	58	30.21%	108	56.25%	27	14.06%	0	0.00%
益阳	57	28.93%	100	50.76%	37	18.78%	2	1.02%
郴州	59	29.80%	91	45.96%	48	24.24%	0	0.00%
永州	61	30.96%	93	47.21%	41	20.81%	2	1.02%
怀化	61	31.94%	94	49.21%	36	18.85%	0	0.00%
娄底	64	32.82%	84	43.08%	43	22.05%	4	2.05%
湘西	51	26.84%	105	55.26%	30	15.79%	4	2.11%
全省	853	30.78%	1 282	46.26%	597	21.54%	38	1.37%

由表5-5可见，在整个调查对象中，初中和高中学历者为2 155人，占77.77%。这与湖南农村居民受教育实际情况比较符合。掌握访问和利用湖南省农村农业信息化综合服务平台需要一定文化程度，但农村居民接受高等教育的人数少，具有初中和高中学历的调查对象占据绝对多数。

表5–5　调查对象的文化程度情况一览表

市（州）	小学及以下		初中		高中		大专及以上	
	人数	比例	人数	比例	人数	比例	人数	比例
长沙	22	10.89%	67	33.17%	87	43.07%	26	12.87%
株洲	26	12.94%	72	35.82%	79	39.30%	24	11.94%
湘潭	18	8.87%	65	32.02%	90	44.33%	30	14.78%
衡阳	32	16.08%	92	46.23%	59	29.65%	16	8.04%
邵阳	30	14.93%	92	45.77%	63	31.34%	16	7.96%
岳阳	14	6.93%	79	39.11%	87	43.07%	22	10.89%
常德	26	12.81%	93	45.81%	70	34.48%	14	6.90%
张家界	31	16.15%	86	44.79%	62	32.29%	13	6.77%
益阳	45	22.84%	99	50.25%	51	25.89%	2	1.02%
郴州	16	8.08%	91	45.96%	69	34.85%	22	11.11%
永州	28	14.21%	99	50.25%	55	27.92%	15	7.61%
怀化	32	16.75%	97	50.79%	55	28.80%	7	3.66%
娄底	23	11.79%	88	45.13%	64	32.82%	20	10.26%
湘西	36	18.95%	98	51.58%	46	24.21%	10	5.26%
全省	379	13.68%	1 218	43.96%	937	33.81%	237	8.55%

由表5-6可见，外出务工人员占整个调查对象的46.88%，而且经济发展相对落后地区调查对象的外出务工比例相对更高。而在经济相对发达、区域位置比较优越、自然条件比较优越的地区，调查对象从事自主创业、经商等工作相对多一些。随着国家大力推进“双创”（大众创新、万众创业）政策，许多在外务工的农村居民正积极考虑返乡创业，比较关注湖南省农村农业信息化综合服务平台，以期从中获取相关农业发展项目信息、农村创业信息等。

表5–6　调查对象从事工作情况一览表

市（州）	在家务农		外出务工		自主创业		其他	
	人数	比例	人数	比例	人数	比例	人数	比例
长沙	46	22.77%	67	33.17%	53	26.24%	36	17.82%
株洲	39	19.40%	86	42.79%	42	20.90%	34	16.92%
湘潭	51	25.12%	73	35.96%	49	24.14%	30	14.78%
衡阳	48	24.12%	94	47.24%	38	19.10%	19	9.55%

续表

市（州）	在家务农		外出务工		自主创业		其他	
	人数	比例	人数	比例	人数	比例	人数	比例
邵阳	39	19.40%	90	44.78%	40	19.90%	32	15.92%
岳阳	47	23.27%	85	42.08%	44	21.78%	26	12.87%
常德	45	22.17%	87	42.86%	35	17.24%	36	17.73%
张家界	33	17.19%	108	56.25%	25	13.02%	26	13.54%
益阳	43	21.83%	99	50.25%	41	20.81%	14	7.11%
郴州	38	19.19%	105	53.03%	26	13.13%	29	14.65%
永州	34	17.26%	106	53.81%	35	17.77%	22	11.17%
怀化	33	17.28%	97	50.79%	25	13.09%	36	18.85%
娄底	30	15.38%	101	51.79%	41	21.03%	23	11.79%
湘西	49	25.79%	101	53.16%	21	11.05%	19	10.00%
全省	575	20.75%	1 299	46.88%	515	18.59%	382	13.79%

由表5-7可见，整个调查对象家庭人均收入分布情况为：5 001~10 000元比例最高，为34.43%；10 001~15 000元比例其次，为28.62%；3 001~5 000元比例为15.66%；15 001元以上比例为12.92%；3 000元以下比例最低，为8.37%。根据《湖南统计年鉴2014》数据显示，湖南省农村居民家庭人均纯收入为8 372.1元。本调查数据与《湖南统计年鉴2014》数据基本相符，但3 000元以下比例与10 000元以上比例有一定偏差。这主要是因为，我们选取的调查对象是曾经访问和利用湖南省农村农业信息化综合服务平台的农村居民。而这些人相当一部分是思想更加开放、文化程度更加高的农村经济社会发展带头人，经济收入水平自然要高一些。从各个地区看，经济发达地区的调查对象人均家庭收入相对经济欠发达地区要高，具体体现为经济越发达地区的调查对象人均家庭收入在10 000以上的比例越高，而5 000元以下的比例越低，而经济落后地区的调查对象人均家庭收入的分布比例则相反。

表5-7　调查对象的人均家庭收入情况一览表

市（州）	3 000元以下		3 001~5 000元		5 001~10 000元		10 001~15 000元		15 001元以上	
	人数	比例	人数	比例	人数	比例	人数	比例	人数	比例
长沙	10	4.95%	14	6.93%	46	22.77%	79	39.11%	53	26.24%
株洲	12	5.97%	22	10.95%	62	30.85%	66	32.84%	39	19.40%
湘潭	8	3.94%	24	11.82%	55	27.09%	79	38.92%	37	18.23%
衡阳	18	9.05%	30	15.08%	78	39.20%	46	23.12%	27	13.57%

续表

市（州）	3 000元以下		3 001～5 000元		5 001～10 000元		10 001～15 000元		15 001元以上	
	人数	比例	人数	比例	人数	比例	人数	比例	人数	比例
邵阳	22	10.95%	38	18.91%	74	36.82%	48	23.88%	19	9.45%
岳阳	10	4.95%	18	8.91%	65	32.18%	75	37.13%	34	16.83%
常德	6	2.96%	26	12.81%	80	39.41%	67	33.00%	24	11.82%
张家界	25	13.02%	36	18.75%	67	34.90%	46	23.96%	18	9.38%
益阳	24	12.18%	28	14.21%	81	41.12%	43	21.83%	21	10.66%
郴州	14	7.07%	38	19.19%	77	38.89%	50	25.25%	19	9.60%
永州	12	6.09%	41	20.81%	73	37.06%	51	25.89%	20	10.15%
怀化	21	10.99%	44	23.04%	63	32.98%	46	24.08%	17	8.90%
娄底	14	7.18%	33	16.92%	70	35.90%	57	29.23%	21	10.77%
湘西	36	18.95%	42	22.11%	63	33.16%	40	21.05%	9	4.74%
全省	232	8.37%	434	15.66%	954	34.43%	793	28.62%	358	12.92%

由表5-8可见，在整个调查对象中，利用自己的电脑或手机访问湖南省农村农业信息化综合服务平台的比例达54.53%。这主要有两个方面原因，一是随着农村经济和农村信息化发展，电脑、智能手机在农村居民普及率不断提高。二是得益于湖南“村通工程”成功实施，农村信息化接入条件不断改善。湖南通信行业累计投资80余亿元实施该工程，截至2014年年底，湖南省行政村通电话率、乡镇通宽带率均已达到100%；实现了3G和4G网络全省乡（镇）的全覆盖；自然村通电话率达98%，行政村通宽带率接近95%[①]。另外，利用基层服务站点电脑、其他途径访问湖南省农村农业信息化综合服务平台的比例分别为31.90%、13.57%。这说明，农村农业信息化基层综合服务站点在湖南农村农业信息化建设中发挥着重要作用。尤其在经济落后的山区，由于3G和4G网络覆盖有限，农村居民购买电脑和宽带付费能力有限，他们更多地通过基层综合服务站点或其他途径（网吧、请人代为查询等）访问湖南省农村农业信息化综合服务平台。

表5–8　调查对象的接受平台服务途径情况一览表

市（州）	利用自己的电脑或手机		利用基层服务站点电脑		其他	
	人数	比例	人数	比例	人数	比例
长沙	137	67.82%	39	19.31%	26	12.87%
株洲	126	62.69%	53	26.37%	22	10.95%

① 赖泳源.湖南“村通工程”投资超80亿 乡镇通宽带率100%[EB/OL]. http：//hunan.voc.com.cn/article/201508/201508110934176220001.html，2015-08-11.

续表

市（州）	利用自己的电脑或手机		利用基层服务站点电脑		其他	
	人数	比例	人数	比例	人数	比例
湘潭	153	75.37%	33	16.26%	17	8.37%
衡阳	101	50.75%	66	33.17%	32	16.08%
邵阳	103	51.24%	71	35.32%	27	13.43%
岳阳	135	66.83%	51	25.25%	16	7.92%
常德	120	59.11%	62	30.54%	21	10.34%
张家界	69	35.94%	89	46.35%	34	17.71%
益阳	132	67.01%	37	18.78%	28	14.21%
郴州	91	45.96%	72	36.36%	35	17.68%
永州	103	52.28%	57	28.93%	37	18.78%
怀化	65	34.03%	91	47.64%	35	18.32%
娄底	121	62.05%	61	31.28%	13	6.67%
湘西	55	28.95%	102	53.68%	33	17.37%
全省	1 511	54.53%	884	31.90%	376	13.57%

5.3 模型构建与数据处理

为实现从用户角度评价大数据时代农村公共危机防控信息化能力，本书根据前面的调查设计，构建模糊层次分析法（AHP），确定大数据时代农村公共危机防控信息化用户评价3个一级指标、6个二级指标、18个三级指标的权重，对问卷调查数据进行处理，计算出湖南省14个市（州）农村农业信息化综合服务平台用户评价的各方面得分以及最后得分。

5.3.1 层次分析（AHP）模型的构建

用户对大数据时代农村公共危机防控信息化服务平台评价是一个复杂的过程，需要解决多目标问题，具有一定的模糊性和不确定性。本书运用层次分析法（AHP），构建大数据时代农村公共危机防控信息化用户评价层次分析模型，将大数据时代农村公共危机防控信息化用户评价的定性问题数量化、复杂问题简约化，将多目标问题综合为单目标问题，实现用定量分析方法对不定量的大数据时代农村公共危机防控信息化能力进行评估，简化评价的复杂度。

5.3.1.1　层次分析法（AHP）简介

层次分析法（Analytic Hierarchy Process，AHP）是由美国运筹学家、匹茨堡大学教授萨蒂于20世纪70年代初提出来的。它在本质上是一种思维方式，通过将与决策有关的元素分解成目标、准则、方案等层次，最终实现定性和定量分析的决策。它的实施主要分为三个步骤：首先，建立递阶层次结构。把复杂问题分解成各个组成因素，根据这些因素之间的支配关系分组建立递阶层次结构。其次，构造两两比较判断矩阵。根据综合决策者的判断，采取两两比较的方式，按9分位比率将各评价指标的相对优劣顺序，依次构造出评价指标的判断矩阵，确定各个层次中诸因素的相对重要性，最终形成决策方案相对重要性的总排序[①]。最后，计算各备选元素的权重。采取几何平均法（根法）和规范列平均法（和法）计算出判断矩阵权重。层次分析法（AHP）体现了人决策思维的基本特征，是一种系统、简明、实用的决策分析方法。

5.3.1.2　大数据时代农村公共危机防控信息化用户评价层次分析模型的构建

在对大数据时代农村公共危机防控信息化用户评价3个一级指标、6个二级指标、18个三级指标进行分解的基础上，建立用户评价层次分析模型（图5-2）。该评价层次分析模型共由四层构成。第一层是总目标层，具体为用户评价（A）；第二层和第三层为准则层，其中，第二层为3个一级指标，即信息内容（B_1）、信息技术（B_2）和信息利用（B_3）；第三层为6个二级指标，即信息数量（C_1）、信息质量（C_2）、平台设计（C_3）、平台性能（C_4）、信息时效（C_5）和信息效用（C_6）；第四层为方案层（又称指标层），具体分为18个三级指标。这四个层次自上而下细化了用户对大数据时代农村公共危机防控信息化服务平台的评价，实现将大数据时代农村公共危机防控信息化能力评价各种问题由模糊变为具体、由复杂变为简约，从而为大数据时代农村公共危机防控信息化能力评价有效实施奠定了基础。

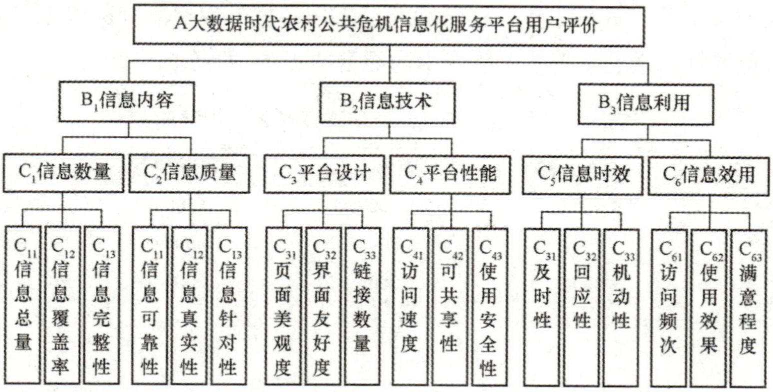

图5-2　大数据时代农村公共危机防控信息化用户评价层次分析模型图

① 王莲芬，许树柏.层次分析法引论[M].北京：中国人民大学出版社，1990：8.

5.3.2 指标体系权重的确定

根据大数据时代农村公共危机防控信息化用户评价层次分析模型，分层次构造判断矩阵，根据专家打分确定各个层次中诸因素的相对重要性，计算出诸因素的权重，然后进行判断矩阵的一致性检验，最终确定诸因素的权重。

5.3.2.1 构造判断矩阵

根据大数据时代农村公共危机防控信息化用户评价层次分析模型，共构建10个矩阵（表5-9～表5-18），即第二层准则层与第一层目标层构造出“用户评价”矩阵，第三层准则层与第二层准则层构造出“信息内容”矩阵、“信息技术”矩阵和“信息利用”矩阵，第四层方案层与第三层准则层构造出“信息数量”矩阵、“信息质量”矩阵、“平台设计”矩阵、“平台性能”矩阵、“信息时效”矩阵和“信息效用”矩阵。每个矩阵为2~3对因素进行两两比较，所有10个矩阵共24个两两比较判断。

5.3.2.2 专家组判断

在判断矩阵的两两比较中，为了能够更加准确、科学地确定谁相对重要。本书设计了24个问题（见附录二），请专家进行评判。专家组由5名农村信息化研究人员、5名湖南省国家农村农业信息化示范省综合服务平台的工作人员和10名用户组成。根据专家组的评判，确定各个层次中诸因素的相对重要性。本书在专家判断的范围内对部分判断进行了微调，最后，所有矩阵通过了一致性判断的检验，即，判断矩阵的一致性比例（CR）小于0.10。

5.3.2.3 指标权重的计算

判断矩阵中各因素的权重可以采取几何平均法（根法）和规范列平均法（和法）计算。本书利用AHP分析软件（yaahp Free SetupV7.5），建立大数据时代农村公共危机防控信息化用户评价层次分析模型，构造判断矩阵，根据专家组的判断确定各个层次中诸因素的相对重要性，最后获得各个层次中诸因素的权重（表5-9～表5-19）。

表5-9 用户评价2级判断矩阵及其相对权重向量

A用户评价	B_1信息内容	B_2信息技术	B_3信息利用	W_i
B_1信息内容	1.000 0	2.000 0	0.500 0	0.250 0
B_2信息技术	1.000 0	1.000 0	0.500 0	0.250 0
B_3信息利用	2.000 0	2.000 0	1.000 0	0.500 0
注：判断矩阵一致性比例：0.000 0；对“用户评价”的权重：1.000 0；λ_{max}：3.000 0。				

表5-10 信息内容评价3级判断矩阵及其相对权重向量

B_1信息内容	C_1信息数量	C_2信息质量	W_i
C_1信息数量	1.000 0	0.333 3	0.250 0

续表

B_1信息内容	C_1信息数量	C_2信息质量	W_i
C_2信息质量	3.000 0	1.000 0	0.750 0
注：判断矩阵一致性比例：0.000 0；对“用户评价”的权重：0.250 0；λ_{max}：2.000 0。			

表5-11　信息技术评价3级判断矩阵及其相对权重向量

B_2信息技术	C_3平台设计	C_4平台性能	W_i
C_3平台设计	1.000 0	0.333 3	0.250 0
C_4平台性能	3.000 0	1.000 0	0.750 0
注：判断矩阵一致性比例：0.000 0；对“用户评价”的权重：0.250 0；λ_{max}：2.000 0。			

表5-12　信息利用评价3级判断矩阵及其相对权重向量

B_3信息利用	C_5信息时效	C_6信息利用	W_i
C_5信息时效	1.000 0	0.200 0	0.166 7
C_6信息利用	5.000 0	1.000 0	0.833 3
注：判断矩阵一致性比例：0.000 0；对“用户评价”的权重：0.500 0；λ_{max}：2.000 0。			

表5-13　信息数量评价4级判断矩阵及其相对权重向量

C_1信息数量	C_{11}信息总数量	C_{12}信息覆盖面	C_{13}信息完整性	W_i
C_{11}信息总数量	1.000 0	1.000 0	0.500 0	0.250 0
C_{12}信息覆盖面	1.000 0	1.000 0	0.500 0	0.250 0
C_{13}信息完整性	2.000 0	2.000 0	1.000 0	0.500 0
注：判断矩阵一致性比例：0.000 0；对“用户评价”的权重：0.062 5；λ_{max}：3.000 0。				

表5-14　信息质量评价4级判断矩阵及其相对权重向量

C_2信息质量	C_{21}信息可靠性	C_{22}信息真实性	C_{23}信息针对性	W_i
C_{21}信息可靠性	1.000 0	1.000 0	0.333 3	0.200 0
C_{22}信息真实性	1.000 0	1.000 0	0.333 3	0.200 0
C_{23}信息针对性	3.000 0	3.000 0	1.000 0	0.600 0
注：判断矩阵一致性比例：0.000 0；对“用户评价”的权重：0.187 5；λ_{max}：3.000 0。				

表5-15　平台设计评价4级判断矩阵及其相对权重向量

C_3平台设计	C_{31}设计美观度	C_{32}界面友好度	C_{33}网站链接数	W_i
C_{31}设计美观度	1.000 0	0.250 0	0.250 0	0.110 3

续表

C_3平台设计	C_{31}设计美观度	C_{32}界面友好度	C_{33}网站链接数	W_i
C_{32}界面友好度	4.000 0	1.000 0	0.500 0	0.346 0
C_{33}网站链接数	4.000 0	2.000 0	1.000 0	0.543 8
注：判断矩阵一致性比例：0.051 8；对“用户评价”的权重：0.062 5；λ_{max}：3.053 9。				

表5-16　平台性能评价4级判断矩阵及其相对权重向量

C_4平台性能	C_{41}访问速度	C_{42}可共享性	C_{43}使用安全性	W_i
C_{41}访问速度	1.000 0	0.500 0	0.250 0	0.137 3
C_{42}可共享性	2.000 0	1.000 0	0.333 3	0.239 5
C_{43}使用安全性	4.000 0	3.000 0	1.000 0	0.623 2
注：判断矩阵一致性比例：0.017 6；对“用户评价”的权重：0.187 5；λ_{max}：3.018 3。				

表5-17　信息时效评价4级判断矩阵及其相对权重向量

C_5信息时效	C_{51}信息及时性	C_{52}咨询回应性	C_{53}临时机动性	W_i
C_{51}信息及时性	1.000 0	0.333 3	1.000 0	0.200 0
C_{52}咨询回应性	3.000 0	1.000 0	3.000 0	0.600 0
C_{53}临时机动性	1.000 0	0.333 3	1.000 0	0.200 0
注：判断矩阵一致性比例：0.000；对“用户评价”的权重：0.083 3；λ_{max}：3.000 0。				

表5-18　信息效用评价4级判断矩阵及其相对权重向量

C_6信息效用	C_{61}访问频次	C_{62}使用效果	C_{63}满意程度	W_i
C_{61}访问频次	1.000 0	0.200 0	0.250 0	0.098 2
C_{62}使用效果	5.000 0	1.000 0	2.000 0	0.567 9
C_{63}满意程度	4.000 0	0.500 0	1.000 0	0.333 9
注：判断矩阵一致性比例：0.023 7；对“用户评价”的权重：0.416 7；λ_{max}：3.024 7。				

表5-19　大数据时代农村公共危机防控信息化用户评价各指标的最终权重

备选方案	权重	备选方案	权重	备选方案	权重
C_{11}信息总数量	0.015 6	C_{31}设计美观度	0.006 9	C_{51}信息及时性	0.016 7
C_{12}信息覆盖面	0.015 6	C_{32}界面友好度	0.021 6	C_{52}咨询回应性	0.050 0
C_{13}信息完整性	0.031 3	C_{33}网站链接数	0.034 0	C_{53}临时机动性	0.016 7
C_{21}信息可靠性	0.037 5	C_{41}访问速度	0.025 7	C_{61}访问频次	0.040 9
C_{22}信息真实性	0.037 5	C_{42}可共享性	0.044 9	C_{62}使用效果	0.236 6
C_{23}信息针对性	0.112 5	C_{43}使用安全性	0.116 9	C_{63}满意程度	0.139 1

5.3.3 数据处理与计算

对问卷调查数据进行统计与处理，结合层次分析模型所得到的大数据时代农村公共危机防控信息化用户评价各指标的最终权重，最终计算出湖南省14个市（州）用户对湖南省国家农村农业信息化示范省综合服务平台的评价得分。

5.3.3.1 量表问题描述统计

对于调查回收的2 771份有效问卷，就其第二部分的18个量表问题，运用SPSS20.0软件统计每个问题在湖南省及其14个市（州）的样本容量、从1～5的得分频数及其比例、均值和标准差（见附录三和表5-20）。

5.3.3.2 各指标分值折算

为了顺应我们的思维习惯和更直观反映湖南省14个市（州）用户对湖南省国家农村农业信息化示范省综合服务平台的评价，本书将5分值折算成为100分值。1、2、3、4、5分别折算为20、40、60、80、100。

5.3.3.3 计算结果

采用Excel软件作为数据统计工具，根据各项指标的问卷调查数据（见附录三）和权重（表5-19），依据公式$CSI=\sum W_{ij}C_{ij}\times 20$（CSI为最终满意度，$W$为权重，$C$为各指标的调查数值，$i$=1，2，…，$n$；$j$=1，2，…，$n$）计算出各项三级指标得分（表5-21），然后计算出湖南省及其14个市（州）的二级指标得分，具体计算如下：

$$C_1=(C_{11}\times 0.015\ 6+C_{12}\times 0.015\ 6+C_{13}\times 0.031\ 3)\times 20$$

$$C_2=(C_{21}\times 0.037\ 5+C_{22}\times 0.037\ 5+C_{23}\times 0.112\ 5)\times 20$$

$$C_3=(C_{31}\times 0.006\ 9+C_{32}\times 0.021\ 6+C_{33}\times 0.034\ 0)\times 20$$

$$C_4=(C_{41}\times 0.025\ 7+C_{42}\times 0.044\ 9+C_{43}\times 0.116\ 9)\times 20$$

$$C_5=(C_{51}\times 0.016\ 7+C_{52}\times 0.050\ 0+C_{53}\times 0.016\ 7)\times 20$$

$$C_6=(C_{61}\times 0.040\ 9+C_{62}\times 0.236\ 6+C_{63}\times 0.139\ 1)\times 20$$

根据上述公式求得湖南省及其14个市（州）的用户评价各二级指标得分并进行排序（表5-22）。然后根据公式$CSI=\sum C_i$（i=1，2，…，n）分别求出湖南省及其14个市（州）的农村农业信息化服务综合服务平台用户评价的一级指标得分，最后得出它们的总分，并对它们进行排序（表5-23），具体计算如下：

$$B_1=C_1+C_2$$

$$B_2=C_3+C_4$$

$$B_3=C_5+C_6$$

$$A=B_1+B_2+B_3$$

表5-20　用户量表统计情况一览表

样本量（n）	长沙	株洲	湘潭	衡阳	邵阳	岳阳	常德	张家界	益阳	郴州	永州	怀化	娄底	湘西	全省（均值）	标准差	均值排名
	202	201	203	199	201	202	203	192	197	198	197	191	195	190	2 771	/	/
C_{11}信息总数量	3.55	3.60	3.66	3.71	4.09	3.65	4.00	4.22	4.01	4.06	4.15	4.23	4.06	4.34	3.95	0.25	11
C_{12}信息覆盖面	3.45	3.60	3.70	3.81	4.04	3.78	3.96	4.38	3.76	4.13	4.06	4.27	4.00	4.27	3.94	0.26	12
C_{13}信息完整性	3.72	3.76	3.68	4.03	4.24	3.61	3.96	4.26	3.97	4.10	4.18	4.25	4.11	4.32	4.01	0.23	6
C_{21}信息可靠性	3.35	3.64	3.44	3.72	3.94	3.61	3.86	4.22	3.77	4.05	3.92	4.16	3.69	4.20	3.82	0.26	18
C_{22}信息真实性	4.00	4.01	4.06	4.08	4.33	4.02	4.04	4.58	4.04	4.36	4.32	4.58	4.26	4.73	4.24	0.24	2
C_{23}信息针对性	3.49	3.63	3.54	3.84	3.79	3.51	3.79	4.30	3.80	4.00	3.99	4.27	3.82	4.26	3.85	0.27	17
C_{31}设计美观度	3.62	3.72	3.61	4.22	4.22	3.82	3.86	4.28	3.85	4.05	4.35	4.28	4.30	4.24	4.03	0.26	5
C_{32}界面友好度	3.56	3.67	3.51	4.16	4.17	3.80	3.80	4.20	3.86	3.97	4.30	4.25	4.33	4.28	3.99	0.28	8
C_{33}网站链接数	3.44	3.47	3.50	3.79	4.06	3.54	3.82	4.30	3.88	4.01	4.08	4.14	4.07	4.29	3.88	0.29	15
C_{41}访问速度	4.49	4.41	4.37	4.11	3.65	4.16	4.04	3.58	4.20	4.27	4.16	3.91	4.27	3.34	4.07	0.32	3
C_{42}可共享性	3.72	3.67	3.27	3.77	3.95	3.64	3.80	4.21	3.80	4.03	4.04	4.22	3.92	4.32	3.88	0.27	15
C_{43}使用安全性	3.22	3.42	3.38	3.80	4.06	3.54	3.82	4.36	3.98	4.19	4.12	4.47	4.01	4.29	3.90	0.38	13
C_{51}信息及时性	3.65	3.69	3.70	4.00	4.07	3.71	3.94	4.43	3.98	4.19	4.12	4.42	4.01	4.29	4.01	0.25	6
C_{52}咨询回应性	3.85	3.88	3.86	4.03	4.06	3.90	4.03	4.28	3.95	4.16	4.19	4.35	4.04	4.42	4.07	0.18	3
C_{53}临时机动性	3.64	3.66	3.76	3.90	4.14	3.64	3.97	4.23	3.88	4.18	4.11	4.34	3.95	4.34	3.98	0.24	9
C_{61}访问频次	4.28	4.32	4.13	4.53	4.26	4.21	4.42	4.11	4.44	4.25	4.22	4.34	4.12	4.09	4.27	0.13	1
C_{62}使用效果	3.87	3.48	3.20	4.05	4.26	3.43	3.66	4.33	3.94	4.03	4.26	4.67	4.11	4.47	3.98	0.41	9
C_{63}满意程度	3.84	3.34	3.16	3.94	4.18	3.33	3.58	4.30	3.85	3.98	4.21	4.51	3.91	4.41	3.89	0.4	14

表5-21　用户评价三级指标得分情况一览表

样本量（n）		长沙	株洲	湘潭	衡阳	邵阳	岳阳	常德	张家界	益阳	郴州	永州	怀化	娄底	湘西	全省（均值）	标准差
		202	201	203	199	201	202	203	192	197	198	197	191	195	190	2 771	/
C_{11}信息总数量	得分	1.11	1.12	1.14	1.16	1.28	1.14	1.25	1.32	1.25	1.27	1.29	1.32	1.27	1.35	1.23	0.08
	排名	14	13	11	10	5	11	8	2	8	6	4	2	6	1	/	/
C_{12}信息覆盖面	得分	1.08	1.12	1.15	1.19	1.26	1.18	1.24	1.37	1.17	1.29	1.27	1.33	1.25	1.33	1.23	0.08
	排名	14	13	12	9	6	10	8	1	12	4	5	2	7	2	/	/
C_{13}信息完整性	得分	2.33	2.35	2.30	2.52	2.65	2.26	2.48	2.67	2.49	2.57	2.62	2.66	2.57	2.70	2.51	0.14
	排名	12	11	13	8	4	14	10	2	9	6	5	3	6	1	/	/
C_{21}信息可靠性	得分	2.51	2.73	2.58	2.79	2.96	2.71	2.90	3.17	2.83	3.04	2.94	3.12	2.77	3.15	2.87	0.20
	排名	14	11	13	9	5	12	7	1	8	4	6	3	10	2	/	/
C_{22}信息真实性	得分	3.00	3.01	3.05	3.06	3.25	3.02	3.03	3.44	3.03	3.27	3.24	3.44	3.20	3.55	3.18	0.18
	排名	14	12	9	8	5	12	10	2	10	4	6	2	7	1	/	/
C_{23}信息针对性	得分	7.85	8.17	7.97	8.64	8.53	7.90	8.53	9.68	8.55	9.00	8.98	9.61	8.60	9.59	8.66	0.60
	排名	14	11	12	6	9	13	9	1	8	4	5	2	7	3	/	/
C_{31}设计美观度	得分	0.50	0.51	0.50	0.58	0.58	0.53	0.53	0.59	0.53	0.56	0.60	0.59	0.59	0.59	0.56	0.04
	排名	13	12	13	6	6	11	9	2	9	8	1	2	2	2	/	/
C_{32}界面友好度	得分	1.54	1.59	1.52	1.80	1.80	1.64	1.64	1.81	1.67	1.72	1.86	1.84	1.87	1.85	1.72	0.12
	排名	13	12	14	6	6	10	10	5	9	8	2	4	1	3	/	/
C_{33}网站链接数	得分	2.34	2.36	2.38	2.58	2.76	2.41	2.60	2.92	2.64	2.73	2.77	2.82	2.77	2.92	2.64	0.20
	排名	14	13	12	10	6	11	9	1	8	7	4	3	4	1	/	/

续表

样本量（n）		长沙	株洲	湘潭	衡阳	邵阳	岳阳	常德	张家界	益阳	郴州	永州	怀化	娄底	湘西	全省（均值）	标准差
		202	201	203	199	201	202	203	192	197	198	197	191	195	190	2 771	/
C_{41}访问速度	得分	2.31	2.27	2.25	2.11	1.88	2.14	2.08	1.84	2.16	2.19	2.14	2.01	2.19	1.72	2.09	0.17
	排名	1	2	3	9	12	7	10	13	6	4	7	11	4	14	/	/
C_{42}可共享性	得分	3.34	3.30	2.94	3.39	3.55	3.27	3.41	3.78	3.41	3.62	3.63	3.79	3.52	3.88	3.48	0.24
	排名	11	12	14	10	6	13	8	3	8	5	4	2	7	1	/	/
C_{43}使用安全性	得分	7.53	8.00	7.90	8.88	9.49	8.28	8.93	10.19	9.31	9.80	9.63	10.45	9.38	10.03	9.12	0.88
	排名	14	12	13	10	6	11	9	2	8	4	5	1	7	3	/	/
C_{51}信息及时性	得分	1.22	1.23	1.24	1.34	1.36	1.24	1.32	1.48	1.33	1.40	1.38	1.48	1.34	1.43	1.34	0.08
	排名	14	13	11	7	6	11	10	1	9	4	5	1	7	3	/	/
C_{52}咨询回应性	得分	3.85	3.88	3.86	4.03	4.06	3.90	4.03	4.28	3.95	4.16	4.19	4.35	4.04	4.42	4.07	0.18
	排名	14	12	13	8	6	11	8	3	10	5	4	2	7	1	/	/
C_{53}临时机动性	得分	1.22	1.22	1.26	1.30	1.38	1.22	1.33	1.41	1.30	1.40	1.37	1.45	1.32	1.45	1.33	0.08
	排名	12	12	11	9	5	12	7	3	9	4	6	1	8	1	/	/
C_{61}访问频次	得分	3.50	3.53	3.38	3.71	3.48	3.44	3.62	3.36	3.63	3.48	3.45	3.55	3.37	3.35	3.49	0.11
	排名	6	5	11	1	7	10	3	13	2	7	9	4	12	14	/	/
C_{62}使用效果	得分	18.31	16.47	15.14	19.16	20.16	16.23	17.32	20.49	18.64	19.07	20.16	22.10	19.45	21.15	18.83	1.92
	排名	10	12	14	7	4	13	11	3	9	8	4	1	6	2	/	/
C_{63}满意程度	得分	10.68	9.29	8.79	10.96	11.63	9.26	9.96	11.96	10.71	11.07	11.71	12.55	10.88	12.27	10.82	1.12
	排名	10	10	14	7	5	13	11	3	9	6	4	1	8	2	/	/

表5-22　用户评价二级指标得分情况一览表

市（州）	C_1信息数量		C_2信息质量		C_3平台设计		C_4平台性能		C_5信息时效		C_6信息效用	
	得分	排名	得分	排名	得分	排名	得分	排名	得分	排名	得分	排名
长沙	4.52	14	13.36	14	4.38	14	13.18	13	6.29	14	32.49	10
株洲	4.59	11	13.91	11	4.46	12	13.57	12	6.33	13	29.29	12
湘潭	4.59	11	13.6	13	4.4	13	13.09	14	6.36	11	27.31	14
衡阳	4.87	10	14.49	8	4.96	8	14.38	10	6.67	9	33.83	6
邵阳	5.19	4	14.74	6	5.14	6	14.92	7	6.8	6	35.27	5
岳阳	4.58	13	13.63	12	4.58	11	13.69	11	6.36	11	28.93	13
常德	4.97	8	14.46	9	4.77	10	14.42	9	6.68	8	30.9	11
张家界	5.36	2	16.29	1	5.32	2	15.81	2	7.17	3	35.81	3
益阳	4.91	9	14.41	10	4.84	9	14.88	8	6.58	10	32.98	9
郴州	5.13	6	15.31	4	5.01	7	15.61	4	6.96	4	33.62	8
永州	5.18	5	15.16	5	5.23	5	15.4	5	6.94	5	35.32	4
怀化	5.31	3	16.17	3	5.25	3	16.25	1	7.28	2	38.2	1
娄底	5.09	7	14.57	7	5.23	5	15.09	6	6.7	7	33.7	7
湘西	5.38	1	16.29	1	5.36	1	15.63	3	7.3	1	36.77	2
全省（均值）	4.97	/	14.71	/	4.92	/	14.69	/	6.74	/	33.14	/
标准差	0.30	/	0.95	/	0.34	/	0.98	/	0.34	/	3.03	/

表5-23　用户评价一级指标和最终得分情况一览表

市（州）	B_1信息内容		B_2信息技术		B_3信息利用		A用户评价总分	
	得分	排名	得分	排名	得分	排名	得分	排名
长沙	17.88	14	17.56	13	38.78	10	74.22	11
株洲	18.5	11	18.03	12	35.62	12	72.15	12
湘潭	18.19	13	17.49	14	33.67	14	69.35	14
衡阳	19.36	9	19.34	9	40.5	7	79.2	8
邵阳	19.93	6	20.06	7	42.07	5	82.06	5
岳阳	18.21	12	18.27	11	35.29	13	71.77	13
常德	19.43	8	19.19	10	37.58	11	76.2	10
张家界	21.65	2	21.13	2	42.98	3	85.76	3
益阳	19.32	10	19.72	8	39.56	9	78.6	9
郴州	20.44	4	20.62	5	40.58	6	81.64	6
永州	20.34	5	20.63	4	42.26	4	83.23	4

续表

市（州）	B_1信息内容		B_2信息技术		B_3信息利用		A用户评价总分	
	得分	排名	得分	排名	得分	排名	得分	排名
怀化	21.48	3	21.5	1	45.48	1	88.46	1
娄底	19.66	7	20.32	6	40.4	8	80.38	7
湘西	21.67	1	20.99	3	44.07	2	86.73	2
全省（均值）	19.68	/	19.61	/	39.88	/	79.17	/
标准差	1.24	/	1.30	/	3.32	/	5.69	/

5.4 评价结果及其分析

根据前面的统计与计算结果，对湖南省国家农村农业信息化示范省综合服务平台用户评价进行分析，探寻用户利用该服务平台在农村公共危机防控中的主观感受与实际效果，以及导致不同地区用户评价差异的原因，为大数据时代农村公共危机防控信息化能力建设提供依据。

5.4.1 用户量表得分结果分析

用户对湖南省国家农村农业信息化示范省综合服务平台评价主要依据18个量表问题（三级指标）。这18个量表问题分别隶属于信息数量（C_1）、信息质量（C_2）、平台设计（C_3）、平台性能（C_4）、信息时效（C_5）、信息效用（C_6）等6个方面（二级指标）。结合附录三和表5-20可以看出，湖南省14个市（州）用户对湖南省国家农村农业信息化示范省综合服务平台评价的18个问题回答表现出一定差异。这从某种程度说明，湖南省国家农村农业信息化示范省综合服务平台在促进农村公共危机防控信息化各个方面能力发展上是不平衡的。本书将从以下六个方面具体分析用户对18个量表问题回答的结果。

5.4.1.1 信息数量评价结果分析

结合附录三和表5-20可以看出，湖南省14个市（州）用户对“信息数量（C_1）”所属的“信息总数量（C_{11}）”“信息覆盖面（C_{12}）”和“信息完整性（C_{13}）”评价是不同的。在18个三级指标中，“信息总数量（C_{11}）”“信息覆盖面（C_{12}）”和“信息完整性（C_{13}）”用户评价（量表测算结果）均值排名分别位列11名、12名、6名（并列）。农村公共危机防控涉及农村经济、政治、文化、社会、生态文明等各个方面，需要在预防、应对、恢复等各个阶段提供大量的信息服务。由于湖南省国家农村农业信息化示范省综合服务平台建设时间不长，在许多方面需要进一步完善，信息总量与覆盖面还不能很好地满足用户的需要，还有待进一步加强。但从总体上看，湖南省国家农村农业信息化示范省综合服务平台依据“一网打天下”的基本建设目标，采取“共建一座庙，各拜各的神”建设策略，为农村经济社会发展提供多方面、大量的信息服务。无论是在信息总量上，还是在信息涉及领域上，都是湖南当前任何一家农村农业信息化服务平台所不能及的。湖南省国家农村农业信息化示范省综合服务平台十分注重与涉农领域专家开展合作，通过发挥他们的专长加强信息资源库建设和提供信息咨询服务，因此用户对“信息完整性（C_{13}）”评价比较好。

5.4.1.2　信息质量评价结果分析

结合附录三和表5-20可以看出，湖南省14个市（州）用户对“信息质量（C_2）”所属的“信息可靠性（C_{21}）”“信息真实性（C_{22}）”和“信息针对性（C_{23}）”评价（量表测算结果）均值表现出较大的差异性，在18个三级指标中的排名分别为18名、2名、17名。湖南省国家农村农业信息化示范省综合服务平台通过近两年的运行，以及在全省建立一批基层服务示范点，用户对平台发布和提供的各种信息“真实性”表现出很高的认同。湖南省国家农村农业信息化示范省综合服务平台在最初的建设方案中提出打造长株潭区“三网融合、三产融合”、洞庭湖区“现代农业物联网”、湘中南丘陵区“农村电子商务”、湘西山区“农村民生服务”等四大示范工程，但由于种种原因最终并没有得到完全实施，取而代之的是通过对接科技、党务、民生、市场等资源构建了产业社区、专家在线、网上党支部、农民健康信息、电子货柜等多个特色应用系统。这样从不同领域提供特色信息服务更加具有普遍意义，它考虑到了用户在农村公共危机防控信息化不同领域的需要，但它是以牺牲地方特色服务为代价的。因此，用户对湖南省国家农村农业信息化示范省综合服务平台“信息针对性（C_{23}）”评价比较低。如何兼顾不同领域和不同地域的“信息针对性（C_{23}）”需要，是湖南省国家农村农业信息化示范省综合服务平台在以后建设中应该考虑的问题。科学预测是大数据时代农村公共危机防控信息化能力的重要体现。湖南省国家农村农业信息化示范省综合服务平台建设仍然处于起步阶段，其利用大数据对农村产业发展、信息技术推广、农作物病虫害防治等方面风险与危机进行科学预测的能力有限，所发布的相关信息与事物的实际发展情况有较大出入。因此，用户对湖南省国家农村农业信息化示范省综合服务平台“信息可靠性（C_{24}）”评价比较低。如何引进大数据专业人才以加强农村农业发展中风险与危机的预测，如何与其他相关机构开展合作和资源共享以拓展大数据时代农村公共危机信息化预测领域，等等，是湖南省国家农村农业信息化示范省综合服务平台适应大数据时代发展和农村公共危机防控信息化应该直面的问题。

5.4.1.3　平台设计评价结果分析

结合附录三和表5-20可以看出，用户对“平台设计（C_3）”所属的“设计美观度

（C_{31}）”“界面友好度（C_{32}）”和“网站链接数（C_{33}）”评价（量表测算结果）均值具有较大差异，在18个三级指标中的排名分别为5名、8名、15名（并列）。湖南省国家农村农业信息化示范省综合服务平台由湖南农业大学、湖南科学技术信息研究所和北京联信永益科技股份有限公司联合成立的湖南腾农科技服务有限责任公司负责运营，三方在信息技术研发与应用上具有雄厚的实力和丰富的经验。尤其是北京联信永益科技股份有限公司是一家成立于2002年的IT行业上市公司，致力于用信息技术推动社会进步，已成为国内领先的IT综合服务提供商。该公司业务涵盖IT服务、软件、系统集成三大领域，秉承“联和、创新、专业、仁信”的经营理念，致力塑造IT服务的高端品牌，打造IT服务连锁模式，在全国近20个省（市、区）建立了分支机构，网络及服务能力遍及全国300多个城市，积累了大量的成功案例。因此湖南省国家农村农业信息化示范省综合服务平台在设计上比较先进，支持“语音、短信、视频、网络、广播”等多方式接入，也能够很好地考虑用户的实际需求。但是，在重要网站链接上，仅链接了湖南省科技厅、湖南农业大学、湖南省农村中小企业服务平台、湖南农经网、湖南红网、湖南气象网、三农直通车、中国星火网以及12个国家农村农业示范省网，而对于湖南省农委、湖南省水利厅、湖南省疾控中心等与农村生产生活、农村公共危机防控密切相关的网站并没进行链接。正因为如此，用户对湖南省国家农村农业信息化示范省综合服务平台在“重要网站链接数（C_{33}）”上评价比较低。湖南省国家农村农业信息化示范省综合服务平台在重要网站链接上，应该需要加强筛选甄别和适当增加数量，以满足用户的多方面需求。

5.4.1.4　平台性能评价结果分析

结合附录三和表5-20可以看出，用户对“平台性能（C_4）”所属的“访问速度（C_{41}）”“可共享性（C_{42}）”和“使用安全性（C_{43}）”评价（量表测算结果）均值具有较大差异，在18个三级指标中的排名分别为3名（并列）、15名（并列）、13名。湖南省国家农村农业信息化示范省综合服务平台依据科技部和湖南省科技厅的项目支持，由湖南农业大学、湖南科学技术信息研究所和北京联信永益科技股份有限公司共同出资建设，平台服务器和办公地点设在湖南农业大学。平台在硬件和软件设施上按高标准建设，能够满足大容量访问的需求。用户在访问湖南省国家农村农业信息化示范省综合服务平台时，打开平台及其子平台的速度比较快，能够实现“随点随开”，对平台“访问速度（C_{41}）”评价比较高。湖南省国家农村农业信息化示范省综合服务平台追求通过信息技术“整合分散在政府各个部门、科研院所、专家、市场、企业等涉农信息资源”，为农村民生和生产提供“一站式”信息服务，并取得了一些成效。但是，信息资源的整合并不是突破技术问题就能够解决的，关键是要解决传统制度安排和各个部门维护自身利益所导致的“信息壁垒”问题。显然，后一个问题的解决是湖南省国家农村农业信息化示范省综合服务平台力所不能及的。平台在信息共享的广度和深度上没能取得突破性进展，用户对平台“可共享性（C_{42}）”评价比较低。湖南省国家农村农业信息化示范省综合服务平台为农村政务、民生、金融、商务、科技等方面提供综合信息服务，为农村产业发展提供找人才、找技术、找资金、找市场、找服务“五找”服务等。但是，信息化是柄双刃剑，平台在为用户提供方便的信息服务与沟通的同时，也使用户置于网络风险之中，用户对平台“使用安全性（C_{43}）”评价比较低。如何提高用户使用平台的安全性，帮助用户规避使用风险，直接关系到用户对平台的信任度，关系到平台作用的有效发挥和可持续发展。

5.4.1.5　信息时效评价结果分析

结合附录三和表5-20可以看出，用户对“信息时效（C_5）”所属的“信息及时性（C_{51}）”“咨询回应性（C_{52}）”和“临时机动性（C_{53}）”评价（量表测算结果）均值具有比较一致性，在18个三级指标中的排名分别为6名（并列）、3名（并列）、9名（并列）。湖南省国家农村农业信息化示范省综合服务平台坚持“平台上移、服务下延”服务原则，支持“语音、短信、视频、网络、广播”等多方面接入，打造“远程呼叫、双向可视、产业交流、专业服务”的模式，为广大基层农业生产者、农村中小企业和产业化组织、农户提供实时互动的“扁平化”信息服务，有效解决当前科技的日新月异与农村信息滞后、信息不畅、信息化程度低的矛盾。平台因此能够“想用户之所想，急用户之所急”，为用户提供生产生活中所需要的最新、最及时信息，通过“12396呼叫平台热线”“专家在线”“咨询热线”“公众问答”“腾农在线微信”等专门服务栏目对用户信息咨询做出快速回应，并根据气象、农作物病虫害、动物疫情等突发事件及时提供信息发布、咨询、指导等服务。因此，用户对湖南省国家农村农业信息化示范省综合服务平台的“信息时效（C_5）”各个方面的评价比较高。

5.4.1.6　信息效用评价结果分析

结合附录三和表5-20可以看出，用户对“信息效用（C_6）”所属的“访问频次（C_{61}）”“使用效果（C_{62}）”和“满意程度（C_{63}）”评价（量表测算结果）均值具有一定差异，在18个三级指标中的排名分别为1名、9名（并列）、14名。为完善农村农业信息化服务体系，实现“服务下延”，湖南省在国家农村农业信息化示范省建设中，十分重视农村农业信息化基层信息站点建设，省科技厅采取“目标引导，示范推进，标准考核，达标奖励，以奖代投”的建设思路，制定了《湖南省国家农村农业信息化示范省基层服务站点建设及运行管理方案》《县市区科技局基层信息站点建设工作考核指标》《基层信息站点建设工作考核指标》，自上而下推进基层站点建设，并在湖南14个市（州）举办一系列的基层信息站点信息员培训。目前，湖南共建立1 061个基层信息服务示范站点。为实现信息发布、远程咨询、网上办事等服务功能，所有基层信息服务示范点按照“五个一”（一处固定场所、一套信息设备、一名信息员、一套管理制度、一套服务机制）标准建设。通过基层服务站点承接湖南省国家农村农业信息化示范省综合服务平台的服务，建立农村农业信息传输双向通道。湖南省国家农村农业信息化示范省综合服务平台依托分布在全省的基础服务站点，迅速扩大了自身影响，拓展了业务领域，使其成为湖南农村农业信息化服务最负盛名的平台。用户对平台“访问频次（C_{61}）”评价非常高，并且较好地利用平台的信息服务改善生活和发展生产，规避或减少各种风险和危机，对平台服务的总体效用评价比较高。当然，随着用户需求多样化、优质化不断提高，湖南省国家农村农业信息化示范省综合服务平台需要瞄准用户使用效果和满意度，不断改进和提高服务质量。用户使用效果和满意度是平台建设水平和服务质量的重要体现，直接关系到平台发展的未来。平台的一切建设都应该围绕用户使用效果和满意度展开，丝毫不能动摇。

5.4.2 用户评价加权得分结果分析

在量表统计的基础上，经过加权计算获得用户评价的三级指标得分（表5-21）、二级指标得分（表5-22）、一级指标及最终得分（表5-23）。本书从全省（均值）各个指标之间和不同地区之间分析了用户评价得分。

5.4.2.1 用户评价不同指标得分结果分析

结合表5-21、表5-22和表5-23可以看出，用户在不同层级的不同指标上的评价存在着一定差异。这些差异是湖南省国家农村农业信息化示范省综合服务平台在各方面工作绩效不同的反映。

1）三级指标之间的得分比较

依据表5-21中的标准差，本书将18个三级指标得分划分为三个等级，即标准差为0.5以下的Ⅰ类指标、标准差为0.5~1的Ⅱ类指标和标准差为1以上的Ⅲ类指标。相比而言，Ⅰ类指标是用户评价差异不太明显的指标，包括信息总数量（C_{11}）、信息覆盖面（C_{12}）、信息完整性（C_{13}）、信息可靠性（C_{21}）、信息真实性（C_{22}）、设计美观度（C_{31}）、界面友好度（C_{32}）、网站链接数（C_{33}）、访问速度（C_{41}）、可共享性（C_{42}）、信息及时性（C_{51}）、咨询回应性（C_{52}）、临时机动性（C_{53}）、访问频次（C_{61}）等；Ⅱ类指标是用户评价差异较明显的指标，包括信息针对性（C_{23}）和使用安全性（C_{43}）；Ⅲ类指标是用户评价差异明显的指标，包括使用效果（C_{62}）和满意程度（C_{63}）。Ⅰ类指标一般都是平台提供具有普遍意义的服务，用户评价的差距相对较少。Ⅱ类指标是平台提供具有针对性的服务，不同用户需求具有较大的差异性，容易导致较大差异的评价。Ⅲ类指标是用户对平台提供各种服务的综合评价，不同用户对各个指标评价差异的累积最终导致综合评价差异变得十分明显。

2）二级指标之间的得分比较

由表5-22可见，信息数量（C_1）、平台设计（C_3）和信息时效（C_5）得分的标准差分别为0.3、0.34、0.34，这说明用户对平台这三个方面的评价比较一致；平台性能（C_4）、信息质量（C_2）得分的标准差为0.98、0.95，这说明用户对平台这两个方面评价的差异较大；信息效用（C_6）得分的标准差为3.03，这说明用户对平台此方面评价的差异明显。信息数量（C_1）、平台设计（C_3）和信息时效（C_5）三个方面建设可以通过技术创新和突破解决，而平台性能（C_4）、信息质量（C_2）和信息效用（C_6）的建设不仅需要技术创新，而且需要制度和机制的创新。湖南省国家农村农业信息化示范省综合服务平台建设虽然在技术上取得较大突破，但是在制度机制的改革和实践探索上明显滞后。农村信息化服务制定机制的改革需要加强顶层设计与实践探索，充分发挥政府“看得见的手”与市场“看不见的手”的共同作用，从政府层面运用行政权力破除“部门壁垒”，促进各部门协同合作与资源共享，从市场层面引入市场机制与规则，促进各方面的竞争与合作，实现责任与利益的合理分配。

3）一级指标之间的得分比较

由表5-23可见，信息内容（B_1）、信息技术（B_2）、信息利用（B_3）得分的标准差分别为1.24、1.3、3.32。这说明，用户对平台信息内容（B_1）和信息技术（B_2）评价的差异相对较少，而对平台信息利用（B_3）评价的差异相对要大。湖南省国家农村农业信息化示范省综合服务平台在信息内容（B_1）和信息技术（B_2）建设上，依靠自身努力就可以获得较大突破，取得较突出的成绩。但是，在信息利用（B_3）建设上，不仅需要平台自身努力，还需要用户具备较强的信息意识和信息利用能力。正因为如此，不同用户因为自身信息利用能力和对信息实际需要的不同，他们对湖南省国家农村农业信息化示范省综合服务平台“信息利用（B_3）”评价表现出很大的差异性。

5.4.2.2　不同地区用户评价得分结果分析

湖南省14个市（州）用户对湖南省国家农村农业信息化示范省综合服务平台评价最终得分的标准差达5.96，各个市（州）相互之间的差距比较显著。本书将湖南省14个市（州）用户对平台评价结果划分为四个类别，85分以上为A类地区，80~85分为B类地区，75~80分为C类地区，75分以下为D类地区，并对每一类地区得分情况进行比较分析。

1）A 类地区

这一类地区包括怀化（88.46）、湘西（86.73）和张家界（85.76）三市（州）。从一级指标和二级指标得分看（表5-22和表5-23），三市（州）均名列湖南省14三市（州）的前三位；从三级指标得分看（表5-21），三市（州）在访问速度（C_{41}）、访问频次（C_{61}）排名非常靠后。这三个市（州）是湖南经济社会发展相对落后（表5-24）、地理位置相对偏远的地区，属于武陵山连片贫困区，其农村信息化设施水平也相对落后。根据湖南省通信管理局2015年4月发布的《湖南省各市州宽带发展水平报告（2014年度）》显示，怀化市、张家界市、湘西州宽带发展水平在湖南省14三市（州）排名分别为9位、12位、14位。可能由于农村网络容量及其覆盖较低、用户拥有终端设备水平较差等原因，用户在访问湖南省国家农村农业信息化示范省综合服务平台遇到一定的技术困难，而对访问速度（C_{41}）、访问频次（C_{61}）评价不高。但是，农民对于国家推动农村信息化发展十分渴望。当湖南省国家农村农业信息化示范省综合服务平台通过基层服务站点延伸到该地区时，农民满怀欣喜，容易得到满足，对平台服务的评价也就比其他地区要高。就三个市（州）之间而言，在二级指标得分排名上，湘西州排第一的有4个指标，第二、第三各1个指标；怀化市排第一的有2个指标，第二的有1个指标，第三的有3个指标；张家界市排第一的有1个指标（并列），第二的有3个指标，第三的有2个指标。但是，怀化市排第一的2个指标平台性能（C_4）和信息效用（C_6）所占权重比较大，因此怀化市最终排名超越了湘西州。

表5-24　湖南各市（州）第一产业产值和农民人均收入一览表（2013年）

市（州）	第一产业总值/亿元	农村人口/万人	农村第一产业人均/元		农民人均可支配收入	
			金额	排名	金额	排名
长沙	294.55	212.28	13 876	1	19 713	1
株洲	156.1	156.91	9 948	2	12 908	2
湘潭	120.97	125.7	9 624	5	12 673	3
衡阳	338.41	376.27	8 994	6	11 876	4
邵阳	254.06	446.14	5 695	11	6 933	11
岳阳	270.89	273.4	9 908	4	9 930	6
常德	323.83	322.84	10 031	3	9 629	8
张家界	45.5	87.37	5 208	13	5 569	12
益阳	216.12	247.89	8 718	7	10 129	5
郴州	167.43	247.12	6775	10	9692	7
永州	263.4	312.88	8419	8	8863	9
怀化	158.93	287.37	5531	12	5849	13
娄底	162.59	226.36	7183	9	7059	10
湘西	64.1	159.26	4025	14	5260	14

注：数据根据《湖南统计年鉴2014》整理。

2）B类地区

这一类地区包括永州（83.23）、邵阳（82.06）、郴州（81.64）和娄底（80.38）四市。从表5-21、表5-22和表5-23可见，四个市的一、二、三级指标得分排名基本在4~9名之间；永州市的各个指标得分排名相对均衡，其他三个市的各个指标得分排名有一定波动。这四个市属于湘中南丘陵地区，农村经济发展处于中等偏下水平（表5-24）。该地区迫切需要通过信息化改进生产生活。近年来，该地区希望通过农村电子商务发展，以改善农业生产生活资料和农产品的流通，促进农村产业化水平的提升。湖南省国家农村农业信息化示范省综合服务平台和基层服务站点的建设为该地区农村电子商务发展进一步创造了有利条件。用户对平台提供的相关服务产生较大兴趣，并以此改善农业生产和规避市场风险，取得了一定效果，表现出较高的满意度。

3）C 类地区

这一类地区包括衡阳（79.2）、益阳（78.6）和常德（76.2）三市。从表5-21、表5-22和表5-23可见，三个市的一、二、三级指标得分排名基本在8~11名之间。该地区农村经济发展处于湖南中上水平（表5-24），信息化在农村生产生活已经得到一定推广和应用，并取得了一些成绩。湖南省国家农村农业信息化示范省综合服务平台和基层服务站点建设虽然进一步推动了该地区农村信息化发展，促进了该地区农村公共危机防控信息化能力提升，但是，取得的相关成绩与用户期望仍然存在一定差距。因此，与A类地区和B类地区用户相比，该地区用户对湖南省国家农村农业信息化示范省综合服务平台的评价相对要低。

4）D 类地区

这一类地区包括长沙（74.22）、株洲（72.15）、岳阳（71.77）和湘潭（69.35）四市。从一级指标和二级指标得分看（表5-22和表5-23），四市排名在10~14名；但是，从三级指标得分看（表5-21），长沙、株洲和湘潭三市的访问速度（C_{41}）排名位于1~3名，访问频次（C_{61}）排名也比较靠前。该地区是湖南农村经济最发达的地区（表5-24），其信息化水平也相对高。根据湖南省通信管理局2015年4月发布的《湖南省各市州宽带发展水平报告（2014年度）》显示，长沙市、株洲市、湘潭市和岳阳市的宽带发展水平在湖南省14个市（州）排名分别为1位、2位、4位、7位。与湖南省其他地区相比，该地区农村居民的信息化设施水平、信息化意识和信息化能力也要高。用户对湖南省国家农村农业信息化示范省综合服务平台的期望和要求因此比较高，而平台正处于建设和完善中，还很难满足用户高要求。该地区用户对平台的评价自然要低于其他地区。

第6章　大数据时代农村公共危机防控信息化能力建设的对策与建议

大数据时代农村公共危机防控信息化是农村公共危机防控时代变迁的必然产物和未来发展的基本趋势。我国在农村公共危机防控信息化建设中进行了理论研究和实践探索，取得了一定成果。但同时也应清楚地看到，大数据时代农村公共危机防控信息化在我国才刚刚起步，其能力还不强。对此，本章将根据大数据时代农村公共危机防控信息化SWOT分析和用户评价（AHP）分析，依据我国农村实际情况，提出大数据时代农村公共危机防控信息化能力建设的对策与建议，具体研究技术路线如图6-1所示。

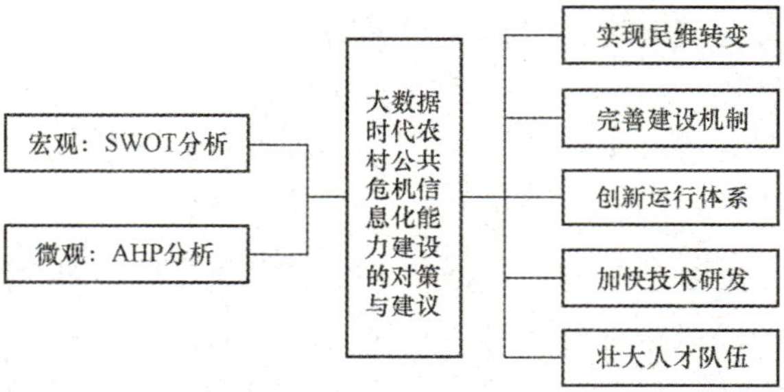

图6-1　研究技术路线

6.1　加快思维转变，积极适应发展新形势

大数据时代农村公共危机防控信息化不仅是大数据资源的扩展和开发，而且是以大数据为标志的信息技术在农村公共危机防控中的运用，更是农村公共危机防控思维理念的转变。大数据时代农村公共危机防控信息化能力形成和彰显是大数据、信息技术和思维理念三大要素联动的结果。我国作为大数据产业发展较晚的国家，大数据思维缺失，是大数据发展的最大障碍①。思维是行动的先导。“出身不重要，思维更重要”②，只有人们思维理念转变了，对大数据时代农村公共危机防控信息化有了清楚认识，才有可能利用大数据等信息化技术和手段参与农村公共危机防控，才有可能促进农村公共危机防控从传统方式向信息化方式转变。因此，以人们思维转变和思想认同为突破口，促进人们在大数据时代农村公共危机防控信息化中从容应对新挑战、牢牢把握新机遇和遵循管理新要求，这是大数据时代农村公共危机防控信息化能力建设的基本前提。

① 张弛.大数据思维范畴探究[J].华中科技大学学报（社会科学版），2015（2）：120-125.

② 王勤.印刷“触网”：传统与新锐的碰撞[N].中国新闻出版报，2014-03-26（005）.

6.1.1 从容应对新挑战

随着大数据技术发展及应用，人类社会已经进入了大数据时代。大数据在技术与理念上不断推动着社会变革，对我们的思维、工作和生活都提出了挑战。大数据时代农村公共危机防控信息化是将大数据技术和理念运用到农村公共危机防控中，对传统的农村公共危机防控来说，这是一场前所未有的挑战。政府、社会、个人等农村公共危机防控信息化主体必须转变思维、认清形势，从容地应对各种挑战，才能促进大数据时代农村公共危机防控信息化能力提升，实现农村公共危机防控现代转型和农村公共危机高效防控。

6.1.1.1 从容应对海量数据的挑战

大数据的首要特征就是数据大。当前，我国处于数据大爆炸时代。人类存储信息量的增长速度比世界经济的增长速度快4倍，世界的数据数量每三年多就会翻一倍。谷歌公司每天要处理超过24 PB（1 PB=2^{50}字节）的数据，这意味着其每天的数据处理量是美国国家图书馆所有纸质出版物所含数字量的上千倍。2013年，世界上存储的数据达到了约1.2 ZB（1 ZB=2^{70}字节）[①]。农村公共危机防控信息化的数据规模不断膨胀也不例外。随着视频监控网络、大传感器网络、地理信息系统等在农村公共危机防控信息化中的广泛使用，新的大数据源不断出现，加之，社会各类组织和民众不断制造各种信息数据，农村公共危机防控数据规模也达到了PB量级。如此大规模的农村公共危机信息数据难以被掌控，其中积极的、有益的、无效的甚至虚假的信息数据可谓应有尽有，大量相关性、偶发性因素使农村公共危机更加复杂多变。农村公共危机防控信息化所产生的海量数据，要求我们放弃它对因果关系的渴求，而仅需要关注相关关系。也就是说只需要知道是什么，而不需要知道为什么。这就推翻了自古以来的惯例，而我们做决定和理解现实的最基本方式也将受到挑战[②]。如此一来，传统的农村公共危机监测和研判手段和方法难以奏效，新的技术手段和方法要求更高，农村公共危机防控信息化不可避免地走向复杂化。对此，在大数据时代农村公共危机防控信息化中，我们需要转变思维方式，从容应对海量数据的挑战，以新的技术手段和方法分析和甄别海量数据，科学预测和处理不确定性风险，提升农村公共危机防控信息化能力。

6.1.1.2 从容应对信息传播的挑战

大数据时代，互联网的容量更大、传播更快、功能更强。互联网在技术层面本身就是一个无中心的开放架构，可以无限地延伸和链接，可以赋予用户极大的主动权和参与

---

① [英]克托・迈尔一舍恩伯格，肯尼思・库克耶.大数据时代：生活、工作与思维的大变革[M].盛杨燕，周涛，译.杭州：浙江人民出版社，2013：11-13.

② [英]克托・迈尔一舍恩伯格，肯尼思・库克耶.大数据时代：生活、工作与思维的大变革[M].盛杨燕，周涛，译.杭州：浙江人民出版社，2013：9.

权，因而被认为是最为自由的媒体之一①。人们可以通过网络传播农村公共危机相关信息，也可以查阅农村公共危机相关信息。这对传统农村公共危机信息传播管理来说是一大挑战。

（1）大数据时代农村公共危机信息传播具有泛在化和开放性。随着网络普及与使用资费下降，民众信息能力和收入水平提高，我国互联网已经实现了从社会精英向普通大众的普及。人们利用手机、平板电脑等信息终端，几乎实现了随时随地上网。“在网络上，每个人都可以是一个没有执照的电视台。”②互联网的泛在化与开放性为人们提供了空前的自由空间，可以自由地选择、发布农村公共危机信息。但是，网上大数据无限性和人们关注能力有限性之间的矛盾，加剧了农村公共危机信息的“盲人摸象”效应。在大数据时代，分众传播、个性化传播的凸显，使得农村公共危机的敏感信息和偏激观点更容易找到“同类”，迅速聚集，成倍放大，不但不利于农村公共危机化解，而且还会加剧和放大危机或者衍化出新的舆情危机。

（2）大数据时代农村公共危机信息传播具有平等性和虚拟性。在传统的农村公共危机信息传播中，机会是不平等的，存在等级差别，受到区域与时空的限制。但是，在大数据时代，不同的机构、个人通过互联网可以随手得到各种农村公共危机信息数据，并平等地发布对数据挖掘和分析得出的各种结论。同时，相对于现实社会来说，互联网构建了一个虚拟的社会，使个人身份披上了遮掩的面纱，使得每一个人都能在这个虚拟空间里更加大胆自由地表达对农村公共危机防控的意见。这样一来，在大数据时代农村公共危机防控中，信息传播管理的难度越来越大。我们需要研究大数据时代农村公共危机防控信息化的特点，转变思维，采取新的理念和方式对相关信息传播进行管理，扬长避短，才能提升大数据时代农村公共危机防控信息化能力。

6.1.1.3 从容应对信息安全的挑战

与传统信息安全相比，大数据时代信息安全隐患更具有危害性、潜在性和瞬间性的色彩③。大数据时代农村公共危机防控信息化需要建立各种大数据库，以便于进行科学预测和科学决策，但同时也带来了信息安全问题。其一，农村公共危机防控相关机构更容易遭到网络黑客的恶意攻击。利用大数据对农村公共危机进行防控，意味着将海量的数据进行集中存储。农村公共危机防控相关机构承载的庞大数据信息，使它们容易成为网络黑客攻击的对象。一些黑客会最大限度地收集社交网络、电子商务、微博客、电话等有用信息，进行大数据分析，更加精准地攻击农村公共危机防控相关机构的网络系统，威胁、攻击、破坏和瘫痪这些系统，造成社会心理恐慌和财产损失，威胁社会稳定和国家安全。其二，一些隐私信息面临更大的泄露危机。在大数据时代农村公共危机防

① 王金水.网络政治参与与政治稳定机制研究[M].北京：中国社会科学出版社，2013：58.

② [美]尼葛洛庞帝.数字化生存[M].胡泳，范海燕，译.三亚：海南出版社，1997：192.

③ 胡洪彬.大数据时代国家治理能力建设的双重境遇与破解之道[J].社会主义研究，2014（4）：89-95.

控中，需要收集政府部门、社会组织、公民个人等各个方面的信息，以便于分析和掌握农村公共危机演化动态和采取相应对策。而为了实现信息资源共享，信息数据存储和处理往往在云平台上进行，这无疑增加了信息泄露的风险，一些敏感数据和隐私信息可能在不经意间被泄露。在大数据时代农村公共危机防控信息化中，如何进行数据保护已成为当务之急。大数据的使用是自由开放与安全保护的辩证统一。它既不能成为不透明、不可解释、不可追踪的“黑匣子”，也不能成为“潘多拉”盒子[①]。这就要求我们转变思维，从意识和技术上强化大数据时代农村公共危机防控中的信息安全。

6.1.2　牢牢把握新机遇

网络信息普及化和大数据时代的到来，给我国农村公共危机防控信息化提供了全新的渠道，对农村公共危机防控信息化能力提升显然有其特殊价值。如何把握大数据给农村公共危机防控信息化带来的机遇，需要我们以全新的思维面对农村公共危机防控的海量数据。一旦思维转变过来，数据就能被巧妙地用来激发新产品和新型服务。数据的奥妙只为谦逊、愿意聆听且掌握了聆听手段的人所知[②]。对此，我们要转变思维，清楚地认识到，大数据为农村公共危机认识的科学化、防控领域拓展和防控过程透明化等方面提供了机遇，并牢牢把握这些机遇，提升农村公共危机防控信息化能力。

6.1.2.1　提升对农村公共危机的认识

农村公共危机防控是对危及农村公共利益和公共安全的事务进行管理的行为过程，是一种公共产品或公共服务。作为国家公共管理的重要对象，农村公共危机防控能力提升有赖于对农村公共危机这一对象的科学认知。在我国农村公共危机防控实践中，由于庞大的对象规模和复杂的内在结构，以传统的思维认知方式很难实现对农村公共危机防控的科学认识，使得农村公共危机防控“越位”“缺位”和“错位”现象依然频繁发生，防控效果有待提升。大数据拓展了人们的认识思维，其所带来的动态化信息便有效弥补了传统科层制模式下对农村公共危机防控对象的模糊认知。与传统信息数据挖掘相比，大数据最显著的特征就在于处理速度快，时效性高[③]。将大数据运用到农村公共危机防控信息化中，其价值就在于促使相关信息数据能够迅速、准确、动态地反映客观现实，成为农村公共危机防控主体发现问题和分析问题的公共魔法镜。依托农村公共危机防控大数据平台，防控主体可以超越科层制的层层信息传递模式，事先预测和掌握农村公共危机防控对象的动态信息，避免相关信息的漏报、瞒报、错报等信息失真问题，提

① 黄长清.论大数据时代政务数据的创新应用[J].电子政务，2013（9）：91-94.

② [英]克托·迈尔—舍恩伯格，肯尼思·库克耶.大数据时代：生活、工作与思维的大变革[M].盛杨燕，周涛，译.杭州：浙江人民出版社，2013：77-78.

③ 卿立新.创新大数据时代的网络舆情管理[J].红旗文稿，2014（22）：28-29.

高防控主体的政策灵敏度，在降低防控成本的同时增强防控的针对性和有序性。同时，社会组织、民众等作为农村公共危机防控服务对象，也可以通过农村公共危机防控大数据平台对农村公共危机相关信息数据有更及时、全面的了解，避免财产损失和心理恐慌，积极配合农村公共危机防控。对此，我们必须转变思维，充分利用大数据提供的机遇，提升对农村公共危机防控的科学认识，促进农村公共危机防控信息化能力建设。

6.1.2.2 拓展农村公共危机防控领域

在大数据时代，虚拟网络逐渐成为现实世界的“镜像”，人们游走在现实世界与网络世界之间。网络社会与现实社会在“一切皆可量化”的大数据浪潮中日益融为一体[①]。大数据时代农村公共危机防控信息化是顺应大数据时代浪潮和信息技术发展，将农村公共危机防控由现实世界拓展到网络世界，是农村公共危机防控发展的时代趋势和必然要求。网络虚拟互动延伸了人们的交往与互动，人们由单纯接受农村公共危机信息到主动发布农村公共危机信息，受众几乎不需要任何成本就可以表达、传递自己的观点与见解，积极参与农村公共危机防控。网络虚拟为打破政府几乎包揽一切的农村公共危机防控格局，形成了由政府、社会、民众等多元共治的农村公共危机防控格局，创造了一个可能的公共空间并提供了前所未有的机遇。这需要我们把握机遇，全面掌握农村公共危机防控在网络虚拟空间的基本规律及其与现实社会的相互影响，充分利用大数据所带来的一切便利和实惠，整合各方面力量加强农村公共危机防控，并与现实世界的行动相互配合、相得益彰，真正实现农村公共危机防控网上网下充分联动、协调共治。总之，将农村公共危机防控由现实世界拓展到网络世界，实现两者协同共治，是大数据时代为农村公共危机防控创造的一个重大机遇，也是大数据时代农村公共危机防控信息化能力提升的内在需求。

6.1.2.3 促进农村公共危机防控透明

在传统的农村公共危机防控中，政府发挥了主导作用，主要采取相对封闭的管理方式，往往缺乏社会公众的必要参与和监督，这导致农村公共危机防控过程常常易于脱离民众的真实需求，进而影响到政府形象和公信力，助长谣言，引发舆情突发事件，导致危机扩大化或衍化出新的危机。随着现代公民社会形成和发展，现代社会治理强调公开与协调。在国家治理能力和治理体系现代化的要求下，农村公共危机防控现代化的一个基本要件就是农村公共危机防控过程实行必要的信息公开和透明。可以说，透明化既是化解农村公共危机，提升农村公共危机防控能力的重要前提，也是农村社会实现良治和善治的一个重要特性。大数据时代的到来为推进农村公共危机防控过程的透明化提供了可能。随着数据传播技术突破与更新，互联网上的信息数据的容量更大、内容更丰富、更新更及时、传播更快捷，政府不再是农村公共危机信息提供

① 卿立新.创新大数据时代的网络舆情管理[J].红旗文稿，2014（22）：28-29.

的绝对主体，人们能够从互联网上获得自己需要的农村公共危机相关信息数据。在这种情况下，政府在农村公共危机防控中进行封闭管理和暗箱操作已经失去了可能，透明化和公开化成为农村公共危机防控的必然趋势。从另一个角度讲，大数据为农村公共危机防控的现代变革和能力提升提供了机遇。我们应该牢牢把握机遇，利用大数据平台促进农村公共危机防控的透明和公开，塑造政府良好形象和提升政府公信力，消除或减少农村公共危机信息传播噪声，确保农村公共危机防控井然有序和高效运行。

6.1.3　遵循管理新要求

大数据作为信息资本和数据资源，对农村公共危机防控的组织方式、决策模式、业务流程等方面产生了巨大影响。这其中既有挑战也有机遇。农村公共危机防控管理因此将发生颠覆性变革。大数据时代农村公共危机防控信息化将实现由独立管理向联合管理转变、由被动响应向主动预测转变、由定性管理向定量管理转变。这就需要我们转变思维，适应大数据时代农村公共危机防控新要求，以促进大数据时代农村公共危机防控信息化能力提升。

6.1.3.1　由独立管理向联合管理转变

由于现代国家是采取科层制的部门管理方式，传统的农村公共危机防控通常采取不同领域的专业部门管理和报告模式，管理相对分散。由于部门之间的壁垒，在农村公共危机防控中，资源难以实现共享，管理难以统筹协调，容易出现单打独斗、相互推诿的局面，直接影响到农村公共危机防控能力。虽然，国家在农村公共危机防控一直力图打破部门独立管理的局面，但是实际效果并不理想。大数据时代农村公共危机防控信息化为进一步打破农村公共危机防控部门独立管理局面提供了可能。政府部门和区域首先根据自身管理特点，依据大数据统一的技术标准，建立各自层面的农村公共危机防控信息数据，然后，构建一个统一的农村公共危机信息化防控大数据平台。农村公共危机防控依托这个平台，实现跨部门、跨区域的合作管理，共享信息资源，统筹协调行动，提升能力。美国政府早在2002年就与IBM公司共同合作，以各部门广泛应用IBM公司的信息流与大数据技术为基础，建立了大规模实时信息数据的探索和可视化平台。我国在2010年也开始着手研究政府大数据应对之策[①]。国务院2015年通过的《促进大数据发展行动纲要》提出，大力推动政府信息系统和公共数据互联开放共享，加快政府信息平台整合，发展大数据在农村农业中的应用。这就要求我们在大数据时代农村公共危机防控信息化中，转变思维方式，主动地由独立管理向联合管理转变，破除部门之间的壁垒，实现部门之间全天候、无缝隙的联合互动。

---

① 于浩.大数据时代政府数据管理的机遇、挑战与对策[J].中国行政管理，2015（3）：127-130.

6.1.3.2 由被动响应向主动预测转变

大数据的核心价值在于预测。其科学方法论意义不在于从“已知”的现实中发现问题和规律，而在于从“未知”的种种可能中发现问题和规律[①]。我国大数据研究专家、中国工程院倪光南院士指出，科学研究的实验型范式、理论型范式、计算型范式都是在已知规律的情况下发现新的规律，而大数据则是在未知规律的情况下，运用计算能力从大数据中发现规律并发挥规律的作用[②]。大数据时代农村公共危机防控信息化凸显了科技理性之于农村公共危机防控的重要性。这种科技理性在农村公共危机防控实践中的作用效果，有赖于大数据理念贯彻于农村公共危机防控全过程之中，实现农村公共危机防控的思维转变和过程重构。一般而言，农村公共危机防控过程主要包括危机预警、危机决策、指挥协调、资源动员、信息发布、应急救援、善后恢复等环节。从信息数据流动的角度看，农村公共危机防控过程又是一个数据收集、数据整合、数据挖掘、安全分析、安全情势判断、安全监测、发现危机的过程。相对于传统时期的农村公共危机防控流程，大数据时代的最大改变在于，农村公共危机决策的流程由危机事件发生后的被动“响应”转变为危机事件发生前的主动“预测”。具体而言，应对式决策是一种事后的“逆向”思维，体现为“危机事件突发—逻辑分析—寻找因果关系—进行突发事件应急决策”的流程；而预测式决策则是一种事前的“正向”思维，体现为“挖掘数据—量化分析—寻找相互关系—进行突发事件预测决策”的流程（图6-2）[③]。在有效数据处理技术的支撑下，将数据思维贯彻于农村公共危机防控全程中，由“客观事实驱动”的决策取代“主观经验驱动”的决策，将成为大数据时代农村公共危机防控信息化的关键特征。因此，在大数据时代农村公共危机防控信息化过程，我们需要颠覆传统的“被动响应”思考问题方式，树立大数据思维，充分彰显大数据的核心价值—— 预测，提前部署预防应对，杜绝或减少农村公共危机对公众安全和利益的损害。

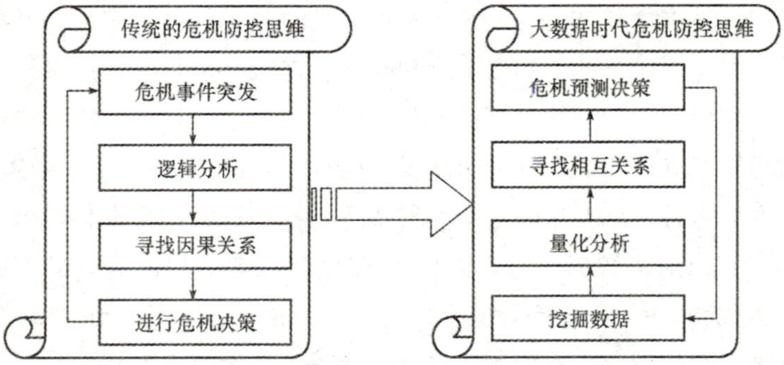

图6-2 传统的危机防控思维与大数据时代危机防控思维的比较

① 张弛.大数据思维范畴探究[J].华中科技大学学报（社会科学版），2015（2）：120-125.

② 倪光南.关于大数据[J].高科技与产业化，2013（5）：1.

③ 张倩.大数据在突发事件政府决策中的应用[J].东北农业大学学报（社会科学版），2013（6）：73-79.

6.1.3.3 由定性管理向定量管理转变

单纯的数据并不能够直接带给我们可利用的有益价值。只有当“数据”对某个事件、物体或现象进行有意义的记录，并将数字、文字、声音、视频、图像等各种记录形式转化为可供计算分析的标准数据，才可能依靠相关数据模型对数据进行筛选、清理、加工和提炼，最终形成有意义的“信息”和“知识”，以辅助我们的决策。在传统的农村公共危机防控中，由于数据收集工具缺乏和数据处理能力有限，以及受“差不多”①的传统文化束缚，常常采取定性管理方式进行分析和决策。如今，我们已经进入大数据时代，这一切将成为历史。通过感应器、手机导航、网站点击和Twitter等能够收集大量数据，而性能不断改进的计算机与相关软件可以轻易地对这些数据进行处理②。大数据不仅涉及海量的数据资源，还涉及数据处理方式的根本性变革③。它将为农村公共危机防控由定性管理向定量管理转变奠定基础。我们从海量、复杂、实时的农村公共危机大数据中可以发现有价值的知识并以此进行科学决策。基于数据及其分析的农村公共危机决策行为，是一种重视理性的、数据驱动的决策模式。这也使农村公共危机防控实现精细化管理和科学化管理。正如耶鲁大学教授丹尼尔·埃斯蒂所言：“基于数据驱动的决策方法，政府将更加有效率、更加开放、更加负责，引导政府前进的将是‘基于实证的事实’，而不是‘意识形态’，也不是利益集团在政府决策过程中施加的影响”④。数据处理技术已经发生了翻天覆地的改变，但我们的方法和思维却并没有跟上这种变化。因此，我们转变思维，利用大数据促进农村公共危机防控由定性管理向定量管理转变，提高农村公共危机防控能力并尽可能降低成本，以最为精确、有效的方式满足农村居民甚至整个社会公众的公共安全需求。

6.2 促进机制完善，形成良好的制度环境

道格拉斯·诺斯（Douglass C.North）曾指出：“制度是社会的游戏规则，更规范的讲，它们是为人们的相互关系而人为设定的一些制约。”⑤大数据时代农村公共危机防控信息化面临一系列现实缺憾，这迫切需要通过相关机制的完善来进行保驾护航，为大数据时代农村公共危机防控信息化能力提升奠定坚实的制度根基。依据系统论的观点，所谓机制，指的是系统内各子系统（要素）之间相互作用、相互联系、相互制约的

---

① ※ 我国近现代著名思想家胡适对国人缺乏精确的数据意识，“凡事差不多，凡事只讲大致如此”的习惯和作风深感忧虑，于1919年写下著名的《差不多先生传》，以讽刺的手法，活灵活现地白描国人取道中庸、甘于糊涂、拒绝精准的庸碌形象，以期望唤醒国人认真、精准的意识。

② [英]克托·迈尔一舍恩伯格，肯尼思·库克耶.大数据时代：生活、工作与思维的大变革[M].盛杨燕，周涛，译.杭州：浙江人民出版社，2013：37.

③ 张春艳.大数据时代的公共安全治理[J].国家行政学院学报，2014（5）：100-104.

④ 李志刚.大数据：大价值、大机遇、大变革[M].北京：电子工业出版社，2012：53.

⑤ [美]道德拉斯·诺斯.制度、制度变迁与经济绩效[M].杭行，译.上海：上海人民出版社，2008：3.

形式和运动原理以及内在的、本质的工作方式[①]。大数据时代农村公共危机防控信息化能力是在一定机制作用下，基础能力和过程能力相互作用的综合表现。大数据时代农村公共危机防控信息化机制是大数据时代农村公共危机防控信息化系统所具有的，促使系统内各要素之间相互联系、作用和制约，决定整个系统功能发挥的作用方式和规律的反映，主要包括激励机制、制约机制和保障机制。大数据时代农村公共危机防控信息化的激励机制、制约机制和保障机制是一个有机的整体。在激励机制、制约机制和保障机制相互作用、相互联系和相互制约中，大数据时代农村公共危机防控信息化得以有效运行和能力发挥。如果离开或偏废任何一方，都难以保证大数据时代农村公共危机防控信息化系统正常运行和健康发展。加强大数据时代农村公共危机防控信息化能力建设，必须协同推进激励机制、制约机制和保障机制的建立健全，创造大数据时代农村公共危机防控信息化运行及其功能有效发挥的制度环境（图6-3）。

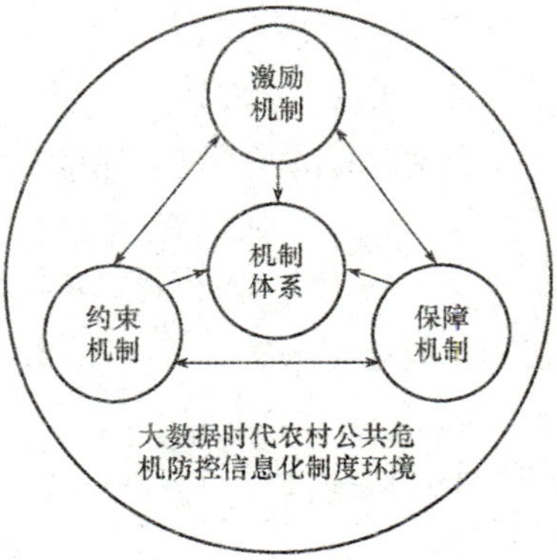

图6-3　大数据时代农村公共危机防控信息化机制体系

6.2.1　建立健全激励机制

激励机制是激励主体组织运用激励手段，实现与激励客体相互作用、相互制约的结构、方式、关系及演变规律的总和，是激励过程中重要的行为手段和管理方式[②]。激励机制的核心就是“我怎样使某人为我做事”[③]。在大数据时代农村公共危机防控信息化中，激励主体制定怎样的规则，使激励客体（农村公共危机防控信息化的参与者）都能使利己行为的最后结果与激励主体的价值目标一致。它所要解决的基本问题是挖掘大数据时代农村公共危机防控信息化驱动力量的源泉，以及有效发挥大数据时代农村公共危机防控信息化诸要素的协同作用，充分调动大数据时代农村公共危机防控信息化各方面

① 金光熙.工业企业管理[M].北京：冶金工业出版社，1993：4.
② 马青艳.激动机制与民族有治地方政府效能研究——以宁夏回族自治区为例[D].北京：中央民族大学博士论文，2009：17.
③ 乌家培，谢康，肖静华.信息经济学[M].2版.北京：高等教育出版社，2007：178.

的积极性与创造性，达到大数据时代农村公共危机防控信息化能力提升的价值目标。在大数据时代，我国农村公共危机防控信息化激励机制的建立健全可以分为三个层面。

6.2.1.1　宏观层面

宏观层面主要是指政府如何激励大数据时代农村公共危机防控信息化的发展。随着大数据广泛运用，其所蕴含的重要战略意义为世界上许多国家所认识。各国纷纷开始在国家层面进行战略部署，以在大数据技术革命中抢占先机。我国是一个农村人口占绝大多数的国家，农村经济社会发展中各种危机日益凸显，运用大数据对农村公共危机进行防控是当前科技发展的结果和现实的迫切需求。大数据时代农村公共危机防控信息化的大力推进和能力提升需要国家宏观层面的政策激励。我国近年来出台了一系列政策法规促进大数据产业发展和农村农业信息化发展。特别是2015年8月国务院通过的《促进大数据发展行动纲要》，将大数据提升到国家发展的核心战略，不仅强调推动政府信息系统和公共数据互联共享，发展政务大数据，而且提出以企业为主体、市场为导向，加大政策支持，发展大数据产业。这些激励政策的出台为大数据时代农村公共危机防控信息化快速发展和能力提升创造了良好的制度环境。但是，我们也该清楚看见农村农业信息化和大数据建设投资大、回报率低和周期长，对市场的吸引力十分有限。实践表明，市场在我国农村农业信息化建设中作用发挥十分有限。如今，大数据产业在其他领域发展十分迅速，而在农村农业领域行业中步履蹒跚。因此，要促进大数据时代农村公共危机防控信息化能力建设，必须在国家层面出台专门的涉农大数据发展激励政策，利用财政、税收、信贷、利率、价格杠杆等激励手段，激励社会各方面力量汇聚到农村公共危机防控信息化和大数据发展中。

6.2.1.2　中观层面

中观层面主要是指大数据时代农村公共危机防控信息化建设投资主体如何激励运营主体提升大数据时代农村公共危机防控信息化能力。中观层面又分为两种情况，如果投资者就是运营者，则激励机制就成了运营组织内部激励，也就是微观层面的激励机制。这里重点讨论的是投资者与运营者相分离的情况。在这种情况下，根据信息的对称与否采取两类不同的激励机制。在对称信息条件下，产出量由运营者付出的努力程度和实际能力决定，投资者可以观察运营者的劳动量和了解运营者掌握的所有环境变量。这样，投资者可以采取收取租金、劳动工资、目标产量承包等激励手段，激励运营者尽最大的努力促进大数据时代农村公共危机防控信息化能力建设。在非对称信息约束下，投资者不能清楚观察到运营者的劳动量，至多只能观察到运营者劳动量的某些信号，如作为结果的产量，但是，产量不仅仅取决于代理人的努力程度，与外在因素如政治环境、投入物的质量等“噪声”也密切相关[①]。投资者可以采取分成制的激励机制，一方面能对运营者产生激励，另

① 乌家培，谢康，肖静华.信息经济学[M].2版.北京：高等教育出版社，2007：178.

一方面又能分担运营者的风险，从而最大限度地提升大数据时代农村公共危机防控信息化能力。无论是哪一类激励机制或哪一种激励手段，都要落实到不同层面的规章制度。在大数据时代农村公共危机防控信息化能力建设中，国家需要建立健全协调投资者与运营者之间关系的各种制度，促进不同激励机制在不同的情况下充分发挥作用，获得效益最大化。

6.2.1.3 微观层面

微观层面主要是指大数据时代农村公共危机防控信息化组织内部的激励问题。

（1）制定科学的组织激励机制。大数据时代农村公共危机防控信息化组织一方面必须系统地分析、收集与激励有关的信息，在广泛征求员工意见的基础上制定一套大多数人认可的制度，突出激励机制的公平性；另一方面应该贯彻按劳分配与按生产要素分配，效率优先、兼顾公平的分配原则，建立重实绩、重贡献，向优秀人才和关键岗位倾斜，形式多样、自主灵活的分配激励机制。

（2）根据组织性质采取不同的激励方式。组织内部激励的主要手段包括物质激励和精神激励。大数据时代农村公共危机防控信息化组织具有多样性，不同组织的内部激励方式虽然具有一定共性，但也存在较大差异。如政府性质的运营组织可以采取荣誉授予、职位晋升等激励方式，企业性质的运营组织可以采取物质、情感等激励方式。因此，大数据时代农村公共危机防控信息化组织要根据自身特点和实际情况，选择合适的激励方式，调动组织内部各部门或个人的积极性、主动性和创造性，保证各项工作有序、高效地推进，以实现组织服务目标。

（3）综合运用多种激励机制。根据马斯洛需求层次论，人的需求包含生理、安全、感情、被人尊重、自我现实等由低到高的多个层次。大数据时代农村公共危机防控信息化组织不仅运用物质奖励、精神表彰等激励方式，还应该运用参与激励的方式，让员工在参与组织管理中获得和强化对组织的归属感、认同感，满足员工自尊和自我实现的需要。

6.2.2 建立健全制约机制

根据系统论的观点，系统内各个因素（子系统）是相互联系又相互制约的，以保证系统有序和规范运行。从管理学上来看，制约机制是一种保证管理活动有序化、规范化的一种机制。大数据时代农村公共危机防控信息化制约机制是通过制定国家法律法规、相关行业标准、部门规章制度等以及采取各种形式的监督，以保证大数据时代农村公共危机防控信息化有序运转和功能发挥的一种制约机制。从制度建设角度看，大数据时代农村公共危机防控信息化制约机制的建立健全主要体现在以下几个方面。

6.2.2.1 相关法律法规的建立健全

国家在农村公共危机防控和农村信息化建设等领域出台了一系列的法律法规，较好地规范了农村公共危机防控和农村信息化建设，这为大数据时代农村公共危机防控信息化能力建设提供了一定的制度约束。但是，大数据作为一种信息化发展的最新产物，由于缺乏相应的规范和法律保障，使得数据主权归属、大数据服务可靠性、相关争端的化解与裁决等方面问题并不能得到很好的解决①。无论是政府还是企业和个人，对大数据时代农村公共危机防控信息安全及其相关问题始终存在担忧，这将严重制约数据时代农村公共危机防控信息化健康可持续发展。制定一系列的专门法律法规，解决数据时代农村公共危机防控信息化中的各种问题，显得十分迫切。2015年8月国务院通过的《促进大数据发展行动纲要》提出，加快大数据法规制度建设，积极研究数据开放、保护等方面制度，实现对数据资源采集、传输、存储、利用、开放的规范管理，明确政府统筹利用市场主体大数据的权限及范围；制定政府信息资源管理办法，建立政府部门数据资源统筹管理和共享复用制度；研究推动网上个人信息保护立法工作，界定个人信息采集应用的范围和方式，明确相关主体的权利、责任和义务，加强对数据滥用、侵犯个人隐私等行为的管理和惩戒；推动出台相关法律法规，加强对基础信息网络和关键行业领域重要信息系统的安全保护，保障网络数据安全；研究推动数据资源权益相关立法工作。以上法律法规的建立健全，将为大数据时代农村公共危机防控信息化能力建设提供法律制度保障。

6.2.2.2 相关标准体系的建立健全

信息及技术标准化是通过制定、发布和实施标准化，以便在一定范围内达到某种统一或一致，这种统一或一致是推广和普及信息技术和实行信息资源共享的先决条件②。我国在农业信息化建设中，将农业信息资源标准化作为最重要的基础工程，在数据采集、内容编码、著录格式、信息加工、资源描述、资源组织、资源互操作和用户服务等方面建立了一系列的标准与规范，从而切实有效地开发和利用农业信息资源，促进资源使用效率提高和共享范围扩大。但是，大数据时代农村公共危机防控信息化涉及的行业、领域更广泛，常常因为缺乏强制性的、统一的标准，而导致信息数据无法兼容和共享，影响到整个效率和能力提升。这就迫切需要按照高可用性、互操作性、可扩展性的基本要求，遵循开放性、系统化、模块化、实用性等基本原则③，推进大数据产业标准体系建设，加快建立政府部门、事业单位等公共机构的数据标准和统计标准体系，加快建立大数据市场交易标准体系，推进数据采集、数据开放、指标口径、分类目录、交换接口、访问接口、数据质量、数据交易、技术产品、安全保密等关键共性标准的制定和

---

① 林志刚，彭波.大数据管理的现实匹配、多重挑战及趋势判断[J].改革，2013（8）：15-23.

② 郭新宇.初析我国农业信息标准化[J].中国标准化，2001（11）：8-10.

③ 张会田.我国农业信息资源开发利用标准体系架构[J].情报资料工作，2012（5）：78-82.

实施①。通过统一的大数据标准体系建立健全，大数据时代农村公共危机防控信息化就可以破除“信息孤岛”的障碍，实现不同系统环境下的数据共享与整合，充分发挥大数据在农村公共危机防控中的作用，促进农村公共危机防控信息化能力提升。

6.2.2.3 相关组织规章的建立健全

将大数据运用到农村公共危机防控信息化中是一项开创性工作。这对政府组织和非政府组织来说是一场挑战。在大数据时代农村公共危机防控信息化实际工作中，相关组织由于受到思维束缚和维护自身利益，常常采取一些行为进行有意或无意的抵制和阻挠。如何约束相关组织的行为，使其由阻挠者变为推动者，是大数据时代农村公共危机防控信息化能力建设的关键之一。对此，首先建立农村公共危机防控大数据发展和应用统筹协调机制，推动形成职责明晰、协同推进的大数据时代农村公共危机防控信息化工作格局。其次，加强大数据时代农村公共危机防控信息化重大问题研究，加快制定出台配套政策，强化农村公共危机防控信息资源统筹管理。其三，加强大数据与物联网、智慧农村、云计算等在发展政策、规划上的协同，使各种信息化发展最新技术能够在农村公共危机防控中实现集成化运用。其四，加强中央与地方协调，在制定全国大数据时代农村公共危机防控信息化发展规划基础上，要求地方各级政府结合自身条件合理定位、科学谋划，将大数据时代农村公共危机防控信息化纳入地方经济社会发展规划中，制定突出区域特色和分工的大数据时代农村公共危机防控信息化政策措施，并抓好措施落实，实现科学有序发展。其五，建立健全大数据时代农村公共危机防控信息化绩效考核制度，将相关工作纳入相关组织部门的工作考核中，实行部门或领导问责制。通过相关组织规章的建立健全，规范相关组织的工作，以协调各方利益和规范各方行为，调动各方面的积极性、主动性和创造性，形成合力，促进大数据时代农村公共危机防控信息化能力建设。

6.2.3 建立健全保障机制

根据系统论的观点，系统的存在和运行必须具备一定保障条件。大数据时代农村公共危机防控信息化是一个复杂的系统，其顺利运行和功能有效发挥，需要建立一个与之相配套的保障机制。如何提供条件，以及提供什么样的条件才有益于提高大数据时代农村公共危机防控信息化能力，如何利用相应的制度安排来解决这些问题，是研究大数据时代农村公共危机防控信息化保障机制的重点。针对我国大数据时代农村公共危机防控信息化的实际情况，其保障机制主要体现在领导管理体制、建设投入机制、信息共享机制、信息安全机制等方面，以保证大数据时代农村公共危机防控信息化有序开展和能力提升。

① 人民网.国务院印发促进大数据发展行动纲要[EB/OL]. http：//politics.people.com.cn/n/2015/0905/c1001-27545655.html，2015-09-05.

6.2.3.1 建立信息首席官制度

大数据时代农村公共危机防控信息化由于涉及众多领域和行业，需要建立专门的政府首席信息官管理制度。设置在各政府部门中的首席信息官，领导并主持本级政府大数据建设工作，促进农村公共危机防控大数据建设落实到具体职位职务上，构建与现有行政管理体制机制相结合的管理组织架构，形成上下连通、左右相应、层级清晰、权责明确、结构优化、组织有力、层层落实的大数据时代农村公共危机防控信息化管理体系。其一，在人事管理上，所任用的政府首席信息官同时具备公共事务管理相关工作经历和信息技术相关专业素质。为保证首席信息官具有双重性的能力素质，需要有意识对其进行多岗锻炼和专业技术培训。其二，在管理模式上，由于政府首席信息官的职责主要在协调、规划、推动和监控方面，因此，可以建立"一把手+首席信息官"的管理模式，以保证大数据工作的沟通协调和顺利推进。首席信息官则负责大数据的日常工作。其三，在权责利配置上，确保政府首席信息官职位权力、权利与其承担的责任相一致，其应当在政府内部具有较高的地位和权威性，以破除来自体制、机制、制度等多方面阻碍，更好地推进大数据工作。其四，在机制建设和制度保障上，确保政府首席信息官担负起与权力相对等的责任，要建立政府首席信息官的定时汇报制度和问责制度[①]。首席信息官员制度的建立健全，为大数据时代农村公共危机防控信息化各方面工作协调、顺利开展提供了领导管理制度保障。

6.2.3.2 建立基本建设投入制度

大数据时代农村公共危机防控信息化是一项庞大的系统工程，需要投入大量的人力、物力和财力。这就需要通过建立健全各项建设投入制度，确保大数据时代农村公共危机防控信息化建设投入的可持续性。首先，各级政府应该建立基本投入制度。各级政府应该把大数据时代农村公共危机防控信息化建设投入纳入经济社会发展规划中，规定其投入的基本比例，从制度上保证其获得稳定投入。同时，中央和各级政府可以列出专项财政，集中力量支持大数据时代农村公共危机防控信息化建设中的关键技术攻关、重大应用示范、公共服务平台建设等。其次，引入市场投入机制。在保障公平竞争的前提下，政府鼓励、引导和支持社会资本参与大数据时代农村公共危机防控信息化建设。一方面，政府充分引入市场机制，通过政府采购、服务外包、社会众包等多种方式，吸引专业企业参与到政府大数据建设中，不仅可以降低建设和管理成本，而且能够有效吸引社会资本和促进大数据产业发展；另一方面，政府努力创造更加宽松的金融政策环境，为大数据企业进入资本市场融资和引导创业投资基金投向大数据产业提供良好的政策制度环境。充分利用政府和市场两种手段，建立健全相关制度和机制，确保大数据时代农村公共危机防控信息化建设所需的投入，促进大数据时代农村公共危机防控信息化快速发展和能力提升。

---

① 沈亚平，许博雅. "大数据"时代政府数据开放制度建设路径研究[J].四川大学学报（哲学社会科学版），2014（5）：111-118.

6.2.3.3 建立信息安全保障制度

保障信息数据安全是大数据时代农村公共危机防控信息化健康可持续发展的基本前提。从信息数据安全防护角度看，保障大数据时代农村公共危机防控信息化的信息安全，需要对农村公共危机信息数据收集、存储、传输、分析和处理以及可视化展示等各个环节建立技术标准和保护制度，建立健全安全保障体系。

（1）建立健全基本设施的安全标准和相关制度。对大数据时代农村公共危机防控信息化基本硬件、软件、网络等设施的技术标准进行严格规定和及时修订，不断提升基础设施关键设备安全可靠水平，提高安全防护技术水平、保障网络安全以及保障云存储和云安全等①。

（2）建立大数据安全评估机制。在兼顾数据安全保护和数据开放利用平衡的前提下，可以采用第三方信息安全审计和评估机制，做好农村公共危机防控大数据服务平台的可靠性及安全性评测、应用安全评测、监测预警和风险评估，明确数据和网络安全保障的范围边界、责任主体和具体要求。

（3）建立健全网络安全应急处理机制。在大数据时代农村公共危机防控信息化中，大数据是一柄双刃剑，既极大地拓展了农村公共危机防控范围和提升了农村公共危机防控效率，又可能给农村公共危机防控带来更大风险。其中，信息安全维护不到位，就可能因农村公共危机防控网络和大数据被攻击、被泄露和被窃取而引发新的更大危机。因此，必须建立健全网络安全应急处理机制，开展大数据时代农村公共危机防控信息化的安全监测和预警通报工作，加强网络安全的监测、预警、控制和应急处置能力建设。

6.3 重视体系创新，探寻高效的建设模式

大数据时代农村公共危机防控信息化涉及多个主体合作、众多资源整合和复杂流程再造等一系列问题。在有关具体工作推进中，不站在全局高度，对大数据时代农村公共危机防控信息化体系进行深入分析和全面部署，职能交叉、部门分割、管理不到位、协同能力较差等一系列问题将始终不能得到有效解决。对此，必须注重对大数据时代农村公共危机防控信息化体系进行创新，处理好各建设主体之间的关系，促进各方面资源有效整合，理顺体系运行流程，探寻大数据时代农村公共危机防控信息化建设的高效模式。这将是大数据时代农村公共危机防控信息化的核心内容。

6.3.1 发挥多元主体作用

在传统的农村公共危机防控中，政府部门几乎是唯一的主体。在大数据时代，网

① 许晔.大数据时代中国面临的挑战与对策[J].中国科技论坛，2015（3）：24-29.

络民主迅速扩展，信息更加公开透明，加之社会公众和企业（市场）已经成为农村公共危机防控大数据的重要来源，农村公共危机防控信息化主体不仅仅是政府部门，也包括社会公众和企业（市场）。这就需要重新审视农村公共危机防控的主体系统，构建一个“政府-社会-市场”协同的主体系统，充分发挥各个主体的作用，形成合力共同推进大数据时代农村公共危机防控信息化能力建设。在大数据时代农村公共危机防控信息化中，政府部门、社会公众、企业（市场）的责任、任务是不同的，因而他们在农村公共危机防控的不同领域、不同阶段所发挥作用也是不一样的，可以分为政府主导建设模式、社会主导建设模式和市场主导建设模式。对此，需要分责任、分领域、分阶段发挥政府部门、社会公众和企业（市场）的作用，以更有针对性、更有可操作性地探寻高效建设模式，提升大数据时代农村公共危机防控信息化能力（图6-4）。

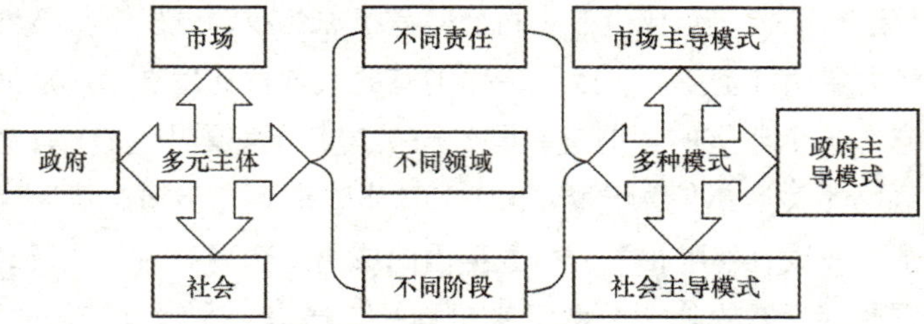

图6–4　大数据时代农村公共危机防控信息化建设的多元主体与模式

6.3.1.1　分责任发挥多元主体作用

不可否认，大数据时代的互联网创造了一个更开放、更平等的公共事务管理平台，政府、公众和企业能够以前所未有的平等资格共同对农村公共危机进行防控。但是，在大数据时代农村公共危机防控信息化中，政府、公众和企业所承担的责任是不同的。大数据是一个具有巨大价值的新兴产业，许多国家已将大数据作为其当前及未来相当长一段时期内的发展战略。农村公共危机涉及国家安全、政治与社会的稳定，具有公共产品性质。大数据时代农村公共危机防控信息化必须有一个权威的公共主体进行主导与协调工作。毫无疑问，承担这一责任的主体只能是政府部门。大数据时代农村公共危机防控信息化是以大数据的建立和完善为基础。大数据来源越广泛、内容越丰富、准确性越高，农村公共危机防控分析、预测和决策就越科学、越准确，农村公共危机防控信息化能力也就越强。社会民众和企业等组织作为农村公共危机信息数据的重要来源和利益主体，应该坚持外在法律规范和内在道德要求相统一，规范自己的网络行为，以高度的责任感为农村公共危机防控提供及时、准确的信息数据，不造谣、不传谣，共同维护良好的网络环境。依据政府、公众和企业的不同责任，重新定位他们在大数据时代农村公共危机防控信息化主体系统的地位和作用，促使他们各履其责和各尽其义务，充分发挥他们的作用，促进大数据时代农村公共危机防控信息化能力建设。

6.3.1.2 分领域发挥多元主体作用

大数据时代农村公共危机防控信息化涉及多领域。互联网的泛在化和开放性，使得政府、公众和企业能够在互联网平台上突破领域的壁垒，三者相互渗透到彼此的传统领域，但是，显而易见，纵使在大数据时代，政府、公众和企业在农村公共危机防控不同领域的力量对比也是不同的。政府在国家安全、社会治安、气象预报、灾害救援等传统的公共安全领域发挥着绝对主体作用。国家安全、公安、环境保护、安全生产、气象等职能部门依靠其健全的机构体系收集、分析相关数据信息，在农村公共危机防控相关领域发挥主体作用。随着“风险社会”到来和不断凸显，非传统安全事务的日益增多，比如农村公共卫生危机、农村社会群体性事件、网络舆情危机等农村人民内部矛盾冲突和社会信任危机，这些农村公共安全事务“更多出现在公民日常生活中”[①]，需要通过发挥民众主体作用进行防控。企业也在农村公共危机非传统领域发挥重要作用，尤其是一些具有强大技术力量的IT企业，可以凭借所拥有的大数据处理技术，从海量数据中挖掘出有价值的信息。一个典型的案例是谷歌公司在2009年美国甲型H1N1流感爆发几周之前，就利用互联网相关海量信息分析得出H1N1流感来源与传播态势，这与后来美国官方公布的结论基本一致。谷歌相关分析数据因此成为一个更有效、更及时的指示标，取代了官方的习惯性滞后数据，为公共卫生机构的官员提供非常有价值的数据信息[②]。在大数据时代农村公共危机防控信息化中，不仅要同时发挥政府、公众和企业的作用，而且要根据不同领域有所侧重地发挥不同主体的作用，才能更好、更有针对性地构建大数据时代农村公共危机防控信息化能力建设模式。

6.3.1.3 分阶段发挥多元主体作用

大数据时代农村公共危机防控信息化有外在技术扩散和内在信息流动两个时间轴。就外在技术扩散而言，是以大数据为标志的信息技术在农村公共危机防控中的运用，包括认知阶段、说服阶段、决策阶段、实施阶段和确认阶段。大数据技术开发与利用肇始于IT企业，随着其价值显现，政府将其应用到农村公共危机防控中。为了提高农村公共危机防控能力，政府利用公共资源引导和促进社会民众和企业在农村公共危机防控中认同和采纳大数据技术。可以说，大数据技术在农村公共危机防控中扩散的不同阶段，政府、公众和企业所发挥的作用是不同的。当前，大数据时代农村公共危机防控信息化在我国处于起步阶段，需要政府起带头示范和积极推动作用。随着大数据技术广泛运用，民众和企业的主体作用将得到更多发挥，同时，反过来要求和促进政府进一步改进相关工作。从内在信息流动来看，大数据时代农村公共危机防控信息化是一个数据信息提

---

① 朱武雄.转型社会的公共安全治理——从公民社会的维度分析[J].东北大学学报（社会科学版），2010（5）：415-419，432.

② [英]克托·迈尔－舍恩伯格，肯尼思·库克耶.大数据时代：生活、工作与思维的大变革[M].盛杨燕，周涛，译.杭州：浙江人民出版社，2013：3-4.

供、收集、整理、加工、分析、传播和利用的过程。在大数据时代，政府不再是农村公共危机信息的绝对主要来源，社会和市场将发挥着越来越重要的作用。当前，政府相关部门是农村危机信息收集、整理、加工和分析的主要力量，但是，随着大数据产业发展和政府采购、服务外包、社会众包等多种大数据市场化方式的引入，社会机构、相关企业将发挥着越来越重要的作用，甚至超越政府。政府、民众和企业都根据自身需要传播和利用农村公共危机信息，只是他们的利用目的和权威不同而已。总之，大数据时代农村公共危机防控信息化是一个动态的发展过程，根据其不同阶段采用政府、社会和市场不同的主导建设模式，以更好地发挥政府、民众和企业的作用，促进大数据时代农村公共危机防控信息化能力建设。

6.3.2　促进信息资源整合

大数据时代农村公共危机防控信息化是以信息资源的高效利用为基础，利用以大数据为代表的信息技术对农村公共危机进行预测和防控的过程。我国农村信息化建设经过多年努力，虽然硬件设施有了很大改善，但存在有效信息资源短缺与信息内容雷同并存、具有综合汇聚能力的农村信息服务平台与部门信息平台林立并存、社会力量不断壮大与基本徘徊在系统之外并存等一系列问题。这些问题直接制约农村公共危机信息有效整合，进而影响大数据时代农村公共危机防控信息化能力有效提升。这就需要以大数据要求重新审视农村公共危机信息资源系统，构建科学的信息资源整合框架，采用恰当的信息资源整合方法，统筹规划大数据基础设施建设，从而打造一个农村公共危机防控信息化的大数据平台，提升农村公共危机信息收集、分析、加工和利用的能力。

6.3.2.1　构建科学的信息资源整合框架

“整合”就是把不同的资源共享结合在一起，使本来无意义的数据资源变得有意义，使一些单看起来无意义或意义不大的数据资源获得超值效果[①]。在大数据时代，农村公共危机信息资源整合就是为实现信息资源共享，优化农村公共危机防控决策，把不同的农村公共危机数据信息集成在一起，使其价值有机结合在一起，实现价值增值。大数据时代农村公共危机防控信息化所涉及的各种信息资源众多，分布在不同领域、不同部门，这就需要理清他们之间的关系，构建一个科学信息资源整合框架，通过组织制度安排和管理运作协调来促进信息资源的深度整合，提高大数据时代农村公共危机防控信息化能力。大数据时代农村公共危机防控信息化资源整合分为两大块和两条主线（图6-5）。两大块是指政府部门所拥有的农村公共危机信息资源与社会和市场（相关企业、社会组织、民众等）所提供的农村公共危机信息资源之间的整合。一方面，政府

① 李道亮.农村信息化与数字农业[M].北京：中国建筑工业出版社，2010：29.

在依法加强安全保障和隐私保护的前提下，稳步推动公共数据资源开放；另一方面，引导企业、行业协会、科研机构、社会组织等主动采集并开放数据。两条主线：一条是横线，即政府各个部门之间的农村公共危机相关信息资源整合，包括农村基本数据信息资源、农村自然灾害信息资源、农村公共卫生信息资源、农村社会安全信息资源、农村事故灾难信息资源等。这条横线的贯通将破除部门之间的壁垒，实现部门之间的信息共享。另一条是纵线，即对政府各部门之间资源整合形成的村、乡、县、市、省和中央的农村公共危机防控信息化大数据平台进行纵向打通，实现各级农村公共危机防控信息化大数据平台上下双向无障碍互动，共享数据信息资源。

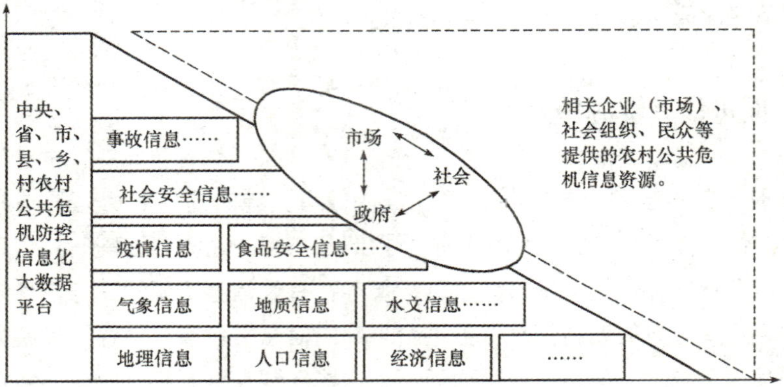

图6-5　大数据时代农村公共危机防控信息化资源整合框架

6.3.2.2　采用恰当的信息资源整合方式

大数据时代农村公共危机防控信息化资源整合是一个非常复杂的工程，也是一项需要长期而系统推进的工作，需要进行科学的研究和论证，采取恰当的方式方法，不可采取一刀切和一味强行推进的方式方法。

（1）顶层设计，统筹安排。根据我国《促进大数据发展行动纲要》《国家突发公共事件总体应急预案》等文件精神，成立具有综合协调能力的农村公共危机防控信息化实体管理机构，统筹制定农村公共危机防控相关数据信息资源整合发展规划，引导和推动各级政府之间、政府各个部门之间、政府与市场、社会之间的协调配合。这是解决农村公共危机防控信息化纵向上管理不力、横向上缺少配合、总体上“政府-市场-社会”不能协同的关键性前提。

（2）政府先行，分步推进。农村公共危机防控信息化大数据建设应该根据短、中、长期的不同发展阶段要求制定实施计划，分步骤推进。政府是农村公共危机防控数据信息的主要掌控者，经过多年的信息化建设，已建成一批信息数据库。农村公共危机防控数据信息资源整合应该首先从政府开始，大力推动政府部门数据共享，稳步推动公共数据资源开放，最后实现“政府-市场-社会”相关信息数据资源大整合。这是一个“政府内部数据信息共享—政府公共数据向社会、市场开放—政府、市场、社会数据信息共融共通共享”渐进过程。

（3）政策扶持，加强引导。农村公共危机相关数据信息资源整合是一个需要大量人力、物力、财力和技术力量的浩大工程。国家需要出台相关政策，调动政府各部门、社会和市场各种力量，明确主体数据共享的范围边界和使用方式，理清主体数据管理及共享的义务和权利，引导和规范各主体共同推进农村公共危机数据信息资源整合。

（4）求同存异，分门别类。农村公共危机数据信息资源在具体整合中，各级政府、政府的各个部门、社会、市场等不同主体应该遵循求同存异的原则，有所为、有所不为。共性和基础性的数据信息资源由较高一级的政府负责，个性和特色的数据信息资源由低级政府、具体部门、社会和市场主体负责。可以在不涉密的情况下外包给专业技术企业和社会组织，促进公私合作和知识共享，提高效率、降低成本[①]。面向农村公共危机防控信息化需要，建成既满足普遍需要又能满足个性需要的大数据。为了能够使不同主体的数据信息资源能够互融、互通、互享，在农村公共危机相关数据信息整合中，必须依据科学标准对数据信息进行分门别类和加工处理。

6.3.2.3　统筹规划大数据基础设施建设

我国信息化建设虽然取得了较大成就，但是大数据基础设施建设相对比较滞后。大数据时代农村公共危机防控信息化资源整合不仅是将原有数据信息资源进行简单整合，而且必须以相应大数据基础设施作为基础性的支撑。对此，结合国家政务信息化工程建设规划和农村农业信息化发展规划，统筹政务数据资源和社会数据资源，推进农村公共危机相关大数据平台、数据中心等基础设施建设。

（1）建立和完善相关信息数据库。《促进大数据发展行动纲要》提出，加快完善国家人口基础信息库、自然资源和空间地理基础信息库等基础信息资源。这将为大数据时代农村公共危机防控信息化提供基础信息资源。同时，还要在农村气象水文、农业生产与销售、公共卫生、社会保障、公共安全等重要领域建立健全信息资源。

（2）改造现有的设施设备。坚持绿色环保、低成本和高效率的建设原则，充分利用现有企业、政府等数据资源和平台设施，注重对农村公共危机防控信息化现有相关数据中心及服务器资源进行改造和利用，建设基于云计算的农村公共危机防控大数据基础设施和区域性、行业性数据汇聚平台，避免盲目建设和重复投资，提高投入-产出效益。

（3）加强农村公共危机防控大数据的保护和备份。大数据时代农村公共危机防控信息化资源整合，意味着“将所有的鸡蛋放进了一个篮子里”，这大大增加了数据信

① 沈亚平，许博雅.“大数据”时代政府数据开放制度建设路径研究[J].四川大学学报（哲学社会科学版），2104（5）：111-118.

息资源的安全风险。一旦数据库受到黑客攻击和成功入侵，或者因为其他原因造成设备损害、系统崩溃等突发事故，将给大数据时代农村公共危机防控信息化带来不可估量的风险。因此，在大数据时代农村公共危机防控信息化资源整合中，必须加强数据信息资源保护和备份，防患于未然。

6.3.3 加强运行体系建设

大数据时代农村公共危机防控信息化是充分利用现代通信及计算机网络技术，以“三网”（广播电视网、互联网、电信网）为纽带，以物联网、智能感应设备、云计算等为支撑，以大数据为平台，对农村公共危机信息进行收集、加工、分析和利用，实现科学预测和积极防控的动态过程。这一过程也是由大数据时代农村公共危机防控信息化运行体系所推动的。大数据时代农村公共危机防控信息化运行体系包括监测预警系统、应对化解系统和恢复重建系统。与传统农村公共危机防控相比，大数据时代对农村公共危机监测预警、应对化解和恢复重建提出了新的要求。这就需要从大数据技术和思维上加强农村公共危机防控信息化运行体系建设，健全农村公共危机监测预警系统、应对化解系统和恢复重建系统，促进大数据时代农村公共危机防控信息化能力建设。

6.3.3.1 健全农村公共危机监测预警系统

农村公共危机监测预警系统是农村公共危机信息采集、加工、分析、处理、传递和发布的网络系统，它的主要功能是实现农村公共危机信息快速汇集、上传和预警，为农村公共危机防控的指挥决策提供依据。建立健全农村公共危机监测预警系统，及时发现农村公共安全异常信息，有助于有关部门及早控制事态发展，提高农村公共危机防控能力。在大数据时代背景下，健全农村公共危机监测预警系统需要从以下几个方面开展工作。

（1）构建农村公共危机监测预警指标体系。对农村公共危机进行监测预警，首先要清楚监测什么，其在大数据平台上的具体表现形式是怎样的。对此，必须遵循敏感性、及时性、可操作性原则，针对不同领域、不同种类的农村公共危机构建具体监测指标体系，以能够多层次、全方位、标准化地收集相关数据信息。

（2）健全农村公共危机信息收集基础设施。利用物联网、“3S系统”（地理信息系统、卫星定位系统、遥感技术系统）、智能数据采集系统等加强农村公共危机数据信息采集基础设施建设，形成布局合理、技术先进、性能可靠和运作高效的农村公共危机数据信息采集网络。

（3）提升农村公共危机信息分析能力。建立在相关关系分析法基础上的预测是大数据的核心。在大数据时代，我们拥有如此多的数据，这么好的机器计算能力，因而不再需要人工选择一个关联物或者一小部分相似数据来逐一分析了[1]。对此，应该利用先进的大数据处理技术和处理软件系统，采用全数据模式，对农村公共危机数据信息进行相关性分析，以更快、更准确地进行预测。

（4）健全农村公共危机预警响应启动系统。农村公共危机监测预警是为及时采取相应的应急反应，防止危害发生或者将危害降低到最小。对此，应该健全农村公共危机预警响应启动系统，农村公共危机一旦达到报警，通过大数据平台实时传递到有关部门，有关部门立即启动相应应急预案，进行有效应对。

6.3.3.2　健全农村公共危机应对化解系统

危机应对是危机管理的核心环节，也是整个危机管理过程中最困难、最复杂的阶段。这是因为危机应对是在危机事件爆发后的紧急状态下进行的，涉及众多人员机构、大量物资设备和繁杂数据信息等，在时间紧迫、压力重大的情况下很可能会出现失误[2]。大数据时代农村公共危机防控信息化将以科学化、智能化的技术手段和思维方式应对、化解危机，防止各种失误。健全的大数据时代农村公共危机应对化解系统将是一个全新的系统。

（1）健全指挥协调系统。健全农村公共危机大数据指挥平台，使指挥协调中心不仅可以将各层面政府和政府各部门迅速组织起来，监控它们的职责和行为，而且能够迅速组建危机应对的组织架构，如规划、操作、后勤、财政等部门，以科学的运作制度激活各部门功能；不仅可以将危机前储备的各种设施、装备、物资等有效调拨使用，而且可以有序整合社会各种资源和人员，共同应对危机。

（2）健全应急决策系统。由于农村公共危机具有突发性、紧迫性和不确定性，决策者没有充足的时间研究和论证危机决策预案。建立健全数学分析模型、预案库等大数据资源，使其能够迅速地为决策者提供科学化、智能化的农村公共危机决策方案，并对方案进行科学的、详细的评估，让决策者集中精力进行决策。

（3）健全紧急救援系统。加强农村公共危机信息发布系统、紧急救援系统等建设。通过农村公共危机防控大数据平台，利用广播电视、互联网络、手机短信等多种途径即时向民众发布相关信息，平息民众恐慌；如有必要也可以利用大数据手段迅速、有序地紧急疏散和安置民众，将危机损害降到最小。依据农村公共危机防控大数据平台，迅速、有序地调动人力、物力和财力对危机进行科学救援，防止无序施救和盲目施救带来次生灾害。

6.3.3.3　健全农村公共危机恢复重建系统

恢复重建是指灾害后为重建公共设施、让社会与经济趋于正常并配合减灾而进行的

---

① [英]克托・迈尔一舍恩伯格，肯尼思・库克耶.大数据时代：生活、工作与思维的大变革[M].盛杨燕，周涛，译.杭州：浙江人民出版社，2013：74-75.

② 张成福，唐钧.政府危机管理能力评估——知识框架与指标体系研究[M].北京：中国人民大学出版社，2009：120.

各项活动[①]。健全的危机恢复重建系统是危机恢复重建各项工作顺利推进的保证。利用大数据分析评估危机损失、有效配置恢复重建资源、评估恢复重建效果等是大数据时代农村公共危机恢复重建系统建立健全的基本要求。

（1）健全危机损失评估系统。建立健全农村公共危机损害数据信息收集、整理、处理和分析机制，迅速、全面、科学地收集农村公共危机损害的数据信息，利用大数据技术对数据信息进行分析，形成科学、详尽的农村公共危机损失报告。

（2）健全危机恢复控制系统。建立健全农村公共危机恢复重建大数据平台，依据农村公共危机损失的大数据分析和实际情况，形成科学的危机恢复重建方案，合理地配置危机恢复重建的人、财、物等各种资源，并对使用情况进行实时跟踪监管和向社会公开，保证危机恢复的各种资源使用效益最大化，防止因资源配置和使用不合理、不公开和不透明而引发民众的不满或新的危机。

（3）健全危机防控总结系统。农村公共危机防控不仅在于对危机进行防控以避免或降低损害，还应该对危机进行全面总结，防止类似危机发生或为类似危机防控提供借鉴。健全农村公共危机防控总结系统，利用农村公共危机防控各个环节收集的信息数据，进行深入的大数据分析，如可以利用数据模型进行假设和模拟，总结出具有一般性的危机防控规律、流程和措施。

6.4 加强技术研发，有效地突破技术屏障

“科学技术是第一生产力。”大数据是现代计算技术和信息网络技术发展的产物。具备良好的大数据技术是大数据时代农村公共危机防控信息化能力提升的首要前提。大数据虽然是现代信息技术发展的结果，但不同于传统网络传播模式。它是一个包含云计算、互联网、物联网等多重要素在内的数据分析和处理模式，是关联规则的挖掘、集成学习、遗传算法、神经网络、预测模型、模式识别、回归统计、时间序列分析、关联规则分析等众多领域的技术集成运用[②]。当前，大数据在我国农村公共危机防控信息化中的使用才刚刚起步，所使用的大数据技术基本是从国外引进的，具有自主知识产权的技术少之又少，同时，还面临引进技术“水土不服”的尴尬局面和威胁到国家信息安全的困境。推进大数据基础研究和核心技术攻关显得十分迫切，直接关系到大数据时代农村公共危机防控信息化健康可持续发展和能力提升。对此，我国在大数据时代农村公共危机防控信息化中，应该出台大数据技术研发政策、创新大数据技术研发模式和突出大数据技术研发重点，以突破现实中的各种技术屏障。

① 张成福，唐钧.政府危机管理能力评估——知识框架与指标体系研究[M].北京：中国人民大学出版社，2009：157.

② 胡洪彬.大数据时代国家治理能力建设的双重境遇与破解之道[J].社会主义研究，2014（4）：89-95.

6.4.1　出台大数据技术研发政策

当前，人类正处于如火如荼的信息革命中，各国在信息革命浪潮中追逐，激烈竞争，各显神通。大数据技术是信息革命新一轮浪潮的具体表现。对大数据技术的研发已成为各国在新一轮信息革命浪潮中博弈的焦点。谁拥有了最先进、最实用的大数据技术，谁就把握了大数据在经济社会发展中的主动权。将大数据技术应用到农村公共危机防控信息化中，需要出台相关政策以鼓励研发适合中国国情和农村公共危机防控实际情况的大数据先进技术，将大数据时代农村公共危机防控信息化相关技术的主动权掌握在自己手中。

6.4.1.1　纳入国家战略

当今，大数据技术和产业迅猛发展，其价值逐步显现，正在成为引领经济社会发展的重要力量。世界主要国家对此高度重视，纷纷将大数据技术和产业发展上升至国家战略层面，大力研发大数据技术和培育大数据产业，抢占未来经济科技竞争制高点。我国对此也十分重视，2012年出台的《“十二五”国家战略性新兴产业发展规划》将“新一代信息技术产业”作为七大重点发展方向和主要任务之一，提出加强以网络化操作系统、海量数据处理软件等为代表的关键软件的开发，推动大型信息资源库建设，积极培育云计算服务等新兴服务业态；2015年出台的《促进大数据发展行动纲要》也提出推进大数据基础研究和核心技术攻关。当然，我们也应该清楚看到，我国大数据及其技术的发展远滞后美、英等发达国家。美国早在2010年就提出“联邦政府的每一个机构和部门，都需要制定一个应对‘大数据’的战略”[①]。英国在2011年注资1.89亿英镑用来发展大数据技术[②]。因此，我国要充分认识大数据技术及其产业发展的战略价值，将其上升到国家的核心战略，以能够在大数据发展与竞争中抢占制高点。只有将大数据技术与产业发展纳入到国家发展的核心战略，才能推动大数据技术发展，才能拥有先进、具有自主知识产权的大数据技术，才能为大数据时代农村公共危机防控信息化提供坚实的技术支撑。

6.4.1.2　做好总体规划

大数据技术发展及其在农村公共危机防控信息化中的应用是一项庞大工程，不是某个公民个体、企业组织和非政府营利组织所能够承担和组织得了的，需要政府出台相关政策，从总体上进行规划，全面推进。

（1）将大数据技术发展纳入国家科技发展规划。我国近年来一直十分重视现代信息技术发展，将其作为国家科技发展规划的重点领域之一。但是，国家科技发展规划中鲜有专门针对大数据技术发展的条款。这也是我国大数据技术发展相对滞后的重要

① 涂子沛.大数据[M].桂林：广西师范大学出版社，2013：54.

② 中国信息安全世界主要国家的大数据战略和行动[EB/OL]. http：//www.cac.gov.cn/2015-07/03/c_1115812491.htm，2015-07-03.

原因。对此，应该将大数据技术发展列入国家科技中长期发展规划的专项工程中。

（2）制定大数据技术发展的专门规划。为具体落实大数据技术研发工作，国家应该制定大数据技术发展专门规划，做好顶层设计和统筹规划，明确具体目标和任务，规定各级政府和政府各个部门的具体职责，使大数据技术发展规划既具有全局性战略又具有可操作性。

（3）根据大数据时代农村公共危机防控信息化的实际需要制定相关规划。农村公共危机防控信息化既需要一般性的大数据技术，也需要适应自身特点的大数据技术。这是因为农村公共危机具有自身的特殊性，同时农村公共危机涉及不同领域，对大数据技术具体要求有所不同。这就需要根据农村公共危机防控信息化的实际情况加强大数据技术适用性研究。

6.4.1.3 制定激励政策

随着新公共服务的理论发展和实践探索，越来越多的证据表明，现代政府不是一个“无限政府”，而是一个“有限政府”。大数据技术研发固然需要政府大力推动，但是绝不是政府包办一切，政府主要职责在于出台有效的大数据技术发展激励政策。政府通过制定和出台大数据发展政策以引入市场机制，利用市场机制提高政府的投入产出效率和激励市场、社会参与的积极性，促进大数据技术发展。在市场经济不断发展和完善的前提下，政府常常引入市场机制提高公共服务或产品投资效率，这是因为“政府部门所使用的传统的命令式干预机制常常被描述为一种无效率的‘工具’”“更多的以市场为基础的机制如合同、激励、税收支出等就成了更可取的手段”[①]。具体而言，政府通过项目合同方式、服务外包合同等政策，以合同的方式委托相关企业、高校、科研院所等组织机构研发大数据技术，充分利用这些机构已有的技术设备、人力资源等，防止重复投资和低效率建设；通过金融、税收等优惠政策，充分调动市场和社会对大数据技术研发和大数据产业发展进行投入，吸引更多资金、人员等资源聚集到大数据技术研发和大数据产业发展中，从而推动大数据技术研发和大数据产业发展。由于投资大、回报率低，在相关激励政策的制定中，要特别注意引导农村公共危机防控信息化中的大数据技术研发。

6.4.2 创新大数据技术研发模式

近年来，我国特别注意加强科技对经济社会的支撑引领作用，并取得了巨大成效。但有一个不争的事实是，科技与经济“两张皮”的问题依然存在[②]。在大数据技术研发

① [美]B·盖伊·彼得斯.政府未来的治理模式[M].吴爱明，夏宏图，译，张成福，校.北京：中国人民大学出版社，2014：24.

② 郑金武.要大力加强产学研协同创新[N].中国科学报，2012-03-17（B02）.

中，为防止落入科技与经济“两张皮”的窠臼中，必须研发协同创新模式。其中，加强产学研协同创新是大数据技术研发和大数据产业发展的一个不错选择。产学研合作的本质，是促进科技、教育与经济紧密结合。农村公共危机防控信息化中的大数据技术研发，不仅是以大数据科学理论和一般技术研发为基础，而且更要针对农村、农民和农业的实际进行应用研发。因此，在农村公共危机防控大数据技术研发中，应该积极探索产学研协同创新模式，合理选择产学研协同的具体模式，以大数据技术创新促进大数据产业发展和农村公共危机防控信息化能力提升，以大数据产业发展和农村公共危机防控信息化能力提升倒逼大数据创新，实现科学技术创新与经济社会发展紧密结合。

6.4.2.1 积极探索产学研协同创新模式

改革开放以来，我国产学研合作一直在探索中不断发展和演化，由最初的“产学研联合”到“产学研结合”，再到今天的“产学研协同创新”，先后经历了三个发展阶段。协同理论和创新理论分别由德国物理学家哈肯和奥地利经济学家熊彼得提出。后人将两者进行融合提出协同创新理论，其基本含义是突破创新主体之间的壁垒，将彼此间“人才、资本、信息、技术”等创新要素活力充分释放，实现创新资源和要素有效汇聚，展开深度合作，形成完整体系的相互作用[①]。2011年4月，胡锦涛同志在庆祝清华大学成立100周年大会上首次提出协同创新的概念。随后，协同创新成为我国科学研究发展的基本趋势和政策导向。产学研协同创新模式是为实现重大科技创新，加速技术推广应用和产业化，国家通过政策和机制引导，对企业、大学、研究机构等各自能力优势进行大跨度整合的协同创新组织模式[②]。在农村公共危机防控大数据技术研发中，必须以市场和应用为导向，积极探索产学研协同创新模式，促进政府、企业、大学、研究机构、中介机构和用户等各方优势互补，协作开展大数据技术创新和大数据在农村公共危机防控信息化中的应用。在农村公共危机防控大数据技术产学研协同创新模式探索中，必须明确几点：其一，政府起主导作用，为大数据技术研发和转化利用制定相关政策和优化环境；其二，以企业为主体，企业不仅是大数据研发者，也是大数据技术产业转化和利用的主要承接者；其三，以高校和科研院所为技术依托，他们拥有大数据技术研发所需的良好技术设施和雄厚的人力资本，是大数据技术研发的核心力量和关键突破口；其四，以市场为导向，充分发挥市场对产学研合作中各种科技资源的优化配置作用；其五，以社会化科技中介服务为纽带，衔接政府、企业、高校与科研院所，使他们成为以紧密合作、协同创新的有机整体。认真做好以上五点，探索促进农村公共危机防控大数据技术研发取得良好效果的产学研协同创新模式，以促进大数据时代农村公共危机防控信息化发展。

---

① 张武军，翟艳红.协同创新中知识产权保护问题的研究[J].科技进步与对策，2012（22）：132-133.

② 何红媛，何涛.政产学研协同创新体系的内涵及其构建[J].人民论坛，2014（2）：49-51.

6.4.2.2 合理选择产学研协同具体模式

农村公共危机防控大数据技术产学研协同创新，因政府、企业、高校与科研院所所处的地位和发挥的作用不同，可以形成不同的产学研协同具体模式（图6-6）。目前，产学研协同创新具体模式呈现出多形式、多方位、多层次、多元化的趋势发展，其中，企业牵头、高校和科研院所牵头、政府引导协同创新模式是三种典型模式[①]。

（1）企业牵头的产学研协同创新模式。这种模式一般是企业由于自身技术实力和研发能力有限，在农村公共危机防控信息化大数据技术研发和具体成果转化应用中遇到自身难以解决的技术瓶颈，为了以最少成本和最短时间突破技术瓶颈，主动与高等院校和科研机构进行协作的一种产学研协同创新模式。在该模式下，企业决定双方合作研发大数据技术的项目内容和具体形式，主导产学研协同创新的发展方向和进展程度，主动承担大数据技术研发与成果转化应用的各种投资风险，高校与科研院所主要承担为企业提供知识和技术支持、咨询等任务。

（2）高校与科研院所牵头的协同创新模式。这种模式是高校与科研院所在农村公共危机防控信息化大数据技术研发上已经有所创新和突破，及其成果具备产业转化和大规模应用可能的时候，主动与企业联合以弥补自身不具备产业转化和推广条件和基础的不足而形成的一种产学研协同创新模式。当前，我国高校与科研院所在成果转化方面缺乏内在动力机制和外在经济载体，以及社会投资机制不畅通，高校与科研院所牵头的协同创新模式还没成为主流模式，这也是导致我国是一个科研论文和专利大国但成果转化率远低于发达国家的重要原因。

（3）政府引导下的协同创新模式。这种模式是各级政府根据农村公共危机防控信息化中对大数据技术创新的实际需求，有针对性地进行项目规划，以项目立项的方式，组织和引导企业、高校与科研院所共同参与的一种产学研协同创新模式。政府针对农村公共危机防控信息化中那些高风险、高投入、高社会效益的大数据基础性技术，设立专项科技资金，以课题申报立项方式吸引企业、高校、科研院所加入和相互竞争。但是，由于缺乏良好的运行机制、激励机制和制约机制，此种模式的效果常常不理想，即政府的科研投入与实际科研产出不成正比。

以上三种典型的产学研协同创新模式都有自己的独特优势和适应条件，农村公共危机防控大数据技术研发中要根据实际情况采用相应的模式，并采取相应对策弥补所采用模式的不足，以最大限度地提高研发效能，为大数据时代农村公共危机防控信息化能力建设提供最先进、适用的技术。

---

① 刘蓓.漫谈产学研协同创新的典型模式[N].吉林日报，2014-09-13（004）.

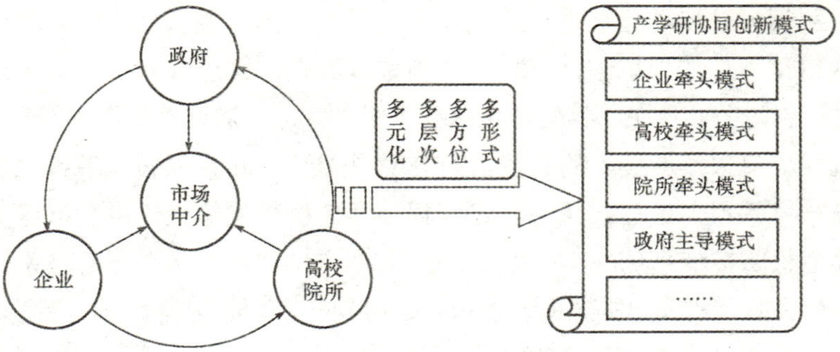

图6-6　产学研协同创新模式的构成与具体形式

6.4.3　突出大数据技术研发重点

农村公共危机防控信息化所涉及的大数据技术领域十分广泛，从与各类信息技术的关系看，它是对物联网、云计算、传感网、移动互联网等信息技术的融合；从数据信息流动过程看，包括大数据获取、存储、组织、分析、决策、显示等技术；从数据信息服务与应用角度看，包括个性化、自主化、虚拟化、智能化、透明化、体验化等技术。大数据时代农村公共危机防控信息化侧重于以数据信息的流动为切入点，加强农村危机信息的管控，实现农村公共危机防控的智能化、精准化和科学化。大数据虽具有全面、动态、开放等优势，但同时具有价值密度低、传播速度快等不足。加快相关技术攻关，提高数据“沙里淘金”的能力，是大数据扬长避短的关键所在①。对此，农村公共危机防控信息化大数据技术研发重点突出在数据信息的采集、存储、挖掘、分析、安全等方面，以便能够智能化、精准化和科学化地对农村公共危机信息进行管理，为农村公共危机防控提供信息支撑，提高农村公共危机防控信息化能力。

6.4.3.1　加强数据信息采集技术研发

良好的数据信息采集技术是大数据时代农村公共危机防控信息化的基本技术保障。加强农村公共危机数据信息采集技术研发，主要注意以下几点：

（1）根据农村公共危机的类别有针对地研发数据信息采集技术。农村公共危机涉及自然灾害、事故灾难、公共卫生事件、社会安全事件等四大类，不同类别的危机信息的收集技术要求也是不一样的。例如，自然灾害、事故灾难信息的收集更多地依靠“3S”技术[遥感技术（RS）、地理信息系统（GIS）和全球定位系统（GPS）]，公共卫生事件、社会安全事件信息的收集更多地依靠Internet和Web数据挖掘技术、搜索引擎记录技术、人工智能技术等。这就需要根据农村公共危机防控的具体情况，有针对地研发数据信息采集技术。

（2）对已经比较广泛使用的相关信息采集技术进行升级。我国经过多年的农村信

① 卿立新.创新大数据时代的网络舆情管理[J].红旗文稿，2014（22）：28-29.

息化建设，利用办公自动化技术、“3S”技术、“三网”融合技术等采集农村公共危机信息，取得了良好效果。但是，也应该清楚地看见，这些技术的使用还比较简单，与大数据时代农村公共危机防控信息化的要求相差甚远，需要对它们进行升级。

（3）加强信息采集新技术的研发。RFID射频技术、传感器技术等逐渐成为大数据采集的主要技术手段。这些技术必将在农村公共危机防控信息化中发挥巨大作用。根据农村公共危机防控信息化的实际需要，加强对RFID射频、传感器等技术研发，重点攻克针对农村公共危机大数据源的智能识别、感知、适配、传输、接入等技术。

6.4.3.2　加强数据信息存储技术研发

随着RFID射频数据、传感器数据等技术在农村公共危机防控信息化中的运用，将会形成新的大数据源。这些数据源所产生的海量数据给计算机与数据存储带来了巨大挑战。对此，必须加强农村公共危机防控信息化存储技术研发，如云存储技术、海量并行处理技术（Massively Parallel Processing， MPP）等①，以此建设具有海量存储能力的农村公共危机防控大数据平台，实现对农村公共危机防控中大规模数据的高效低成本存储、高效读写和交换。

6.4.3.3　加强数据信息挖掘技术研发

大数据时代农村公共危机防控信息化将使用智能物联网技术、网络舆情监控技术等。在智能物联网环境中，如何准确感知、管理和实时处理每时每刻都在急速产生的传感、物联、交互数据，这是对时间敏感性很高的大数据进行处理需要攻克的关键技术之一②。在网络环境下，对媒体、论坛、微博、微信等各种网络数据信息进行全面抓取、记录和自动识别，也是大数据利用中最亟待解决的难点之一。因此，在大数据时代农村公共危机防控信息化中，需要重点加强数据挖掘技术研发，如ETL［提取（Extract）—转换（Transform）—加载（Load）］过程技术，以能够从海量农村公共危机相关的数据中快速识别有价值数据，有效过滤大数据，并挖掘数据背后隐藏的规律，为农村公共危机的预测和决策提供必要的数据信息。

6.4.3.4　加强数据信息分析技术研发

农村公共危机防控信息化利用大数据技术，其核心与关键在于对数据信息进行关联分析、聚类分析、语义分析等，揭示农村公共危机发展态势，为农村公共危机预测和决策提供信息和方案。大数据时代农村公共危机防控信息化所要处理的海量数据不仅“大得可怕”，而且绝大部分为半结构化和非结构化的复杂数据信息。为解决大数据的可表示、可处理、可靠性、有效传输等关键问题，在农村公共危机防控信息化中，需要加强半结构化与非结构化大数据处理技术、大数据智能分析技术、智能决策技术、增量处理

① [美]Bill Franks.驾驭大数据[M].黄海，车皓阳，王悦，译.北京：人民邮电出版社，2014：77，85.

② 李晨晖，崔建明，陈超泉.大数据知识服务平台构建关键技术研究[J].情报资料工作，2013（2）：29-34.

技术等研发，具体包括分析与数据环境的相关性、海量并行处理框架、云计算、网格计算、MapReduce等数据信息分析与处理技术的引入、改造和充分利用。

6.4.3.5　加强数据信息安全技术研发

信息安全是大数据利用中面临的一大挑战。大数据时代农村公共危机防控信息化同样也面临信息数据安全问题，需要研发大数据安全与隐私保护技术，具体包括身份验证、入侵检测、网络防范等技术，以保障农村公共危机防控信息化大数据平台安全、可靠运行。

6.5　壮大人才队伍，提供高水平人才保障

从某种程度上讲，大数据是一种工具，其应用成效主要取决于工具使用者的效益目标是否智慧与专注，而不只是工具本身[①]。技术和工具只有由高素质的人掌握和运用，其作用才能被充分发挥。大数据时代农村公共危机防控信息化能力建设不仅需要在技术、制度等方面进行改进和突破，而且需要打造一支规模宏大的专业人才队伍。大数据时代农村公共危机防控信息化其实是利用以大数据为代表的信息技术改进和提升农村公共危机防控能力，相关专业人才队伍水平直接关系预期目标能否实现和在多大程度上实现。当前，在我国农村公共危机防控信息化中，大数据专业人才十分匮乏，具备大数据相关知识和农村公共危机管理知识的复合型人才更是寥寥无几，这严重制约了大数据相关技术在农村公共危机防控信息化中的运用和农村公共危机防控信息化能力提升。从建立健全专业人才资格认证制度、培训教育体系、稳定激励制度等方面，加强大数据时代农村公共危机防控信息化人才队伍建设，迫在眉睫，刻不容缓。

6.5.1　开展专业人才资格认证工作

大数据本身无所谓“好”或“坏”，其价值的发挥关键在于应用[②]。而应用的关键在于人才。在农村公共危机防控信息化中，面对大数据，相关人员如果不会分析处理，那么其价值就会无法发挥而被掩埋；如果分析处理错误，则会使以数据分析为基础的农村公共危机预测与决策偏离方向，甚至产生严重不良后果。大数据作为一种新的生产力，随着其在经济社会中的广泛渗透和价值的日益彰显，必然带来劳动分工的进一步发展。大数据分析将逐渐成为一门新兴职业。为了规范大数据及其相关领域从业人员的要求，美、英等国已开始建立相关职业资格认证制度。为了保证有足够数量和高素质的大

① 胡小明.大数据应用的误区、风险与优势[J].电子政务，2013（11）：80-86.

② 徐琳.机遇和挑战：大数据时代中国国家治理的双面境遇[J].社会科学家，2015（5）：13-18.

数据时代农村公共危机防控信息化相关专业数据分析人员，国家应该积极推动，建立健全由行业协会具体承担的大数据分析从业资格认证制度，规范相关从业人员具体要求，推动相关人才队伍建设。

6.5.1.1 政府积极推动

国家职业资格认证工作是保证劳动就业工作有序开展的一项重要内容，是指按照国家制定的职业技能标准或任职资格条件，通过政府认定的考核鉴定机构，对劳动者的技能水平或职业资格进行客观公正、科学规范的评价和鉴定，对合格者授予相应的国家职业资格证书[①]。可见，政府在职业资格认证工作中发挥主导作用。大数据及其相关行业是一项新兴行业，怎样建立相关认证制度，是完全建立一个新的职业资格认证制度，还是将其列入其他相关或相近职业资格认证制度中；如何协调大数据分析人员基本要求、农村信息员基本要求和农村公共危机防控人员基本要求之间的关系，这一系列工作都需要政府相关部门积极推动。政府应该做好顶层设计和总体规划，加快大数据分析从业资格、农村信息员资格、农村公共危机防控人员要求等方面的相关制度建设，并对相关职业资格认证工作进行严格监管。这对于提高大数据时代农村公共危机防控信息化相关人员素质，加强专业技能人才培养，维护农村社会公共安全和促进农村经济可持续发展都具有重要意义。

6.5.1.2 行业协会负责

当前，我国职业资格可分为准入类职业资格和水平评价类职业资格两类。前者根据法律法规和国务院决定设置，具有行政许可性质；后者由国务院各部门或行业协会、学业会自行设置，不具有行政许可性质。现代应急管理是一个高度专业化、技术化的理论和实践领域[②]。大数据时代农村公共危机防控信息化属于现代应急管理的范畴，其相关人员的从业资格应该属于水平评价类职业资格。自中共十八大以来，随着我国政府行政审批制度改革，政府部门将逐步退出水平评价类职业资格认证。2014年，人力资源和社会保障部职业技能鉴定中心宣布，我国将改革技能人员职业资格认证管理方式，逐步建立由行业协会、学会等社会组织开展水平评价的职业资格认证制度[③]。根据大数据时代农村公共危机防控信息化实际情况和职业资格认证制度改革要求，相关行业协会应该具体承担大数据时代农村公共危机防控信息化相关人员从业资格认证工作。行业协会应该包括农村信息协会、农村危机管理学会等不同行业，他们共同承担相关人员从业资格认证工作。这能够促进不同领域的行业协会相互交流、相互合作，有利于适应大数据时代农村公共危机防控信息化对不同行业融合的需要，有利于制定更科学、更符合实际需要的从业资格标准与要求。

---

① 百度百科.职业资格证书制度[EB/OL]. http：//baike.baidu.com/link?url=0XN5Dh94tRPHfWpYf5bfBlCRIK_uhW4NcKBOrKhgyDt6pWxNjU6KzXvAvX3_-wLW9W-GcK-nSX2CU_ohRJt91a，2015-09-19.

② 李丹阳.大数据背景下的中国应急管理体制改革初探[J].江海学刊，2014（2）：118-124.

③ 邱玥.我国改革职业资格认证制度[N].光明日报，2014-06-17（010）.

6.5.1.3　明确具体要求

大数据时代农村公共危机防控信息化涉及统计学、计算机学、新媒体、危机管理学等多学科知识的交叉和融合，相关从业人员也应该具有这些学科知识。但在实际工作中，大数据时代农村公共危机防控信息化从业人员所承担工作不同，要求他们所掌握相关专业知识和技能的广度和深度也是不同的。对此，在大数据时代农村公共危机防控信息化从业人员资格认证中，应该根据不同层级、不同工作岗位确定不同要求。如在国家一级的农村公共危机防控信息化中心，相关数据分析人员应该是在大数据分析和危机防控方面的顶尖技术专家；在省市一级的农村公共危机防控信息化中心，相关数据分析人员应该是具有数据信息分析和危机管理专业背景和实际工作经验的专业人才；而在县乡村基层，对相关人员的要求就要低得多。为了使大数据时代农村公共危机防控信息化从业人员资格认证更有操作性，可以采用等级资格认证制度，根据不同工作岗位要求从业人员具有相应等级资格。

6.5.2　加强专业人才培训教育工作

人员队伍数量不足和质量不高是大数据时代农村公共危机防控信息化工作推进和能力提升的重要瓶颈。及时地进行人才储备更新，提升人才质量已经成为大数据时代农村公共危机防控信息化发展的当务之急。政府应该充分认识到当前实际情况，制定大数据时代农村公共危机防控信息化人才培养规划，实现“输血”与“造血”双管齐下，一方面加强相关高校和院所对相关高级专门人才培养，提高人才输送量，另一方面加强对在岗人员专业知识和技能培训，提高他们的素质和能力，最终不断壮大人才队伍。

6.5.2.1　制定人才培养规划

大数据领域技术人才的缺乏，是一个全球性的问题。全球知名咨询公司麦肯锡（Mckinsey）在2011年的一项研究中预测，由于大数据迅速发展，仅美国每年需要150万具有擅长数据分析的数据管理人员，其中就有14万~19万名“深度分析经验”数据科学家的缺口，到2018年将达到44万~49万名[①]。在我国，数据分析人员大多是对数据进行简单的报表和描述性分析的初级人员，复合型高级数据分析人才十分匮乏。随着未来大数据应用不断增长，我国大数据人才的缺口将更大，有专家粗略估算每年至少需要100万人才能填补大数据发展的人才缺口[②]。在整体形势不容乐观的情况下，处于相对弱势地位的大数据时代农村公共危机防控信息化，其人才缺乏问题将更严重，也更难解决。这就需要国家从更高的战略层面重视这个问题，做好大数据相关人才培养规划，以人才培养推动大数据产

① Big data：The next frontier for innovation，competition，and productivity[EB/OL].http：//www.mckinsey.com/insights/business_technology/big_data_the_next_frontier_for_innovation，2011-05-21.

② 许晔.大数据时代中国面临的挑战与对策[J].中国科技论坛，2015（3）：24-29.

业发展。而对于相对弱势的农村公共危机防控信息化等领域，各级政府在大数据人才培养规划中，应该给予相应优惠政策，以保证大数据在这些弱势领域的充分应用。

6.5.2.2 加强专业人才教育

大数据技术作为正在兴起的一种高智能的信息分析和处理技术，其从业者一般需要接受专门的专业教育。当前，我国大数据技术的专业人才十分匮乏，尤其是在公共管理领域[①]。如何弥补大数据技术专业人才不足，美、英等发达国家一般采取与高校及科研院所合作培养专业人才。英国国防科技研究院通过大力发展深度信息服务和现场专家服务，为国防部培养了一批由信息专家、信息科学家和知识代理组成的大数据人才队伍[②]。2012年，英国政府与企业共同出资建立了世界上第一个开放数据研究院，该研究院集培养开放数据技术专家、企业家和研究生于一身。美国政府通过相关政策鼓励企业、科研院所和非营利机构相互合作，集中各自的优势资源联合培养大数据人才。受政策引导与激励，美国已有数十所大学开办了大数据及其分析等相关专业，其中久负盛名的加州大学伯克利分校还因此获得了1 000万美元的资助[③]。因此，可以借鉴发达国家经验，在国家自科、社科基金等项目中对大数据相关课题立项资助进行重点倾斜，引导具有国家水平的大数据研究和相关人才培养；支持高校整合统计学、计算机学等学科，开设大数据专业，培养高级专门人才；鼓励高校、科研院所与政府部门、企业合作，形成大数据应用人才梯队。同时，针对大数据时代农村公共危机防控信息化的特殊性，还可以采取相应措施，例如与农业院校和研究院所合作，培养其所需要相关人才，为大数据时代农村公共危机防控信息化能力建设提供更有针对性的智力支撑。

6.5.2.3 加强在岗人员培训

大数据时代农村公共危机防控信息化人才队伍建设，在依托具有相关专业人才培养能力的高校和科研院进行“输血”的同时，还应加强其自身“造血”功能——对现有工作人员进行培训。在培训内容上，一方面，对基层农村公共危机防控信息员进行信息意识和信息能力培训，使他们掌握获取信息的主要方法，切实提高他们收集、整理农村危机信息的能力；另一方面，对农村公共危机防控预测工作人员进行有计划的、专门的数据挖掘和大数据技术培训，使其掌握先进、适用的大数据技术并运用到危机防控工作中去；再一方面，对各级农村公共危机的防控管理者和预测工作核心人员进行心理培训，增强他们对农村公共危机防范意识和心理适应能力，提高他们发现潜在危机信息的灵敏度和冷静分析危机征兆的心理能力。[④]在培训方式上，既可以采取脱产培训，也可以采

① 刘典文.数据挖掘技术在公共管理领域的应用[J].行政论坛，2010（2）：44-46.

② 赵悦，蔡超，丛姗.稳固信息服务开拓知识服务——英国国防科技研究院知识服务部转型启示[J].情报理论与实践，2011（10）：28-31.

③ 闫建，高华丽.发达国家大数据发展战略的启示[J].理论探讨，2015（1）：91-94.

④ 康红霄，王爱冬.基于大数据技术的公共危机预测研究[J].科技管理研究，2015（6）：175-178.

取非脱产培训；既可以采取集中培训，也可以采取分散培训；既可以采取定期培训，也采取非定期培训；既可以进行专门培训，也可以依托其他相关培训。根据各地大数据时代农村公共危机防控信息化建设实际情况，以充分利用已有资源和注重实际效果为基本原则，因地制宜，灵活多样地采取培训方式。如对基层农村公共危机防控信息员进行培训，就可以结合“农村干部素质教育工程”，加强对他们的信息素质和信息能力培训。总之，在大数据时代农村公共危机防控信息化能力建设中，应根据不同地区、不同层次、不同岗位的实际情况，采取不同培训内容和不同培训方式方法，培养多层次、多元化的农村公共危机防控信息化应用人才。

6.5.3　建立专业人才稳定激励机制

人才队伍建设是大数据时代农村公共危机防控信息化建设的基础，也是衡量大数据时代农村公共危机防控信息化能力强弱的关键因素。由于大数据时代农村公共危机防控信息化具有很强的连续性和专业性，只有经过一定专业培训和具备一定工作经验的人员才能胜任。保持人才队伍稳定对保证大数据时代农村公共危机防控信息化顺利和可持续开展至关重要。因此，需要建立相关激励机制，吸引更多优秀人才投身大数据时代农村公共危机防控信息化建设，调动相关人员工作的积极性、主动性和创造性，从而建立一支稳定的有事业心和良好专业知识素养的农村公共危机防控信息化人才队伍，促进大数据时代农村公共危机防控信息化能力提升。

6.5.3.1　建立人才引入机制

随着大数据技术进步及其在农村公共危机防控中逐步应用，引进各层次的大数据技术专业人才势在必行。为吸引各方面优秀人才充实大数据时代农村公共危机防控信息化队伍，以建立一支数量充足、结构合理、人员稳定的队伍，需要建立良好的人才引入机制。

1）采取激励机制以壮大农村公共危机防控基层信息员队伍

不仅适当扩充政府相关部门在农村基层的人员队伍，而且还应该通过适当的激励机制，将种养大户、农民经纪人、中介组织、涉农龙头企业、农产品批发市场、农村信息企业等民间力量纳入进来，同时调动他们的积极性，保证农村公共危机的相关数据信息采集的及时性、全面性和准确性。如采取互惠互利机制，各种民间力量在为农村公共危机防控大数据平台采取信息的同时，也可以免费共享农村公共危机防控大数据平台的相关信息资源。

2）采取激励机制以壮大农村公共危机防控大数据分析预测人员队伍

农村公共危机大数据分析专业人员应该具备良好的专业知识和必要的工作经验。有必要完善相应的劳动就业与收入分配政策，改善工作环境，吸引大学毕业生、各类信息技术应用人才等更多具有专业知识与技能的人员加入农村公共危机防控信息化工作。同时，在实际工作和生活中，对引进人员要多关心，帮助他们解决实际困难，为他们提供自由发展和晋升空间，使他们能够愉快、安心地工作。高水平人才的加入，有利于提高大数据时代农村公共危机信息收集、整理、挖掘和分析的能力。通过各种人才引进机制，不仅能够将人才引进来，而且还要使人才留得住和积极发挥作用，以保证大数据时代农村公共危机防控信息化顺利推进。

6.5.3.2 建立考核奖励机制

明确工作的奖惩和绩效评估方法，有利于调动成员在农村公共危机防控信息化工作中的积极性、主动性和创造性。在明确各位成员工作职责的基础上，建立必要的督导机制、奖惩机制，以奖励突出工作业绩、鼓励创新行为和追究工作责任，从而推进大数据时代农村公共危机防控信息化各相关工作顺利开展。

1）建立一套科学合理的绩效评估标准

有关政府部门和组织机构组织专业技术人员对基于大数据时代农村公共危机防控信息化各项工作进行全面评估，制定科学合理的绩效评估标准，并将评估结果与奖惩紧密挂钩。在农村公共危机防控信息化中，对信息渠道畅通、信息收集准确、信息分析到位、结果预测科学、信息利用积极等行为给予物质和精神奖励，反之，则进行惩处和问责，主要负责人及相关工作人员应承担相应责任。不过，在农村公共危机防控信息化中，绩效评估方案从总体上应该鼓励技术和管理人员大胆尝试利用大数据，消除他们对于采用新技术和新方法的后顾之忧。

2）建立专项补助基金

由于农村公共危机防控基层信息都是编外人员，没有固定工资报酬，为了激发他们工作热情，应该设立专项基金，建立相应考核机制，根据他们的工作量及工作绩效给予适当劳动补偿和奖励。总之，通过建立健全考核奖励机制，严格各项规章制度，用制度约束人，用制度激励人，达到鼓励先进、激励后进的目的，调动整个人才队伍工作的积极性、主动性和创造性，使每个人都能够各尽其责、各尽其能，从而促进大数据时代农村公共危机防控信息化能力建设。

第7章　结束语

人类已经悄然进入到大数据时代。大数据不仅是信息技术发展的新飞跃，而且也是思维方式的大变革。它将促进人类生产生活与社会管理发生深刻变化。将大数据有效应用到高度复杂且日趋常态化的农村公共危机防控中，拓展了农村公共危机研究的领域，有利于构建农村公共危机防控现代化体系和提升农村公共危机防控现代化能力。本书对大数据时代农村公共危机防控信息化能力的基本内涵、构成要素、发展现状、建设对策等方面进行了较系统、深入地研究，形成了一些基本结论，同时也发现了研究存在的一些局限。

7.1　研究总结

在某种意义上说，危机信息的准确掌握和有效利用，是危机预防、应对和恢复的关键所在。信息技术发展和大数据时代到来，为农村公共危机防控信息的精准掌控提供了可能，推动了农村公共危机防控在技术和思维上的变革。在这场技术与思维的变革中，大数据时代农村公共危机防控信息化能力是一个不可回避的话题。本书对这一话题进行研究后，得出以下主要观点与结论。

7.1.1　大数据时代农村公共危机防控信息化能力的基本内涵

大数据时代农村公共危机防控信息化是以规避农村社会风险和维护农村公共安全为价值目标，以农村信息化为基础平台，充分运用大数据对农村公共危机进行精准地预警、科学地应对、有效地恢复，实现农村公共危机科学、高效防控的过程。大数据时代农村公共危机防控信息化能力是在大数据时代背景下，政府、社会、民众等危机防控主体运用农村公共危机防控信息化系统，在危机预防、危机应对、恢复管理等整个管理过程中，所拥有的人力、财力、权力、公信力、文化力、信息力、结构力等综合能力，具有目的性、复杂性、动态性、间接性等特点。

7.1.2　大数据时代农村公共危机防控信息化能力的基本结构

大数据时代农村公共危机防控信息化内部要素包括组织管理机构、管理人员素质、信息设施水平、危机管理过程等；外部环境主要有信息经济环境、信息科技环境、信息文化环境、相关政策法规、民众相关需求等。在内部要素（内生机制）和外部环境（外生机制）的共同作用下，推动着大数据时代农村公共危机防控信息化能力形成和发展。大数据时代农村公共危机防控信息化能力由价值目标、基础能力和过程能力三部分构成。为实现消除或减少危机损害的价值目标，大数据时代农村公共危机防控信息化需要空间维度的基础能力和时间维度的过程能力共同发挥作用。其中，基础能力是相对静态和隐性的，由组织结构能力、人力资源能力、物质资源能力、信息资源能力、信息文化能力等构成；过程能力是相对动态的和显性的，由信息采集能力、信息开发能力、信息利用能力、信息反馈能力等构成。

7.1.3 大数据时代农村公共危机防控信息化能力的发展现状

运用SWOT模型从宏观上分析，本书认为，大数据时代我国农村公共危机防控信息化能力建设既有设施得到改善、队伍发展壮大、资源不断拓展、利用能力逐渐增强等优势，也存在多头管理、投入相对不足、设施水平不高、人员素质较低等劣势；既面临相关政策陆续出台、经济发展有力推动、相关技术不断突破、应用价值日益显现等良好机遇；也面临大数据负面作用、民众的期望提高、农村空心化影响、农村危机复杂化等严峻挑战。

7.1.4 大数据时代农村公共危机防控信息化能力的用户评价

运用AHP模型，从信息内容、信息技术和信息利用三个方面构建大数据时代农村公共危机防控信息化用户评价指标体系，具体包括3个一级指标、6个二级指标、18个三级指标，依据湖南省国家农村农业信息化示范省综合服务平台用户评价数据，进行实证研究得出，大数据时代农村公共危机防控信息化的各方面能力发展很不平衡，基础能力有较大发展，而利用过程能力发展明显滞后；同时，不同地区对大数据时代农村公共危机防控信息化能力要求表现出一定的差异性。

7.1.5 大数据时代农村公共危机防控信息化能力的建设对策

根据大数据时代农村公共危机防控信息化能力的宏观（SWOT）和微观（AHP）分析，结合我国农村信息化发展和农村公共危机防控实际情况，本书认为，实现思维转变、完善建设机制、创新运行体系、加快技术研发、壮大人才队伍等是大数据时代农村公共危机防控信息化能力建设的基本对策。

7.2　研究局限

信息化能力建设是将大数据技术与理念应用到农村公共危机防控的关键问题。本书对这一问题进行了积极思考和有益探索，形成了一些研究结论与基本观点，为大数据时代农村公共危机防控信息化能力建设拓展了新思路和提供了新对策。但是，随着研究的深入，我们发现本研究存在一些局限和不足，这也是以后需要进一步研究之处。

7.2.1　大数据时代农村公共危机防控信息化能力评价的体系问题

本书运用AHP模型，从用户角度评价了大数据时代农村公共危机防控信息化能力。但是，用户满意度主要是大数据时代农村公共危机防控信息化能力结果的表现。对大数据时代农村公共危机防控信息化能力评价不仅需要重视结果导向，而且也要关注过程发展。如何统筹协调过程与结果，是科学、全面地评价大数据时代农村公共危机防控信息化能力不可回避的问题。

7.2.2　大数据时代农村公共危机防控信息化能力研究的方法问题

本书运用SWOT和AHP方法，从宏观和微观上研究了大数据时代农村公共危机防控信息化能力。但是，本书未能很好地结合一些典型案例，对大数据时代农村公共危机防控信息化能力进行研究。一方面是由于对国外典型案例挖掘不够；另一方面，国内利用大数据对农村公共危机进行防控的研究和实践处于起步阶段，典型案例并不多。有效运用案例研究方法，总结与提升相关经验，是大数据时代农村公共危机防控信息化能力研究需要关注的一个问题。

7.2.3　大数据时代农村公共危机防控信息化能力研究的应用问题

大数据时代农村公共危机防控信息化能力研究是对实现问题的回应。本书运用SWOT方法直面大数据时代农村公共危机防控信息化能力建设中的优势、劣势、机会和挑战，以此提出了相应的建设对策。但是，农村公共危机种类多样、十分复杂，一般性的对策难以解决实现中的具体问题。如何将大数据时代农村公共危机防控信息化能力建设对策转化为具体、可操作性的措施，也是特别需要关注的问题。

附录一　湖南农村农业信息化综合服务平台用户评价调查问卷

尊敬的先生/女士：

您好！非常感谢您在百忙中抽出时间填写这份问卷！本问卷为匿名填写，不涉及个人隐私，无所谓对错，调查结果仅供学术研究之用，请如实填答。谢谢！

填写说明：以下调查问题，第一部分请根据您的实际情况填答；第二部分请根据您对“湖南农村农业信息化综合服务平台”使用情况，选择同意程度，以1～5的同意程度逐渐增加，在所选择的数字上打“√”。

第一部分　您的基本情况

1.您家住在　　　市　　　县（区）　　　乡（镇）　　　村。

2.您的性别是：①男　　　②女

3.您的年龄是：①30岁以下　②31～45岁　③46～60岁　④61岁以上

4.您的婚姻状况是：①已婚　　②未婚

5.您的学历是：①小学及以下　②初中　③高中或中专　④大专及以上

6.您主要从事的工作是：①在家务农　②外出务工　③自主创业　④其他

7.您的家庭人均年收入是：　①3 000元以下　②3 001~5 000元

③5 001~10 000元　④10 001~15 000元

⑤15 001元以上

8.您访问“湖南农村农业信息化综合服务平台”主要通过什么方式：

①利用自己的电脑或手机　②利用基层服务站点电脑　③其他

第二部分　湖南农村农业信息化综合服务平台评价

序号	问　题	极不同意	较不同意	一般	比较同意	非常同意
1	服务平台提供信息的绝对数量大	1	2	3	4	5
2	服务平台提供的信息内容覆盖全面	1	2	3	4	5
3	服务平台提供的信息不存在内容不完整的现象	1	2	3	4	5
4	服务平台提供的信息与事情发展的结果一致，可信度高	1	2	3	4	5
5	服务平台提供的信息没有偏见地真实反映客观事物，提供透明的数据源、处理方法等信息	1	2	3	4	5
6	服务平台提供的信息与任务需要的相关程度	1	2	3	4	5
7	服务平台页面设计美观	1	2	3	4	5
8	服务平台界面友好程度高，能很容易查询自己所需信息	1	2	3	4	5
9	服务平台界面链接了相关重要网站	1	2	3	4	5
10	服务平台界面网页打开速度快	1	2	3	4	5
11	服务平台能够协调与联动实现不同系统之间信息资源的互利用，以扩大信息获取的范围	1	2	3	4	5
12	服务平台安全性高，没有导致我的信息泄露、财产损失等情况的发生	1	2	3	4	5
13	服务平台收集和发布的信息与事情的发生、发展几乎同步，不存在滞后的情况	1	2	3	4	5
14	对服务平台进行信息询问，能够得到迅速回应	1	2	3	4	5
15	服务平台能够根据具体任务需要（如突发禽流感等）发布各类信息（如疫情发展动态、防控方法、补偿政策等）	1	2	3	4	5
16	访问信息服务平台次数多	1	2	3	4	5
17	服务平台提供的信息对生产生活发挥巨大作用	1	2	3	4	5
18	对信息服务平台总体感到满意	1	2	3	4	5
19	其他建议：					

附录二　湖南农村农业信息化综合服务平台用户评价指标重要性调查问卷

尊敬的先生/女士：

您好！非常感谢您在百忙中抽出时间填写这份问卷！本问卷为匿名填写，不涉及个人隐私，无所谓对错，调查结果仅供学术研究之用，请如实填答。谢谢！

填写说明：本问卷调查主要是为了确认“湖南农村农业信息化综合服务平台用户评价指标重要性”，所有问题都是对两个指标进行比较，以1为起点向A、B两个方向分为1-9，重要程度依次增强。1代表同等重要，3代表稍微重要、5代表相当重要、7代表明显重要、9代表绝对重要，2、4、6、8则介于两相邻重要程度的中间。请您根据两者相比之后的重要程度进行选择，在所选择的数字上打“√”（1代表A与B同等重要；如A指标重要，就在A方向的数据上打“√”，数字越大就越重要；反之，如B指标重要，就在B方向的数据上打“√”）。

1.信息内容（A）与信息技术（B）相比：

A ← 9　8　7　6　5　4　3　2　1　2　3　4　5　6　7　8　9 → B

2.信息内容（A）与信息利用（B）相比：

A ← 9　8　7　6　5　4　3　2　1　2　3　4　5　6　7　8　9 → B

3.信息利用（A）与信息技术（B）相比：

A ← 9　8　7　6　5　4　3　2　1　2　3　4　5　6　7　8　9 → B

4.信息数量（A）与信息质量（B）相比：

A ← 9　8　7　6　5　4　3　2　1　2　3　4　5　6　7　8　9 → B

5.平台设计（A）与平台性能（B）相比：

A ← 9　8　7　6　5　4　3　2　1　2　3　4　5　6　7　8　9 → B

6.信息时效（A）与信息效用（B）相比：

A ← 9　8　7　6　5　4　3　2　1　2　3　4　5　6　7　8　9 → B

7.信息总量（A）与信息覆盖面（B）相比：

A ← 9　8　7　6　5　4　3　2　1　2　3　4　5　6　7　8　9 → B

8.信息总量（A）与信息完整性（B）相比：

A ←——————————————→ B
9 8 7 6 5 4 3 2 1 2 3 4 5 6 7 8 9

9.信息覆盖面（A）与信息完整性（B）相比：

A ←——————————————→ B
9 8 7 6 5 4 3 2 1 2 3 4 5 6 7 8 9

10.信息可靠性（A）与信息真实性（B）相比：

A ←——————————————→ B
9 8 7 6 5 4 3 2 1 2 3 4 5 6 7 8 9

11.信息可靠性（A）与信息针对性（B）相比：

A ←——————————————→ B
9 8 7 6 5 4 3 2 1 2 3 4 5 6 7 8 9

12.信息真实性（A）与信息针对性（B）相比：

A ←——————————————→ B
9 8 7 6 5 4 3 2 1 2 3 4 5 6 7 8 9

13.页面美观度（A）与界面友好度（B）相比：

A ←——————————————→ B
9 8 7 6 5 4 3 2 1 2 3 4 5 6 7 8 9

14.页面美观度（A）与网站链接数量（B）相比：

A ←——————————————→ B
9 8 7 6 5 4 3 2 1 2 3 4 5 6 7 8 9

15. 界面友好度（A）与网站链接数量（B）相比：

A ←——————————————→ B
9 8 7 6 5 4 3 2 1 2 3 4 5 6 7 8 9

16. 平台访问速度（A）与平台可共享性（B）相比：

A ←——————————————→ B
9 8 7 6 5 4 3 2 1 2 3 4 5 6 7 8 9

17. 平台访问速度（A）与平台访问安全性（B）相比：

A ←——————————————→ B
9 8 7 6 5 4 3 2 1 2 3 4 5 6 7 8 9

18. 平台可共享性（A）与平台访问安全性（B）相比：

A ←——————————————→ B
9 8 7 6 5 4 3 2 1 2 3 4 5 6 7 8 9

19. 平台信息的及时性（A）与平台信息咨询的回应性（B）相比：

A ←——————————————→ B
9 8 7 6 5 4 3 2 1 2 3 4 5 6 7 8 9

20. 平台信息的及时性（A）与平台承接任务的机动性（B）相比：

A ←——————————————→ B
9 8 7 6 5 4 3 2 1 2 3 4 5 6 7 8 9

21. 平台信息咨询的回应性（A）与平台承接任务的机动性（B）相比：

A ← 9 8 7 6 5 4 3 2 1 2 3 4 5 6 7 8 9 → B

22. 访问平台的频次（A）与使用平台的效果（B）相比：

A ← 9 8 7 6 5 4 3 2 1 2 3 4 5 6 7 8 9 → B

23. 访问平台的频次（A）与使用平台的满意度（B）相比：

A ← 9 8 7 6 5 4 3 2 1 2 3 4 5 6 7 8 9 → B

24. 使用平台的满意度（A）与使用平台的效果（B）相比：

A ← 9 8 7 6 5 4 3 2 1 2 3 4 5 6 7 8 9 → B

附录三　用户样本的量表问题描述统计

各项指标	市（州）	全省	长沙	株洲	湘潭	衡阳	邵阳	岳阳	常德	张家界	益阳	郴州	永州	怀化	娄底	湘西
	样本量	2 771	202	201	203	199	201	202	203	192	197	198	197	191	195	190
C_{11} 信息总数量	1分值数	178	22	9	11	8	10	16	17	6	21	19	7	7	19	6
	比例	6.42%	10.89%	4.48%	5.42%	4.02%	4.98%	7.92%	8.37%	3.13%	10.66%	9.60%	3.55%	3.66%	9.74%	3.16%
	2分值数	158	13	16	16	23	12	6	9	9	6	15	11	9	6	7
	比例	5.70%	6.44%	7.96%	7.88%	11.56%	5.97%	2.97%	4.43%	4.69%	3.05%	7.58%	5.58%	4.71%	3.08%	3.68%
	3分值数	498	66	67	56	50	21	57	21	33	20	17	21	29	19	21
	比例	17.97%	32.67%	33.33%	27.59%	25.13%	10.45%	28.22%	10.34%	17.19%	10.15%	8.59%	10.66%	15.18%	9.74%	11.05%
	4分值数	734	33	63	68	55	65	77	65	33	53	32	65	34	52	39
	比例	26.49%	16.34%	31.34%	33.50%	27.64%	32.34%	38.12%	32.02%	17.19%	26.90%	16.16%	32.99%	17.80%	26.67%	20.53%
	5分值数	1 203	68	46	52	63	93	46	91	111	97	115	93	112	99	117
	比例	43.41%	33.66%	22.89%	25.62%	31.66%	46.27%	22.77%	44.83%	57.81%	49.24%	58.08%	47.21%	58.64%	50.77%	61.58%
	均值	3.95	3.55	3.60	3.66	3.71	4.09	3.65	4.00	4.22	4.01	4.06	4.15	4.23	4.06	4.34
C_{12} 信息覆盖面	1分值数	171	21	19	11	8	12	13	19	7	19	6	11	10	9	6
	比例	6.17%	10.40%	9.45%	5.42%	4.02%	5.97%	6.44%	9.36%	3.65%	9.64%	3.03%	5.58%	5.24%	4.62%	3.16%
	2分值数	157	22	16	13	17	9	12	9	6	11	7	11	6	13	5
	比例	5.67%	10.89%	7.96%	6.40%	8.54%	4.48%	5.94%	4.43%	3.13%	5.58%	3.54%	5.58%	3.14%	6.67%	2.63%
	3分值数	536	51	53	57	42	39	47	33	23	51	38	31	19	29	23
	比例	19.34%	25.25%	26.37%	28.08%	21.11%	19.40%	23.27%	16.26%	11.98%	25.89%	19.19%	15.74%	9.95%	14.87%	12.11%
	4分值数	713	61	52	67	69	39	65	43	28	34	51	46	43	62	53

续表

各项指标	市（州）	全省	长沙	株洲	湘潭	衡阳	邵阳	岳阳	常德	张家界	益阳	郴州	永州	怀化	娄底	湘西
	样本量	2 771	202	201	203	199	201	202	203	192	197	198	197	191	195	190
C_{12} 信息覆盖面	比例	25.73%	30.20%	25.87%	33.00%	34.67%	19.40%	32.18%	21.18%	14.58%	17.26%	25.76%	23.35%	22.51%	31.79%	27.89%
	5分值数	1 194	47	61	55	63	102	65	99	128	82	96	98	113	82	103
	比例	43.09%	23.27%	30.35%	27.09%	31.66%	50.75%	32.18%	48.77%	66.67%	41.62%	48.48%	49.75%	59.16%	42.05%	54.21%
	均值	3.94	3.45	3.60	3.70	3.81	4.04	3.78	3.96	4.38	3.76	4.13	4.06	4.27	4.00	4.27
C_{13} 信息完整性	1分值数	145	11	17	13	15	7	14	9	3	16	5	7	9	10	9
	比例	5.23%	5.45%	8.46%	6.40%	7.54%	3.48%	6.93%	4.43%	1.56%	8.12%	2.53%	3.55%	4.71%	5.13%	4.74%
	2分值数	144	15	14	5	9	10	17	16	11	5	21	6	2	4	9
	比例	5.20%	7.43%	6.97%	2.46%	4.52%	4.98%	8.42%	7.88%	5.73%	2.54%	10.61%	3.05%	1.05%	2.05%	4.74%
	3分值数	513	57	43	72	27	28	51	42	32	17	35	42	25	19	23
	比例	18.51%	28.22%	21.39%	35.47%	13.57%	13.93%	25.25%	20.69%	16.67%	8.63%	17.68%	21.32%	13.09%	9.74%	12.11%
	4分值数	709	56	53	57	53	39	72	43	34	89	26	31	52	83	21
	比例	25.59%	27.72%	26.37%	28.08%	26.63%	19.40%	35.64%	21.18%	17.71%	45.18%	13.13%	15.74%	27.23%	42.56%	11.05%
	5分值数	1 260	63	74	56	95	117	48	93	112	70	111	111	103	79	128
	比例	45.47%	31.19%	36.82%	27.59%	47.74%	58.21%	23.76%	45.81%	58.33%	35.53%	56.06%	56.35%	53.93%	40.51%	67.37%
	均值	4.01	3.72	3.76	3.68	4.03	4.24	3.61	3.96	4.26	3.97	4.10	4.18	4.25	4.11	4.32
C_{21} 信息可靠性	1分值数	178	26	19	21	9	14	16	5	2	7	12	16	7	19	5
	比例	6.42%	12.87%	9.45%	10.34%	4.52%	6.97%	7.92%	2.46%	1.04%	3.55%	6.06%	8.12%	3.66%	9.74%	2.63%
	2分值数	243	23	11	32	26	9	26	33	7	15	13	9	20	13	6
	比例	8.77%	11.39%	5.47%	15.76%	13.07%	4.48%	12.87%	16.26%	3.65%	7.61%	6.57%	4.57%	10.47%	6.67%	3.16%
	3分值数	493	47	53	35	51	39	29	31	36	46	21	29	17	31	28
	比例	17.79%	23.27%	26.37%	17.24%	25.63%	19.40%	14.36%	15.27%	18.75%	23.35%	10.61%	14.72%	8.90%	15.90%	14.74%
	4分值数	839	67	59	67	39	52	81	51	48	78	59	63	38	79	58

续表

各项指标	市（州）	全省	长沙	株洲	湘潭	衡阳	邵阳	岳阳	常德	张家界	益阳	郴州	永州	怀化	娄底	湘西
	样本量	2 771	202	201	203	199	201	202	203	192	197	198	197	191	195	190
C_{21} 信息可靠性	比例	30.28%	33.17%	29.35%	33.00%	19.60%	25.87%	40.10%	25.12%	25.00%	39.59%	29.80%	31.98%	19.90%	40.51%	30.53%
	5分值数	1 018	39	59	48	74	87	50	83	99	51	93	80	109	53	93
	比例	36.74%	19.31%	29.35%	23.65%	37.19%	43.28%	24.75%	40.89%	51.56%	25.89%	46.97%	40.61%	57.07%	27.18%	48.95%
	均值	3.82	3.35	3.64	3.44	3.72	3.94	3.61	3.86	4.22	3.77	4.05	3.92	4.16	3.69	4.20
C_{22} 信息真实性	1分值数	88	11	6	3	6	4	11	3	2	16	9	5	6	4	2
	比例	3.18%	5.45%	2.99%	1.48%	3.02%	1.99%	5.45%	1.48%	1.04%	8.12%	4.55%	2.54%	3.14%	2.05%	1.05%
	2分值数	104	5	8	16	9	7	6	14	6	3	4	3	5	15	3
	比例	3.75%	2.48%	3.98%	7.88%	4.52%	3.48%	2.97%	6.90%	3.13%	1.52%	2.02%	1.52%	2.62%	7.69%	1.58%
	3分值数	353	28	39	35	26	21	37	52	14	31	21	17	12	13	7
	比例	12.74%	13.86%	19.40%	17.24%	13.07%	10.45%	18.32%	25.62%	7.29%	15.74%	10.61%	8.63%	6.28%	6.67%	3.68%
	4分值数	740	87	73	61	81	55	61	37	27	55	37	71	17	57	21
	比例	26.71%	43.07%	36.32%	30.05%	40.70%	27.36%	30.20%	18.23%	14.06%	27.92%	18.69%	36.04%	8.90%	29.23%	11.05%
	5分值数	1 486	71	75	88	77	114	87	97	143	92	127	101	151	106	157
	比例	53.63%	35.15%	37.31%	43.35%	38.69%	56.72%	43.07%	47.78%	74.48%	46.70%	64.14%	51.27%	79.06%	54.36%	82.63%
	均值	4.24	4.00	4.01	4.06	4.08	4.33	4.02	4.04	4.58	4.04	4.36	4.32	4.58	4.26	4.73
C_{23} 信息针对性	1分值数	205	21	18	17	15	13	22	13	9	11	7	14	8	21	16
	比例	7.40%	10.40%	8.96%	8.37%	7.54%	6.47%	10.89%	6.40%	4.69%	5.58%	3.54%	7.11%	4.19%	10.77%	8.42%
	2分值数	220	33	27	31	11	18	19	17	14	6	11	8	10	10	5
	比例	7.94%	16.34%	13.43%	15.27%	5.53%	8.96%	9.41%	8.37%	7.29%	3.05%	5.56%	4.06%	5.24%	5.13%	2.63%
	3分值数	508	33	36	42	49	38	57	36	15	52	34	42	24	34	16
	比例	18.33%	16.34%	17.91%	20.69%	24.62%	18.91%	28.22%	17.73%	7.81%	26.40%	17.17%	21.32%	12.57%	17.44%	8.42%

续表

各项指标	市（州）	全省	长沙	株洲	湘潭	衡阳	邵阳	岳阳	常德	张家界	益阳	郴州	永州	怀化	娄底	湘西
	样本量	2 771	202	201	203	199	201	202	203	192	197	198	197	191	195	190
C_{23} 信息针对性	4分值数	682	57	51	52	39	61	41	71	26	71	69	35	30	49	30
	比例	24.61%	28.22%	25.37%	25.62%	19.60%	30.35%	20.30%	34.98%	13.54%	36.04%	34.85%	17.77%	15.71%	25.13%	15.79%
	5分值数	1 156	58	69	61	85	71	63	66	128	57	77	98	119	81	123
	比例	41.72%	28.71%	34.33%	30.05%	42.71%	35.32%	31.19%	32.51%	66.67%	28.93%	38.89%	49.75%	62.30%	41.54%	64.74%
	均值	3.85	3.49	3.63	3.54	3.84	3.79	3.51	3.79	4.30	3.80	4.00	3.99	4.27	3.82	4.26
C_{31} 设计美观度	1分值数	128	14	13	16	5	2	12	15	7	16	13	4	2	2	7
	比例	4.62%	6.93%	6.47%	7.88%	2.51%	1.00%	5.94%	7.39%	3.65%	8.12%	6.57%	2.03%	1.05%	1.03%	3.68%
	2分值数	160	24	15	21	3	9	19	16	5	7	14	5	7	7	8
	比例	5.77%	11.88%	7.46%	10.34%	1.51%	4.48%	9.41%	7.88%	2.60%	3.55%	7.07%	2.54%	3.66%	3.59%	4.21%
	3分值数	477	42	61	42	37	32	26	33	29	41	29	26	21	31	27
	比例	17.21%	20.79%	30.35%	20.69%	18.59%	15.92%	12.87%	16.26%	15.10%	20.81%	14.65%	13.20%	10.99%	15.90%	14.21%
	4分值数	753	66	39	71	52	58	81	58	37	59	36	46	66	45	39
	比例	27.17%	32.67%	19.40%	34.98%	26.13%	28.86%	40.10%	28.57%	19.27%	29.95%	18.18%	23.35%	34.55%	23.08%	20.53%
	5分值数	1 253	56	73	53	102	100	64	81	114	74	106	116	95	110	109
	比例	45.22%	27.72%	36.32%	26.11%	51.26%	49.75%	31.68%	39.90%	59.38%	37.56%	53.54%	58.88%	49.74%	56.41%	57.37%
	均值	4.03	3.62	3.72	3.61	4.22	4.22	3.82	3.86	4.28	3.85	4.05	4.35	4.28	4.30	4.24
C_{32} 界面友好度	1分值数	184	26	19	23	10	7	21	9	13	9	22	4	10	5	6
	比例	6.64%	12.87%	9.45%	11.33%	5.03%	3.48%	10.40%	4.43%	6.77%	4.57%	11.11%	2.03%	5.24%	2.56%	3.16%
	2分值数	150	17	11	18	4	11	14	24	7	14	8	2	3	11	6
	比例	5.41%	8.42%	5.47%	8.87%	2.01%	5.47%	6.93%	11.82%	3.65%	7.11%	4.04%	1.02%	1.57%	5.64%	3.16%
	3分值数	489	39	57	53	30	29	21	43	24	51	33	38	16	22	33

续表

各项指标	市（州）	全省	长沙	株洲	湘潭	衡阳	邵阳	岳阳	常德	张家界	益阳	郴州	永州	怀化	娄底	湘西
	样本量	2 771	202	201	203	199	201	202	203	192	197	198	197	191	195	190
C_{32} 界面友好度	比例	17.65%	19.31%	28.36%	26.11%	15.08%	14.43%	10.40%	21.18%	12.50%	25.89%	16.67%	19.29%	8.38%	11.28%	17.37%
	4分值数	647	57	45	51	56	47	74	49	33	45	26	40	62	34	28
	比例	23.35%	28.22%	22.39%	25.12%	28.14%	23.38%	36.63%	24.14%	17.19%	22.84%	13.13%	20.30%	32.46%	17.44%	14.74%
	5分值数	1 301	63	69	58	99	107	72	78	115	78	109	113	100	123	117
	比例	46.95%	31.19%	34.33%	28.57%	49.75%	53.23%	35.64%	38.42%	59.90%	39.59%	55.05%	57.36%	52.36%	63.08%	61.58%
	均值	3.99	3.56	3.67	3.51	4.16	4.17	3.80	3.80	4.20	3.86	3.97	4.30	4.25	4.33	4.28
C_{33} 网站链接数	1分值数	184	21	17	13	15	11	17	9	11	9	22	8	12	6	13
	比例	6.64%	10.40%	8.46%	6.40%	7.54%	5.47%	8.42%	4.43%	5.73%	4.57%	11.11%	4.06%	6.28%	3.08%	6.84%
	2分值数	185	15	14	25	18	13	12	23	4	19	8	10	9	11	4
	比例	6.68%	7.43%	6.97%	12.32%	9.05%	6.47%	5.94%	11.33%	2.08%	9.64%	4.04%	5.08%	4.71%	5.64%	2.11%
	3分值数	572	64	74	67	37	30	72	38	25	36	26	32	18	35	18
	比例	20.64%	31.68%	36.82%	33.00%	18.59%	14.93%	35.64%	18.72%	13.02%	18.27%	13.13%	16.24%	9.42%	17.95%	9.47%
	4分值数	670	58	50	43	52	46	47	59	29	55	33	56	54	54	34
	比例	24.18%	28.71%	24.88%	21.18%	26.13%	22.89%	23.27%	29.06%	15.10%	27.92%	16.67%	28.43%	28.27%	27.69%	17.89%
	5分值数	1 160	44	46	55	77	101	54	74	123	78	109	91	98	89	121
	比例	41.86%	21.78%	22.89%	27.09%	38.69%	50.25%	26.73%	36.45%	64.06%	39.59%	55.05%	46.19%	51.31%	45.64%	63.68%
	均值	3.88	3.44	3.47	3.50	3.79	4.06	3.54	3.82	4.30	3.88	4.01	4.08	4.14	4.07	4.29

续表

各项指标	市（州）	全省	长沙	株洲	湘潭	衡阳	邵阳	岳阳	常德	张家界	益阳	郴州	永州	怀化	娄底	湘西
	样本量	2 771	202	201	203	199	201	202	203	192	197	198	197	191	195	190
C_{41} 访问速度	1分值数	190	3	7	10	15	26	8	17	21	7	7	15	16	8	30
	比例	6.86%	1.49%	3.48%	4.93%	7.54%	12.94%	3.96%	8.37%	10.94%	3.55%	3.54%	7.61%	8.38%	4.10%	15.79%
	2分值数	182	6	5	9	11	17	14	12	23	14	13	6	17	8	27
	比例	6.57%	2.97%	2.49%	4.43%	5.53%	8.46%	6.93%	5.91%	11.98%	7.11%	6.57%	3.05%	8.90%	4.10%	14.21%
	3分值数	358	22	19	17	19	37	30	19	35	25	24	21	35	24	31
	比例	12.92%	10.89%	9.45%	8.37%	9.55%	18.41%	14.85%	9.36%	18.23%	12.69%	12.12%	10.66%	18.32%	12.31%	16.32%
	4分值数	548	29	38	27	46	42	35	52	49	38	30	46	24	39	53
	比例	19.78%	14.36%	18.91%	13.30%	23.12%	20.90%	17.33%	25.62%	25.52%	19.29%	15.15%	23.35%	12.57%	20.00%	27.89%
	5分值数	1 493	142	132	140	108	79	115	103	64	113	124	109	99	116	49
	比例	53.88%	70.30%	65.67%	68.97%	54.27%	39.30%	56.93%	50.74%	33.33%	57.36%	62.63%	55.33%	51.83%	59.49%	25.79%
	均值	4.07	4.49	4.41	4.37	4.11	3.65	4.16	4.04	3.58	4.20	4.27	4.16	3.91	4.27	3.34
C_{42} 可共享性	1分值数	202	15	21	28	21	19	22	14	5	11	13	7	6	17	3
	比例	7.29%	7.43%	10.45%	13.79%	10.55%	9.45%	10.89%	6.90%	2.60%	5.58%	6.57%	3.55%	3.14%	8.72%	1.58%
	2分值数	190	18	11	23	14	9	21	8	12	13	9	18	7	17	10
	比例	6.86%	8.91%	5.47%	11.33%	7.04%	4.48%	10.40%	3.94%	6.25%	6.60%	4.55%	9.14%	3.66%	8.72%	5.26%
	3分值数	482	35	41	59	38	34	35	46	22	44	19	25	31	26	27
	比例	17.39%	17.33%	20.40%	29.06%	19.10%	16.92%	17.33%	22.66%	11.46%	22.34%	9.60%	12.69%	16.23%	13.33%	14.21%
	4分值数	769	75	68	52	43	41	54	72	51	66	75	57	42	40	33
	比例	27.75%	37.13%	33.83%	25.62%	21.61%	20.40%	26.73%	35.47%	26.56%	33.50%	37.88%	28.93%	21.99%	20.51%	17.37%
	5分值数	1 128	59	60	41	83	98	70	63	102	63	82	90	105	95	117
	比例	40.71%	29.21%	29.85%	20.20%	41.71%	48.76%	34.65%	31.03%	53.13%	31.98%	41.41%	45.69%	54.97%	48.72%	61.58%
	均值	3.88	3.72	3.67	3.27	3.77	3.95	3.64	3.80	4.21	3.80	4.03	4.04	4.22	3.92	4.32

续表

各项指标	市（州）	全省	长沙	株洲	湘潭	衡阳	邵阳	岳阳	常德	张家界	益阳	郴州	永州	怀化	娄底	湘西
	样本量	2 771	202	201	203	199	201	202	203	192	197	198	197	191	195	190
C_{43} 使用安全性	1分值数	162	27	17	20	16	10	18	9	7	3	4	10	2	12	7
	比例	5.85%	13.37%	8.46%	9.85%	8.04%	4.98%	8.91%	4.43%	3.65%	1.52%	2.02%	5.08%	1.05%	6.15%	3.68%
	2分值数	202	25	32	25	19	11	26	17	6	6	8	5	3	14	5
	比例	7.29%	12.38%	15.92%	12.32%	9.55%	5.47%	12.87%	8.37%	3.13%	3.05%	4.04%	2.54%	1.57%	7.18%	2.63%
	3分值数	519	59	45	63	26	27	49	39	17	56	30	34	24	23	27
	比例	18.73%	29.21%	22.39%	31.03%	13.07%	13.43%	24.26%	19.21%	8.85%	28.43%	15.15%	17.26%	12.57%	11.79%	14.21%
	4分值数	761	59	64	47	66	62	46	74	42	59	61	51	36	57	37
	比例	27.46%	29.21%	31.84%	23.15%	33.17%	30.85%	22.77%	36.45%	21.88%	29.95%	30.81%	25.89%	18.85%	29.23%	19.47%
	5分值数	1 127	32	43	48	72	91	63	64	120	73	95	97	126	89	114
	比例	40.67%	15.84%	21.39%	23.65%	36.18%	45.27%	31.19%	31.53%	62.50%	37.06%	47.98%	49.24%	65.97%	45.64%	60.00%
	均值	3.90	3.22	3.42	3.38	3.80	4.06	3.54	3.82	4.36	3.98	4.19	4.12	4.47	4.01	4.29
C_{51} 信息及时性	1分值数	158	20	27	13	10	8	25	15	2	3	4	10	2	12	7
	比例	5.70%	9.90%	13.43%	6.40%	5.03%	3.98%	12.38%	7.39%	1.04%	1.52%	2.02%	5.08%	1.05%	6.15%	3.68%
	2分值数	159	23	18	18	13	14	20	5	7	6	8	5	3	14	5
	比例	5.74%	11.39%	8.96%	8.87%	6.53%	6.97%	9.90%	2.46%	3.65%	3.05%	4.04%	2.54%	1.57%	7.18%	2.63%
	3分值数	478	41	29	54	34	33	31	40	22	56	30	34	24	23	27
	比例	17.25%	20.30%	14.43%	26.60%	17.09%	16.42%	15.35%	19.70%	11.46%	28.43%	15.15%	17.26%	12.57%	11.79%	14.21%
	4分值数	680	42	44	49	52	46	38	61	37	59	61	51	46	57	37
	比例	24.54%	20.79%	21.89%	24.14%	26.13%	22.89%	18.81%	30.05%	19.27%	29.95%	30.81%	25.89%	24.08%	29.23%	19.47%
	5分值数	1 296	76	83	69	90	100	88	82	124	73	95	97	116	89	114
	比例	46.77%	37.62%	41.29%	33.99%	45.23%	49.75%	43.56%	40.39%	64.58%	37.06%	47.98%	49.24%	60.73%	45.64%	60.00%
	均值	4.01	3.65	3.69	3.70	4.00	4.07	3.71	3.94	4.43	3.98	4.19	4.12	4.42	4.01	4.29

续表

各项指标	市（州）	全省	长沙	株洲	湘潭	衡阳	邵阳	岳阳	常德	张家界	益阳	郴州	永州	怀化	娄底	湘西
	样本量	2 771	202	201	203	199	201	202	203	192	197	198	197	191	195	190
C_{52} 咨询回应性	1分值数	163	15	18	16	10	5	13	21	11	13	9	7	5	17	3
	比例	5.88%	7.43%	8.96%	7.88%	5.03%	2.49%	6.44%	10.34%	5.73%	6.60%	4.55%	3.55%	2.62%	8.72%	1.58%
	2分值数	146	17	12	10	12	19	14	7	10	13	12	8	4	5	3
	比例	5.27%	8.42%	5.97%	4.93%	6.03%	9.45%	6.93%	3.45%	5.21%	6.60%	6.06%	4.06%	2.09%	2.56%	1.58%
	3分值数	442	35	39	49	36	24	37	26	18	38	27	30	21	31	31
	比例	15.95%	17.33%	19.40%	24.14%	18.09%	11.94%	18.32%	12.81%	9.38%	19.29%	13.64%	15.23%	10.99%	15.90%	16.32%
	4分值数	609	51	40	39	46	63	55	40	28	39	41	48	50	42	27
	比例	21.98%	25.25%	19.90%	19.21%	23.12%	31.34%	27.23%	19.70%	14.58%	19.80%	20.71%	24.37%	26.18%	21.54%	14.21%
	5分值数	1 411	84	92	89	95	90	83	109	125	94	109	104	111	100	126
	比例	50.92%	41.58%	45.77%	43.84%	47.74%	44.78%	41.09%	53.69%	65.10%	47.72%	55.05%	52.79%	58.12%	51.28%	66.32%
	均值	4.07	3.85	3.88	3.86	4.03	4.06	3.90	4.03	4.28	3.95	4.16	4.19	4.35	4.04	4.42
C_{53} 临时机动性	1分值数	188	23	13	17	9	8	16	14	9	21	6	16	11	14	11
	比例	6.78%	11.39%	6.47%	8.37%	4.52%	3.98%	7.92%	6.90%	4.69%	10.66%	3.03%	8.12%	5.76%	7.18%	5.79%
	2分值数	166	12	22	19	13	9	15	14	13	8	5	11	3	15	7
	比例	5.99%	5.94%	10.95%	9.36%	6.53%	4.48%	7.43%	6.90%	6.77%	4.06%	2.53%	5.58%	1.57%	7.69%	3.68%
	3分值数	454	47	44	39	50	31	45	30	19	29	31	21	17	33	18
	比例	16.38%	23.27%	21.89%	19.21%	25.13%	15.42%	22.28%	14.78%	9.90%	14.72%	15.66%	10.66%	8.90%	16.92%	9.47%
	4分值数	675	53	63	49	44	51	75	52	34	55	61	36	39	38	25
	比例	24.36%	26.24%	31.34%	24.14%	22.11%	25.37%	37.13%	25.62%	17.71%	27.92%	30.81%	18.27%	20.42%	19.49%	13.16%
	5分值数	1 288	67	59	79	83	102	51	93	117	84	95	113	121	95	129
	比例	46.48%	33.17%	29.35%	38.92%	41.71%	50.75%	25.25%	45.81%	60.94%	42.64%	47.98%	57.36%	63.35%	48.72%	67.89%
	均值	3.98	3.64	3.66	3.76	3.90	4.14	3.64	3.97	4.23	3.88	4.18	4.11	4.34	3.95	4.34

续表

各项指标	市（州）	全省	长沙	株洲	湘潭	衡阳	邵阳	岳阳	常德	张家界	益阳	郴州	永州	怀化	娄底	湘西
	样本量	2 771	202	201	203	199	201	202	203	192	197	198	197	191	195	190
C_{61} 访问频次	1分值数	137	10	6	19	2	14	9	6	13	8	11	10	7	9	13
	比例	4.94%	4.95%	2.99%	9.36%	1.01%	6.97%	4.46%	2.96%	6.77%	4.06%	5.56%	5.08%	3.66%	4.62%	6.84%
	2分值数	132	9	11	5	5	7	7	11	14	7	9	16	6	12	13
	比例	4.76%	4.46%	5.47%	2.46%	2.51%	3.48%	3.47%	5.42%	7.29%	3.55%	4.55%	8.12%	3.14%	6.15%	6.84%
	3分值数	327	22	17	29	16	20	31	16	26	19	22	24	23	29	33
	比例	11.80%	10.89%	8.46%	14.29%	8.04%	9.95%	15.35%	7.88%	13.54%	9.64%	11.11%	12.18%	12.04%	14.87%	17.37%
	4分值数	432	34	45	28	38	32	41	29	24	20	33	17	34	42	15
	比例	15.59%	16.83%	22.39%	13.79%	19.10%	15.92%	20.30%	14.29%	12.50%	10.15%	16.67%	8.63%	17.80%	21.54%	7.89%
	5分值数	1 743	127	122	122	138	128	114	141	115	143	123	130	121	103	116
	比例	62.90%	62.87%	60.70%	60.10%	69.35%	63.68%	56.44%	69.46%	59.90%	72.59%	62.12%	65.99%	63.35%	52.82%	61.05%
	均值	4.27	4.28	4.32	4.13	4.53	4.26	4.21	4.42	4.11	4.44	4.25	4.22	4.34	4.12	4.09
C_{62} 使用效果	1分值数	206	16	28	33	8	7	23	20	14	9	11	13	3	15	6
	比例	7.43%	7.92%	13.93%	16.26%	4.02%	3.48%	11.39%	9.85%	7.29%	4.57%	5.56%	6.60%	1.57%	7.69%	3.16%
	2分值数	216	18	26	34	14	12	24	15	7	21	14	9	4	9	9
	比例	7.80%	8.91%	12.94%	16.75%	7.04%	5.97%	11.88%	7.39%	3.65%	10.66%	7.07%	4.57%	2.09%	4.62%	4.74%
	3分值数	380	27	33	45	25	16	56	37	17	25	32	19	10	20	18
	比例	13.71%	13.37%	16.42%	22.17%	12.56%	7.96%	27.72%	18.23%	8.85%	12.69%	16.16%	9.64%	5.24%	10.26%	9.47%
	4分值数	607	57	49	41	65	53	42	73	18	59	42	29	19	47	13
	比例	21.91%	28.22%	24.38%	20.20%	32.66%	26.37%	20.79%	35.96%	9.38%	29.95%	21.21%	14.72%	9.95%	24.10%	6.84%
	5分值数	1 362	84	65	50	87	113	57	58	136	83	99	127	155	104	144
	比例	49.15%	41.58%	32.34%	24.63%	43.72%	56.22%	28.22%	28.57%	70.83%	42.13%	50.00%	64.47%	81.15%	53.33%	75.79%
	均值	3.98	3.87	3.48	3.20	4.05	4.26	3.43	3.66	4.33	3.94	4.03	4.26	4.67	4.11	4.47

续表

各项指标	市（州）	全省	长沙	株洲	湘潭	衡阳	邵阳	岳阳	常德	张家界	益阳	郴州	永州	怀化	娄底	湘西
	样本量	2 771	202	201	203	199	201	202	203	192	197	198	197	191	195	190
C_{63} 满意程度	1分值数	242	18	31	35	12	11	26	24	7	21	9	17	5	19	7
	比例	8.73%	8.91%	15.42%	17.24%	6.03%	5.47%	12.87%	11.82%	3.65%	10.66%	4.55%	8.63%	2.62%	9.74%	3.68%
	2分值数	227	20	27	36	13	10	22	15	16	10	22	6	7	11	12
	比例	8.19%	9.90%	13.43%	17.73%	6.53%	4.98%	10.89%	7.39%	8.33%	5.08%	11.11%	3.05%	3.66%	5.64%	6.32%
	3分值数	428	21	41	43	33	20	64	39	19	28	27	22	17	37	17
	比例	15.45%	10.40%	20.40%	21.18%	16.58%	9.95%	31.68%	19.21%	9.90%	14.21%	13.64%	11.17%	8.90%	18.97%	8.95%
	4分值数	575	60	46	40	57	51	39	69	21	57	46	25	19	30	15
	比例	20.75%	29.70%	22.89%	19.70%	28.64%	25.37%	19.31%	33.99%	10.94%	28.93%	23.23%	12.69%	9.95%	15.38%	7.89%
	5分值数	1 299	83	56	49	84	109	51	56	129	81	94	127	143	98	139
	比例	46.88%	41.09%	27.86%	24.14%	42.21%	54.23%	25.25%	27.59%	67.19%	41.12%	47.47%	64.47%	74.87%	50.26%	73.16%
	均值	3.89	3.84	3.34	3.16	3.94	4.18	3.33	3.58	4.30	3.85	3.98	4.21	4.51	3.91	4.41

参考文献

一、学术期刊文献类

[1] 本刊记者.全球化条件下的和谐社会研究—— 鲍宗豪教授访谈[J].国外理论动态，2005（7）：1-4.

[2] 本刊特约评论员.全面深化农村改革加快实现农业农村新发展[J].价格理论与实践，2015（2）：1.

[3] 毕竟.试论高技术传播时代的舆情预警[J].新闻记者，2006（4）：29-31.

[4] 曹务坤，梁宏志.民族地区农村群体性突发事件的法律思考—— 以贵州为个案研究[J].云南行政学院学报，2010（5）：138-140.

[5] 陈国权.论政府能力与为政清廉的内在联系及其协调发展[J].浙江大学学报（社会科学版），1997（4）：69-73.

[6] 陈宏军，江若尘，张家迎，等.公共治理理念视角下农村公共危机治理机制的构建—— 以安徽为例[J].桂海论丛，2011（3）：79-84.

[7] 陈宏军，王军.安徽农村公共危机治理的障碍性因素分析[J].赤峰学院学报（汉文哲学社会科学版），2010（4）：38-40.

[8] 陈南.ASP. NET中大数据量分页技术的研究与实现[J].计算机应用与软件，2011（4）：205-208.

[9] 陈振明.评西方的“新公共管理”范式[J].中国社会科学，2000（6）：73-82.

[10] 程潇凝，潘桂媚，刘红.农村公共危机事件的多元治理主体行为及参与困境分析[J].广西师范学院学报（哲学社会科学版），2015（1）：89-93.

[11] 迟玉琢.大数据背景下的情报分析[J].情报科学，2015（1）：18-22.

[12] 崔静，黄水清，等.基于DEA方法的我国农村信息资源配置效率评价研究[J].图书情报工作，2012（18）：60-64.

[13] 丁继勇，王卓甫，郭光祥.基于贝叶斯和动态博弈分析的城市暴雨内涝应急决策[J].统计与决策，2012（23）：26-29.

[14] 杜钢建.政府能力建设与规制能力评估[J].政治学研究，2000（2）：54-62.

[15] 凡春芳，刘婵媛.反馈与前馈控制在管理系统中的应用[J].机械管理开发，2006（5）：104-106.

[16] 冯子健，李克莉，倪大新，等.中国突发公共卫生事件网络直报系统及时性的研究[J].疾病控制杂志，2008（1）：152-155.

[17] 高雪静，魏永忠.论我国农村社会安全突发事件协同治理机制的完善[J].中国人民公安大学学报（社会科学版），2014（1）：116-121.
[18] 官思发，孟玺，李宗洁，等.大数据分析研究现状、问题与对策[J].情报杂志，2015（5）：98-104.
[19] 官思发.大数据知识服务关键要素与实现模型研究[J].图书馆论坛，2015（6）：87-92.
[20] 官思发，朝乐门.大数据时代信息分析的关键问题、挑战与对策[J].图书情报工作，2015（3）：12-18，34.
[21] 郭建锦，郭建平.大数据背景下的国家治理能力建设研究[J].中国行政管理，2015（6）：73-76.
[22] 郭春侠，储节旺.信息组织的三重境界：序化、优化、美化[J].情报资料工作，2011（2）：15-18.
[23] 郭新宇.初析我国农业信息标准化[J].中国标准化，2001（11）：8-10.
[24] 郭泽保.试论农村的突发事件与危机管理体系构建[J].福建行政学院福学报，2006（2）：74-79.
[25] 韩小改.大数据时代电子商务物流信息反馈机理研究[J].江西社会科学，2014（8）：232-235.
[26] 黄长清.论大数据时代政务数据的创新应用[J].电子政务，2013（9）：91-94.
[27] 黄建洪.现代化进程中的政府能力发展：一般规律与中国选择[J].社会科学研究，2010（4）：57-62.
[28] 黄健荣，胡建刚.公共危机治理中政府决策能力的反思与前瞻[J].南京社会科学，2012（2）：71-79.
[29] 黄毅峰.再论政府能力及其提升的路径选择[J].社会科学，2011（1）：33-42.
[30] 黄海林.农村公共危机治理的两个维度[J].闽江学院学报，2008（3）：86-89.
[31] 何红媛，何涛.政产学研协同创新体系的内涵及其构建[J].人民论坛，2014（2）：49-51.
[32] 贺雪峰.什么农村？什么问题？—— 农村政策基础研究的对象与步骤[J].浙江学刊，2005（1）：143-147.
[33] 贺雪峰.农业问题还是农民问题？[J].社会科学，2015（6）：64-77.
[34] 胡洪彬.大数据时代国家治理能力建设的双重境遇与破解之道[J].社会主义研究，2014（4）：89-95.
[35] 胡洪彬.1995—2011年我国信息素养教育研究综述[J].图书馆论坛，2013（1）：168-172.
[36] 胡税根，单立栋，徐靖芮.基于大数据的智慧公共决策特征研究[J].浙江大学学报（人文社会科学版），2015（3）：5-15.

[37] 胡小明.大数据应用的误区、风险与优势[J].电子政务，2014（11）：80-86.
[38] 胡扬名，李燕凌.城乡统筹发展背景下农村社会突发事件管理问题研究[J].湖南社会科学，2013（4）：102-105.
[39] 贾泽林，王炳文.系统理论对哲学提出的新课题[J].哲学研究，1980（3）：36-39.
[40] 姜奇平.大数据的时代变革力量[J].互联网周刊，2013（1）：34-37.
[41] 蒋洁.大数据联动的负面效应及应对策略[J].情报资料工作，2014（4）：10-14.
[42] 季淑娟.图书馆过程管理的信息反馈研究[J].情报杂志，2009（5）：1-4.
[43] 康红霄，王爱冬.基于大数据技术的公共危机预测研究[J].科技管理研究，2015（6）：175-178.
[44] 李超平，戴言.政务信息传递及其控制[J].情报资料工作，2001（1）：21-23.
[45] 李晨晖，崔建明，陈超泉.大数据知识服务平台构建关键技术研究[J].情报资料工作，2013（2）：29-34.
[46] 李丹阳.大数据背景下的中国应急管理体制改革初探[J].江海学刊，2014（2）：118-124.
[47] 李国杰.大数据研究的科学价值[J].中国计算机学会通讯，2012（9）：8-15.
[48] 李广建，化柏林.大数据分析与情报分析关系辨析[J].中国图书馆学报，2014（9）：14-22.
[49] 李江涛.论政府能力[J].开放时代，2002（3）：107-113.
[50] 李立志.信息化视角下的中原经济崛起和可持续发展战略研究[J].财经理论与实践，2010（2）：111-115.
[51] 李玲玲.政府政策能力论析[J].理论与改革，2006（5）：16-19.
[52] 李明.突发事件与制度变迁、技术进步关系研究[J].北京航空航天大学学报（社会科学版），2013（1）：16-23，89.
[53] 李明.大数据技术与公共安全信息共享能力[J].电子政务，2014（6）：10-19.
[54] 李习文，张玥，张玉梅.宁夏农民信息意识、信息需求、信息能力现状分析[J].宁夏社会科学，2008（6）：71-75.
[55] 李霞.提升农村公共危机管理能力—— 建设社会主义新农村的必经之路[J].华东经济管理，2006（9）：43-45.
[56] 李燕凌，陈冬林，凌云.农村公共危机形成机理及治理机制研究[J].农业经济，2005（1）：13-15.
[57] 李燕凌，陈冬林，周长青.农村公共危机的经济学研究及管理机制建设[J].江西农业大学学报（社会科学版），2004（1）：130-133.
[58] 林毅夫.信息化对制度变革的需求[J].中国信息界，2003（15）：15.
[59] 李振，鲍宗豪."云治理"：大数据时代社会治理的新模式[J].天津社会科学，2015（3）：62-67.

[60] 廖业扬.论政府公共危机治理能力的再造[J].广西民族大学学报（哲学社会科学版），2011（4）：113-117.

[61] 刘兵.公共风险与农村公共产品供给：另一个角度看农民增收[J].农业经济问题，2004（4）：46-49.

[62] 刘典文.数据挖掘技术在公共管理领域的应用[J].行政论坛，2010（2）：44-46.

[63] 刘辉，周惠文.社会突发性事件中面向农民的应急型社会保障研究[J].农业经济问题，2004（7）：55-58.

[64] 刘佳.大数据时代的社会治理困境与创新发展路径[J].学术探索，2015（4）：77-84.

[65] 刘江玲.面向大数据的知识发现系统研究[J].情报科学，2014（3）：90-93.

[66] 刘任平，吴晓俊.提高乡镇公务员应对农村群体突发事件的能力[J].中共山西省委党校学报，2010（3）：72-74.

[67] 刘任平.公众满意度导向的公务员公共服务能力提升路径——基于赫茨伯格双因素理论的分析[J].天水行政学院学报，2009（6）：56-59.

[68] 刘世洪，许世卫.中国农村信息化测评方法研究[J].中国农业科学，2008（4）：12-22.

[69] 柳较乾.再论网络信息利用障碍与对策[J].图书馆论坛，2006（2）：203-205.

[70] 刘永富.也谈哲学价值论研究的人学基础——与赖金良先生商榷[J].教学与研究，2005（10）：57-61.

[71] 刘叶婷，唐斯斯.大数据对政府治理的影响及挑战[J].电子政务，2014（6）：20-29.

[72] 刘泽照，朱正威.大数据平台下的社会稳定风险评估：研究前瞻与应用挑战[J].华东理工大学学报（社会科学版），2015（1）：78-85.

[73] 林志刚，彭波.大数据管理的现实匹配、多重挑战及趋势判断[J].改革，2013（8）：15-23.

[74] 罗力.政府公共危机管理中信息预警能力评价指标体系研究[J].重庆大学学报（社会科学版），2012（5）：92-96.

[75] 马奔，毛庆铎.大数据在应急管理中的应用[J].中国行政管理，2015（3）：136-141，151.

[76] 马亮.大数据技术何以创新公共治理？——新加坡智慧国案例研究[J].电子政务，2015（5）：2-9.

[77] 孟华，蔡佳佳.NGO参与农村公共危机管理的分析框架与路径设计[J].福建行政学院学报，2014（4）：27-33.

[78] 梅方权.农业信息化带动农业现代化的战略分析[J].中国农村经济，2001（12）：22-26.

[79] 倪光南.关于大数据[J].高科技与产业化，2013（5）：1.

[80] 裴顺强，孙健，缪旭明，等.国家突发事件预警信息发布系统设计[J].中国应急管理，2012（8）：32-35.

[81] 卿立新.创新大数据时代的网络舆情管理[J].红旗文稿，2014（22）：28-29.

[82] 冉光和，张林，田庆刚.城乡统筹进程中农村空心化形成机理、现状与治理—— 基于重庆市54个村1236户农户的调查[J]. 农村经济，2014（5）：3-7.

[83] 商红日，孙珏.政府传播：公众信息反馈问题[J].2003（1）：17-21，91.

[84] 尚克聪.信息组织论要[J].图书情报工作，1998（11）：1-4.

[85] 邵鹏，胡平，齐杰.大数据时代产业发展与社会管理问题研究前瞻[J].科技进步与对策，2014（12）：154-160.

[86] 施雪华.论政府能力及其特性[J].政治学研究，1996（1）：6-69.

[87] 史育华.矛盾叠加期河北省农村群体性突发事件表征及预警机制建构研究[J].现代农业科技，2012（20）：71-72.

[88] 司莉.基于知识构建的知识服务的实现[J].图书馆论坛，2009（6）：216-219.

[89] 沈亚平，许博雅. “大数据”时代政府数据开放制度建设路径研究[J].四川大学学报 （哲学社会科学版），2014（5）：111-118.

[90] 宋洪远，赵海，徐雪高.从积贫积弱到全面小康—— 百年以来中国农业农村发展回顾与展望[J].中国农村经济，2014（1）：4-16.

[91] 宋学清，刘雨.大数据：信息技术与信息管理的一次变革[J].情报科学，2014（9）：14-18.

[92] 苏林森，易伟芳.大数据技术对传播研究方法的影响与挑战[J].现代传播，2014（11）：99-102.

[93] 孙多勇，鲁洋.危机管理的理论发展与现实问题[J].江西社会科学，2004（4）：138-143.

[94] 孙光宁.大数据时代对网络民主的价值、冲击及其应对策略[J].行政论坛，2014（6）：19-22.

[95] 谭爽，胡象明.大数据视角下重大项目社会稳定风险评估的困境突破与系统构建[J].电子政务，2014（6）：2-9.

[96] 唐皇凤，陶建武.大数据时代的中国国家治理能力建设[J].探索与争鸣，2014（10）：54-58.

[97] 唐钧.构建全面整合的政府公共危机信息管理系统[J].信息化建设，2004（10）：12-14.

[98] 汤曼，夏建群.农村信息化主要问题研究[J].图书馆理论与实践，2014（6）：38-41.

[99] 童星，张海波.基于中国问题的灾害管理分析框架[J].中国社会科学，2010（1）：133-146.

[100] 童星，张海波.群体性突发事件及其治理——社会风险与公共危机综合分析框架下的再考量[J].学术界，2008（2）：35-45.
[101] 王宏志，樊文飞.复杂数据上的实体识别技术研究[J].计算机学报，2011（10）：1143-1152.
[102] 王洪俊，黄杰，王德海.农民信息意识对农民行为的影响分析——以江苏省仪征市为例[J].农业科技管理，2007（2）：69-72.
[103] 王宁.优化农村公共危机管理[J].重庆行政，2012（4）：39-41.
[104] 王浦劬.防治“非典”时期的政府双重管理问题分析[J].北京大学学报（哲学社会科学版），2003（3）：20-25.
[105] 王向民.大数据时代的国家治理转型[J].探索与争鸣，2014（10）：59-62.
[106] 王毅，陈劲，许庆瑞.企业核心能力：理论溯源与逻辑结构剖析[J].管理科学学报，2000（9）：24-30.
[107] 王知津，孙鑫.网络信息组织的原理、方法与问题[J].图书馆理论与实践，2006（3）：65-67.
[108] 王志，袁志祥，吴艳杰.农村突发公共事件应急管理问题研究——基于汶川8.0级地震绵阳灾区的调研报告[J].灾害学，2010（3）：104-109.
[109] 汪志红，王斌会，张衡.基于Logistic曲线的城市应急能力评价研究[J].中国安全科学学报，2011（3）：163-169.
[110] 魏玖长，赵定涛.危机信息的传播模式与影响因素研究[J].情报科学，2006（12）：1782-1785.
[111] 韦吉锋.论网络对社会民主的主要影响[J].桂海论丛，2005（2）：38-40.
[112] 吴标兵，许为民，许和隆，等.大数据背景下科技服务业发展策略研究[J].科技管理研究，2015（10）：104-109.
[113] 吴斌，王俊峰，覃毅芳，等.一种面向自主服务的知识网络构建方法[J].四川大学学报（自然科学版），2013（5）：973-978.
[114] 吴会丛，王井阳，张晓明，等.用VC访问Oracle操作大数据类型的高效方法[J].河北科技大学学报，2004（2）：38-41.
[115] 吴建华.试论公共危机信息收集的范围与渠道[J].情报科学，2007（3）：77-81.
[116] 吴新建.农村公共危机的形成机理及其治理机制探析[J].咸宁学院学报，2012（6）：74-75.
[117] 吴宪， 张敬录.建立农村突发事件应急机制的对策思考[J].河北建筑科技学院学报（社科版），2004（1）：18-19.
[118] 邬贺铨.大数据时代的机遇与挑战[J].求是，2013（4）：47-49.
[119] 巫德富，黄宏纯.快速城镇化背景下突发事件应急管理创新能力灰色模糊综合评价研究[J].技术与创新管理，2015（4）：388-392.

[120] 肖滨.信息技术在国家治理中的双面性与非均衡性[J].学术研究，2009（11）：31-36.
[121] 肖希明.信息资源建设：概念、内容与体系[J].中国图书馆学报，2006（5）：5-8.
[122] 向剑平，乔少杰，胡剑.WMB*：一种提高大数据上软件执行效率改进算法[J].内江师范学院学报，2012（12）：24-28.
[123] 谢永宪，孙爱萍，沈蕾.基于公民视角的政府信息利用问题研究[J].档案学研究，2010（6）：40-42.
[124] 谢志强.论社会转型期的公共危机管理[J].科学社会主义，2010（3）：101-105.
[125] 徐琳.机遇和挑战：大数据时代中国国家治理的双面境遇[J].社会科学家，2015（5）：13-18.
[126] 许晔.大数据时代中国面临的挑战与对策[J].中国科技论坛，2015（3）：24-29.
[127] 闫建，高华丽.发达国家大数据发展战略的启示[J].理论探讨，2015（1）：91-94.
[128] 杨明亮.能力建设：一个具有重要意义的新概念[J].中国卫生法制，2006（2）：14-16.
[129] 杨青，田依林，宋英华.基于过程管理的城市灾害应急管理综合能力评价体系研究[J].中国行政管理，2007（3）：103-106.
[130] 杨秀丹，郭洪生，赵延乐.河北省农村信息基础设施与农民信息行为调查与分析[J].现代情报，2013（5）：38-42.
[131] 于丽英，杜明星.基于α截集的模糊TOPSIS方法在政府危机管理绩效评价中的应用[J].上海管理科学，2013（2）：90-94.
[132] 于浩.大数据时代政府数据管理的机遇、挑战与对策[J].中国行政管理，2015（3）：127-130.
[133] 于水，姜凯帆，孙永福."空心化"背景下农村外出劳动力回流意愿研究[J].华东经济管理，2013（11）：97-111.
[134] 袁金辉.论社会转型期的农村群体性突发事件[J].云南行政学院学报，2005（3）：29-31.
[135] 苑雪.大数据时代网络社会管理中的政府行为模式创新[J].广东行政学院学报，2013（4）：25-30.
[136] 岳奎，胡军.时空维度下的我国农村信息化建设研究[J].社会主义研究，2014（5）：95-101.
[137] 张晓山.全面深化改革，构建新型城乡关系——从社会主义新农村建设到新型城镇化[J].学习与探索，2014（1）：86-101.
[138] 张成福.公共危机管理：全面整合的模式与中国的战略选择[J].中国行政管理，2003（7）：6-11.

[139] 张成福.重建公共行政的公共理论[J].中国人民大学学报，2007（3）：1-7.
[140] 张春艳.大数据时代的公共安全治理[J].国家行政学院学报，2014（5）：100-104.
[141] 张钢，徐贤春.地方政府能力的评价与规划—— 以浙江省H个城市为例[J].政治学研究，2005（2）：96-107.
[142] 张弛.大数据思维范畴探究[J].华中科技大学学报（社会科学版），2015（2）：120-125.
[143] 张春磊，杨小牛.大数据分析（BDA）及其在情报领域的应用[J].中国电子科学研究院学报，2013（1）：18 -22.
[144] 张会田.我国农业信息资源开发利用标准体系架构[J].情报资料工作，2012（5）：78-82.
[145] 张继权，冈田宪夫，多多纳裕一.综合自然灾害风险管理[J].城市与减灾，2005（2）：2-5.
[146] 张康之.机构改革后阻碍政府能力提升的因素[J].南京社会科学，2001（5）：41-45.
[147] 张良悦，曾赏，程传兴.农村空心化的困境与应对：基于城乡一体化的视角[J].南方农村，2015（2）：34-40.
[148] 张丽凤，占鹏飞，吕赞.农村“空心化”环境下的社区建设模式与路径选择[J].农业经济问题，2014（6）：33-38.
[149] 张倩.大数据在突发事件政府决策中的应用[J].东北农业大学学报（社会科学版），2013（6）：73-79.
[150] 张维平.突发公共事件危机信息沟通机制的社会学分析[J].广播电视大学学报（哲学社会科学版），2006（4）：103-106.
[151] 张武军，翟艳红.协同创新中知识产权保护问题的研究[J].科技进步与对策，2012（22）：132-133.
[152] 张新民.中国农业信息化服务的现状与前景展望[J].河北农业科学，2010（6）：106-108.
[153] 张永领. 基于Delphi 法和最小判别的应急能力逐级评价模式研究[J].中国安全科学学报，2010（2）：165-170.
[154] 张玉亮.政府公共危机信息预警能力评价指标体系研究[J].图书情报工作，2010（23）： 137-140.
[155] 赵静，韦春伊，王玉平.以农民信息能力提升达成区域信息共享[J].情报理论与实践，2008（4）：559-562.
[156] 赵悦，蔡超，丛姗.稳固信息服务开拓知识服务—— 英国国防科技研究院知识服务部转型启示[J].情报理论与实践，2011（10）：28-31.
[157] 赵阳，王宾.全面深化农村改革 激发农村发展新活力[J].中国发展观察，2015（2）：5-6.

[158] 赵红艳.危机传播中的信息控制与公开[J].中国广播电视学刊，2010（2）：50-51.
[159] 曾婧婧.党转型期我国农村群体性突发事件的成因与防范—— 基于契约理论的视角[J].中共银川市委党校学报，2010（1）：75-79.
[160] 曾明星，孙从军，朱炯波，等.民族地区农村突发事件区域应急联动机制研究[J].防灾科技学院学报，2013（1）：67-72.
[161] 曾秋霞.试论新世纪领导干部的信息利用能力[J].科技管理研究，2007（8）：229-231.
[162] 郑杭生，何珊君.和谐社会与公共性：一种社会学视野[J].甘肃理论学刊，2005（1）：1-5.
[163] 郑国，叶裕民.中国城乡关系的阶段性与统筹发展模式研究[J].中国人民大学学报，2009（6）：87-92.
[164] 中国社会科学院课题组.努力构建社会主义和谐社会[J].中国社会科学，2005（3）：4-17.
[165] 朱力.对“和谐社会”的社会学解读[J].南京社会科学，2005（1）：46-53.
[166] 朱敦军.关于化解农村群体性突发事件的思考[J].学习月刊，2008（3）：71-72.
[167] 朱武雄.转型社会的公共安全治理—— 从公民社会的维度分析[J].东北大学学报（社会科学版），2010（5）：415-419，432.
[168] 朱霞，李云波，王炜，罗军，于泓.突发性事件中不同文化背景人群心态分析[J].第四军医大学学报，2004（22）：2058-2061.
[169] 周祝平.中国农村人口空心化及其挑战[J].人口研究，2008（2）：45-52.
[170] 周飞舟.乡镇政府“空壳化”与政权“悬浮”[J].中国改革，2007（4）：64-65.
[171] 周定财.前瞻型政府：公共危机治理的政府模式选择[J].上海行政学院学报，2011（1）：57-63.

二、报纸网络文献类

[172] 阿里云.我们应该重视云备份起来[EB/OL].http：//www.aliyun.com/zixun/content/1_4_16231.html，2015-08-10.
[173] 蔡昉.农业生产进入适度扩大规模阶段[N].人民日报，2015-08-13（007）.
[174] 房宁.信息化服务农经管理科学精细[N].农民日报，2013-06-23（002）.
[175] 房宁.1.4万养殖场户可手机采集上报生产情况[N].农民日报，2013-06-14（001）.
[176] 工信部.全国乡镇接通宽带比例达100%[EB/OL].http：//www.haote.com/jiaocheng/34373.html，2015-01-27.
[177] 顾阳.政府统计加快对接“大数据”—— 国家统计局与百度、阿里巴巴等11家企业共同启动大数据合作平台[N].经济日报，2013-11-20（006）.

[178] 光明网.中国互联网络法律法规[EB/OL].http：//topics.gmw.cn/node_10212.htm，2015-09-03.
[179] 郭永田.信息化是推动农业现代化的重要支撑[N].农民日报，2015-01-01（003）.
[180] 国家统计局. 2014年全国农民工监测调查报告[EB/OL].http：//www.stats.gov.cn/tjsj/zxfb/201504/t20150429_797821.html，2015-04-29.
[181] 赖泳源.湖南“村通工程”投资超80亿乡镇通宽带率100%[EB/OL]. http：//hunan.voc.com.cn/article/201508/201508110934176 22001.html，2015-08-11.
[182] 李昌健，郭作玉，赵春江.主管官员解读农业农村信息化十二五规划[EB/OL]. http：//www.agri.gov.cn/V20/gw/zcfg/ xgjd/201112/t20111227_2443945.htm，2011-12-23.
[183] 李翥.专家进行《贵州省大数据产业发展规划纲要》解读[N].贵州日报，2014-02-26（002）.
[184] 刘蓓.漫谈产学研协同创新的典型模式[N].吉林日报，2014-09-13（004）.
[185] 林火灿.陕西大数据产业发展战略发布会举行[N].经济日报，2012-12-07（006）.
[186] 马志刚.我国信息安全立法的必要性分析[EB/OL]. http：//www.catr.cn/kxyj/catrgd/201212/t20121204_899075.html，2012-12-04.
[187] 民政部减灾办.民政部国家减灾办发布2014年全国自然灾害基本情况[EB/OL].http：//www.mca.gov.cn/article/zwgk/mzyw/201501/20150100754906.shtml，2015-01-05.
[188] 农业部财务司.农业部2015年部门预算[EB/OL]. http：//www.moa.gov.cn/zwllm/cwgk/ysjs/201504/t20150417_4531791.htm，2015-04-17.
[189] 农业部市场与经济信息司.农业经营信息化进展[EB/OL]. http：//www.moa.gov.cn/ztzl/sewgh/fzbg/201112/t20111207_2424850.htm，2011-12-07.
[190] 曲青山.“四个全面”战略布局是党治国理政的“牛鼻子”[N].光明日报，2015-07-13.
[191] 任远.“四个全面”是治国理政整体推进的体系建构[N].光明日报，2015-07-15.
[192] 人民网.国务院印发促进大数据发展行动纲要[EB/OL]. http：//politics.people.com.cn/n/2015/0905/c1001-27545655.html，2015-09-05.
[193] 苏德悦.农村电商，借势“互联网+农业”起飞[N].人民邮电，2015-07-28（003）.
[194] 唐柳雯，谢思佳.广东省率先启动大数据战略 相关工作正有序进行[N].南方日报，2012-12-06（A02）.
[195] 王勤.印刷“触网”：传统与新锐的碰撞[N].中国新闻出版报，2014-03-26（005）.
[196] 王延.上海发布大数据研发三年行动计划建大数据平台[N].浦东时报，2013-07-16（B01）.
[197] 网易科技.全世界数字化信息的数量6.16 ZB：9个数字来看2014年的大事记[EB/OL].http：//tech.163.com/14/1230/16/AENO7RF400094ODU.html，2014-12-30.

[198] 网易新闻.天猫双十一交易额突破571亿元[EB/OL].http：//news.163.com/14/1112/02/AAQM96Q600014AED.html，2014-11-12.

[199] 邱玥.我国改革职业资格认证制度[N].光明日报，2014-06-17（010）.

[200] 谢佳沥.大数据：信息时代的狂飙突进——蕴含财富密码 成为国家战略[N].人民日报（海外版），2012-10-20（008）.

[201] 张格苗.让农村气象信息员发挥更大作用[N].中国气象报，2014-11-18（004）.

[202] 张杰.农业现代化：提升农民利用信息能力[N].中国社会科学报，2014-03-24（A03）.

[203] 章传家.论“四个全面”的里程碑意义[N].光明日报，2015-07-28.

[204] 郑金武.要大力加强产学研协同创新[N].中国科学报，2012-03-17（B02）.

[205] 中国农业信息网.顶层设计 多措并举 全面推进农业农村信息化建设[EB/OL]. http：//www.agri.cn/V20/ZX/qgxxlb_1/jl/201507/t20150716_4749045.htm，2015-07-16.

[206] 中国信息安全世界主要国家的大数据战略和行动[EB/OL]. http：//www.cac.gov.cn/2015-07/03/c_1115812491.htm，2015-07-03.

[207] 中金在线.国家大数据战略 各地政府加快铺设大数据管道[EB/OL]. http：//news.cnfol.com/it/20150827/21357649.shtml，2015-08-27.

三、硕博论文文献类

[208] 常永华.公共危机管理视阈下的西部地方政府执政能力与评估研究[D].西安：陕西师范大学博士论文，2011.

[209] 蒋宗彩.城市群公共危机管理应急决策理论与应对机制研究[D].上海：上海大学博士论文，2014.

[210] 刘世洪.中国农村信息化测评理论与方法研究[D].北京：中国农业科学院博士论文，2008.

[211] 马俊.信息技术嵌入的物流企业服务能力研究[D].武汉：武汉理工大学博士学位论文，2011.

[212] 马青艳.激励机制与民族自治地方政府效能研究——以宁夏回族自治区为例[D].北京：中央民族大学博士论文，2009.

[213] 彭亮.农村地区突发事件舆情预警的现状及对策研究[D].湘潭：湘潭大学硕士论文，2014.

[214] 苏立磊.我国农村公共危机管理存在问题与对策研究[D].济南：山东师范大学硕士论文，2011.

[215] 谭钧.农村公共危机应急管理机制研究[D].上海：东华大学硕士论文，2012.

[216] 王伟.公共危机管理信息管理体系构建与运行机制研究[D].长春：吉林大学博士论文，2007.
[217] 熊春林.农村农业信息化服务能力建设研究[D].长沙：湖南农业大学博士论文，2013.
[218] 夏支平.农村公共危机治理研究[D].杨凌：西北农林科技大学博士论文，2011.
[219] 张晓鹏.公共危机管理系统的构建与能力评价研究[D].大连：大连理工大学博士论文，2011.
[220] 张一文.突发性公共危机事件与网络舆情作用机制研究[D].北京：北京邮电大学博士论文，2012.
[221] 张正岩.中国县级政府公共服务能力研究[D].长春：吉林大学博士论文，2011.

四、著作文献类

[222] [美]阿尔蒙德.比较政治学：体系、过程和政策[M].上海：上海译文出版社，1987.
[223] [美]奥斯本，等.改革政府——企业家精神如何改革着公营部门[M].周敦仁，译.上海：上海译文出版社，2006.
[224] [美]B·盖伊·彼得斯.政府未来的治理模式[M].吴爱明，夏宏图，译，张成福，校.北京：中国人民大学出版社，2014.
[225] [美]Bill Franks.驾驭大数据[M].黄海，车皓阳，王悦，译.北京：人民邮电出版社，2014.
[226] 陈振明.社会研究方法[M].北京：中国人民大学出版社，2012.
[227] Coombs W.Timothy.危机管理与传播[M].林文益，郑安凤，译.台北：风云论坛出版社，2002.
[228] 陈晓剑，梁梁.系统评价方法及应用[M].合肥：中国科学技术大学出版社，1993.
[229] [美]道德拉斯·诺斯.制度、制度变迁与经济绩效[M].杭行，译.上海：上海人民出版社，2008.
[230] 大卫·J·科利斯，辛西娅·A·蒙哥马利.公司战略：企业的资源与范围[M].王永贵，杨永恒，译.大连：东北财经大学出版社，2000.
[231] [美]冯·贝塔朗菲.一般系统论：基础、发展和应用[M].林康义，等，译.北京：清华大学出版社，1987.
[232] 甘利人，朱宪辰.电子政务信息资源开发与管理[M].北京：北京大学出版社，2003.
[233] 顾培亮.系统分析与协调[M].天津：天津大学出版社，2008.
[234] 金光熙.工业企业管理[M].北京：冶金工业出版社，1993.
[235] [美]克里斯廷.L.博格曼.从古腾堡到全球信息基础设施：网络世界中信息的获取[M].肖永英，译.北京：中信出版社，2003.

[236] [英]克托・迈尔－舍恩伯格，肯尼思・库克耶.大数据时代：生活、工作与思维的大变革[M].盛杨燕，周涛，译.杭州：浙江人民出版社，2013.
[237] 李道亮.农村信息化与数字农业[M].北京：中国建筑工业出版社，2010.
[238] 李道亮.中国农村信息化发展报告（2011）[M].北京：电子工业出版社，2012.
[239] 李晓园.当代中国县级政府公共服务能力及其影响因素的实证研究[M].北京：中国社会科学出版社，2010.
[240] 李志刚.大数据：大价值、大机遇、大变革[M].北京：电子工业出版社，2012.
[241] [美]列奥纳德・宾主德尔，等.政治发展中的危机与后果[M].普林斯顿：普林斯顿大学出版社，1979.
[242] 刘军.Hadoop大数据处理[M].北京：人民邮电出版社，2013.
[243] 刘力锐.基于网络政治动员态势的政府回应机制研究[M].沈阳：东北大学出版社，2012.
[244] 刘海龙.大众传播理论：范式与流派[J].北京：中国人民大学出版社，2015.
[245] 刘冀生.企业战略管理[M].北京：清华大学出版社，2003.
[246] 刘旭涛.政府绩效管理[M].北京：机械工业出版社，2003.
[247] 卢小宾，郭亚军.信息分析理论与实践[M].北京：清华大学出版社，2013.
[248] [美]罗伯特・希斯.危机管理[M].王成，宋炳辉，金瑛，译.北京：中信出版社，2001.
[249] [美]诺曼・R・奥古斯丁，等.哈佛商业评论精粹译丛：危机管理[M].北京新华信商业风险管理有限公司，译.北京：中国人民大学出版社，2001.
[250] 孟广均，等.信息资源管理导论[M] .3版.北京：科学出版社，2008.
[251] 莫利拉，李燕凌.公共危机管理—— 农村社会突发事件预警、应急与责任机制研究[M].北京：人民出版社，2007.
[252] [美]尼葛洛庞帝.数字化生存[M].胡泳，范海燕，译.海口：海南出版社，1997.
[253] [澳]欧文・E・休斯.公共管理导论[M].彭和平等，译.北京：中国人民大学出版社，2001.
[254] 秦志华.中国乡村社区组织建设[M].北京：人民出版社，1995.
[255] [美]R.J.斯蒂尔曼.公共行政学[M].李方，潘世强，等，译.北京：中国社会科学出版社，1988.
[256] [美]塞缪尔・亨廷顿.变化社会中的政治秩序[M].北京：生活・读书・新知三联书店，1989.
[257] [美]斯塔夫里阿诺斯.全球通史—— 从史前到21世纪（上）[M].吴象婴，梁赤民，等，译.北京：北京大学出版社，2005.
[258] [美]史蒂文・科恩，威廉・埃米克.新有效公共管理者：在变革的政府中追求成功[M].王巧玲，等，译.北京：中国人民大学出版社，2001.

[259] 宋富胜，等.河北省农业信息化发展研究[M].北京：中国农业科学技术出版社，2009.
[260] 汤志伟，张会平.公共危机中的网络空间：行为模式与现实影响[M].北京：科学出版社，2014.
[261] 涂子沛.大数据[M].桂林：广西师范大学出版社，2013.
[262] 王金水.网络政治参与与政治稳定机制研究[M].北京：中国社会科学出版社，2013.
[263] 王莲芬，许树柏.层次分析法引论[M].北京：中国人民大学出版社，1990.
[264] 王茂涛.政府危机管理[M].合肥：合肥工业大学出版社，2005.
[265] 汪永成.经济全球化与中国政府能力现代化[M].北京：人民出版社，2006.
[266] 汪玉凯.公共危机与管理[M].北京：中国人事出版社，2007.
[267] 魏宏森.系统论[M].北京：世界图书出版公司，2009.
[268] [美]维纳.控制论[M].郝季仁，译.北京：北京大学出版社，2007.
[269] [美]维纳.人有人的用处——控制论和社会[M].陈步，译.北京：商务印书馆，1978.
[270] [德]乌尔里希·贝克.风险社会[M].何博闻，译.南京：译林出版社，2004.
[271] 乌家培，谢康，肖静华.信息经济学[M].2版.北京：高等教育出版社，2007.
[272] 肖鹏军.公共危机管理导论[M].北京：中国人民大学出版社，2006.
[273] [英]谢尔顿·克里姆斯基，多米尼克·戈尔丁.风险的社会理论学说[M].徐元玲，孟毓焕，徐玲，等，译.北京：北京出版社，2005.
[274] 薛澜，张强，钟开斌.危机管理——转型期中国面临的挑战[M].北京：清华大学出版社，2003.
[275] 许文惠，张成福.危机状态下的政府管理[M].北京：中国人民大学出版社，1998.
[276] [古希腊]亚里士多德.政治学[M].颜一，秦典华，译.北京：中国人民大学出版社，2012.
[277] 杨灿明，李景友.公共部门经济学[M].北京：经济科学出版社，2003.
[278] 杨懋春.近代中国农村社会之演变[M].台北：巨流图书公司，1980.
[279] 叶继元.信息组织[M].北京：电子工业出版社，2010.
[280] 余潇枫.非传统安全与公共危机治理[M].杭州：浙江大学出版社，2007.
[281] 俞乔，童晓渝.信息化与农村发展——基于四川联通“天府信息网”的实证研究[M].北京：人民邮电出版社，2008.
[282] 张成福，唐钧.政府危机管理能力评估——知识框架与指标体系研究[M].北京：中国人民大学出版社，2009.
[283] 张成福.社会变迁与政府创新：中国政府改革30年[M].北京：中国人民大学出版社，2009.
[284] 张国庆.公共行政学[M].北京：北京大学出版社，2007.

[285] 赵国栋，易欢欢，糜万军，等.大数据时代的历史机遇：产业变革与数据科学[M].北京：清华大学出版社，2013.

[286] [美]珍妮特・V・登哈特，罗伯特・B・登哈特.新公共服务：服务，而不是掌舵[M].丁煌，译.北京：中国人民大学出版社，2004.

[287] 郑红维，李颙.中国农村信息服务体系综合评价与发展战略研究[M].北京：中国农业科学技术出版社，2010.

[288] 钟义信.社会动力学与信息化理论[M].广州：广东教育出版社，2007.

[289] 钟义信.信息科学原理[M].北京：北京邮电大学出版社，2013.

[290] 周宏仁.中国信息化形势分析与预测（2012）[M].北京：社会科学文献出版社，2012.

[291] 周宏仁.信息化论[M].北京：人民出版社，2008.

[292] 周晓丽.灾害性公共危机治理—— 基于体制、机制和法制的视角[M].北京：社会科学文献出版社，2008.

五、外文文献类

[293] Adrian A． Factors influencing adoption and use of precision agriculture[D].Auburn：Auburn University,2006.

[294] Alan AtKisson. Believing Cassandra： An Optimist Looks at a Pessimist’s World [M]. White River Junction, VT： Chelsea Green, 1999, pp.22-23.

[295] Allee V. The Knowledge Evolution： Expanding Organizational Intelligence[J]. Boston： Butterworth-Heinemann, 1997,51（11）：71-74.

[296] Amanda, H. G, M. Fontenot and K. Boyle, Communicating during times of crises： An analysis of news releases from the federal government before,during, and after hurricanes Katrina and Rita[J]. Public Relations Review, 2007,33（2）：217-219.

[297] Amponsah W A． Computer adoption and use of information services by North Carolina commercial farmers[J].Journal of Agricultural and Applied Economics,1995,27（2）：565-576.

[298] Barbara A.Bardes&Robert W.Oldendick. Public Opinion：Measuring the American Mind[J].Wadsworth, 2000：30-37.

[299] Bardoel,J.L.H..（2001）OPen Media,OPen Society.Rise and fall of the Duteh Broad cast Model：A Case Study [M]// Y.N. Zassourski,E.Varnova（eds）.Media for The OPen Society[M].Moseow：Faeulty of Joumialism/Pulisher IKAR,2001.

[300] Barney J B. Firm Resources and Sustainable Competitive Advantage[J].Journal of Management, 1991,17（1）：99-120.

[301] Barney J B. Is the ˝ Resource-Based 'View', a Useful Perspective for Strategic Management Research? Yes ˝ [J].Academy of Management Review,2001,26（1）：41-56.

[302] Batte M T,Jones E,Schnitkey G D. Computer use by Ohio commercial farmers[J]. American Journal of Agricultural Economics,1990,72（4）： 935-945.

[303] Belaud J,Negny S,Dupros F. Collaborative Simulation and Scientific Big Data Analysis： Illustration for Sustainability in Natural Hazards Management and Chemical Process Engineering[J].Computers in Industry,2014,65（3）： 521-535.

[304] Big Data Research and Development Initiative[EB/OL].http：//www.whitehouse.gov /sites / default/ files/omb/egov/digital-government/digitalgovernment-strategy.pdf,2012-05-23.

[305] Big data： The next frontier for innovation,competition,and productivity[EB/OL]. http：//www.mckinsey.com/insights/business_technology/big_data_the_next_frontier_for_innovation,2011-05-21.

[306] C. Hood.A Public management for all seasons? [J]. Public Administration,1991,69（1）：3-19.

[307] C.K. Prahalad ,Gary Hamel. The Core Competence of the Corporation [J]. Harvard Business Review, 1990（3）：79-91.

[308] C.Pollitt, Managerialism and Public Service： The Anglo-American Experience[M]. Oxford：Basic Blackwell,1990.

[309] Charles Dickens.A Tale of Two Cities ： A Story of the French Revolution[M].Create Space Independent Publishing Platform,2010.

[310] Charles Herman.Crisis in Foreign Policy： A Situation Analysis[M]. Indianapolis：Bobs Merrill,1969.

[311] Clayton K. Information Quality： the Relationship to Recruitment in Pre-tertiary IT Education[R]. Australia： Griffith University, Brisbane,2003：65-77.

[312] Coase,RH.The Lighthouse in Economies[J].Joumal of Law & Economics,1974,17（2）：357-76.

[313] E.S.Savase.Privatization and Public-Private Partnerships[M].NY：Seven Bridges Press,2000.

[314] Collis DJ, Montgomery C. Competing on Resources[J].Harvard Business Review,1995,7（8）：26-36.

[315] Coombs W.T. Ongoing crisis communication： Planning, managing and responding[J]. California：SAGE Publications, 2010（7）：293-305.

[316] D.J Teece, G Pisano, A Shuen. Firm Capabilities ,Resources and the Concept Strategy. CCC Working Paper, 1990：90-98, Center for Research on Management. University of California： Berkeley.

[317] Danah Boyd, Kate Crawford.Critical questions for big data：Provocations for a cultural, technological, and scholarly phenomenon[J].Information,Communication& Society, 2012（15）：657-672.

[318] David Easton.A Frame work for Politieal Analysis[M].Englewood Cliffs,N.J.：Prentices-Hall,1965.

[319] Dean J, Ghemawat S. MapReduce： Simplified data processing on large clusters[J]. Communications of the ACM,2005,51（1）：107-113.

[320] Dean J, Ghemawat S. MapReduce： Simplified data processing on large clusters[J]. Communications of the ACM,2005,51（1）：107-113.

[321] Demchenko Y,Grosso P,de Laat C,et al.Addressing big data issues in scientific data infrastructure [C].// Collaboration Technologies and Systems,San Diego： IEEE,2013：48-55.

[322] Dierickx L. ,Cool K. Asset stock accumulation and the sustainability of competitive advantage [J].Management science,1989,35（12）：1504-1511.

[323] Digital Government Strategy[EB/OL].http：//www.whitehouse.gov/blog/2012/03/29 / big-data-big-deal,2012-03-29.

[324] Dorothy Leonard-Barton. Core Capabilities and Core Rigidities：A Paradox in Managing New Product Development[J].Strategic Management Joural,1992（13）：111-125.

[325] Erinaki Mvazirgiannis M.web Mining for Web Personalization [J].ACM Transactions on Internet technology,2003,3（1）,12-13.

[326] Executive Office of the President.Big Data： Seizing Opportunities.The White House，May 1,2014.

[327] Fiona, D. and B.Linda. Constructing a model of effective information dissemination in a crisis[J].Information Research, 2009,（3）： 178-184.

[328] Frank Konkel.Boston Probe's Big Data Use Hints at the Future [EB/OL]. http：//fcw.com/articles/2013/04/26/big-data-boston-bomb-probe.aspx,2014-05-30.

[329] Gary Hamel, C.K. Prahalad.Competing For the Future[M].Harvard Business School Press,1994.

[330] Goodchild,M.F,Glennon,J.A. Crowdsourcing Geographic Information for Disaster Response： A Research Frontier[J].International Journal of Digital Earth,2010,3（3）.

[331] Grisham E,Gillespie J. Record-keeping technology adoption in the Louisiana dairy industry［EB/OL］. http：// ideas. repec. org/plags/saeasm/34975.html,2011-01-14.

[332] H. Sinclair, E.E. Doyle, D.M. Johnston, et al. Assessing emergency management training and exercises[J]. Disaster Prevention and Management, 2012, 21（4）：507-521.

[333] H. Tiedemann. Disaster Prevention and Mitigation： Some Prerequisites[J].Disaster Prevention and Management, 1992, 1（1）： 11-29.

[334] HelfatC E, Peteraf M A. The Dynamic Resource-Based View： Capability Life cycles[J].Strategic Management Joumal,2003,24（10）：997-1010.

[335] Helfert M, Radon R. Research Approach for Measuring Information Quality in Data Warehousings [EB/OL].http：// www.iqconference.org/Documents/... % 20Measuring%20IQ.pdf,2007-9-18.

[336] Helsloot, L and A. Ruitenberg, Citizen response to disasters：a survey of literature and some practical implications[J]. Journal of Crisis and Contingencies Management, 2008, 12（3）： 98-111.

[337] JH.G.Gedamer.Ruth and Method[M].NewYork,Seabury Press,1975.

[338] Katat A,Wazid M,Goudarrh.Big data： Issues,challenges,tools and good practices [C].// The Sixth International Conference on Contemporary Computing.Noida： IEEE,2013：404- 409.

[339] Kaye, D., S. Weetser and E. Metzgar, Communicating during crisis： Use of blogs as a relationship management tool[J]. Public Relations Review, 2007,33（3）： 340-342.

[340] Modeling techniques for storms urge risk management[J].Applied geography,2002,（22）：307-330.

[341] Ken Durham.Treating the Risks in Cairns[J].Natural Hazards,2003,（30）：251-261.

[342] Kent, M. L., M. Taylor and WJ. White, The Relationship Between Website Design and Organizational Responsiveness to State holders[J]. Public Relations Review, 2003, 29（1）; 63-77.

[343] Landry Bernard,Bill Birkemeier,Richard Bouchard,et al.A National Operational Wave Observation Plan[EB/OL].www.ioos.noaa.gov /library /wave_plan_final_03122009.pdf.

[344] Machlup F The production and distribution of knowledge in the United States[M].Princeton： Princeton University Press,1962.

[345] Marcia, R,Natural disaster management planning： A study of logistics managers responding to the tsunami [J]. International Journal of Physical Distribution and Logistics Management, 2007,37（5）： 409-433.

[346] Martens D.Brutnseels L Baesens Bet al.Predicting going Concern Opinion with Data Mining[J].Decision Support Systems.2008,45（4）：765-777.

[347] McAfee A,Brynjolfssone. Big data： The management revolution[J]. Harvard Business Review,2012 （10） ：1-9.

[348] McQuail,D.McQuails Mass Communication Theory,4th edn[M].Lodon：Sage,2005.

[349] Merv Adrian.Big Data[EB/OL]. http：//www.teradatamagazine.com/v11n01/Features/Big-Data/,2011-03-13.

[350] Mervyn, F.M. Public's Responses to an oil spill accident： A test of the attribution theory and situational crisis communication theory [J]. Public Relations Review, 2009, 35（3）; 307-309.

[351] Mishra A K,Park T A. An empirical analysis of Internet use by U. S. Farmers[J]. Agricultural and Resource Economics Review,2005,34（2）： 253 -264.

[352] Price R J, Shanks G. A Semiotic Information Quality Frame Work [EB/OL]. http：//vishnu.sims.monash.edu.au：16080/dss2004/proceedings/ pdf/65_Price_Shanks.pdf,2004-6-28.

[353] N. Altay, W.G. Green. OR/MS research in disaster operations management[J].European Journal of Operational Research, 2006, 175（1）： 475-493.

[354] Nature.Big data： Science in the petabyte era[J].Nature, 2008,（455）： 1-136.

[355] Neil Couch,Bill Robins,Big Data for Defence and Security[EB/OL].https：// www.rusi.org /downloads /assets /RUSI_BIGDATA _Report_2013.pdf.

[356] Nelissen.The Administrative Capacity of New Types of Governance[J].Public Organization Review, 2002（2）： 5-22.

[357] Nimmo Dan D,Sanders. Handbook of Politica Communication[M]. Beverly Hills,Keith R.CA： Sage. 2001.

[358] Office of the Press Secretary of The White House： President Obama Names Vivek Kundra Chief Information,Officer,2009,Washington D.C.

[359] OrtmannJ,Limbu M,Wang D,et al.Crowdsourcing Linked Open Data for Disaster Management.Proceedings of the Terra Cognita Workshop on Foundations,Technologies and Applications of the Geospatial Web in Conjunction with the ISWC,2011.

[360] Pauchant,T.C&Mitroff,I.I.Transforming the crisis prone-organization.San Francisco：Jossey-Bass.1992.

[361] Paul Slovic. The Perception of Risk, London： Earthscan, 2000, pp.320-323.

[362] Philip Russom.Big Data Analytics[Z].TDWI.org.4th season,2011.

[363] Porat.The.information.economy： .Definition.and.measurement[EB/OL].www.eric.ed.gov/PDFS/ED142205.pdf,2012-03-01.

[364] Quarantelli,E.L.Disaster crisis management： A summary of research findings[J].Journal of Management Studies,1988,25（4）： 373-385.

[365] Robert Heath.Nealing with the complete crisis the crisis management shell structure[J].sarety science, 1998（30）： 49-73.

[366] Robin Mansell and Uta When,Knowledge Societies：Information Technology for Sustainable Development [M].Oxford University Press,1998.

[367] Savenije H H G.Water scarcity indicators：the deception of numbers[J].physics and Chemistry of the Earth（B）, 2000,25（3）：199-204.

[368] See B.Guy Peters.The Future of Governing： Four Emerging Models[M].University Press of Kassas, Lawreme,KS. 1996：16-20.

[369] Seott,P and Maedorald,R.J. Local Policy management needs： The federal response[J]. Public Administration Review, 1975,35（Special Issue）：748-754.

[370] Sheaffer, Z. and R. M. Negin, Executive’ s Orientations as Indicators of Crisis Management Policies and Practices[J]. Journal of Management Studies, 2003（5）：573-606.

[371] Sherif, K.,Using DSS for Crisis Management[M]. American： Idea Group Publishing, 2001.

[372] Steven Fink,Crisis Management：Planning for the Inevitable[M].New York：American Management Association, 1986.

[373] Steven Fink,Crisis Management：Planning for the Invisible[M].New York：American Management Association, 1986：3.

[374] Syd Zafar IIyas,John.Sheffield. Awareness and acceptability of hydrogen vehicles：A public opinion.Int Hydrogen Energy（2007）,doi：10.1016/j.ijhydene,2007-03：17.

[375] T. Vasavada. Managing Disaster Networks in India[J].Public Management Review, 2013, 15（3）： 363-382.

[376] Theodore, M. and A. Debecker, Chaoslike states can be expected before and after logistic growth[J]. Technological Forecasting&Social Change, 2001（41）：111-120.

[377] Timothy, S. and G. Madey. Design and Implementation of An Agent-Based Simulation for Emergency Response and Crisis Management[J]. Journal of Algorithms&Computational Technology, 2011, 5： 601-622.

[378] UN Global Pulse. Big Data for Development：Challenges & Opportunities[EB/OL]. http：//www.unglobalpulse.org/projects/Bigdataofordevelopment,2014-05-10.

[379] Uric Rosenthal etc. Coping with Crisis： The Management of Disaster, Riots and Terrorism[M].Spelling field： Charld L Thomas Publisher Ltd,1989：.10.

[380] Wernerfelt.B. A Resource-Based View of the Firm[J].Strategic Management Journal, 1984,5（2）：171-180.

[381] Wilhite DA,Hayes MJ.Planning for drought：moving from risk to risk management[J]. Journal of American water Resources Association,2000,36（4）：697-710.

[382] William RDerek X W,Dou W. Social Media Analytics for Competitive Advantage[J]. Computer and Graphics,2014,38：328-331.

[383] William Skinner.Marketing and Social Structure in Rural China[J].Journal of Asian Studies,1985（3）：3-43.

[384] World Economic Forum. Big Data, Big Impact： New Possibilities for International Development[EB/OL].http：//www3.weforum.org/docs/WEF-TC-MFS-Big Data BigImpact-Briefing-2012.pdf,2014-05-10.

[385] Wright,J.W. Building the capacities of municipal governments[J].Public Administration Review, 1975,35（Special Issue）：748-754.

[386] Wu, B., B. Ran and Y. Qi, Design and implementation of SOA-based integrative tools for network analysis and visualization[J]. Journal of Harbin Institute of Technology（New Series）, 2008（4）： 32-36.

[387] Xifra,J. and A. Huertas, Slogging PR： An Exploratory Analysis of Public Relations Weblogs[J]. Public Relations Review, 2008, 34（3）： 269-275.

[388] Zhao Jiaqi,Wang Lizhe,Tao Jie. A Security Framework in G-hadoop for Big Data Computing[J].Journal of Computer and System Sciences,2014,80（5）： 994-1007.

[389] Zheng Z,Zhu JM,Michaelr LYU.Service-generated big data and big data-as-a-service： An overview [C].// 1st International Congress on Big Data.Santa Clara： IEEE,2013：403-410.

[390] Zott C. Dynamic Capabilities and the Emergence of Intra-Industry Differential Firm Performance： Insights from a Simulation Study [J].Strategic Management Journal,2002,24（2）： 97-125.

[391] Zucker C. What is big data? [EB/OL]. http： //www.sas.com/big-data,2013-05-06.

后　记

人类悄然迈入了大数据时代。大数据正在改变人类的生活、工作与思维。将大数据技术、思维运用到农村公共危机防控是时代发展的必然结果。大数据时代农村公共危机防控信息化能力是在大数据时代背景下，政府、社会、民众等危机防控主体运用信息化管理理念和管理手段，调动各方面力量在农村公共危机防中表现出来的综合能力。大数据时代农村公共危机防控信息化能力研究是一个比较前沿的课题，学术界对此研究才刚刚起步，本书仅仅是初步探索，以期抛砖引玉。

近年来，本人一直从事农村信息化能力与农村公共危机防控能力研究。之所以从事相关研究，与李燕凌教授的建议与引导密不可分。2011年，我参加李燕凌教授主持的国家社会科学基金重大招标项目《突发性动物疫情公共危机演化机理及应急公共政策研究》，所承担的子课题《突发性动物疫情公共危机中养殖户行为决策模式研究》后被列为湖南省社会科学基金重点项目，这时我开始关注农村公共危机防控能力问题。2012年，在跟随李燕凌教授到湖南安乡进行农村农业信息化问题调研中，他建议我重点研究农村信息化能力问题。言者有心，听者有意。我以《农村农业信息化服务能力建设研究》作为自己的博士论文选题，并成功申报了2013年教育部人文社会科学青年项目。今年，又有幸获批国家社会科学基金项目《信息化在农村社区治理中的运行效果评价及对策研究》。我对农村信息化能力与农村公共危机防控能力交叉研究的结果，就是呈现在大家面前的这本书。本书也见证了李燕凌教授作为知名学者、公共管理与法学学院院长对青年教师的爱护、关心和指导！

我的博士生导师符少辉研究员对本书写作进行了精心指导。无论是选题、构思、提纲，还是资料收集、调查实施、书稿修改等，都凝聚了符老师的大量心血。在本书写作中，周清明教授、贺林波教授、刘新春教授、张云英教授、陈运雄教授、米正华教授、吴松江副教授、胡扬名副教授、刘玮副教授、周晓迅博士等提出了许多宝贵意见，湖南农业大学公共管理与法学学院的领导和老师们也给予了许多关心和帮助。在此谨表谢意！

家人大力支持，是本书得以完成的坚强后盾。我的妻子刘芬女士主动承担家中事务和照顾儿子的任务，使我能够专心写作。儿子森森的一天天成长所给我带来快乐，常常能够消解写作中的困苦、疲倦。父母、弟弟等亲人的嘘寒问暖，让我的心灵得到安慰和放松，使我能以良好状态进行写作。

感谢国家社会科学基金重大招标项目（11&ZD171）、国家社会科学基金项目（15BGL196）、教育部人文社会科学研究项目（13YJCZH208）、湖南省社会科学基金重点项目（12ZDB20）、湖南省重点学科等对本研究的慷慨资助。感谢湖南科学技术信息研究所、湖南省科技厅农村发展处、湖南农业大学和湖南腾农科技服务有限责任公司对本研究的大力支持。感谢本研究调查的志愿者为本研究数据采集所付出的辛勤劳动。感谢书中注释和参考文献中出现的所有作者。感谢北京理工大学出版社编辑为本书付梓所作的大量工作。

熊春林

2015年11月18日